本书受浙江大学哲学社会科学自主知识体系创新团队资助

国家社科基金后期资助项目"国家形象的对外传播理论研究"
（项目号：20FXWB031）研究的最终成果

数字时代国家形象对外传播：
"自塑"与"他塑"

赵瑜佩　著

南开大学出版社
NANKAI UNIVERSITY PRESS

天　津

图书在版编目(CIP)数据

数字时代国家形象对外传播："自塑"与"他塑"/
赵瑜佩著. — 天津：南开大学出版社，2025.4.
— ISBN 978-7-310-06615-5

Ⅰ. D6；G206

中国国家版本馆 CIP 数据核字第 2024AK4403 号

数字时代国家形象对外传播："自塑"与"他塑"
SHUZI SHIDAI GUOJIA XINGXIANG DUIWAI CHUANBO："ZISU"YU"TASU"

南开大学出版社出版发行
出版人：王　康
地址：天津市南开区卫津路 94 号　　邮政编码：300071
营销部电话：(022)23508339　营销部传真：(022)23508542
https://nkup.nankai.edu.cn

河北文曲印刷有限公司印刷　全国各地新华书店经销
2025 年 4 月第 1 版　　2025 年 4 月第 1 次印刷
238×165 毫米　16 开本　19 印张　2 插页　326 千字
定价：98.00 元

如遇图书印装质量问题，请与本社营销部联系调换，电话：(022)23508339

国家社科基金后期资助项目出版说明

后期资助项目是国家社科基金设立的一类重要项目，旨在鼓励广大社科研究者潜心治学，支持基础研究多出优秀成果。它是经过严格评审，从接近完成的科研成果中遴选立项的。为扩大后期资助项目的影响，更好地推动学术发展，促进成果转化，全国哲学社会科学工作办公室按照"统一设计、统一标识、统一版式、形成系列"的总体要求，组织出版国家社科基金后期资助项目成果。

全国哲学社会科学工作办公室

目　录

第一部分：研究发展

第一章　国家形象的理论研究 …………………………………… 3

第一节　国家形象研究的知识生产 ………………………… 4

第二节　国家形象理论的批判反思 ………………………… 15

第三节　国家形象塑造的关键路径 ………………………… 23

第二章　国家形象视域下的软实力 …………………………… 33

第一节　软实力概念的本源与异化 ………………………… 34

第二节　文化软实力：一个中国的视角 …………………… 45

第三节　软实力评价体系：一个西方的视角 ……………… 66

第三章　国家形象视域下的跨文化传播 …………………… 82

第一节　跨文化理论的四种表达 …………………………… 83

第二节　跨文化传播与文化符号研究 ……………………… 93

第三节　数字时代的跨文化传播 …………………………… 111

第四节　跨文化传播与国家形象塑造 ……………………… 133

小　结　国家形象对外传播"自塑"与"他塑" ……………… 143

第二部分：理论应用

第四章　国家形象"自塑"传播：以华文媒体传播效果研究为例 …… 151

第一节　海外华文媒体研究现状 …………………………… 152

第二节　共建"一带一路"国家华文媒体"自塑"能力探索 …… 164

第三节　华文媒体的议程设置与潜在"他塑" ……………… 181

第四节　华文媒体与自媒体的"合塑"路径 ………………… 197

小　结　对华文媒体与国家形象对外传播的反思 ………… 204

第五章 国家形象"他塑"传播：迪特福特"中国狂欢节"的异域
　　　　想象 ·· 209
　第一节 "巴伐利亚中国城"：从宗教狂欢到城市文化交流 ········ 210
　第二节 "他塑"中国：文化符号的挪用、改造、偏差 ············· 214
　第三节 消费"他塑"与"自塑"文化认同 ······························ 222
　小　结 国家形象构建杂糅与"偏塑"传播 ··························· 227

第三部分：理论创新

第六章 国家形象对外传播"合塑"矩阵 ······························· 233
　第一节 符号合塑 ·· 234
　第二节 场域合塑 ·· 249

第七章 软实力对国家形象的"自塑"博弈 ···························· 256
　第一节 软实力国际"自塑权"与合法性竞争 ························ 257
　第二节 软实力"自塑"博弈与合理性评估 ··························· 260
　第三节 软实力"自塑"战略与类型划分 ······························ 272
　第四节 新时代软实力"自塑"操作指南 ······························ 274

附件 ·· 285

引言

习近平总书记在党的二十大报告中强调："增强中华文明传播力影响力。"坚守中华文明立场是指把社会主义核心价值体系作为根本，不断提高社会主义先进文化的吸引力和感染力，对国家而言，它是一种支撑力、创造力、推动力、凝聚力和传承力。加强国际传播能力建设，提高国家文化软实力，需要自觉承担起举旗帜、聚民心、育新人、兴文化、展形象的使命任务。

近年来，在对外传播领域，国际舆论有所转向，以我国为代表的新兴经济体崛起，世界力量结构开始重构，国际话语秩序向"多元互动"方向转变。我国对外传播面临的国内外技术、政治、经济、舆论环境均发生了新的重大变化，相关国家部委也做出适应新时代的重要指示。国家形象塑造、对外传播话语体系成为对外政策涵盖的重要主题和热点问题，且将通过有效多样的方式实现跨文化交流，实现文明互鉴与文化理解。

以文化和旅游部为例，近年来颁布了若干有关国家形象对外传播的规范性文件及通知，内容涵盖中华优秀传统艺术传承发展、"一带一路"文化产业和旅游产业国际合作重点项目、推动数字文化产业高质量发展、"互联网+旅游"推动旅游业高质量发展等文化贸易的诸多方面。其中，推动文化和旅游融合发展是一重要决策。文化使旅游的品质得到提升，旅游使文化得以广泛传播。通过这两者的融合发展，文化可以更加富有活力，旅游也会更加富有魅力，从而有效实现国际文化贸易。此外，在2019年和2020年的两会上，对外文化交流与传播的相关内容被明确提及：2019年，"完善中华优秀传统文化教育"被提议纳入教育综合改革的重要内容，其中包括全面系统部署中华优秀传统文化教育、将中华优秀传统文化纳入中小课程体系建设、切实加强和改进文言文教育、加强优秀传统文化教师队伍建设等，从而形成推进中华优秀传统文化教育的合力，并积极参与世界文明的对话与交流；2020年的两会上，由于新冠疫情，文化政策中有关对外传播的内容具有特殊性。全国政协委员、中国医学科学院院长王辰如回答《人民日报》记者提出的"中国战'疫'为什么能取得显著成效"这一问题时指出："这首先是我们文化的一个胜利。""在中国抗疫最艰难的时刻，中国秉持人类命运共同体理念，毫无保留地分享抗疫防控经验，向世界提供'中国方案'，展现出负责任大国的胸怀和担当。"在2019年的第六届全国对外传播理论研讨会上，郭卫民、杜占元等人重点提及"把文化交流作为对外传播的重要手段"，"持续推动中华文化走出去，积极参与世界文明对话与交流"，均强调对外文化交流与传播的战略。

从文化内涵和外延来看，"一带一路"本身就是跨文化交流与互鉴的范本，是有别于资本主义全球化的丰厚文化遗产，使我国文化软实力进入了一个更广博纵深的全球文明场域中（赵月枝，2017）。然而，我国国家形象在国际舆论场中存在信息流动的逆差，中国真实形象和西方主观印象的反差，中国软实力和硬实力的落差，不断加剧。近几年美欧日智库、媒体和学界更是以"锐实力"概念对我国发展软实力努力妄加指责，同时从软实力和锐实力的概念和话语体系层面进行切割和甄别，进一步限制我国所倡导的"人类命运共同体"理念。因而在此历史节点上，有必要对"一带一路"语境下的国家形象对外传播与中国软实力提升的问题做出梳理和检视，且探讨此问题的有力切入点之一，正是习近平总书记提出的"外宣的成功主要在于对于跨文化传播的深刻理解和运用"。因此，本研究聚焦三个关键词：国家形象、软实力与跨文化传播。

从以上三个关键词出发，本书共分为三大部分：第一部分（第一、二、三章）从三大经典研究领域，即国家形象、软实力与跨文化传播引入子概念梳理现有研究方向和未来的研究趋势。同时，借鉴传播学和政治学，专注于"软实力"与"跨文化传播"理论研判，试图为国家形象对外传播"自塑"和"他塑"的理论研究铺垫扎实的基础，并在此基础上探讨软实力视阈下与跨文化传播视阈下的国家形象在学科建构、理论模型和研究转向等方面有何不同。第二部分（第四、五章）则从跨文化传播中国家形象的塑造形式入手：一种是主动的、以本国体制机制或组织机构作为传播主体的自我形象的塑造；另一种是国家形象进入异域的文化空间之中，被动地被他国塑造。在他塑与自塑中，本国与他国存在对国家形象的认知偏差——信息偏差、过程偏差。本部分选择了两个在宏观和微观层面、官方与民间场域都具有一定代表性的国家形象建构案例，即华文媒体与城市文化节，以此论证我国国家形象对外传播的效果，探讨"自塑"与"他塑"语境下国家形象的建构与重塑过程。第三部分（第六、七章）则着眼于国家形象对外传播的战略，强调话语在国际传播中"自塑"的重要性以及"合塑"

的潜在性。国际政治是叙事之争，国家之间的关系不存在真空中而是相互影响，基于此，本部分试图在前文基础上进行理论模型的拓展和研究范式的创新，一方面试图创造性通过新媒体的介入刺激对文化符号"出走"海外进行战略叙事的范式转向；另一方面通过考量能够被国际接受并且有利于中国的软实力评价体系，提出更加全面和相对公正的评估体系。

本书强调新形势下锚定提升我国国际形象的立场，提高国际话语权，其根本在于，寻找国家形象跨文化传播的理论突破口、建立由我国引领并推动的软实力评价体系，从而促进我国国际传播战略提升。因此，如何在纷纭复杂的国际局势之下纵观全球文明交流互鉴之图景，洞悉世界主要国家软实力战略类别后重构世界软实力评价体系的"中国方案"是本书理论创新的关键性问题。同时，新时代软实力提升问题带来新的战略思考，都不是单一学科能解决的挑战，而是一系列综合性的国际社会问题。传统的软实力研究作为政治学、国际关系学、传播学甚至体育学等多领域的交叉话题，亟需融入跨学科的视野。然而目前的研究理论局限于文化和外交领域，与传播学的理论结合虽有所尝试，但停留在表面，有待进一步深入挖掘和提炼。例如，德国和英国都将体育产业作为提升软实力的重要战略内容，虽然在具体路径上有所不同，但均需要体育学科对相关体制机制进行理论和实践层面的指导。然而，现存的研究中体育学与软实力的理论体系均未能在理论上阐释体育与国家软实力的关系，也未能在经验上提供可操作的实践路径。因此，本书关于国家形象跨文化传播战略的研究整合和借鉴其他学科的研究范式，有机结合国际传播、国际关系、文化研究、媒介学、传播学、管理学等学科的研究视角，尝试建立立体和多维度的软实力战略和评价影响指数模型。

第一部分：研究发展

　　国家形象对外传播的理论研究已经超出传统的"形象"范式，超越了时间和空间，跨越了学科与领域。从传播学视角来看，可以从国际传播、符号学、传播政治经济学、跨文化传播学进行借鉴，从政治学视角来看，可以从软实力、国际关系学、政治博弈学等进行反思。在第一部分研究中，本书借鉴传播学和政治学，专注于"软实力"与"跨文化传播"理论研判，试图为国家形象对外传播的理论研究铺垫扎实的基础。

　　第一章，通过采取国家形象研究的"知识生产——批判反思——关键路径"，系统性地从"多学科视角——比较视角——国际视角——中国视角"对国家形象基础理论做现状研判。第二章，在把握我国与国外时代语境基础上，对约瑟夫·奈的软实力概念框架以及近年来中国的软实力框架进行重新审视，鉴于软实力概念讨论趋于应用性的特点，本课题将引入更具逻辑性、更具体性和更量化性的软实力评价体系思考，根据国家对外传播的战略定位，强调软实力概念在国际学界的解释力、支撑力和吸引力。第三章，面对提高中国跨文化传播能力的问题，大部分学者习惯将中国置于西方他者的位置，表现出深深的受害者情节，限制在东方主义的理论框架内，遮蔽了他者的声音，研究过程中一方面丢失了自己的传统身份，另一方面又不得不在西方他者的目光中重新追寻自己新的身份。因此，本章溯源跨文化传播领域的研究，将跨文化传播研究与国家形象研究相结合，以文化符号的跨文化传播为切入点，透视民间交互场域中的跨文化传播，与时俱进探讨数字时代的跨文化传播特性，结合实例讨论国家形象的塑造，从而推动国家形象的跨文化传播与数字传播趋势和全球化时代语境相结合。

第一章　国家形象的理论研究

在国际舆论场，中国在国际上存在信息流动"逆差"、中国真实形象和西方主观信息"反差"、软实力和硬实力"落差"，国家形象很大程度上仍是"自塑"而非"他塑"。西方国家掌握着全球90%以上的新闻信息资源，近70%的海外民众主要通过西方媒体了解中国。绝大多数海外民众对中国的认知仍然充满了偏见，甚至有人还保持着冷战时代的刻板印象。特别是近年来随着中国的快速崛起和全球权力转移，西方国家对中国的批评和敌视直接形塑着国家舆论。在2016年的南海仲裁案国家舆论斗争中，中国在国际舆论场上的弱势地位尽显，国家形象严重受损。一方面，自特朗普新政以来，美国亚太政策的变动和中美竞争的加剧将继续影响国际舆论演变，拜登政府的执政策略也并未改变对中国的排挤，中国的国家形象受到前所未有的挑战；另一方面，自习近平出席2016达沃斯论坛以及举办2017"一带一路"国际合作高峰论坛起，中国模式和中国智慧逐渐进入了国际视野，在国际舆论场上能否顺利分享中国经验、提出中国方案一直受到考验。在此背景下，研究国家形象的理论基础以及探索在新形势下未来发展路径有重要的现实意义，本书将对2006年—2016年研究成果进行评述，并提出未来的研究方向。本章节有两个理论研究价值：

1. 有助于促进国家形象基础理论研究。国家形象（national image）是一个浮动的能指（floating signifier），它在不同的历史语境、话语中具有不同的表述方式。本书以过去十一年国家形象研究理论的维度作为切入点，搭建以理论为基础和指导的国家形象传播知识图景，进一步完善中国特色哲学社会科学的话语体系。

2. 有助于扩大互联网国家形象研究理论的切口。促使我们思考在当今"大国担当"新形势下，国家形象塑造应采取的对外传播智慧，用更温和的概念化解西方国家对"中国崛起"和"贡献中国智慧"的误解和敌意。

第一节　国家形象研究的知识生产

一、图谱生产：流程与方法

系统构建中国的国家形象研究中在国家形象的概念、特点、目的、传播中的问题、改进途径及所使用的研究方法等方面相对全景式的知识图谱，概括和总结近十一年来研究的变化和发展，引出我们对相关国内研究更多的反思与启发。在此研究中，我们提出三大研究问题：Q1：从"概念"和"特点"两大维度上，过去 11 年国家形象研究的分布特征与研究趋势是什么？Q2：过去 11 年，国家形象研究在"概念"和"特点"两个研究维度上各自的内在区别与联系是什么？Q3：以实证为二手资料，重新思考分析国家形象概念和特点研究的未来发展路径有哪些？

因此，主要采用的是系统性文献综述法（systematic review of literature）、内容分析法（content analysis）和二手资料分析法（secondary analysis）进行编码分析，以中国知网（cnki.net）数据库作为样本采集对象，确定抽样数额为 500 篇。根据知网的"发表年度趋势图"，可以确定从 2006 年开始，国家形象研究的文献发表数量呈陡增趋势，选择 2006—2016 年间发表的有关国家形象或中国形象研究能帮助扩展系统梳理的维度。其过程主要以三大研究问题为基础，受一定方法论支配，依照严谨的纳入和排除标准，在相关文献中筛选出诸多单个文献，并通过标准化技术对其进行数据抽取与整合，从而得出新问题和新的研究方向。[①]相比于传统的文献综述，系统性文献综述在其基础上，还融入了对文献体系和计量的统计综合分析，加上明确的内容特征以及标准化的研究技术，结合二手资料分析法，使研究者不仅能从现有的文献中尝试创生出新的理论框架，支撑未来研究方向，尝试解答遗留的研究问题，还能帮助研究者经由文献实现知识体系创新，使得知识系统的循环与更新成为可能。[②]同时，为了进一步对过去十一年来国家形象研究的变化趋势做出一个客观判断，本研究抽取了样本中的 10%进行预备性研究（pilot study），以此建立了以下三级指标体系：

---

①② 黄甫全、游景如：《新兴系统性文献综述法：涵义、依据与原理》，《学术研究》2007 年第 3 期，第 145-151、178 页。

表 1-1-1　根据过去 11 年来国家形象研究变化趋势建立的三级指标体系

一级指标	二级指标	三级指标
国家形象的概念	2006、2007、2008、2009、2010、2011、2012、2013、2014、2015、2016	评价说、认知印象说、系统说、实力说、身份或认同说、两面说、实体决定说、媒介印象说、符号说、信息产品说、意识形态说、构面说
国家形象的特点	2006、2007、2008、2009、2010、2011、2012、2013、2014、2015、2016	稳定性、动态性、可塑性、复杂性、综合性、多样性、客观性、主观性、二重性、可传播性、有限性、民族性、系统性、国民性、累积性、符号性、个体性、差异性、功利性、互动性、历史性、延展性、具象性、象征性、延续性、主体性、呈现性、一致性、政治性、语言性、主体间性、经济性、总体性、互文性、绝对性、重要性、外向性、两面性、跳跃性、持续性、极度发散性、现实性、抽象性

以研究目的与问题为导向，本书设计了国家形象的概念与特点作为一级指标。同时为了更清晰地呈现国家形象的概念及特点的历史发展脉络和时间变化与浮动趋势，以年份设立了二级指标。而三级指标的建立则基于预备性研究对国家形象的概念及特点做出的凝练，并在其后的文献编码中不断补充和完善。总之，本研究将遵从三大研究路径：研究纬度、里程碑和未来研究方向，构建国家形象研究的十一年知识生产图。

具体操作上，由于考虑到 2017 年的期刊发表数目及被引量都比较少，因而本研究未把 2017 年的期刊纳入研究范围。同时因为各个年份所发表的期刊数目存在较大区别，为了分析的客观性和公正性，本书采用分层抽样法，将 2006—2016 这十一年按年份分层次进行计算，同时运用四舍五入法，计算出以下各个年份的抽样数量。

表 1-1-2　2006—2011 年各个年份的抽样数量

年份	2006	2007	2008	2009	2010	2011
抽样数量	11	27	34	38	52	55
年份	2012	2013	2014	2015	2016	
抽样数量	61	53	58	54	57	

在此基础上，本书根据中国知网上的期刊数据库，以篇名为"国家形

象"或含"中国形象"作为关键词进行检索，并以被引量作为排名，在不同年份里抽取排次与抽样数量相同的期刊论文，作为本次研究的对象。但因为此次研究针对的是有关中国自身的国家形象，因而在样本中有关其他国家的国家形象研究的，笔者也对其进行了剔除，并按剔除数量在排名上顺延，继续抽取直至达到目标的抽样数量。在抽样过程中，因为 2016 年和 2015 年的论文在发表时间上与现在较为接近，因而被引量都比较少且相差不大，有些甚至为 0，但在抽样过程中，笔者还是严格按照知网上被引量所给出的排名进行了样本的选择。在编码处理上，笔者使用 Nvivo11.0 软件进行整个过程的操作。基于对中国国家形象研究的相关情况的了解，笔者对国家形象的概念、特点两个指标进行了编码分析，并在此节点下按年份进行细化整理。这些信息大多数能在发表的文献中体现出来。

二、发展历程：连续性、跳跃性与离散性

本书针对国家形象的"概念"研究纬度所呈现的分布特征（能指）与联系意义（所指）进行了深入探讨，发现从时间维度上看，国家形象十年的概念研究大致可以分为以下三种分布特征：（1）连续性；（2）跳跃性；（3）离散性。

（一）连续性：由图 1-1-1 可看出，评价说、认知印象说、系统说和实力说在国家形象的十年研究中，持续地被学者和专家所提及与研究。

（二）跳跃性：身份认同说、两面说、实体决定说、媒介印象说在十年间，呈现跳跃性的规律。

（三）离散性：符号说、信息产品说、意识形态说、构面说则在研究中比较零星地出现，只有少数的学者提及。因而在分布上也更多地呈现出离散性的特点。

从内容上看，研究国家形象概念上呈现"驼峰"的多元化趋势：2006年，主要集中在评价说和认知印象说，2008 年转移到认知印象说和身份或认同说，到 2012 年发展为重点讨论认知印象说，在 2012—2014 年这三年里国家形象概念提出百花齐放，但近两年，概念的研究集中从关注认知印象说和媒介形象说（2015 年）到评价说与实力说（2016 年）。在研究趋势的这样一个变化过程中，我们可以发现其中一些关键性事件所产生的影响：1. 身份或认同说在 2008 年群集出现：其中主要原因是由于 2008 年奥运会的举办、"长征四号乙"运载火箭成功发射，"神舟七号"顺利起飞，使得中国与各国的经济、政治与文化交流相比往年有了很大的提升与改善，中国身份进入国际社会的初级化认同与肯定的阶段，因此身份或认同说的

思辨思潮呈现出集体爆发的现象；2. 媒介印象说虽然落地较晚，但自 2008 年起，由于类似奥运会这样国际化大事的国际传播，使得学者们逐渐重视媒介对传播主体跨时空的实践传播，但随着类似"沉默的螺旋"和网络舆论暴力以及非理性的舆论狂欢出现，研究国家形象的学者们也逐步意识到，在国家形象的塑造和传播过程中，不能夸大或过分依赖媒介；3. 实力说渐趋受重视：改革开放近 40 年，我国经济持续增长，综合国力不断提高，然而，伴随着国际上中国"威胁论"四起，引发我国学者对中国国际舆论发展的担忧，在此背景下，发展软实力的"实力说"备受重视，各种围绕软实力而展开的国家形象研究渐趋流行，并被广大专家学者认可与推崇。因此，在概念研究上近年逐渐达成共识，总体倾向于国家形象评价说和实力说。

三、国家形象理论八面大旗

纵观 2006 年到 2016 年国家形象概念研究，主体支架形成了八面大旗，分别是：（1）国家形象评价说（董青岭，2006；韩源，2006；张昆，徐琼，2007）；（2）认知印象说（韩源，2006；程曼丽，2006；董青岭，2006）；（3）系统说（吴一敏，2012；吴飞，陈艳，2013；李晓灵，2015）；（4）实力说（饶曙光，2012；李一凡，2013；王伟，王宇刚，2014）；（5）身份或认同说（冯惠玲，胡百精，2008；涂光晋，宫贺，2008；叶淑兰，2012）；（6）两面说（乔旋，2010；陈奕平，宋敏锋，2014；谭清芳，2014）；（7）实体决定说（黄振，2007；王朋进，2009；强月新，叶欣，2013）；（8）媒介印象 / 形象 / 呈现说（刘继南，何辉，2008；任孟山，2008；杜飞进，2015）。除此之外，还包括符号说（陈林侠，2013）、信息产品说（潘一禾，2013）、意识形态说（刘鑫淼，2014）和构面说（杜立婷，武瑞娟，2014）。

按照具体定义和范畴以及引用影响因子，本研究将概念概括为以下五大类：

（一）评价说和认知印象说

评价说和认知印象说是国家形象概念研究中最为普遍和被认同的两大理念，两者在界定上也有重叠。评价说主要强调的是国家形象来源于公众对一国形象的综合评价，比如学者张昆和徐琼认为，国家形象是"国际舆论和国内民众对特定国家的物质基础、国家政策、民族精神 、国家行为 、国务活动及其成果的总体评价和认定"。[①]认知印象说主要强调的是公众经

---

① 徐琼、张昆：《国家形象刍议》，《国际新闻界》2007 年第 3 期，第 11-16 页。

过双环境影响之下形成的对一个国家的整体印象。如学者韩源认为，国家形象是那些能够反映作为国际关系主体的特定国家总体状况的信息经过复杂的传播过程之后，在国际社会中所构建的对该国的整体印象和综合评价。①程曼丽则认为，国家形象一般是指"国家在社会中的认知与评价"。②也有学者在此基础上进行细化，比如董青岭提出，国家形象特指"外部公众对一国情况的总体认知和总体评价"，并将其划分为两个评价向度：现代性向度上的物质形象和情感向度上的道义形象。③但无论是评价说还是认知印象说，都过重强调认识主体的主观作用，属于认识论范畴，忽视了认识对象的能动性，也忽略了认识主体与认识对象之间的国际影响和制约关系。

相比之下，国家形象的两面说则重在凸显国家形象所具有的双重性，一面来源于本国国民，另一面则来自外国受众。如陈奕平和宋敏锋认为，国家形象是"一个国家向外散发的象征符号的综合体"，为公众提供关于这个国家的整体认知和综合评价的信息，这些信息分为两个层次，分别是国内民众心目中的形象和国外民众心目中的形象。④就其内容而言，它是一个国家受国内和国外的公众对政治、经济、社会、文化、地理等方面所做出的综合性评价，因此可以被划分为国内形象与国际形象。⑤

（二）实力说和实体决定说

实力说和实体决定说均指国家形象归根到底取决于综合国力，一方面是物质和精神的综合状况表现，另一方面则是国家软实力的重要内容，因此主要强调国家形象的提升随着国家实力增强而增强。主张实力说的学者包括饶曙光⑥、李一凡⑦和王伟⑧等人，但本研究认为，实力说将国家形象塑造的过程和作用因素简单化，忽视了国际形象的本质是主客体之间的能动

---

① 韩源：《全球化背景下的中国国家形象战略框架》，《当代世界与社会主义》2006 年第 1 期，第 99-104 页。

② 程曼丽：《国家形象危机中的传播策略分析》，《国际新闻界》2006 年第 3 期，第 5-10 页。

③ 董青岭：《国家形象与国际交往刍议》，《国际政治研究》2006 年第 3 期，第 54-61 页。

④ 陈奕平、宋敏锋：《关于马来西亚华人与中国形象的问卷调查分析》，《东南亚研究》2014 年第 4 期，第 64-74 页。

⑤ 谭清芳：《体育文化传播与国家形象构建》，《武汉体育学院学报》2014 年第 2 期，第 17-20、50 页。

⑥ 饶曙光：《电影与国家形象：产业、文化与美学》，《上海大学学报（社会科学版）》2012 年第 5 期，第 16-30 页。

⑦ 李一凡：《浅谈国家形象宣传片传播策略》，《中国传媒科技》2013 年第 4 期，第 126-127 页。

⑧ 王伟、王宇刚：《抗美援朝战争与新中国国家形象的建构》，《军事历史》2014 年第 2 期，第 14-18 页。

关系。相比持实体决定说的学者，后者更认为除了国家实力的影响因素之外，国际传播对国家形象塑造的作用也不可忽视。比如黄振提出"要依靠成功的国际传播来确立"国家形象。[①]学者王朋进也认为，国家形象包括三种状态：国家的实体形象、国家的媒介形象和国家的认知形象。[②]学者强月新和叶欣的主张不谋而合，也提出国家形象的三大层次，除了客观形象即一个以国家综合国力为内在支撑的实然状态；其中虚拟形象特指"国际新闻媒体报道中的国家形象"。[③]

（三）身份或认同说

持身份或认同说的学者则多从对话或交往互动的关系出发，凸显"主体-主体"间的相互认同、多元双赢的关系。如学者冯惠玲和胡百精从认识论的层面提出，国家形象构建的基本逻辑是通过"对话"塑造国家之间的命运共同体，而非单方面地追求正面形象，或刻意向客体"示好"，或者作为主体的'我'如何'做得好''说得好'。"对话"的概念意在打破"你""我"之间的主-客体关系，转而寻求"主体与主体"之间的多元、平等、共赢的关系。[④]学者涂光晋和宫贺则直接从国家形象的实质出发，提出其实质是传播主体通过协商和对话产生象征性意义，这种意义既不会在一方的单向呈现中产生，也不会在另一方的被动接受中产生。[⑤]叶淑兰则把国家形象的形成看成是一种"我者"（中国）与"他者"（外国）话语互动的过程及结果，且最终需要通过话语标明，同时，中国形象的建构也与中外话语互动的过程和结果有着密切关联。[⑥]可以看出，持身份或认同说的学者摆脱了形而上的局限，强调了国家形象构建的流动性和用对话互动构建的三维动态模式，如果结合实力说和实体决定说，更有助于从传播学角度出发，探索国家形象自塑与他塑之间如何打通，因此，在新的全球化格局变化中把握国家形象生成规律有非常重要的作用。

---

① 黄振：《全球化背景下中国国家形象的塑造》，《新闻传播》2007年第4期，第4-7页。

② 王朋进：《媒介形象：国家形象塑造和传播的关键环节——一种跨学科的综合视角》，《国际新闻界》2009年第11期，第37-41页。

③ 强月新、叶欣：《西方媒体对中国国家形象塑造的转变及其启示》，《湖北大学学报（哲学社会科学版）》2013年第21期，第101-106页。

④ 冯惠玲、胡百精：《北京奥运会与文化中国国家形象构建》，《中国人民大学学报》2008年第4期，第16-25页。

⑤ 宫贺、涂光晋：《北京奥运与国家形象传播中的议程建构》，《中国广播电视学刊》2008年第7期，第6-7页。

⑥ 叶淑兰：《中西有关"中国形象"话语互动探析》，《国际论坛》2012年第6期，第39-44、78页。

（四）系统说

持系统说观点的学者则更多地把国家形象看成是由诸多要素构成的一个统一体和活系统。如学者吴一敏认为，国家形象呈现综合的、全面、复杂、多样、多元的三维形象：国内（我形象）、国外（他形象）和历史舆论（错位形象）。这一形象的构建除了有政府和传媒的参与，更有国家文化软实力、社会价值观、历史传承过程以及意识形态的综合作用，国家形象是国家在政治、经济、社会和文化等多方面的复合性呈现。[1]吴飞和陈艳将这种意识形态的综合反映看作国家形象构建的符号层面，包括国家的"价值取向、意识形态、媒体报道、影视与文化艺术作品、领导人的讲话以及各种国家形象的宣传与营销等"，另一方面称为物化层面，指一个国家的"政治体制、科技创新、经济实力、军事力量、国民素质、商品制造、自然资源以及外交活动等物化形态"。[2]这种符号和物化两大层面其实是对活系统内的层次进行了一定的区分和归类。另一位学者李晓灵则将活系统从形象学本源出发，认为国家形象本身是"复杂而又庞大的"，将国家形象定义为以"国家认知"为中心，"形象主体"对"国家本源"（即物质和文化及其他因素组成的原始构成）所形成的"像化"的结晶。[3] 系统说相比评价说和认知印象说（包括两面说）更完整和鲜活，弥补了后者认识论的缺陷，更能综合反映国际形象的多维立体。

（五）媒介印象／形象／呈现说

最后，持媒介印象／形象／呈现说的学者则把国家形象构建当作主要是由媒体建构而成，主要受媒介的呈现影响。如刘继南和何辉认为，中国国家形象的根源是通过行为主体和媒体传播之间的行为过程和表现建构，因此具体的国家形象存在于媒体的文本之中（这部分既是传播的过程也是形象的存在载体之一），存在于传播的制度之中，也存在于各种受众的心中。[4]另一位学者任孟山则认为，从大众媒介的构建功能来看，国家形象是国家政治、经济、文化、社会等多种因素在媒介中呈现的综合象征体系，既是对国家想象的概括，也是对国家实际情况的"部分真切反映"[5]从"部分"一词可以看出，媒介塑造的国家形象非全部形象，只能存在于媒体制

---

① 吴一敏：《中国国家形象及其定位研究综述》，《经济师》2012 年第 5 期，第 9-10、14页。

② 陈艳、吴飞：《中国国家形象研究述评》，《当代传播》2013 年第 1 期，第 8-11页。

③ 李晓灵：《国家形象构成体系及其建模之研究》，《北京理工大学学报（社会科学版）》2015 年第 2 期，第 136-141页。

④ 刘继南、何辉：《当前国家形象建构的主要问题及对策》，《国际观察》2008 年第 1 期，第 29-36页。

⑤ 任孟山：《议程设置理论视域下的中国国家形象构建》，《东南传播》2008 年第 11 期，第 17-19 页。

度和传播过程中，这点同学者杜飞进的学术强调不谋而合，他提出媒介的"拟态环境"说，认为"国家形象"是一种认知的观念，并非凭空产生，而是通过媒体所建构的"拟态环境"形成的。[①]但既然是"拟态"，便不是完全"真实"，因此，媒介印象／形象／呈现说必须和其他物质本源说（比如实力说）的观点相融合，才能更好更完整地综合反映国家形象。

四、国家形象的十二特性及分类

从时间维度上看，2008 和 2011 年关于中国家形象特点的思辨呈现出百家争鸣的特点，分别提出了 21 和 16 种特性，但从近两年看，关于国家形象"特点"的研究基本达成了一致，以强调其稳定与动态性为主，包括主观与客观性、多维与系统性。具体而言，在国家形象特点这十一年的研究中，呈现出以下几种分布特征：

（一）连续性：相对稳定性、多维性、客观性与主观性。

（二）暂时连续性：复杂性、可塑性、综合性、传播性。

（三）跳跃性：动态性。

（四）零散性：多元性、系统性、累积性、独特性、功能性、历史性、延展性、多样性、有限性、民族性、国民性、符号性、个体性、差异性、功利性、互动性、具象性、象征性、延续性、主体性、呈现性、一致性、政治性、语言性、主体间性、经济性、总体性、互文性、绝对性、重要性、外向性、两面性、跳跃性、持续性、极度发散性、现实性、抽象性。

根据三级指标统计，国家形象的特点研究认可度最高的当属相对稳定与动态性（赵雪波，2006；张昆，徐琼，2007；刘艳房，张骥，2008），其余依次为：主观与客观性（韩源，2006；刘艳房，张骥，2008；范红，2015），可塑与传播性（韩源，2006；王珏，汪伟民，2007；张法，2008）；复杂与多元／综合／全面／整体性（王珏，汪伟民，2007；刘康，2008；吴友富，2012）；多维与系统性（张昆，徐琼，2007；刘艳房，2009；吴献举，张昆，2016）；民族与国民性（韩源，2006；刘艳房，张骥，2008；吴豪，2014）。

从内容上说，我们将国家形象的特征分为六大类：

（一）相对稳定性与动态性

国家形象具有相对稳定性与动态性，以下几位学者从不同纬度剖析了稳定性与动态性的合理性。如学者赵雪波基于构成国家形象因素的常量与变量之分，提出了国家形象在一定时期内是相对稳定的，他将地理、人口、

---

① 杜飞进：《国家形象与媒体担当》，《新闻战线》2015 年第 21 期，第 2-4 页。

历史等因素划为常量,政体、军事等因素则为变量,而国家形象的变动大部分情况下受变量变化的影响。[①]学者张昆和徐琼则强调在国际传播过程中国家形象的相对稳定性。由于客观物质基础短期内稳定,即使国家形象的具体部分会随国家对外活动和行为的变化而变化,但这种细微的变化由于公众相似的心理机制和思维定式,并不会立即影响国内外公众本已存在的形象认知。而随着国际大环境的变迁,国家形象整体处于持续和动态的变化过程中。[②]刘艳房和张骥则从主客观的角度解析稳定性和动态性,认为从客观角度分析国家形象的要素是相对稳定,从主观角度认识国家形象其实是"一种人脑反映和心理积淀",因此所谓的相对稳定是因为一旦在人脑反映和心理积淀就难以在短时间内消除。[③]虽然国家形象具有相对稳定性,但综上所论,从变量元素、国际大环境的变迁或者主观能动性等不同角度,都可以看出国家形象同时具有等动态性质,之所以强调动态性,是因为在新的世界格局形势下,新的数字化技术应用及国家形象的塑造任重道远。

（二）主观性与客观性

国家形象的主观性与客观性强调的是一国的形象,既来自国家的客观存在,同时也来源于人们的主观印象。如学者韩源很早就认识到国家形象二重性的存在,强调国家形象的可被感知与评价性,但其被感知与被评价的质量与实际客观状况之间有落差,其差异的出现主要归因于主体本身获取的信息内容差异以及主体自身视角、经历、知识、价值观和感情等方面的不同。[④]学者胡春艳则从国家的自我形象加以区分,强调国家形象所具有的主客观性,客观是指内在自我形象的奠基石,即综合实力构成,"包括军事力量、经济水平、社会制度、民族文化、政治局势、国际关系、领袖风范、公民素质等";主观是指综合实力的对外体现,即对外美誉度,"代表着国际社会的信任度、认同度、赞美度和支持度",自我形象的内在与外在是相互包容和依存的共生关系。[⑤]学者范红则从国家存在的客观性去探索国家形象的客观性,强调多样性的客观性,比如从政府、企业、文化、国民素质等多种载体上表现多元客观,而主观性则体现为受众感知的主观

---

① 赵雪波:《关于国家形象等概念的理解》,《现代传播(中国传媒大学学报)》2006年第5期,第63-65页。

② 徐琼、张昆:《国家形象刍议》,《国际新闻界》2007年第3期,第11-16页。

③ 刘艳房、张骥:《国家形象及中国国家形象战略研究综述》,《探索》2008年第2期,第69-73页。

④ 韩源:《全球化背景下的中国国家形象战略框架》,《当代世界与社会主义》2006年第1期,第99-104页。

⑤ 胡春艳:《中国对国际机制的参与与国家形象的建构》,《国际问题研究》2011年第1期,第11-14页。

性。①熟知国家形象的主客观属性对理性看待国家形象塑造有重要意义，如同上文提到过的"实力说"一样，在追求国家形象塑造的同时，首先要重视自身实力的修炼，否则多元客观的存在如同无源之水，国家形象塑造很容易走入误区。

（三）多维性与系统性

反观国家形象的多维与系统属性，不仅为未来国家形象研究范畴提供更立体化设计，也为国家整体建设提供了较为综合的考量维度。如学者张昆和徐琼认为，国家综合实力、国际竞争力等要素在国家形象的构建过程中有着不同的地位，发挥的作用不尽相同，同时这些要素也多角度地面向社会公众传递不同的信息，使得国家形象具有系统性和多维性特征。②而学者刘艳房延续了张昆和徐琼的界定，也把构建国家形象的每一要素都当成子系统。③学者吴献举和张昆在2016年的研究中对国家形象的多维性特征做了更为深入的分析，认为即使国家形象对外呈现出整体性的特征，但从内部来看，国家形象的结构和规定性是立体且多面的，会受到形象主体的认识和评价，从而构成国家形象的多维性。④

（四）可塑性与传播性

国家形象具有（有限）可塑性与传播性。如学者韩源提出国家形象可以借助"经济交流、外事活动、人际交往、传媒"等方式在世界舞台塑造和传播。⑤但学者王珏和汪伟民则对国家形象的可塑性进行了更为细致的分析，认为国家形象具有有限可塑，塑造的过程带有目的性，塑造的基础是客观的事实，解读的方式存在差异性，因此塑造的结果不能代表全部事实。⑥另一位学者张法则从可塑性中的静态层面和动态层面展开分析，静态层面是指对构成国家的因素可以做不同的排列组合，从而产生不同的形象景象，因此可塑宜多样，宜多变；动态层面是指每一种排列组合都会演化出一种全新的整体效应，尤其以时间为轴，一种新的形象塑造在新生物世界里必然对未来产生不同的结果。⑦尤其在信息传播全球化的时代，新媒

---

① 范红、胡钰：《如何认识国家形象》，《全球传媒学刊》2015年第4期，第32—40页。

② 徐琼、张昆：《国家形象刍议》，《国际新闻界》2007年第3期，第11—16页。

③ 刘艳房：《国家形象战略研究》，《中国特色社会主义研究》2009年第1期，第55—58页。

④ 吴献举、张昆：《国家形象：概念、特征及研究路径之再探讨》，《现代传播（中国传媒大学学报）》2016年第1期，第57—62页。

⑤ 韩源：《全球化背景下的中国国家形象战略框架》，《当代世界与社会主义》2006年第1期，第99—104页。

⑥ 王珏、汪伟民：《国家形象的心理形成机制初探》，《国际论坛》2007年第4期，第27—31、80页。

⑦ 张法：《国家形象概论》，《文艺争鸣》2008年7期，第23—29页。

体在传播和塑造国家形象方面具有举足轻重的作用已成为共识，构建中国特色话语体系和增强国际影响力的话语权，无疑都是对国家形象塑造提出的新挑战，越来越多的学者和专家探索如何用新媒体包括自媒体手段进行跨文化传播的国家形象塑造，甚至试图打通传统的国家形象生成建构的思路，即自塑和他塑的内在逻辑联系，以逻辑互动的舆论场来搭建自塑和他塑割裂的桥梁。

（五）复杂性与多元／综合／全面／整体性

持此观点的学者，大体认为国家形象是由各个层面综合组成的一个整体。如学者王珏和汪伟民从国家形象的内涵与外延出发综合考虑，认为国家形象涉及"国际政治学、公共关系学、传播学、经济学、心理学、历史学、文学、社会学等众多学科领域，是一个复杂的综合性问题"。[①]学者刘康也持有类似的观点，他认为国家形象是综合、全面且复杂多元的，其建构过程并非只有政府和传媒在发挥作用，国家文化软实力、社会价值观、历史传承、意识形态等各方各面都在共同形塑着国家形象。[②]另一位学者吴友富则从可塑性与传播性分析国家形象，认为国家形象的塑造和传播过程涉及社会、政治、经济、文化等各个方面，具有复杂性和系统性的特点，这是由国家形象在传播过程中所呈现的传播主体、传播方式、传播渠道、传播受众的多样性所决定的。[③]

（六）民族性与国民性

之所以强调国家形象具有民族性与国民性的特点，主要因其更符合中国作为世界最大的多民族社会，它对中国国家形象其他属性而言具有补充和不可分割的作用。比如韩源提出具有影响力的国家形象应当是具有鲜明民族色彩的，作为国家形象的核心，民族性必然体现在其中。[④]刘艳房、张骥和吴豪等多位学者均不同程度地强调民族性的重要性，他们提出国家形象承载着一个国家民族的历史文化，是民族性格和民族精神的集中体现，不同的民族有着不同的思维模式和价值观念，而在这一前提下所形成的国家形象必然呈现着鲜明的民族特性。[⑤]本研究认为，在习近平主席提出的"大国担当"新形势下，研究国家形象更要强调中国的民族性，以此突出

---

① 王珏、汪伟民：《国家形象的心理形成机制初探》，《国际论坛》2007 年第 4 期，第 27-31、80 页。

② 刘康：《如何打造丰富多彩的中国国家形象？》，《新闻大学》2008 年第 3 期，第 1-6 页。

③ 吴友富：《战略视域下的中国国家形象传播》，《国际观察》2012 年第 4 期，第 1-7 页。

④ 韩源：《全球化背景下的中国国家形象战略框架》，《当代世界与社会主义》2006 年第 1 期，第 99-104 页。

⑤ 刘艳房、张骥：《国家形象及中国国家形象战略研究综述》，《探索》2008 年第 2 期，第 69-73 页。

我国国性，即友好和担当，用更温和的概念化解西方国家对我们的敌意。

第二节　国家形象理论的批判反思

一、佐证与思忖：实证研究机理评述

无论采用哪种定义作为切入点，国家形象研究单靠思辨不足以支撑和应对变化，正因为国家形象是一种能动的浮指，具有动态性，必须通过实证研究总结经验和变化。因此，每项实证研究的结果都尤为重要。从时间维度上看，近几年国家形象实证研究具有以下两个特点：

其一，实证研究多以内容分析和框架分析为主，只有少部分学者采用问卷调查法等其他的实证研究方法，且主要集中于对留学生的中国形象认知的分析。如学者陈文采用判断抽样和分层抽样的方式对两广地区 15 所学校的东南亚十国来华留学生进行问卷调查，学者邓禹则通过对广西东盟留学生的问卷调查和深度访谈，深入了解东盟留学生眼中的中国形象。采用内容分析的学者，则大致可以分成两种学术共同体。一是集中对媒介报道文本的内容分析，这部分研究占到了实证研究总数的40%，遗憾的是，对比海外主流媒体和国内媒体议程设置、传播效果和认识鸿沟的研究尚为空白，只注重输出，缺乏"对话"性的研究；另一种则着眼于国家形象相关研究文献的内容分析和文献梳理，从而获取新的思考和思路，如学者刘丽英以 2001—2011 国家形象研究文献为基础，试图以营销视角进行国家形象营销的理论和实践创新。因此，能否找到创新性研究方法对海外媒体报道进行研究，是值得进一步探索的方向。

其二，在实证研究中，针对海外主流媒体新闻报道的分析占据绝大多数，自媒体及新媒体领域的则相对较少。其中对传统媒体的新闻内容进行研究分析占到了95%，而对新媒体所进行内容分析的，在文本样本文献中，则只有学者张彤从《人民日报》的官方微博对习近平主席访问英国的报道进行了内容分析，所以有关新媒体与国家形象传播研究还有非常大的探索空间。同时，在海外媒体的相关研究中，较少的学者会关注华文媒体的新闻内容分析。在我们所摘选的文献中，同样也只有学者如闫欢和王琳琳对华文媒体进行了研究，以《美南新闻》大陆版块的报道为例展开了分析。因而在国家形象研究的未来对象上，新媒体及华文媒体这种具有"合塑"潜力的媒介，将会为国家形象传播提供一个新的思路。

　　本节将采用二手资料分析法佐证探索国家形象概念和特点研究的未来路径，此方法基于研究目标可以再次重温"宝贵的"实证数据与资料，透过十年来国家形象研究形成的整体知识图谱，重新思考研究国家形象的价值，包括提出其缺点和未来研究路径。

　　（一）个人传播与国际传播：优势与风险并存

　　学者薛可、黄炜琳和鲁思奇在《中国国家形象个人代言的传播效果研究》一文中，通过对 48 名专家访谈，接触到五家国际社会中具有高影响力、高议程设置能力的海外媒体，分别是美国《纽约时报》、美国有线电视新闻网（CNN）、英国《泰晤士报》、英国广播公司（BBC）和澳大利亚的《澳洲人报》。再通过选取自 2008 至 2013 年六年内其各自报道的国家形象代言人（国家领导人、第一夫人、文体艺术名人和企业家），发现个人代言在国家形象的传播中起到了正向效果。[1]再比较赵凌在《个体传播与国家形象传播互动路径探究——以姚明个体传播为个案》中的研究，作者使用word-smith4.0 制作了《纽约时报》2002—2011 年姚明报道新闻语料库。通过话语分析发现，姚明作为一个个体，其中国人和篮球明星双重身份促进了中国国家形象的对外传播。

　　上述两个案例引发几点思考：（1）从结论上再次验证了国家形象存在可塑的途径以及包含的（显、隐性）传播属性。（2）从评价说和认知印象说角度出发，此案例弥补了往往被忽视的认识主体与认识对象之间的国际影响和制约关系，着重证明了个人形象与国家形象的互动传播过程，通过独特而有力的个人符号为国家形象塑造发挥能动性，可以进一步思考的是，个人传播既是传播媒介也是传播内容，应该加以重视。（3）从"媒介印象说"分析，外媒通过"姚明对于家庭的坚守，对于慈善的关注，地震之后对国家的热爱"，[2]构建了中国人在海外媒体"他塑"作用下的积极形象。一方面强调了媒体对国家形象构建的重要作用，为国外受众了解中国提供了一个契机和渠道；同时再次证明了"媒介印象说"所具有的缺点，即需同其他物质本源说（比如实体决定说）的观点相融合才能更好更完整地综合反映国家形象。因此，仅仅依靠媒介塑造国家形象需要承担传播对象性质好坏变化的风险。（4）由于这些代言人身上立体性地呈现出中国文化的独有气质，因此为海外受众留下中国特有的文化性与民族性印象提供了被

---

　　① 黄炜琳、鲁思奇、薛可：《中国国家形象个人代言的传播效果研究》，《新闻大学》2015 年第 2 期，第 73-80页。

　　② 赵凌：《个体传播与国家形象传播互动路径探究——以姚明个体传播为个案》，《当代传播》2012年第 6 期，第 49-52页。

解构的土壤。但需注意，不同代言人所体现的塑造程度不尽相同。同时，由于"第一夫人"外交在中国兴起时间较晚，因而海外媒体对其关注度较其他国家仍比较低，但由于第一夫人相比其他代言人在传播效果上明显优于他者，因此，未来国家形象代言人可以更多关注"第一夫人"与国家形象对外传播研究。

（二）媒介呈现说+实力说=国家形象

学者张昆和陈雅莉《地缘政治冲突报道对中国形象建构的差异性分析——以《泰晤士报》和《纽约时报》报道"钓鱼岛"事件为例》一文佐证了媒介呈现说必须与其他物质本源说（比如实力说）共同作用才能更好地构建国家形象。比如其通过框架理论和内容分析法对比了《泰晤士报》和《纽约时报》关于"钓鱼岛"事件的新闻报道，[①]研究发现，虽然两份报纸借助于冲突框架和领导人框架，强化中国政府和国民的"刻板印象"，但是，中国在外交事务中体现的能动性、在国际交往中体现的流动性、在国家利益上体现的动态性，都在挑战西方媒体塑造的"中国形象"，为中国的国家形象塑造"扳回一局"。[②]从国家形象相对稳定和动态性思考，一方面受媒体的框架运用所影响，呈现出一定的趋同性，因而国家形象在一定时间内仍受着媒介建构的思维定式影响，但同时，自身的能动与实力因素更会影响国家形象的建构，中国国家实力的变化反映到国际关系上，就会呈现出亲疏远近之分，而类似的关系影响到国家形象的呈现，正是对国家形象实力说的一个佐证。

（三）自塑与他塑：割裂与勾连

学者闫欢和王琳琳所写的《华文媒体的中国国家形象报道研究——以〈美南新闻〉大陆版块报道为例》，则探讨了传统主流媒体形态之外的"新"型的国家形象媒介传播。"新"是因为它勾连了一直以来"自塑"和"他塑"对国家形象对外传播的割裂，为两者的拓展和融合提供了一个新的思路。具体而言，学者闫欢和王琳琳以框架理论为指导，选取美国《美南新闻》的新闻报道进行描述性统计分析。研究发现，《美南新闻》作为一家海外华文媒体，本身具有"合塑"的潜质，虽然其媒体发声不足以与国际主流媒体抗衡，但凭其身处海外的地域优势，也使它比国内媒体在海外的国际传播中有明显优势。加上《美南新闻》与中华民族之间千丝万缕的联系，

---

①②　陈雅莉、张昆：《地缘政治冲突报道对中国形象建构的差异性分析——以〈泰晤士报〉和〈纽约时报〉报道"钓鱼岛"事件为例》，《当代传播》2014 年第 4 期，第 38-41 期。

在报道中国议题时，并不完全能归于"他塑法"。[①]因此，案例有力证明了要打破国家形象传播中自塑与他塑之间的隔阂，应充分利用如《美南新闻》这样能平衡两者关系的媒介，进而影响国外受众的感知和理解。

但是，虽然案例在选择媒介性质上有突破，为"媒介印象／形象／呈现说"补充了另一侧面的第一手材料，但纵观国家形象媒介传播研究，对具有"合塑"功能的媒体进行实证的研究凤毛麟角，对具有强烈受众黏糊性和互动性的新媒体塑造也尚为空白。除此之外，案例启发了未来研究不仅仅应该重视海外华文媒体的对外传播功能，也应该注意利用同样具有"合塑"潜力的长期驻华的外媒机构和媒体人，除此之外，自媒体所产生的"第一手经验"感是否应得到国家形象媒介塑造的重视，是否能为构建过程提供更多元的传播途径，也需要进一步验证。总之，由于不同的媒介传播形式的接触及频率在他国民众对华态度的生成建构能力方面效果不同，我们应根据不同议题和不同媒介系统而具体掌握其在国家形象传播中影响效能的差异。

二、困境与挑战："媒介本位"视角下的国家形象传播

按照前文所提"八面大旗"，接下来我们将依此具体分析国家形象传播中所存在问题及背后所蕴含的深层次原因。从国家形象系统说这一概念出发，许多学者的观点主要聚焦在国家形象建构缺乏顶层设计这一问题上。具体来看，其主要表现在：

（一）内涵结构略显含混

在国家形象的建构过程中，往往由于受到国家所提出的理念和政策的影响，因而较难从中凝练出具有稳定性和延续性的系统性内容。正如学者程曼丽所说，在国家形象内涵的提炼方面，我国政府提出了"构建和谐社会"的理念，提出社会主义荣辱观等等。但从整体来看，这些理念和观念是从不同的角度和层面提出的，而非高度提炼的系统性内容，这在一定程度上模糊了我国国家形象的内涵，也让外界在对国家形象进行定义、认知、评价时充满了不确定性。[②]同时，我们也应注意到，国际传播需要从万般复杂中巧妙地以一种简单直接的思路展开，使其容易被人记忆、容易引起关注，从而容易传播。[③]而诸如社会主义核心价值观、和谐社会等有关国家形

---

① 王琳琳、闫欢：《华文媒体的中国国家形象报道研究——以〈美南新闻〉大陆版块报道为例》，《新闻界》2012 年第 15 期，第 3-7 页。

② 程曼丽：《关于国家形象内涵的思考》，《国际公关》2007 年第 4 期，第 89 页。

③ 吴建民、胡正荣、赵月枝、谭峰：《国家形象与讲好故事》，《人民论坛》2015 年第 1 期，第 48-53 页。

象的理念表述，则带有较多的复杂性和语境的差异性，很难被国外的受众真正认识和理解，难以让海外受众内心产生一种接近感，因而国家形象内涵在此种因素的影响下，也就变得更为模糊，在受众心中容易留下抽象性"摘要"的印象。

（二）整体价值体系的引领不明确

中国国家形象要想真正走向国际舞台，应当更侧重于整个人类社会发展的共通点。这一价值体系应该让不同文化、不同政治背景的人都能理解。[①]目前中国国家形象传播遇到的最为重要的问题之一，在于虽提出了一系列诸如"打造国际一流媒体""走出去"等提升国际传播能力的政策，积极地在全球范围内开设"孔子学院"，努力传播中华文化，但是这一系列行动背后仍旧缺乏一条价值体系的核心引领，我们"无力去清晰阐明其价值观系统的吸引力"[②]。因而这也就导致了国家形象在其传播过程中缺乏有效的价值基础和价值支撑，难以得到国际社会的认可和共享。孔子学院自2004年首次开设以来，已渐渐成为中国在海外的一张名片。作为汉语教学和中国文化推广的重要平台，孔子学院不仅提供了系统化的汉语课程，帮助各国人民学习中国语言，还通过举办各类文化活动，生动展示了中国的历史、艺术、哲学和社会价值观。它极大地提升了全球范围内的汉语学习热情和汉语使用者的数量，促进了跨文化交流，培养了一大批知华友华的人才，同时有效地改善了国外公众对中国的认知形象。但是在这股"孔子热"的背后，我们还是能发现，其意识形态层面上的冲突问题愈加尖锐。由于孔子学院背后被解读的官方背景，使得外国媒体对孔子学院的教学内容产生了更多的疑虑，转而质疑其可能承担着单一"宣传"色彩的任务。这在很大程度上影响了孔子学院在外国受众心目中的权威性和可靠性，导致其的海外发展受阻。如何寻求到与外国受众价值的共通点，是孔子学院在未来发展中需要面对的难题。

（三）对外传播战略布局仍处于初步阶段

自改革开放以来，中国在对外传播领域取得了显著进展。中国积极构建了多层次、多渠道的国际传播体系，通过设立全球范围内的孔子学院、打造国际一流媒体平台以及实施"走出去"战略等举措，极大地提升了国家软实力和国际影响力。

然而，尽管如此，中国对外传播的研究与实践中仍存在一些问题亟待解

---

① 吴建民、胡正荣、赵月枝、谭峰：《国家形象与讲好故事》，《人民论坛》2015年第1期，第48-53页。

② 赵月枝：《国家形象塑造与中国的软实力追求》，《文化纵横》2013年第6期，第52-59页。

决。对外传播的全媒体战略布局也仍处于初级阶段。学者胡正荣认为，"我们在国际传播中缺乏一个宏观的架构，一种战略，也缺乏一种面对具体问题的战术。同时，协调各部委的机制也是缺乏的"。国家形象作为一个系统，各要素间的相互联动，需要我们站在一个宏观的视角上进行全盘考虑。学者孙英春提出，国家形象的建构并非在单一的主体之内完成的，而是通过主体之间长期、稳定且复杂的传播过程，同时依托于当今文化全球化的潮流进行。其中较为关键的问题便是各部门相互协调难度大。由于我国政府在职能划分上采用了扁平式的组织结构，容易导致各部门缺乏沟通和协调，部门间未形成一个有效的合力，而这往往就很容易导致输出内容过于纷繁复杂，价值理念也是各说各话，难以达成统一。因而如何协调好各方面的行动，形成对外传播的合力，是国家形象传播的一大难题。

从媒介印象说这一概念出发，大多数学者把问题主要聚焦于传播媒介及媒介的使用策略上。人们对国家形象的认识，主要借由传播媒介进行传递和建构，而传播媒介存在的问题，势必也会深刻影响中国国家形象的对外传播。本研究认为，媒介对国家形象传播的影响，即"媒介本位说"，可划分为宏观和微观两个层面。

从宏观层面上看，我们主要存在着以下问题：

1. 国际传播的不平衡格局，使我们往往处于"他塑"为主的被动局面。在当前的国际传播格局中，由于中国媒体发展起步较晚，我国的媒体硬实力（数字基础设施）和软实力（战略话语）相对较弱，很难与西方发达国家的媒体形成强有力的抗衡。檀有志将国际传播中的信息流动特点总结为"中心-边缘"，也就是说在国际社会中，信息传播主要是单向的，从发达国家传播到发展中国家，从国际大媒体传播到一般性媒体。①在这样一种媒介环境下，我们的话语权往往被英美等发达国家所牢牢控制，而由于意识形态和文化上存在的巨大差异，同时也出于国家利益的考量，他们往往散布有关中国的负面形象与看法，这难免会对中国的国家形象传播带来极为不利的影响。在西方信息的这样一种强势输入下，中国国家形象的自身建构在影响力上远不及西方媒介所刻画出的中国形象，主导话语能力也严重不足。比如在南海问题上，中国政府多次强调中国走的是和平发展，共同开发的道路，但在外媒的报道中，有关"中国威胁论""中国新殖民主义论"的报道却占了大部分的篇幅。针对这样的言论，中国尚未形成一种系统化

---

① 檀有志：《公共外交中的国家形象建构——以中国国家形象宣传片为例》，《现代国际关系》2012 第3 期，第54-60 页。

的、具有完整理论框架的新话语来建构中国的国家形象，①相反只能疲于驳斥和解构，重申我们的立场和观点，难以有效地重构对我们有利的话语。

2. 受限于传统观念影响，对外宣传与传播多以官方姿态出现。由于中国的媒体机构受政府管理，中央媒体是党和政府所辖的直属机构，因而国家形象对外传播所依托的媒介，不可避免地会带有一定的官方色彩。不可否认的是，由政府主导的信息分发行为（例如国家形象宣传片等）的确能在短时间内积累较高关注度，但其间需要投入大量的人力、物力、财力，并且也难以与传播效果形成可持续性。②同时我们也应注意到，受西方政治哲学的影响，公众往往对政府的传播行为持质疑的态度，而中国的国家形象传播长期以政府姿态出现，难免引起西方受众更多的质疑，认为是一种"宣传"与"说教"。国外的部分受众从自身的体制认同和文化习惯出发，也更愿意接收来自中国不同行业的、民间独立的声音。③这一点，在《国家形象宣传片——人物篇》的对外传播中得到充分的说明。该片中除展示普通民众的环节外，其中出现的 50 人都是来自科技界、体育界、金融界等行业的精英，④这样一种带有明显偏向性的对外宣传方式，很难让海外受众对中国形象有一个真实完整的认知，反而会给中国形象披上一层神秘的面纱。不得不说，中国的对外传播长期以政府宏大叙事的话语为主导，这与当今全球化语境下国际传播价值多元化、传播渠道多极化、传播方式多样化的大潮格格不入。⑤

3. 新媒体技术发展所带来的传播语境的变化。伴随着新媒体技术的不断发展，人们获取和传播信息变得更为迅捷和离散，本地舆论全国化、国内舆论国际化的"蝴蝶效应"更为明显。⑥而在社交媒体日益成为国家形象建构的重要形塑场域，对政府处理各种危机事件提出了更高的要求。任何群体性事件的爆发，很难预判究竟是从国外到国内的流动逻辑，抑或是从国内到国外的流程逻辑。因此，面对恶意渲染、固有偏见和刻板印象循环

① 叶淑兰：《中西有关"中国形象"话语互动探析》，《国际论坛》2012 年第 6 期，第 39-44、78 页。
② 傅晓龙、于凤静：《国家形象宣传片的演讲、现状及传播策略》，《青年记者》2013 年第 2 期，第 56-57 页。
③ 潘一禾：《当代国际舆论环境与中国形象传播》，《杭州师范大学学报（社会科学版）》2013 年第 1 期，第 112-118 页。
④ 何苗、肖建春：《从媒介即讯息的角度审视中国国家形象宣传片》，《新闻世界》2011 年第 7 期，第 272-273 页。
⑤ 孙英春：《中国国家形象的文化建构》，《教学与研究》2010 年第 11 期，第 33-39 页。
⑥ 韦伟：《新媒体与国家形象塑造》，《军事记者》2011 年第 6 期，第 24-26 页。

往复,如何在新媒体(社交媒体)环境下做到趋利避害,也是我们需进一步探讨的问题。

从微观层面上看,媒体所存在的问题,主要见诸具体的媒介使用策略上:

1. 正面宣传过多,仍带有较为浓厚的宣传色彩。我国的对外传播长期以正面报道为主体,对于负面内容则采取回避态度[①],由此形成了一种"报喜不报忧""家丑不外扬"的宣传定势,甚至于在突发性的事件、灾难面前产生失语现象。在这样的一种媒介策略下,一方面境外敌对势力很容易利用"先入之见"的先导性和稳定性,恶意歪曲新闻事实,主导反华舆论,损害我国国家形象;另一方面它也深刻影响着公众对于媒体公信力和权威性的判断,间接影响着外国公众对媒介所建构出的国家形象的心理认同。王晨燕指出,适当地、客观地承认我国发展过程中的不足之处,不仅不会影响我国的国际声誉,反而会提高海外受众眼中我国对外传播的可信度。[②]否则,一旦首因效应发挥作用,后期再试图进行澄清和弥补时,就会变得难上加难。

2. 与受众间互动缺乏,对于受众复杂性特征缺少足够认识。在国家形象对外传播过程中,很多时候我们的传播观念仍较为落后,只是单纯地把海外受众当成一个靶子,一击即倒,并未对海外受众的特征开展过深入研究。由此也导致我们的对外传播行动很多时候都是自说自话,不适用于外国语境,与海外受众之间的沟通交流也尽显缺乏。国家形象对外传播所具有的文化差异问题,主要体现在中西方的价值观念、思维方式、语言符号、社会规范等不同层面。正是在这种多重层面的叠加作用下,海外受众对中国国家形象的解码难免产生偏差与误读,这就导致国内媒体即使根据海外受众的需求量身定制了信息,也依旧会在原有信息符号的干扰下减弱传播效果。[③]而在社交媒体强调互动的大环境下,如何与受众之间开展有效良性的互动,也是我们需要考虑的难题。同时,我们的对外传播没有看到不同国家和地区间受众的差异,忽视了受众的需求。在内容上也显得模糊笼统,缺乏针对性。受选择性心理的影响,受众往往会选择性地注意自己感

---

① 曾枫:《媒介融合背景下的对外传播与国家形象塑造初探》,《重庆科技学院学报(社会科学版)》2012 年第 20 期,第 29-30、45 页。

② 王晨燕:《网络对外传播的策略:网上重塑中国国家形象》,《现代传播(中国传媒大学学报)》2007第 5 期,第 166-168 页。

③ 潘一禾:《当代国际舆论环境与中国形象传播》,《杭州师范大学学报(社会科学版)》2013 第 1期,第 112-118 页。

兴趣的信息、符合自身利益的信息以及支持自身立场的信息。从内容构建的角度来看，我国的国家形象宣传片尚未触及与海外受众相关的信息，也没有涉及他们感兴趣的议题，[①]自然也就很难收到预期的传播效果。

3. 媒介融合不足。国家形象塑造是系统性的工程，国家形象传播有着介质多样性、渠道多样性的特点，不是仅依靠大众媒介就能完成的，产品传播、人际传播也在成为与大众传播有着同样地位的国家形象传播渠道。[②]反观当前中国国家形象的对外传播，仍然主要依靠大众媒介这单一渠道的作用，在媒介融合上稍显落后和不足。不得不说，传统媒介在快速发展的时代环境下，已经渐渐显出诸多疲态与不足。一方面，传统媒体所拥有的受众人群正在不断减少，这是新媒体发展的必然结果；另一方面则是传统媒体的公信力正在大大降低。学者刘辉在其实地调研后提出，目前尚无证据表明中国的大众传播在面向海外受众构建国家形象时有所建树，"传而不通"的现象普遍存在，而"让大众传播背负国家形象塑造与传播的责任，恰是它不能承担这一重任的理由"。伴随着媒介融合趋势的不断增强，国家形象的对外传播更应该综合使用多种渠道与方式，借助社交媒体等力量充分弘扬中国文化与精神，这在未来将成为一种必然趋势。

第三节　国家形象塑造的关键路径

在对国家形象未来发展路径进行研究和探讨时，目前大部分学者是从外国受众对国家形象的关注度、国家形象情绪体验、国家形象认知结构、国家形象共鸣度这四个层面展开分析，且急需国别分众化、分区化研究。从外国受众的关注度到共鸣度，我们可以发现其中其实隐含着一层由浅到深、由具体到抽象的逻辑联系，因而国家形象塑造的关键路径，也需遵从这样的一种逻辑思路展开。

一、国家形象关注度

从国家形象关注度出发，其主要涵盖外国受众对中国元素的提及率及对中国事件或议题提及率这两个方面的内容。不难看出，国家形象的关注

---

① 金宇恒：《论我国国家形象构建中的传播策略误区——以系列国家形象宣传片为例》，《东南传播》2012 第 9 期，第 26-28 页。

④ 刘辉：《国家形象塑造：大众传播不可承受之重》，《现代传播（中国传媒大学报）》2015 年第 12 期，第 46-50 页。

度处于国家形象构建的金字塔底端，在整个对外传播过程中有着十分重要的奠基作用。然后，由于我国在国际社会不断担起大国责任，中国"被看见"成为了一种常态，因而如何提高外国受众对国家形象的正向关注度，就成为我们进行国家形象构建时必须首先直面和回答的问题。基于此，在提高国家形象关注度上，我们应努力做到以下几点：

（一）不断加强媒体矩阵建设，扩大媒体产业和平台的国际"基础设施"。

推动传媒产业化，集团化发展，从而打造出具有国际影响力的媒体，增强国际上的话语权。需警醒的是，汲取 Tiktok 在海外的经验教训，我们要加强对合规法的研判，避免"走出去"出现水土不服。学者刘康等人进行的"美国人眼中的中国"实证研究结果发现，媒介在塑造美国人眼中的中国时扮演着重要角色，比如研究中所反映的收看电视的频率不同会对评价"中国是否有非常吸引人的流行文化"有显著的影响（p=0.008）。[①]因而在现今的国家形象对外传播过程中，我们同样不应忽视媒体所扮演的重要作用。特别是伴随着国际传播不平衡格局的日益加剧，实力雄厚的传媒集团才能借助其强大的舆论影响力和导向力，在引导国际舆论和建构国家形象的角力场中占有一席之地。[②]因而我们更应该重视媒体力量的发展，建构自身的话语权，以便更多输出带有中国特色及价值的元素和文化符号，提高外国受众对国家形象的关注度。同时借此将国际舆论引导到有利于中国的轨道上来，"久久为功"，逐步修正西方对于中国形象的歪曲和误读。[③]（靖鸣、袁志红，2007；谢雪屏，2009；韩源，2006；韩玉贵、纪娅鹏，2011；胡志龙，2011；严文斌、陈瑶，2009；赵新利，2007；王预震，2014；褚云茂，2013；刘康，2012；刘晓黎，2012；季为民，2013；叶芳，2012）

（二）应变被动为主动，从官方拓展到民间。

推动从央媒到网红"走出去"，积极参与国际议程设置，融入世界话语体系，从而打造出一支具有世界眼光和竞争意识的国际传播队伍。长期以来，由于主动意识缺乏，中国在国际社会往往处于"被形象"的状态，[④]在对外传播过程中没有主动调用和激发民间网红力量传达出代表中国现实及

---

① 刘康：《国家形象塑造：讲外国人听得懂的话》，《人民论坛·学术前沿》2012 第 7 期，第 24-33 页。

② 谢雪屏：《论文化软权力与中国国家形象的塑造》，《山西师大学报（社会科学版）》2009 年第 36 期，第 5 版，第 41-45 页。

③ 王预震：《我国国家形象塑造存在的问题及对策》，《江苏省社会主义学院学报》2012 年第 1 期，第 74-77 页。

④ 王君燕：《国家形象的塑造与国际传播——以商务部 CNN"中国制造"广告为例》，《新闻传播》2010 年第 1 期，第 22-23 页。

特色的符号和元素。因而外国受众对中国的了解，只能长期依靠西方媒体带有敌意和偏见的信息传达，很难对中国形象有一个准确的把握。不仅如此，长期采取回避、保守和被动的态度，也使得"沉默的螺旋"慢慢地发挥作用，中国对外传播渐渐被世界话语体系边缘化，难以真正融入。因而要想真正提高国家形象的关注度，我们必须首先在对外传播思路转变上下功夫，在国际传播事务中秉承良好的国家意识，一方面主动建构一个积极正面的国家形象，另一方面对西方媒体建构的我国"刻板印象"进行挑战和直面反击。

近几年我国在这方面也做出了诸多改进和努力，包括媒体"走出去"战略的实施、鼓励传媒行业对外全球化、国家形象对外宣传片的传播，包括对"一带一路"倡议转为低调性传播，这些都显示出我国在持续对国家形象传播进行研判和实践。中国媒体"走出去"对中国国家形象的传播、提升中国国家软实力所起的作用也越来越被学界、业界所认同。[1]在国家形象的未来发展路径中，我们仍需强调以我为主，将具有中国特色的价值观和特有元素通过国内主流媒体和海外落地的中国媒体主动地传播出去，结合"中华优秀文化的创新性转化和创造性发展"，把蕴含中国文化特征的物质文明、精神文明融入其中，打造中国产品、中国面孔和中国话语。[2]积极发布海外媒体和公众感兴趣的中国文化议题，[3]进一步提升国家形象的关注度。（程曼丽，2007、2008；任孟山，2008；胡志龙，2011；严文斌、陈瑶，2009；陈杰、绽庚燕，2011；韩源，2006；李卉，2010；金正昆、徐庆超，2011；王君燕，2010；涂光晋、宫贺，2008；孙永泰、刘一民，2009；赵月枝，2013；梁国杰、赵新利，2014；刘伟乾，2014；郭存海，2016；高卫华、贾梦梦，2016；魏丽娇，2013；闫欢、王琳琳，2012）

（三）整合多种传播方式及渠道，形成媒介的合力功用。

同时积极强调多元主体的平等参与，大力发展公共外交，推动全民参与。伴随着新媒体的快速发展及媒介融合趋势的不断增强，在国家形象对外传播过程中，我们同样也应顺应这种发展趋势，促进不同媒介之间的相互融通，实现国际舆论引导的渠道多元化和角度多元化，吸引更多海外受

---

[1] 闫欢、王琳琳：《华文媒体的中国国家形象报道研究——以《美南新闻》大陆版块报道为例》，《新闻界》2012年第15期，第3-7页。

[2] 郭存海：《中国的国家形象构建：拉美的视角》，《拉丁美洲研究》2016年第5期，第43-58、155页。

[3] 涂光晋、宫贺：《北京奥运与国家形象传播中的议程建构》，《中国广播电视学刊》2008年第7期，第6-7页。

众关注我国国家形象。[①]在其中，我们应特别留意社交媒体及海外华文媒体所扮演的重要角色。一方面，社交媒体技术的普及使人们越来越多地从中获取信息，减少了对传统媒体的依赖，一些有关中国现实的热门话题讨论，相比于传统媒体甚至产生了更大范围的影响力，诸如移动支付、共享单车这些独具中国特色的符号，便是在这样的一种传播中为广大海外受众所熟知。另一方面，海外华文媒体作为我国国内媒体在国外的延伸，其作用同样也不容小觑。由于华文媒体兼具中华文化与西方文明的双重特质，同时也更熟悉海外政治、经济、社会环境所特有的传播特点和传播逻辑，自然成为中国形象进行国际交流和走向世界舞台的重要渠道。[②]因而把这两种渠道融合进国家形象的对外传播体系中，对于中国形象的国际建构、吸引世界目光是大有裨益的。

提升国家形象的关注度不仅需要多重媒介的融合，同时还需多重主体的融入参与。国家形象传播不能局限于仅以国家、政府的话语为主导，而应当构建政府、民间组织、企事业单位、海内外公民等多主体并存的传播生态，实现传播渠道多元化和传播层面立体化。[③]特别是在自媒体时代，传播者更多来自普通个体，如英国的一位火车乘坐爱好者马克·史密斯于2014 年 8 月 21 日在 YouTube 上传了一段自己乘坐中国高铁的视频，视觉化的传播方式直观、清晰地表现了中国高铁的乘坐流程、内部环境和乘车体验，吸引了世界各地网友的目光，同时也以一种中立、亲和的口吻向世界公众展示了高铁背后的中国形象，提升了海外受众对中国的关注度。不难看出，在国家形象的对外传播过程中，全民参与已经渐成趋势。在此基础上，我们需更加努力提高公众的基本素养，向外传达出文明和谐的中国形象。（明安香，2007；赵新利，2007；胡志龙，2011；吴建民，2015；范红，2015；仲伟合、王冬青，2015；薛晓君，2016；魏丽娇，2013；叶芳，2012；李吉远，2012；黄文冠，2012；赵楠、宋燕，2012；李扬，2012；闫欢，王琳琳，2012；张玉勤，2013；）

提升我国综合国力与国际竞争力，为国家形象的完善提供强有力的支撑。进一步扩大对外开放。国家自身的发展，始终是国家形象赖以存在和发展的基础。我国向来以和平发展的国家形象立足于国际社会，唯有依靠

① 魏丽娇：《韩国媒体报道中的中国国家形象分析及其相关对策——以韩国主流媒体对中国广州亚运会报道为例》，《战略决策研究》2013 年第 1 期，第32-43 页。

② 程曼丽：《关于海外华文传媒的战略性思考》，《国际新闻界》2001 年第 3 期，第 25-30 页。

② 薛晓君：《中国国家形象的自媒体艺术传播》，《传媒》2016 年第 6 期，第 82-84 页。

强大的综合国力与国际竞争力，才能实现这一形象的建构与传播。[①]同时我们也应注意到，当今世界各国综合国力的竞争，不仅仅取决于一国的硬实力水平，在软实力上更是存在着诸多明争暗斗。因而我们在加强国家经济、军队及国防建设的同时，也应积极改善和提高我们的软实力水平，如构建廉洁高效的政府、改善营商环境、缩小贫富差距、提升公民的知识文化素养等都是软实力的重要指标。[②]改革开放以来我国综合国力的迅速增长、外界对中国发展速度的关注和惊叹，无不在告诉我们，只有建立在综合国力强大基础上的对外传播，才能吸引外国受众的眼光，真正提升外国受众的国家形象关注度。（陈文，2012；刘少华、蔡索拉，2011；骆红斌，2011；韩玉贵、纪娅鹏，2011；杨永斌，2009；沈妍，2009；王朋进，2009）

二、国家形象情绪体验

从国家形象情绪体验这点看，其主要聚焦于整体情绪感受和事件情绪感受两个层面。而研究发现，大多数外国受众情绪感受的集体爆发往往出现在一些灾难性事件或群体性事件上，见诸人权、民主、新闻开放等议题。因而针对这些外国受众爆发集体性负面情绪的事件，我们有必要从中汲取经验并做出以下改进：

（一）加强媒介机制改革，扩大新闻开放，提高媒体的信息透明度，同时在对外报道中改变以往报喜不报忧的传统，形成平衡报道的媒介风格。在新闻传播工作中，突发性事件往往是西方媒体关注的焦点，而事件信息的不完全披露、官方回应不及时等等，都可能成为报道中负面信息和歪曲事实的材料，使我国国家形象受损，甚至进一步强化西方媒体建构的"刻板印象"。[③]这也往往是大多数海外受众产生不满情绪的根源。面对一个灾难性事件，人们往往更加关注灾难情况及相关信息，而国内媒体对救灾情况的大篇幅报道，反而可能会引起受众的反感。特别是在文化多元化和分众化的时代，此种宣传并不能取得好的传播效果。[④]因而在对外报道中，特别是针对突发性事件的报道，我们有必要努力做到公正公开，及时披露相

---

① 韩玉贵、纪娅鹏：《论中国和平发展的国家形象塑造》，《理论学刊》2011年第8期，第75-79、128页。

② 陈文：《两广地区东南亚留学生眼中的中国国家形象》，《世界经济与政治》2012年第11期，第95-119、158-159页。

③ 胡志龙：《中国国家形象建构中的媒体传播策略》，《长江师范学院学报》2011年第1期，第48-56页。

④ 刘琛：《"官方媒体"形象与国家形象关系研究——以中央电视台与Doordashan电视台为例》，《现代传播（中国传媒大学学报）》2010年第5期，第31-35页。

关信息，减少外媒的一些猜忌，同时也避免使其成为西方媒体中伤中国没有新闻自由的把柄，在外国受众心中留下负面印象和情绪。（刘琛，2010；胡志龙，2011；靖鸣、袁志红，2007；程曼丽，2006；金正昆、徐庆超，2010；曹碧波，2010；张昆，2008；涂光晋、宫贺，2008；谢稚，2010；张妮，2010；李一凡，2013；陈文，2012；季为民，2013；）

　　（二）树立危机传播意识，对于危机应及时反应，抢占突发事件舆论主导权，同时健全政府新闻发言人制度，及时向国外公众传播权威、有效、顺畅、快捷的公共信息，最大程度削减针对中国的不良言论和印象。突发性事件由于带有较高的新闻价值，往往能在极短的时间内迅速成为各界关注的焦点。这就要求政府部门必须在第一时间迅速行动，及时发布相关情况，披露事件真相，这样才能有效杜绝各种小道消息和流言蜚语，避免对外国受众的认知判断产生不良影响。特别是在网络极度发达的情况下，第一时间作出回应并且保证信息公开透明成为国际传播环境中把握主动权、解释权和主导权的关键，否则，很可能陷入被动。[①]

　　对于危机的处理应对，我们同时也应注意，其不仅仅局限于各种突发性事件的出现，同时还应包括对于国外媒体误读、歪曲国家形象的行为及时反驳和纠正。由于中西方在利益关系、文化及意识形态上均存在较大冲突，西方媒体对中国形象的歪曲和丑化往往在所难免。面对这样一种有损国家形象的行为，我们必须打破"跨文化沉默的螺旋"，有理有力地进行反击。[②]比如在人权问题上，中国政府打破以往的沉默态度，在加拿大记者会上列举种种人权保护的事实进行有力反击，一定程度上消解了外国受众心中原有的负面情绪。（李正国，2006；程曼丽，2006；赵新利，2007；贾文键，2008；杜雁芸，2008；任孟山，2008；杨霄、李彬，2010；乔旋，2010；曹碧波，2010；胡志龙，2011；范红，2013；魏丽娇，2013；张晓霞，2013；于小薇，2012；张庆武，2015）

　　（三）利用大型媒介事件营销，寻求国际目光的注视，借此提升国家的文化影响力，改善国家形象并优化海外受众的情感体验。在重大国际性活动中，世界各地的媒体汇聚一堂，对举办国进行集中报道，国家形象的维

---

　　① 赵新利：《网络环境下的对外传播与国家形象塑造》，《北京邮电大学学报（社会科学版）》2007年第3期，第6-10页。

　　② 贾文键：《德国〈明镜〉周刊（2006—2007年）中的中国形象》，《国际论坛》2008年第4期，第62-67，81页。

护与塑造在此期间显得尤为重要。[①]我们可以发现，不管是 2008 年的北京奥运会还是 2010 的上海世博会，都通过与文化、民族精神的完美融合，成功彰显了中国以和为贵、和平崛起的国家形象，给海外受众留下了十分深刻的印象。不仅如此，诸多大型国际会议及纪念活动，也将中国的城市发展及人文形象输出海外，展示了中国社会发展的成果和国人的时代风貌。因而在未来国家形象的对外传播中，我们同样也应利用这些大型媒介事件进行营销，比如即将举行的金砖国家首脑峰会、北京冬奥会等，通过对外输出中国的发展理念及价值信仰，消解外国受众心中原有的刻板印象，改善国家形象情绪体验。

与此同时我们也应注意，在大型媒介事件中，国家调用资源的能力、活动举办的顺畅与否以及期间的相关细节等等，都会成为媒体和活动参与者关注的焦点，[②]一点小小的差错都可能被境外媒体无限放大，对国家形象产生不利影响。因而在这样一种事件营销中，我们同时也应保持高度的危机意识，对于危机的发生及时进行回应和处理。（韩源，2006；冯霞、尹博，2007；韩源、王磊，2007；王惠生、李金宝，2010；郭可、吴瑛，2010；林洋帆、李鹏飞，2010；曹碧波，2010；吴友富，2009；叶芳，2012；范红，2013）

三、国家形象认知结构

从国家形象认知结构这点上看，国家形象认知结构由外国受众对中国的了解深度和归因判断这两部分组成。由于不同人对中国的细节、领域、形象的了解程度均不同，同时在归因上更是各有千秋。因而我们有必要对不同受众加以研究分析，并在对外传播过程中加以分类，实现精准传播。同时由于文化及意识形态差异的存在会一定程度上影响外国受众的归因判断，因而我们也应加强相互间的文化交流，寻找传播中的共通点。具体来看，主要呈现为以下几点：

（一）以受众为中心，考虑受众的心理需求，在对外传播过程中要努力做到区分对待、精准传播。由于中西方之间文化背景和历史发展道路不同，许多海外受众往往很难对中国输出的内容产生共鸣与交集。同时由于地缘

---

① 韩源：《全球化背景下的中国国家形象战略框架》，《当代世界与社会主义》2006 年第 1 期，第 99-104 页。

② 范红：《国家形象的多维塑造与传播策略》，《清华大学学报（哲学社会科学版）》2013 年第 2 期，第 141-152、161 页。

关系，不同国家的受众对中国形象的理解也会产生不同的认知。在国际传播过程中，单一的传播思路难以达到传播效果，只有因地制宜、有所侧重才能使传播效果最大化。①特别是处于现今的网络传播时代，我们更应该把受众的需求放在十分重要的位置，了解受众的兴趣点，而不能自说自话。比如现在遍布世界各地的孔子学院，在发展过程中就应该深刻理解当地的文化背景，尝试寻求两种不同文化间的意义共通点以引起海外受众的兴趣，使得外国受众能够真正理解中国形象背后的价值观及发展理念，形成积极归因。

针对海外受众的精准传播，不仅仅体现在内容上，同时也包含着对时间节点的准确把握。比如对中国有正面印象或了解较少或带有误解的受众来说，中国国家形象的完善工作需要在他们态度形成的初始阶段做起，通过一定的信息积累和稳定的信息投放，潜移默化地促使这部分受众形成正面、客观的中国国家形象认知。②（赵新利，2007；李　玮，2011；陈杰、绽戾燕，2011；葛卉，2011；檀有志，2012；王嘉婧，2016；吴建民，2015；侯慧艳、李守石，2015；仲伟合、王冬青，2015；谢晓娟，2012）

（二）加强中外文化交流，通过与其他国家文化的相互借鉴，相互吸收，使海外受众在了解中国形象的过程中保留一个客观、完整的认知框架，形成文化认同感。国家形象传播过程中，每一个活动的个体都会呈现出所处国家的"文化个性"，这是由国家形象传播的属性决定的，也就是说，国家形象传播总是发生在一定的跨文化场域内。③所以在文化借鉴吸收的过程中，如何扩大不同个体之间"文化个性"的交集，是文化交流要解决的一个重要问题。最近这些年，我们也可以看到中国政府在这方面所做出的努力，诸如与俄罗斯等国的"中国年"活动，在一定程度上加深了俄罗斯民众对中国文化形象的了解，对中国形象的认识产生了改观。不同文化间的交流来源于差异性，却开始于共通性。正是借助这样一种文化共性，进而转化为对形象上的认同，外国受众在归因判断上才会更为准确和客观。

对外文化传播是一个极为庞杂和复杂的系统，但我们也应注意，其最为重要、最为根本的，仍是我们要对自身文化有一个正确的认识和判断，

---

① 谢晓娟：《论对外文化交流中的中国国家形象》，《当代世界与社会主义》2012 年第 3 期，第 17-21 页。

② 檀有志：《公共外交中的国家形象建构——以中国国家形象宣传片为例》，《现代国际关系》2012 年第 3 期，第 54-60 页。

③ 涂光晋、宫贺：《北京奥运与国家形象传播中的议程建构》，《中国广播电视学刊》2008 年第 7 期，第 6-7 页。

树立起自身文化的民族自尊心和自信心，而非单纯地去迎合外国受众的喜好。只有这样，我们的国家形象根基才会得到更进一步的巩固。（陈强、郑贵兰，2007；罗建波，2007；昊友富，2006；何辉，2006；张昆，刘旭彬，2008；庹继光、刘海贵，2008；倪建平，2008；涂光晋、宫贺，2008；张法，2008；吴友富，2009；郭瑾、胡文娟，2011；孙晓萌，2014）

四、国家形象共鸣度

从国家形象共鸣度这一点看，其包括了海外受众的认知认同度和行动认同度这两个层面。作为整个国家形象对外传播的金字塔顶端，其难度相比其他三者要大得多，与此同时，这种传播效果的达成，也有赖于在关注度、情绪体验、认知结构中打下的良好基础。因而从这点出发，我们可以运用一些定量研究的方法对海外受众进行效果评估，从而发现存在的不足及空缺，并及时修补和完善。

考察中国以往的国家形象，大多数学者往往会比较多地选择解读外媒和民意调查数据这两种方法进行考量。但我们也会发现，解读外媒所得出的分析结果，往往只是单纯地考虑了由媒介所建构出的拟态环境，而对海外受众产生的真正效果，我们却很难得知。同时，民意调查数据虽能一定程度上反映外国受众的态度变化，但一方面，难免会有西方的价值观偏见、标准选择等因素在影响着结果的准确性和客观性；另一方面，我们也往往很难从中发现对外传播的问题所在。正是基于这样的一种考虑，专门针对海外受众的传播效果研究，也就成为我们进行传播效果评估时一个最为有效的衡量方法。

围绕海外受众的研究，在认知认同度上，我们可以从谈论、意愿、兴趣、关注这几大点切入，而在行为上则可以从来访、合作、积极评价的意愿上进行考量。通过这样的一种分析得出来的研究结果，我们往往也就更容易发现国家形象传播出现问题的环节和步骤，并做到对症下药，及时修正，更好实现对外传播的预期效果。（王嘉婧，2016；刘伟乾，2014；邵峰，2016；刘继南、何辉，2008；武新宏，2012）

综上所述，本章节通过系统性文献综述法、内容分析以及二手资料分析法构建了国家形象研究的十年知识生产图，尤其针对概念、特点和实证进行了回溯与批判性思考。在2006年到2016年国家形象研究中，概念主体支架形成了八面大旗，无论从概念和特点的纵向分布特征都呈现连续性、暂时连续性、跳跃性和离散性，不同的切入视角可以为未来研究提供系统性的设计路径。可以发现，国家形象研究的理论基础一直扎根于国家复杂多变的现实中，尤其和我国的政策指向和影响紧密结合，比如 2007 年党的十七大提出"文化软实力"，2008 年提出我国国际传播第一个 5 年规划，2010 年起我国成为超过日本的世界第二大经济体，2012 年国家反腐力度的增加等等政治经济因素，都直接影响着国家形象研究的建构。然而，不得不反思，国家形象研究经历了十年的努力然而效果仍然不尽如人意，诚然，2022 年是我国新的 5 年规划的出发点，究竟国家形象研究出路在哪，我们是否应该重新出发，笔者认为这是一个值得所有关注本研究领域的专家学者一起再携手出发的重要课题。

第二章 国家形象视域下的软实力

比较而言，国内国际关于软实力的研究，某种程度处于相互割裂的状态，因为彼此都有先决性的意识形态和政治立场，从而产生学术话语内部关于软实力概念的理解差异与碰撞，较难形成深度的理论对话。国内学者前期为本研究奠定了丰富的基础，但总体倾向于文化权利论和文化主义论模式，并且近年来开始转向二元对立的东方主义论。国外学者在研究思路上较凸显惯性的西方优势立场，因此，依然受到世界主义/民主理论窠臼的局限，同样倾向于将中国性与国际性表述为不可调和的二元对立。国内学者的研究思路较辩证，但随着国际和国内政策的变化，研究对象显得相对单一，且缺乏实证参考，国际学者的研究对象较为丰富，但尚未走出早期的文化学派论述范式。比如，在针对我国软实力实践的国际软实力研究领域，可以发现国际学界三大核心方向。一是以软实力、锐实力概念提出者约瑟夫·奈的理论框架为基础，愈发引发海外针对我国的外交目标的影响焦虑和偏见（如马歇尔计划、麦卡锡主义或文化帝国主义等），忽略了中国"引进来""走出去"的双向交流初衷和实质；二是以亨廷顿的"文明冲突论"为基础，持续误读儒教文明"和为贵"的外交哲学；三是关于文化外交与国际文化关系价值观的热议基本维持在两大维度："文化民主主义、文化多元主义"和"文化国际主义、世界大同主义"的观点对峙，以及文明冲突论与文明合作共存论的范式之争。对软实力的理论阐释还有待进一步厘清。

本章从软实力理论与相关子概念、文化软实力与国家形象、软实力评价体系研究三部分展开。第一节首先介绍文化软实力概念在中国兴起和发展的过程，其次介绍国家形象与文化软实力之间的关联及既有研究聚焦的四个维度。第二节回溯软实力理论的概念内涵、缘起及理论拓展，并分析既有讨论的局限性。第三节介绍目前国际中存在的软实力评价体系，并对其合理性进行分析。

以文化软实力视角探索国家形象的对外传播，有利于更全面地挖掘国家形象对外输出的文化历史资源,避免文化输出过程中产生的误区,从而能够有策略、有方向地对外讲好中国故事、传播中国理念。因此,有必要在软实力理论研究上,一方面强调借鉴国际学界的学术资源,弥补我国研究视域的缺憾;另一方面坚守我国学人的问题意识,发出中国学者的批判声音,与国际学界形成学术对话。

第一节　软实力概念的本源与异化

一、软实力概念的缘起与提出

"权力"在国际关系研究领域是最重要也是最具争议的概念之一,在基本概念层面并没有一致看法。作为一个颇具情境性的概念,在不同的研究和理论背景下,"权力"有不同的定义与内涵。由此"我们不可能产生任何单一连贯的权力理论,更有可能产生各种范围内的有限理论"[①]。

在现实主义理论背景下,权力概念更倾向于被定义为通过强制性力量使他人服从。如韦伯[②]将权力定义为"社会关系中一个行为者不顾阻力能够实现自己意愿的概率",权力是一种零和游戏,也是一种来自主体的素质、资源和能力的属性。达尔[③]提出权力是一个行动者影响另一个行动者的能力。布劳[④]将权力定义为"个人或团体不顾他人反抗,通过威慑的形式将自己的意志强加给他人的能力",在这一理论脉络下,国家通过使用"物质性资源"以实现更大影响力[⑤]。人口和领土规模、资源禀赋、经济和军事力量、政治稳定和能力都在国际关系中被视为权力的物质性来源[⑥]。

对权力概念中的非物质性资源在软实力概念提出之前也有所提及。如古典现实主义学者 Carr 将政治权力分为三类:军事权力、经济权力和意见权力(power over opinion)。他认为公共意见、大众心理等非物质资源也很

① Dahl R A., "Freedom, Power, and Democratic Planning", 1950.

② Weber M., "The theory of social and economic organization," Simon and Schuster, 2009.

③ Dahl R A., "The concept of power," Behavioral science, vol. 2, no. 3, 1957, pp. 201-215.

④ Blau P M. Exchange and Power in Social Life, revised edn[J]. 1967.

⑤ Barnett M, & Duvall R., "Power in international politics," International organization, vol. 59, no. 1, 2005, p. 39-75.

⑥ Gilpin-Jackson Y, & Bushe GR., "Leadership development training transfer:a case study of post-training determinants," Journal of management development, 2007.

重要①。卢克②在 Power: A Radical View 中也认为思想控制是权力控制的重要层面，它可以通过控制信息、大众传媒和社会化进程来实现。Gramsci 的霸权概念中也提到，政治社会和公民社会同样重要，因为霸权的行使需要"武力和同意的结合，两者相互平衡，但武力不能过分地超过同意"③。由此，按照其说法，霸权是"知识和道德的领导，其主要构成要素是同意和说服，而不是强迫"④。

　　冷战时期，关于影响力的研究主要集中在核武器和常规军事力量上。90 年代随着冷战的结束，大量有关软实力的研究与政策建议应运而生。软实力是"美国衰弱论"思潮与现实主义权力概念盛行之时提出的。一方面，美苏冷战，苏联在军事上几乎能与美国抗衡，日本的经济实力也不断追赶美国。在此背景下，美国衰弱论调此起彼伏，如保罗·肯尼迪认为美国正遭受"帝国的过度扩张"，很快会走上西班牙与英国衰弱的老路。另一方面，国际政治学者与实践者普遍将权力视作有形的胁迫性权力，尤其对于肯尼斯·华尔兹等新现实主义者而言更是这样⑤。奈对美国衰弱的论调抱有怀疑，认为尽管美国在军事和经济上有被苏联和日本追上的趋势，但是在文化输出方面则有他国无法匹敌的优势。在这一思考逻辑下，奈认为只强调权力胁迫与交易（coercion & payment）的属性是片面的，他认为，人们凭借思想与吸引力也可以影响他人，操纵他人所想与行动的议程。由此，奈提出了"软实力"的概念，试图反驳美国衰弱论，并克服当时学术界盛行的权力概念的局限性。

　　软实力的概念由奈于 1990 年出版的 Bound to Lead 一书中提出，指一个国家"通过吸引和说服别国服从本国目标，从而使本国得到自己想要的东西的能力"⑥。这是一种强调"与人们合作而非让其他人服从你的意志"的权力⑦。奈在此后进一步阐明了国家软实力主要依靠的三种资源：文化（对他国具有吸引力）、政治价值观（得以在国内外践行）、外交政策（被认

　　① CARR TH., "SOME CONSIDERATIONS IN THE SELECTION OF POWER-STATION AUXILIARY SUPPLIES," Journal of the Institution of Civil Engineers, vol. 26, no. 8, 1946, pp. 529-536.

　　② Power S L., "A radical view," 1974.

　　③ Gramsci A., "Hegemony," na, 1971.

　　④ Fontana D, & Abouserie R., "Stress levels, gender and personality factors in teachers," British Journal of educational psychology, vol. 63, no. 2, 1993, pp. 261-270.

　　⑤ Nye Jr J S., "Will the liberal order survive: The history of an idea," Foreign Aff, vol. 96, lss. 1, 2017, pp. 10-16.

　　⑥ Nye J S., "Soft power," Foreign policy, vol. 80, 1990, pp. 153-171.

　　⑦ Nye Jr J S., "Limits of American power," Political Science Quarterly, vol. 117, no. 4, 2002, pp. 545-559.

为合法且具有道德权威）[①]。

二、软实力的概念纷争与异化

（一）软实力理论纷争话题

软实力概念提出后，引起学界与政界的广泛讨论。对于奈软实力概念的批评、修正、扩展的文章数体量庞大，并逐渐脱离了奈自身的预料。奈[②]在 2017 年的文章中写道："作为一个学者或公共分子，你可以在自身创造的概念刚出来时爱护和约束它；但随着它的成长，它会四处游荡，结交或好或坏的新友，你能做的并不多。"本部分将从西方语境对奈软实力概念的澄清与重塑两部分进行梳理，对于"巧实力"与"锐实力"两个受到奈认可的延伸概念，则另做梳理。

对于软实力概念的纷争，首先在于其构成要素上。国外一些学者从不同视角提出了自身的见解。奈最初定义中的软实力由文化、政治价值观与外交政策三部分构成。美国参议院外交关系委员会[③]则认为，国家软实力的构成要素包括国际贸易、海外投资、发展援助、外交倡议、文化影响力、人道主义援助和灾难救济、教育以及旅游等多方面内容。Vuving[④]提出了"3B"要素：美丽（beauty）、卓越（brilliance）以及善良（benignity）。"善良"意指对待他人时的积极态度，软实力通过他人的感激与共情产生；"卓越"意指主体在做事时的高水平表现，软实力作为一种崇拜的产物产生；"美丽"意指主体所唤起的理想、价值与远景，软实力通过对对象的启迪产生。李根[⑤]则从软实力的来源角度，提出 5 种软实力：（1）通过塑造一个国家和平、有吸引力的形象来改善外部安全环境；（2）动员其他国家支持自己的外交和安全政策；（3）操纵其他国家的思维方式和偏好；（4）维护一个社区/国家社区的团结；（5）提高一个领导人的国内支持。

在概念提出之初，"软实力"的重要性通常被单独强调，然而随着讨论的深入，西方学者逐渐将"软实力"与"硬实力"联系起来置于国家权力视域下探索。软实力和硬实力都是通过影响别人的行为达成自己目的的

---

① Nye Jr J S., "Transformational leadership and US grand strategy," Foreign Aff., vol. 85, ssue. 4, 2006, pp. 139-148.

② Nye Jr J S., "Will the liberal order survive:The history of an idea,". Foreign Aff., vol. 96, 2017, pp. 10.

③ Armitage R L, & Nye J S. "Implementing Smart Power:Setting an Agenda for National Security Reform," Statement before the Senate Foreign Relations Committee, 2008, pp. 24.

④ Vuving A., "How soft power works," Available at SSRN 1466220, 2009.

⑤ Lee G., "A theory of soft power and Korea's soft power strategy," The Korean Journal of Defense Anal_ysis, vol. 21, no. 2, 2009, pp. 205-218.

方式，两者之间的差别只是程度问题。[①]奈强调软实力与硬实力密不可分，且对于国家而言缺一不可。一方面，尽管软实力与硬实力不能完全相互补充或相互替代，但它们可以相互强化和巩固。另一方面，一种权力使用不当也可能削弱另一种权力。此外，从权力效果层面看，对于同一种资源的运用既可以产生软实力也可能产生硬实力；更进一步，利用资源不一定能够产生权力，甚至会起负面作用。如迈克尔与理查德[②]基于对中东小国卡塔尔的研究，提出国家在运用软实力时可能会产生非预期后果，削弱原本软实力的正面影响，造成失权（disempowerment）。如加拉罗提[③]所说，这种软硬实力的划分可能有些武断，是不完美的断然（imperfect categorically）。在软实力和硬实力的关系上，也存在更多不同的看法。如 Fan Y[④]认为软实力只不过是硬实力"软"的一面，其背后必须有硬实力的支撑，由此软实力只不过是硬实力的一种表现。

其次，关于软实力概念的争论，也集中在对"软实力"与"软实力资源"（resources）的界定上。在此情况下，通过"权力资源"的软硬来判断一种权力是软实力还是硬实力，使得权力本身变得具体可测量，因此软硬权力的二分法在这些研究中并不被视为问题。某种程度上，这种"软实力"与"软实力资源（resources）"不分的情况，掩盖了软实力与硬实力之间关系模糊这一问题，后者在之后也成为学者关于软实力概念争论的重要问题。福尔维[⑤]在文章中指出了以往研究中权力资源与权力不分的状况，由此进一步指出权力资源与权力的关系。他认为，一种资源既可以形成软实力，也可以形成硬实力。如军事资源通常被认为是硬实力资源，但当某国军事取得胜利时，其既可以胁迫一些人，也可以吸引一些人。福尔维认为通过奈[⑥]提出的建立软实力与硬实力的连续体的方式可以解决这一困境。奈构建了从硬性的胁迫、诱导到议程设置，最后到软性吸引的行为谱系（behavior spectrum）。中间的诱导与议程设置有时被视作胁迫性的硬实力，有时也被视为合作性的软实力。进一步，罗斯曼[⑦]从权力资源的角度将不同权力放在

① Nye Jr J S., "Soft power:The means to success in world politics," Public affairs, 2004.

② Brannagan P M, & Giulianotti R., "The soft power–soft disempowerment nexus:the case of Qatar," Inter_national Affairs, vol. 94, no. 5, 2018, pp. 1139-1157.

③ Gallarotti G M., "Smart power: Definitions, importance, and effectiveness," Journal of Strategic Studies, vol. 38, no. 3, 2015, pp. 235-281.

④ Fan Y., "Soft power and nation branding," PKU Business Review (2007), No. 10, 2007.

⑤ Vuving A., "How soft power works," Available at SSRN 1466220, 2009.

⑥ Nye Jr J S., "Soft power:The means to success in world politics," Public affairs, 2004.

⑦ Rothman S B., "Revising the soft power concept:what are the means and mechanisms of soft power?," Journal of Political Power, vol. 4, no. 1, 2011, pp. 49-64.

一个连续体上，权力资源从最硬的军事到经济、制度，再到最软的修辞/成功资源，由此拓展了奈的连续体层次。然而，这似乎是将权力与权力资源的问题又一次拉进混乱的泥潭，因为对于权力资源软硬的分类，依旧会与软硬实力的定义相矛盾，即软权力资源既可以产生软实力也可以产生硬实力，硬权力资源也同样如此。这相当于进一步模糊了软硬实力之间区分的界限。李根①提出了新的理论框架，试图解决软硬实力与权力资源概念不清的问题。奈最初的软实力概念没有包含对于资源"软""硬"的区分，并且按照原有概念软实力和硬实力可能来自同样的资源，这导致软硬实力之间界限模糊。因此李根提出，通过软硬权力资源来界定权力是"软实力"还是"硬实力"，在这一理论框架下，软实力"既可以是合作性的，也可以是胁迫性的"。

再次，国外学者对于资源向软实力转化路径这一问题延伸出了探讨。权力资源本身不是权力而是潜在的权力，资源的所有者必须通过一定的路径将其转化为权力②。奈认为，公共外交是实现软实力的重要途径，某种意义上，软实力只能通过公共外交来实现③。软实力是一种"公共外交"，包括促进双向理解、长期关系维持以及积极合作等效果。通过建立积极灵活的联系公共外交，以此发挥影响力，让其他主体认为其具有吸引力和价值④。公共外交可以被视为有助于国家的软实力，通过广播、文化交换和交流等活动，产生国家信誉，培养民主信仰等价值观，以此改变他国公众行为并增加善意⑤。类似地，克雷格⑥也认为，"文化、价值观、外交政策等动态资源可能对软实力作用发挥至关重要，但是它们如何成为可用的资源，需要公共外交和策略沟通发挥作用"。然而，借助公共外交实现文化软实力并非容易。奈⑦指出，在信息过载的当下，不仅需要传递信息更要获得注意

① Lee G., "A theory of soft power and Korea's soft power strategy," The Korean Journal of Defense Anal_ysis, vol. 21, mo. 2, 2009, pp. 205-218.

② Fan Y., "Soft power and nation branding," PKU Business Review (2007), No. 10, 2007.

③ Nye Jr J S., "Smart power," New Perspectives Quarterly, vol. 26, no. 2, 2009, pp. 7-9.

④ Nye Jr J S., "The rise and fall of American hegemony from Wilson to Trump," International Affairs, vol. 95, no. 1, 2019, pp. 63-80.

⑤ Pamment J., "Articulating influence:Toward a research agenda for interpreting the evaluation of soft power, public diplomacy and nation brands," Public Relations Review, vol. 40, no. 1, 2014, pp. 50-59.

⑥ Hayden C., "Scope, mechanism, and outcome:arguing soft power in the context of public diplomacy," Journal of International Relations and Development, vol. 20, no. 2, 2017, pp. 331-357.

⑦ Nye Jr J S., "The rise and fall of American hegemony from Wilson to Trump," International Affairs, vol. 95, no. 1, 2019, pp. 63-80.

力。只有国家建立自身信誉才能有效转化。范英①则认为，国家品牌建设有助于在国际受众中创造更有利和持久的形象，由此提高国家软实力。他提出国家品牌由政治品牌、经济品牌、文化品牌构成。"国家品牌实际上是一个跨文化交流的过程，类似于广告'认识-吸引-喜爱'的传播过程"。李根②基于自身对软硬资源的分类，认为从资源向软实力的产生需要通过两个环节：（1）创造权力接收者新的思考方式；（2）创造对接收者吸引力或者害怕情绪，通过将其转化习惯达到软实力施加目的。

最后，国外学者对软实力概念争辩也聚焦在领导权以及霸权之争。随着意大利共产党人安东尼奥·葛兰西在《狱中札记》中提出的 egemonia 一词广泛运用于国内人文社科学界，关于这一概念的中文释义与运用语境争议便逐渐走入学界视野。"egemonia"在英文中译为"hegemony"，中文在 hegemony 的基础上进行转译，较多采用"霸权"这一释义。由于"霸权"在中文语境中暗含着"霸道""控制""强制"等含义，与葛兰西想表达的"通过市民社会表达价值观、态度、信仰与道德，以达到维护权力关系的现状"这一原意相去甚远③，因此"文化领导权"逐渐替代了"文化霸权""话语霸权"，成为 hegemony 普遍适用的中文转译④。

葛兰西认为，通过 hegemony，统治对象并非出于恐惧或压力改变自己的意愿，而是根据自己的判断与主观意志，主动接受统治者制造的"文化语境"（culture context），并认可统治者的统治方式。在中文语境中，围绕 hegemony 究竟译为"霸权"还是"领导权"的争论，主要来自其背后"软实力"和"硬实力"两个面向。学者展江⑤认为，20 世纪 30 年代"hegemony"一词发生转向，从接近于"硬实力"的"霸道"转为接近于"软实力"的"王道"。更具体地讲，所谓王道是施仁义、讲道德，而霸道则是以力治人，通过制造恐惧与威慑力维持统治地位⑥。因此，从意大利本源 egemonia 来看，"文化领导权"是一个中性词，而非贬义词，它适用于不同的社会阶级，

① Fan Y., "Branding the nation: Towards a better understanding," Place branding and public diplomacy, vol. 6, no. 2, 2010, pp. 93-103.

② Lee G., "A theory of soft power and Korea's soft power strategy," The Korean Journal of Defense Anal_ysis, vol. 21, no. 2, 2009, pp. 205-218.

③ Burke B., "Antonio Gramsci, schooling and education," The encyclopedia of informal education, 2005, pp. 11.

④ 孟繁华：《传媒与文化领导权》，济南：山东教育出版社，2003 年，第 3 页。

⑤ 展江、彭桂兵：《"霸权"、"领导权"抑或其他？——葛兰西 hegemony 概念与汉译探讨》，《国际新闻界》2011 年 33 卷第 11 期，第 6-12 页。

⑥ 季广茂：《意识形态》，桂林：广西师范大学出版社，2005 年，第 66 页。

与"霸权主义""文化帝国主义"等概念相区别（田时钢，2007）。

关于"领导权"的讨论，雷蒙德·威廉斯将葛兰西"文化领导权"概念进一步改造，提出领导权是通过整合（incorporation）作用得以实现的，领导权并非统治者对统治对象的主宰，而是一个统治与从属之间持续斗争，并在此基础上自我调整、修正、革新与重建的过程。

值得注意的是，"软实力"概念的提出者奈也曾承认"软实力"与葛兰西"文化领导权"的相似之处，这两个概念都参考了不同群体共享、同意或视为合法的一套一般原则、思想、价值观和制度，同时也是另一个群体对一个群体的权力、影响和控制的资源[1]。但从以国家为主体的软实力战略来看，领导权是指权力所有者运用多种方法与手段，在实现特定目标的过程中，对被领导者做出一定行为与施行一定影响的能力。

立足于现今的全球化与国际政治语境，关于领导权与软实力的研究集中于以下三个方面：

第一，领导权与软实力概念是否适用于当下的国际传播语境？学者赵月枝[2]认为，"软实力"这一概念诞生于特定的世界地缘政治和美国国内政治语境，其内涵包含美国霸权的现实存在。因此，以"软实力"来主导中国的主流话语并不妥，而文化领导权（hegemony）因其包含了阶级分析视角和推翻资本主义制度的人类解放诉求，是更为全面、丰富和深刻的理论框架。与之相反，学者俞沂暄[3]则认为国际关系中的"领导"概念是非等级制的领导权（leadership），与"文化领导权"（hegemony）不同，领导权不与某个具体的国家挂钩，任何国家都可以在适当的议题或领域行使领导权。因此领导权也不需要具有意识形态竞争意味的"软权力"或"文化霸权"的助力，只需要坚持国际关系的公认基本原则、回到尊重每一个国家多样性存在的基本共识上即可。

第二，领导权与软实力概念在当下的国际传播语境中呈现什么关系？回归到"软实力"概念的提出者——约瑟夫·耐的理论框架之下，他认为所谓"领导权"（leadership）是一个包含了统治者、追随者与二者互动环境的政治过程，而美国重获国际社会的领导权主要依靠软实力资源与硬实力

---

[1] Zahran G, & Ramos L., "From hegemony to soft power:implications of a conceptual change," Soft power and US foreign policy. Routledge, 2010, pp. 24-43.

[2] 赵月枝：《被劫持的"新闻自由"与文化领导权》，《经济导刊》2014 年第 7 期，第 45-50 页。

[3] 俞沂暄：《超越霸权——国际关系中领导的性质及其观念基础》，《复旦国际关系评论》2020 年第 2 期，第 42-59 页。

资源相结合的"巧实力"战略①。从互文性视域来看，葛兰西的文化领导权理论与约瑟夫·奈提出的文化软实力有着密切的互文历史关联，它们在重视文化与意识形态及其社会功能方面具有相似性②。同时，面临网络文化迅速发展、国际文化渗透和意识形态攻击加强等新情势，领导权问题比以往更加扩大化、国际化、复杂化，在这样的语境下，葛兰西的文化领导权概念已经转换为文化软实力概念③。

第三，领导权与软实力是如何相互作用的？从政府层面的体制机制来看，中国的政策制定对外呈现为不协调、临时性和缺乏正当性，加之悬而未决的海上争端，中国的国际领导力（international leadership）受到制约，进一步限制了中国软实力的提升④。针对 Nye 所提出的提升美国国际领导权的"巧实力"策略，有学者指出美国的领导权依旧依托于硬实力，所谓建设性的、多边主义的、合作性的领导权是一种政治话语而非政治实践⑤。从非国家层面的体制机制看，相关研究聚焦于体制机制如何维系现有的国际权力关系。有学者聚焦于教育体系与大学排名，认为高等教育既是软实力的重要资源，又作为一种治理工具，推动着西方霸权的权力再生产⑥。而对于电影产业而言，宝莱坞作为印度最大的电影生产基地，未能发挥促进本国电影多样化、与美国好莱坞抗衡的作用，反而在产业垄断、意识形态宣传等方面从属于好莱坞，巩固着好莱坞在全球电影产业中的霸权地位。

总体而言，国外学者对软实力概念的探讨主要集中在软实力本质与构成要素、软实力与硬实力关系、软实力与权力资源区分与转化、领导权与霸权之争几个方面。此外，一些学者也指出了该概念的特点及与其局限性：

一是软实力的主体间性。"软实力是一种关系性或主体间的过程，需要一种对于文化准则、价值与规范等要素共享的理解建立吸引的意

---

① Nye Jr J S., "Public diplomacy and soft power," The annals of the American academy of political and social science, vol. 616, no. 1, 2008, pp. 94-109.

② 赖永兵：《葛兰西文化霸权学说与文化软实力的提升——以互文性观念为视阈》，《云南社会科学》2012 年第 3 期，第 36-40 页。

③ 谢琦、葛兰西：《"文化领导权"理论及其对提升国家文化软实力的启示》，《学习与探索》2020 年第 5 期，第 9-16 页。

④ Beeson M, & Xu S., "Leadership with Chinese characteristics: What role for soft power?" Global and regional leadership of BRICS countries. Springer, Cham, 2016, pp. 169-188.

⑤ Cammack P., "Smart Power and US Leadership," 49th Parallel, 2008.

⑥ Lo W Y W., "Soft power, university rankings and knowledge production: Distinctions between hegemony and self-determination in higher education," Comparative Education, vol. 47, no. 2, 2011, pp. 209-222.

义"①。即要想构成吸引力，权力接受者与发送者必须达成关于"什么是有吸引力"的共识。这也意味着，某种程度上软实力效果的发挥很大程度取决于接收者。更进一步，对于同一国家不同主体（政治精英、普通百姓、边缘人群）所形成的软实力效果也不尽相同。由此"软实力"概念也产生了悖论，即究竟是接收国具有权力还是权力发送国。

二是软实力的权力属性。如欧佩兹②所言，权力是把双刃剑，具有两面性。无论是软权力还硬权力，其能够引起吸引，也可能滋生怨气。如中国软实力的提升给印度等周边国家带来压力，形成了中国软实力崛起的焦虑③。由此，一个国家对另一个国家的软实力即便发挥吸引力，却似乎很难持续维持。

三是软实力的无形与宽泛。软实力是一种对他国的吸引力，然而一方面吸引的要素有很多（且不同文化背景的学者对其会做出不同阐释）；另一方面软实力面对的对象，即国家，是颇为复杂的主体，很难具体指出吸引力产生在何处、如何产生。尽管奈在此前文章中提及"通过民意调查和小组访谈衡量"，但似乎无法给出总体性的软实力衡量标准。如尤卡鲁奇④以土耳其为例，提到尽管土耳其在出口文化产品和旅游业等方面赢得了他国人民的心，但这些国家并没有在国际事务上对土耳其给予支持。

（二）软实力，巧实力与锐实力

1、从软实力到巧实力

"巧实力"概念的起源有两种说法。一种说法是由苏珊·诺瑟尔⑤2004年于 Foreign Affair 上发表 Smart Power: Reclaiming Liberal Internationalism 后诞生；另一种说法则由奈⑥提出，他声称自己在 2003 年引入"巧实力"概念，此外，奈在 2004 年初出版著作的 Soft Power: The Means to Success

① Brannagan P M, & Giulianotti R. "The soft power–soft disempowerment nexus:the case of Qatar," Inter_national Affairs, vol. 94, no. 5, 2018, pp. 1139-1157.

② Fan Y., "Soft power: Power of attraction or confusion?" Place Branding and Public Diplomacy, vol. 4, no. 2, 2008, pp. 147-158.

③ Hall I, & Smith F., "The struggle for soft power in Asia:Public diplomacy and regional competition," Asian security, vol. 9, no. 1, 2013, pp. 1-18.

④ Yukaruç U., "A critical approach to soft power," Bitlis Eren Üniversitesi Sosyal Bilimler Dergisi, vol. 6, no. 2, 2017, pp. 491-502.

⑤ Nossel S., "Smart power," Foreign Aff. vol. 83, 2004, pp. 131.

⑥ Nye Jr J S., "Smart power," New Perspectives Quarterly, vol. 26, no. 2, 2009, pp. 7-9.

in World Politics^①中也提到了"巧实力"概念。随后，奈的巧实力概念被纳入美国战略与国际研究中心的巧实力研究计划案，并由此成立"巧实力研究委员会"，将巧实力落实于外交政策。巧实力也于 2009 年被时任美国国务卿的希拉里应用于美国外交政策。

某种程度上，巧实力作为软实力概念的拓展，是原有关于软实力和硬实力概念关系讨论的组成部分。正如奈所言，巧实力的提出旨在反驳"认为仅靠软实力就可以产生有效外交政策的误解"^②。随着软实力及与硬实力关系的讨论进一步拓展，巧实力作为一种调和两种实力的新概念，其重要性也得到了许多学者的肯定。威尔逊^③从时代背景上分析，认为小布什政府的糟糕表现引起了世界对美国憎恨，与此同时，后工业时代权力越来越取决于一个国家创造和操纵知识和信息的能力，且权力的目标对象教育水平逐渐提高，变得更加聪明，这一背景下有必要发展巧实力的概念，将软实力放在与硬实力同等重要的位置。威尔逊则从对概念意涵的探讨出发，提出无论软实力还是硬实力都无法满足国家利益需要。软实力"在政治上过于幼稚，在体制上过于薄弱"，硬实力则完全忽视了权力的其他构成要素。由此需要巧实力概念来弥补既有两个概念的不足。奈认为仅靠软实力无法产生有效外交政策，进而提出了情境性智慧（contextual intelligence）的概念，认为巧实力是一种"根据情境判断硬实力与软实力哪个更有效，由此将两种实力结合起来的能力"。奈指出，软实力可以在促进民主、保护人权等宽泛的目标中发挥有效作用，但是在阻止朝鲜核武器计划或者恐怖主义方面，硬实力会比软实力更有效。

在奈所定义的巧实力基础上，研究者对该概念作出了延伸与拓展。广泛的概念上，巧实力是软实力和硬实力相结合的策略。硬实力主要依靠有形的权力资源（象征性/实际上地使用）来胁迫对方服从；软实力则通过行使对其他国家具有吸引力的政策、品质和行动的非胁迫方式来培养权力。切斯特·克罗克^④认为巧实力"涉及战略性地运用外交、说服、能力建设以及具有成本效益且具有政治和社会合法性的方式投射权力和影响

---

① Blechman B M., "Soft power: The means to success in world politics," Political Science Quarterly, vol. 119, no. 4, 2004, pp. 680-682.

② Nye J S., "China and soft power" South African Journal of International Affairs, vol. 19, no. 2, 2012, pp. 151-155.

③ Wilson III E J., "Hard power, soft power, smart power," The annals of the American academy of Political and Social Science, vol. 616, no. 1, 2008, pp. 110-124.

④ C. Crocker, & F. Hampson, & Pamela R. Aall," Leashing the dogs of war: Conflict management in a divided world, "US institute of Peace Press, 2007.

力"。美国战略与国际研究中心[①]则将巧实力定义为"一种强调强大军事力量的必要性，但也对联盟、伙伴关系和各级机构进行大量投资，以扩大自己的影响力并确立自己行动合法性的方法"。

一些西方学者也指出既有巧实力概念的不足。如弗洛曼[②]认为 Nye 并没有对"巧实力"概念作出类似软实力（吸引）或硬实力（胁迫）一般的"单字总结"，由此他提出巧实力是一种"操纵"手段，旨在通过包容和利用其他国家及其自身的资源来支持和创建新的机构。

2、从软实力到锐实力

"锐实力"是颇具意识形态偏颇的概念。从软实力到锐实力的概念延伸，只能算一小部分研究软实力者的话语构造。往年对中国软实力和巧实力的分析比较多，但近年来"中国威胁论"势头增长，对中国"走出去"的分析趋于负面，"锐实力"概念在此背景下应运而生。

"锐实力"最初由沃克和路德维格在 From"Soft Power"to"Sharp Power"中于 2017 年提出[③]。"锐实力"在此被定义为一种能够"刺穿、渗透或穿透目标国家的政治和信息环境"的力量，即一个政权通过操纵性地使用信息，影响目标国家受众的看法，以影响其思想行为、破坏其政治制度，从而形成有利共识的力量。[④]

"锐实力"概念是相对"软实力"概念提出的。沃克和路德维格认为这是某些国家在软实力面纱下行使锐权力。他们认为锐实力是针对中国、俄国等国家在言论自由等政治分歧上的说法。在文章中，研究者将俄罗斯国家资助的 RT 新闻网与中国国家资助的孔子学院作为锐实力的案例，相反，胡佛研究所 2019[⑤]年报告则认为中国一方面存在推进软实力的公共外交的努力，另一方面也运用了强制手段，由此影响了美国的政治与公民生活。因此，沃克和路德维格认为，软实力与锐实力有显著差异。软实力利用文化和价值观的吸引力以增强国家实力，它是开放的并且是基于自愿的；然而锐实力具有隐蔽性，是一种"不开放"和"刻意欺骗"的力量。奈[⑥]强

---

① Armitage R L, & Nye J S. "CSIS Commission on Smart Power: A smarter, more secure America," CSIS, 2007.

② Florman Z., "Is Smart Power Leading the Way Forward? Reassessing its Importance in the US and China's International Strategy," 2021.

③ Walker C, & Ludwig J., "A Full-Spectrum Response to Sharp Power," 2021.

④ Shao J., "Exploring China's Sharp Power:Conceptual Deficiencies and Alternatives," ranscommunica_tion, Tokyo, vol. 6, mo. 2, 2019, pp. 129-148.

⑤ Wu Y., "Recognizing and Resisting China's Evolving Sharp Power," American Journal of Chinese Stud_ies, 2019, pp. 129-153.

⑥ Nye Jr J S., "The rise and fall of American hegemony from Wilson to Trump," International Affairs, vol. 95, no. 1, 2019, pp. 63-80.

调，锐实力与软实力尽管都关注对目标对象思想层面的影响，但区别在于软实力是"对象自愿地被吸引"，相比之下，像"宣传"等锐实力运作方式由于缺少可信度，则无法吸引目标对象。吴则从概念本身出发，认为间谍活动、虚假信息、禁止消极言论等所谓锐实力的手段通常由硬实力作为背书，因此也应该视为硬实力的一种形式。吴由此认为这一概念是多余的。吴则对此表示异议，认为传统的硬实力是以更"直接和开放"的方式应用经济或军事力量，应与具有隐蔽性的"锐实力"有所区分。

　　锐实力概念的缺陷。日本早稻田大学学者邵[①]在 2019 年指出了锐实力概念的四个缺陷：（1）与软实力和硬实力的界限不清；（2）与现有的"巧实力"概念有重叠特点，因此显得没有必要；（3）该概念的意识形态主导本质被掩盖在学术话语中；（4）该概念没有有效的对策来应对真正的威胁。由此，他提出了两个解释中国"锐实力"的替代方法。第一种解释认为中国的影响力扩展是其为了获得国际支持而进行的"战略叙事"，第二种解释认为中国的传播植根于传统文化的规范，主旨在塑造一个由中国主导的世界秩序。邵指出，中国"锐实力"本质上是不成功的战略叙事与规范传播，无论在国内和国外都没有取得很好的信任度。

　　随后，国际上的"锐实力"之说在中国政界和学者中引起了高度重视和有力回击，领导人与学者对于"锐实力"概念提出了强烈谴责。全国政协十三届一次会议中，发言人王国庆称锐实力的炒作"充分反映了西方某些势力顽固地以意识形态划线，坚持冷战思维和双重标准，对中国充满了偏见、歧视和敌视，本质上这是'中国威胁论'的新版本"。北京外国语大学教授谢韬在接受中国社会科学报采访时认为，锐实力背后是一套霸权逻辑和双重标准。在报道撰写者眼中"如果主体是西方国家，那就是软实力；如果不是西方国家，则是'锐实力'。如果是西方价值观，那就是软实力；如果不是西方价值观，则是'锐实力'"。

第二节　文化软实力：一个中国的视角

一、文化软实力概念研究

　　软实力概念在 20 世纪 90 年代初即受到王沪宁等我国学者的关注，但

---

　　① Shao J., "Exploring China's Sharp Power: Conceptual Deficiencies and Alternatives," ranscommunication, Tokyo, vol. 6, no. 2, 2019, pp. 129-148.

当时并未引起国内学界足够重视①。和许多西方国家一样，长期以来在中国战略思维视角下人们更强调国家军事经济等硬实力，对于软实力层面则关注较少②。然而随着中国硬实力的发展，中国在得到国际普遍关注的同时，也受到西方一些势力的猜疑和敌视，"中国威胁论""中国崩溃论""中国统治世界论"等对中国的预测盛行。软实力概念在某种程度上与 2003 年我国提出的"中国和平崛起"命题相契合，在这一背景下，软实力理论逐渐进入政府视野，成为消解国际不利氛围，提升中国国际形象的理论资源。

中国学界的软实力研究早期以翻译、评介奈的软实力学说为主③，仍然在奈的既有概念框架下与西方学术脉络进行积极对话。王沪宁④认为政治体系、民族士气、民族文化、经济体制、历史发展、科学技术、意识形态等因素的发散性因素，使软权力具有国家关系中的权力属性。基于对各国家和社会的体察，他认为目前影响国际"软权力"的势能由工业主义、科学主义、民主主义、民族主义构成。丁建伟⑤认为"软权力"概念没有足够重视国际制度性权力（正式或非正式组织起来的一般行为模式或行为范畴），由此认为，在判断冷战后的国际格局时，"对于可能成为'极'的行为体，应从硬实力、软实力和国际制度性权力综合认识"。阎学通⑥认为软实力为"一国国际吸引力、国际动员力和政府国内动员力的总和"，国际吸引力为一国吸引别国自愿效仿和追随的魅力，包括国家模式与文化吸引力。国际动员力以军事盟友和国际规则两方面衡量；国内动员力从政府对社会上层和社会下层两方面动员力进行比较。阎学通⑦认为软实力的核心是政治实力，国内政治动员能力是国际政治动员能力的根本。苏长和⑧提出国家软实力是指在国家间交往中因为知识、沟通、信息等因素而产生的彼此关系中影响与被影响、支配与依附的状态。黄金辉和丁忠毅⑨认为国家软实力主要指一国在文化力、制度力基础上形成的对本国民众和其他国际行为体

---

① 黄金辉、丁忠毅：《"他者"视域下的中国软实力分析及其启示》，《西南民族大学学报（人文社科版）》2009 年 30 卷第 8 期，第 119-124 页。

② 章一平：《软实力的内涵与外延》，《现代国际关系》2006 年第 11 期，第 54-59 页。

③ 方长平：《中美软实力比较及其对中国的启示》，《世界经济与政治》2007 年第 7 期，第 21-27、3 页。

④ 王沪宁：《作为国家实力的文化：软权力》，《复旦学报（社会科学版）》1993 年第 3 期，第 91-96、75 页。

⑤ 丁建伟、卢凌宇：《略论冷战后的国际格局：一种理论的视角》，《云南行政学院学报》2000 年第 4 期，第 19-23 页。

⑥ 阎学通：《从和谐世界看中国软实力》，《财经文摘》2006 年第 3 期，第 40-41 页。

⑦ 阎学通：《软实力的核心是政治实力》，《世纪行》2007 年第 6 期，第 42-43 页。

⑧ 门洪华：《中国软实力评估报告（上）》，《国际观察》2007 年第 2 期，第 15-26 页。

⑨ 黄金辉、丁忠毅：《中国国家软实力研究述评》，《社会科学》2010 年第 5 期，第 31-39 页。

的感召力、吸引力、协同力与整合力。

中国学者也较早对"软实力"这一舶来概念进行反思，并试图结合中国语境加以理解与完善。庞中英[①]认为奈的软实力定义是"基于美国经验，尤其是冷战期间和冷战后美国的世界经验得出的"，由此他提出了一种"普遍性的'软力量'定义"：（1）非物质的、无形的力量（如意识形态、文化、价值吸引力）；（2）国际结构性力量（在安全、生产、金融、知识等国际结构中拥有权力）；（3）与军事或战争力量不同的外交（主要是谈判）力量。陈玉刚（2007）认为软实力具有主体间性（可沟通性），因此他反对将中国传统文化作为软实力，"中国传统文化真正的问题不在于其本身，而在于其与其他文明的不可通约性，难以被其他文化所接受和转化"，其进而提出"发展、稳定、和谐"三者构成软实力的有机价值体系。

文化要素在中国学者讨论中凸显出来。中国学者对于软实力文化要素的强调随后跳脱出学者奈的软实力框架，形成了具有中国特色的"文化软实力"概念。这显然并非奈本身所预料。他在2019年依旧表示"软实力"概念在中国的发展轨道令自己感到惊讶。在许多中国学者思辨中，这一概念的"延伸"则是合理且必然的。赵月枝[②]认为美国式"软实力"概念背后隐含的是'帝国主义意识形态'，"美国无须帝国主义式的军力和材料就能展示其'软实力'的假定是相当幼稚的；更重要的是，这种观点可能是帝国主义统治的意识形态烟幕弹"。丁忠毅[③]则认为，由于中西文化传统、价值观念等差异，中西对于"软实力"的理解必然存在差异。张毓强[④]则认为，将软实力概念加以改造，能够"更接近于中国社会发展现实的理性态度"，发现'软实力'问题的中国问题性"。

事实上，对"软实力"概念中文化要素的强调较早就有所显现。俞新天[⑤]在作出对软实力界定时突出了文化地位，认为软实力可以分为三部分：（1）国家提倡或人民认同和反映的思想、观念、原则；（2）在国际关系中的及国内的制度建设；（3）政府制定与执行的战略与政策（也包括企业、NGO、民众等配合与否的问题）。他认为软实力的核心是文化，最主要的是文化中的核心价值观。丁忠毅则认为国家软实力，主要指一国在文化力、

---

①　庞中英：《从"北京共识"看中国影响》，《中国招标》2005年第9期，第46-47页。

②　赵月枝：《国家形象塑造与中国的软实力追求》，《文化纵横》2013年第6期，第52-59页。

③　黄金辉、丁忠毅：《"他者"视域下的中国软实力分析及其启示》，《西南民族大学学报（人文社会科学版）》2009年第8期，第119-124页。

④　张毓强：《中国国家软实力：路径现实及其问题性》，《山西大学学报（哲学社会科学版）》2014年37卷第5期，第15-19页。

⑤　俞新天：《软实力建设与中国对外战略》，《国际问题研究》2008年第2期，第15-20页。

制度力基础上形成的对本国民众和其他国际行为体的感召力、吸引力、协同力与整合力。其中，文化是观念前提，制度是支撑和保障。唐代兴[1]则认为"与'文化'并列的'政治价值观''意识形态吸引力''制度''国民凝聚力''生活方式'其实都属于文化的构成内容"，奈所言软实力其实就是文化软实力。张国祚[2]则指出软实力是指"一切无形的、难以量化的、表现为精神思想文化影响的力量"。我们认为，以上对于"软实力"中文化因素的强调主要有两方面原因。一是基于中西方对于"文化"一词的理解差异致使奈原本强调的价值观、政策等无形因素被一些学者归为"文化"。由于文化一词外延广泛，甚至政治价值观也可被视为文化一部分，软实力一词因而也带有鲜明的国家意识形态色彩。二是基于中国发展软实力面临"中国威胁论"的国际不利环境及"和为贵"的中国文化传统，一些中国学者在理解中国软实力概念时更强调文化层面的柔性实力[3]。尽管如此，也存在一些学者强调软实力中的政治实力，如阎学通[4]即认为"文化实力是软实力的构成部分但不是核心要素"。

某种程度上，"文化软实力"概念与"软实力"概念存在并行特点，在概念的发展过程中皆被融入具有中国特色的软实力话语范畴内，在关于两个概念的讨论中具有颇多重合呼应之处，因而在概念演变中难以将两者划出明确的界线。当许多中国学者将文化因素从奈的软实力概念中单独拎出并加以强调为"核心""灵魂"时，即在逐渐构造"文化软实力"概念。国内学者关于文化软实力构成的思辨成果丰富，其中林丹[5]提出的文化软实力由文化凝聚力、文化吸引力、文化创新力、文化整合力和文化辐射力等五个部分构成。在"软实力"和"文化软实力"的关系上，童世骏[6]认为国家文化软实力是"软实力"的一个方面，是以文化为基础的国家软实力。孙英春[7]则认为中国学者对软实力"最重要的理论发展是形成了'文化软实力'的概念，主张把文化作为整个软实力体系的源流和根基"。我们认为，某

---

① 唐代兴：《国家软实力的构成及其功能体系》，《西南民族大学学报（人文社会科学版）》2012 年第 12 期，第 215-220 页。

② 张国祚：《文化软实力研究》，《中国高校社会科学》2015 年第 1 期，第 42-45 页。

③ 胡键：《文化软实力研究：中国的视角》，《社会科学》2011 年第 5 期，第 4-13 页。

④ 阎学通：《从和谐世界看中国软实力》，《财经文摘》2006 年第 3 期，第 40-41 页。

⑤ 林丹、洪晓楠：《中国文化软实力综合评价体系研究》，《大连理工大学学报（社会科学版）》2010 年第 4 期，第 65-69 页。

⑥ 童世骏：《提高国家文化软实力：内涵，背景和任务》，《毛泽东邓小平理论研究》2008 年第 4 期，第 1-8 页。

⑦ 孙英春、王祎：《软实力理论反思与中国的"文化安全观"》，《国际安全研究》2014 年第 2 期，第 101-116 页。

种程度上，"文化软实力"概念在中国的广泛流行与应用是一种试图与美国化"软实力"概念划清界限的姿态。然而不可否认的是，"文化软实力"概念相比于中国对"软实力"概念的讨论，更集中体现了中国化特征。

　　"文化软实力"概念是在政界与学界的互动下发展的。早在 2006 年，胡锦涛同志即在中国文联八大与中国作协七大会议上指出："找准我国文化发展方位，创造民族文化的新辉煌，增强我国文化的国际竞争力，提升国家软实力，是摆在我们面前的一个重大现实课题。"2007 年，中国共产党首次将"提高国家文化软实力"作为重要的发展战略正式写入党的报告。2012 年 11 月，党的十八大报告再次强调"提高国家文化软实力，使人民基本文化权益得到更好的保障"。据 CNKI 关键词年度发文量统计，以"文化软实力""软实力"为关键词，相关文章发文量均从 2004 年左右开始有明显增长趋势，2006 年至 2008 年有较高速增长后，在 2012 年达到发文量顶峰。习近平总书记也强调文化软实力的重要性，并突出强调中华优秀传统文化与核心价值观对发展文化软实力的重要意义[1]。2013 年习近平在中央政治局第十二次集体学习时，提出提高文化软实力要做到"四个努力"：（1）要努力夯实国家文化软实力的根基；（2）要努力传播当代中国价值观念；（3）要与当代中国价值观念紧密结合；（4）要努力展示中华文化独特魅力。2014 年 10 月 13 日，习近平在中共中央政治局第十八次集体学习时的讲话强调，"中华优秀传统文化是我们最深厚的文化软实力，也是中国特色社会主义植根的文化沃土"。随着"一带一路"倡议、金砖五国等重大国际合作的发展，学者也强调从内涵和外延来看就是文化软实力交流与互鉴的范本，是有别于资本主义全球化下诞生的丰厚文化遗产[2]，同时，使我国文化软实力研究进入了一个更广博纵深的全球文明场域中。

　　从学界发展来看，"文化软实力"概念构建上也与政界相呼应，这主要体现在三个层面。一是重视对内文化软实力先于对外软实力的作用。尽管许多"文化软实力"概念并没有忽视对外输出的重要性，但更强调对国内的吸引力。张国祚[3]认为"'文化软实力'凸显'软实力'的本质属性，使之具有中国特色的理论概括"，其认为软实力"涵盖了社会主义精神文明建设、中国特色社会主义文化建设、社会主义意识形态与核心价值体系建设、社会主义文化强国建设，而不是像约瑟夫·奈那样仅仅把软实力作为

---

　　① 邓显超、黄小霞：《习近平文化软实力思想初探》，《江西理工大学学报》2014 年 35 卷第 6 期，第 1-4 页。

　　② 赵月枝：《中国与全球传播：新地球村的想象》，《收藏》2017 年，第 3 页。

　　③ 张国祚：《文化软实力研究》，《中国高校社会科学》2015 年第 1 期，第 42-45 页。

外交战略和国际权谋的手段"。骆郁廷[1]认为"我国所讲的文化软实力，既是讲文化的国际吸引力，更是讲文化的内部凝聚力，是文化的内部凝聚力和外部吸引力的统一"。二是展示性大于扩张性。奈的"软实力"与"硬实力"相对应，是一种旨在吸引他国使之主动追随的力量。尽管不乏强调文化对外吸引力的学者，然而中国的文化软实力研究中也有许多学者强调文化的柔性力量，即非扩张性力量。胡键[2]认为通过中国传统文化中人本主义、内省主义、中和思想、礼仪主义构建中国文化软实力，与奈提出的具有文化霸权主义色彩的软实力有根本区别。丁忠毅[3]认为国家软实力应该作为国家战略目标实施的工具，应"避免大国将软实力作为对弱小国家推行文化霸权的工具"。三是对意识形态对内对外合法性塑造的重视。王永友[4]认为"以意识形态为核心提升文化软实力的逻辑要求在于，保持意识形态的客观性、警惕西方意识形态的渗透、坚持社会主义意识形态的主导性"。张国祚[5]认为"中国的文化软实力集中体现在党和政府的组织力、感召力、凝聚力、动员力，其灵魂则是社会主义核心价值体系"。王淑芳[6]认为软实力包括的政治力、文化力、外交力三方面共同指向一个核心，即意识形态。

因此，国内关于中国软实力的研究近年来聚焦于对"软实力""锐实力"概念的实质、生成进行分析与批判，是一种试图挣脱西方软实力话语的理论实践。有学者指出"软实力"本身是一个政治概念、政策概念，而非学术概念，有强分硬软、正邪不分、对个人魅力和历史资源重视不够等问题，因此"柔实力"是一个更加适用于中国语境、更能够指导中国提升国际形象的概念[7]。而"锐实力"是一个发源于澳大利亚，尔后被美国加以阐释和渲染而盛行于西方国家的政治话语，政界是"锐实力"话语的制造者，新闻界是"锐实力"话语的传播者和渲染者，而学界则对此话语进行了知识化和系统化[8]。作为一个对标中国的概念，"锐实力"表征着西方自

---

① 骆郁廷：《文化软实力：基于中国实践的话语创新》，《中国社会科学》2013 年第 1 期，第 20-24 页。

② 胡键：《文化软实力研究：中国的视角》，《社会科学》2011 年第 5 期，第 4-13 页。

③ 黄金辉、丁忠毅：《"他者"视域下的中国软实力分析及其启示》，《西南民族大学学报（人文社会科学版）》2009 年第 8 期，第 119-124 页。

④ 王永友、史君：《以意识形态为核心提升文化软实力的实践逻辑》，《马克思主义研究》2015 年第 4 期，第 91-98 页。

⑤ 张国祚：《关于中国文化软实力建设的几点思考》，《毛泽东邓小平理论研究》2012 年第 7 期，第 10-14 页。

⑥ 王淑芳：《国家软实力竞争与我国主流意识形态构建》，《山东社会科学》2012 年第 2 期，第 16-20 页。

⑦ 叶自成、陈昌煦：《从美国"软实力"到中国"柔实力"——约瑟夫·奈软实力理论评析》，《国际观察》2015 年第 2 期，第 54-70 页。

⑧ 余伟斌：《"锐实力"话语评析：生成、批判及实质》，《理论月刊》2021 年第 2 期，第 37-47 页。

由主义衰落背景下西方霸权的危机处境①。"中国锐实力说"是一个伪命题，中国利用经济软实力、文化软实力开展的对外交流工作并不能与以传播虚假信息为核心特征的"锐实力"画等号②。

二、从文化软实力到国家形象研究

（一）国家形象、软实力与软资源

软实力提升与软资源。奈③所归纳的软实力资源包括文化、政治价值观和对外政策三个层面，其中对外政策最为关键。随着软实力概念的延伸，有学者在追溯软实力资源时认为信息的运用④、慈善机构⑤以及外交⑥都是软资源的重要内容。同时，硬实力与软实力也并非二元对立的关系，而是可以互相转换且互为资源的，军事、经济、体制机制与话语策略都是硬实力和软实力的重要资源⑦。有学者进一步将软实力的来源扩展为六大支柱：文化吸引力、政治价值观、发展模式、国际制度、国际形象和经济发展，并确定了运用软实力的三个渠道：正式外交、经济外交和文化外交⑧。在探讨软实力资源时，奈⑨提出中国的软资源受限于政治腐败、台湾问题和有限的学术自由，与美国和欧洲有较大差距。随着中国的发展与变迁，有学者将中国语境下的"软资源"概念细化为中国的发展模式、和平崛起、和平发展的对外政策和中国的文明，而其中中国的历史与文明最为关键⑩。

---

① 严骁骁、应对：《"中国锐实力说"：文化外交视角下中国的软实力运用与国际形象塑造》，《中南大学学报（社会科学版）》2020 年 26 卷第 5 期，第 167-176 页。

② 陈志敏、周国荣：《国际领导与中国协进型领导角色的构建》，《世界经济与政治》2017 年第 3 期，第 15-34 页。

③ Nye Jr J S., "Public diplomacy and soft power," The annals of the American academy of political and social science, vol. 616, no. 1, 2008, pp. 94-109.

④ E. Leigh Armistead., "Information operations: Warfare and the hard reality of soft power," Potomac Books, Inc., 2004.

⑤ Jenkins G W., "Soft power, strategic security and international philanthropy," NCL Rev. vol. 85, 2006, pp. 773.

⑥ Kurlantzick J., "Charm offensive: How China's soft power is transforming the world," Yale University Press, 2007.

⑦ Rothman S B., "Revising the soft power concept: what are the means and mechanisms of soft power?" Journal of Political Power, vol. 4, no. 1, 2011, pp. 49-64.

⑧ Li X, & Worm V., "Building China's soft power for a peaceful rise," Journal of Chinese Political Science, vol. 16, no. 1, 2011, pp. 69-89.

⑨ Nye Jr J S., "Soft power and American foreign policy," Political science quarterly, vol. 119, no. 2, 2004, pp. 255-270.

⑩ Nye J., "Soft power and higher education," Forum for the future of higher education(Archives). Harvard

　　软实力提升与文化符号传播。奈[1]强调美国具有普适性的政治价值观对软实力提升有着重要意义，而文化符号传播是其重要载体。从个体的角度分析互动的内在意义，意义和符号使得人们可以开展他们特有的行为和互动，人类使用符号彼此沟通，凭着他们在发音和身体姿态上获得一致意义上的能力，人们能够有效沟通。在此基础上，市场也是促进文化符号传播的重要手段，例如学者马修·弗雷泽[2]提出美国的休闲和娱乐行业渗透力如此之强，以至于关于麦当娜、MTV、麦当劳、米老鼠等文化符号的讨论已经可以上升到复杂的国际外交和地缘政治领域。

　　软实力提升与体制机制研究。体制机制在国际关系中占据重要地位[3]，有学者将"体制机制的力量"（institutional power）定义为"先行的行动者通过体制机制间接地对他者施加影响"[4]，而软实力正是基于不同的体制机制发挥作用的（Hall，2010）。然而，由于未能明确界定软实力的国际参与主体和体制机制作用，软实力的概念存在着一定的模糊性（Rothman，2011[5]；Goldsmith and Horiuchi，2012[6]；Hayden，2017[7]），"公共外交（public diplomacy）"则成为研究软实力提升体制机制时的重要内容。奈[8]曾将公共外交定义为："在国际政治语境中产生软实力的资源在很大程度上来自组织或国家在其文化中所表达的价值观、其内部实践和政策树立的榜样，以及它处理与他者关系的方式。而具体发挥作用的体制机制（mechanism）则是政府部门在公共外交实践中调动资源与其他国家的公众进行交流和吸引的工具。从软实力这一理论体系与实践行为入手，文化力量、政治价值观、

University, 2005, pp. 11-14.

　　[1] Nye J., "Soft power and higher education," Forum for the future of higher education(Archives). Harvard University, 2005, pp. 11-14.

　　[2] Fraser M., "American pop culture as soft power," Soft Power Superpowers, 2015, pp. 172.

　　[3] Krasner S D., "Structural causes and regime consequences:regimes as intervening variables," Interna_tional organization, vol. 36, no. 2, 1982, pp. 185-205.

　　[4] Barnett M, & Duvall R., "Power in international politics," International organization, vol59, no. 1, pp. 39-75.

　　[5] Rothman S B., "Revising the soft power concept: what are the means and mechanisms of soft power?" Journal of Political Power, vol. 4, no. 1, 2011, pp. 49-64.

　　[6] Goldsmith B E, & Horiuchi Y., "In search of soft power: Does foreign public opinion matter for US foreign policy?" World Politics, vol. 64, no. 3, 2012, pp. 555-585.

　　[7] Hayden C., "Scope, mechanism, and outcome: arguing soft power in the context of public diplomacy," Journal of International Relations and Development, vol. 20, no. 2, 2017, pp. 331-357.

　　[8] Nye Jr J S., "Public diplomacy and soft power" The annals of the American academy of political and social science, vol. 616, no. 1, 2008, pp. 94-109.

教育体制、社会经济系统和国家政策的正当性等体制机制都影响着他国对国家形象的看法与认知①。政府部门负责制定政策与战略，而行动者（actors）则通过对相关政策与战略进行复制与再生产，从而跨越国家边界实现软实力传播。

　　媒体是提升国家软实力的重要资源。在国内传播语境中，大众媒体（mass media）发挥着加强国家广泛和公开地传播政治信息的功能，能够压制国内的军事动乱，增强既有政权的统治力，以此增强统治阶级的软实力②。同时，大众媒体在软实力传播的过程中发挥着以下三个方面的作用：（1）对"软实力"语言的描述；（2）将软实力解释为一种制度实践；（3）对塑造软实力话语的广泛社会政治动态的解释③。在国际传播语境中，部分研究聚焦于探讨新闻媒体和文化产业提升国家软实力的局限性，例如尽管中国媒体在海外的内容越来越多，但中国媒体与国际同行之间的分歧（尤其是在"讲什么故事"和"怎么讲故事"方面）依旧难以消除④。再如韩剧《冬季恋歌》在日本媒体话语中的呈现，日本主流媒体对《冬季恋歌》或"韩流"的热议局限于对日本女粉丝刻板印象的嘲笑和对演员姣好形象的评论，没能起到提升韩国形象、强化对韩国文化认同的作用⑤。

　　其中，电影是提升国家软实力的重要资源。关于美国电影体制与软实力提升的研究。诸多全球监管机构都映射着美国的价值观和承诺，而好莱坞的文化影响力为支持全球消费主义和商品化价值观的交叉宣传提供了便利⑥。电影和电视是美国"软实力"不可或缺的一部分，美国在影视作品中呈现为"第一个由熟悉文化交流的移民组成的'普世国家'"（May，2000）；近年来，通过全球化制作发行，以及由此引发的与背景和类型相关的内容变化，好莱坞变得更加内省和政治正确，小心翼翼地避免呈现少数族裔的

　　① Lee S W., "The theory and reality of soft power: Practical approaches in East Asia," Public diplomacy and soft power in East Asia. Palgrave Macmillan, New York, 2011, pp. 11-32.

　　② Warren T C., "Not by the sword alone: Soft power, mass media, and the production of state sovereignty," International Organization, vol. 68, no. 1, 2014, pp. 111-141.

　　③ Cao Q., "The language of soft power: mediating socio-political meanings in the Chinese media," Critical Arts: South-North Cultural and Media Studies, vol. 25, no. 1, 2011, pp. 7-24.

　　④ Sun W., "Mission impossible? Soft power, communication capacity, and the globalization of Chinese me_dia," International Journal of Communication, no. 4, 2009, pp. 19.

　　⑤ Hayashi K, & Lee E J. "The potential of fandom and the limits of soft power: Media representations on the popularity of a Korean melodrama in Japan," Social science Japan journal, vol. 10, no. 2, 2007, pp. 197-216.

　　⑥ De Zoysa R, & Newman O., "Globalization, soft power and the challenge of Hollywood," Contemporary politics, vol. 8, no. 3, 2002, pp. 185-202.

粗俗刻板印象，这一"去美国化"（De-Americanization）趋势削弱了美国的软实力扩张（Moretti，2001[①]；Do Zoysa & Newman，2010[②]；Nelson，2021[③]）。关于中国电影体制与软实力提升的研究，大部分集中于意识形态与软实力的关系（Clark 1987[④]；Zhu 2003[⑤]；Zhang 2004[⑥]；Zhu and Nakajima 2010[⑦]；Johnson 2012[⑧]）。同时，也有学者提出中国正在通过文化价值观的融合与双轨审查机制的建立，努力与好莱坞电影相抗衡，进而维护中国的软实力。例如，有学者通过回溯中国电影的市场化历程，认为"主旋律电影"和"东方功夫电影"（Oriental exotic Kung Fu films）在文化价值观传播与文化符号传播方面发挥着重要作用，其文化层次可以被区分为中心是"社会主义核心价值观"，下一层是"和谐文化"，第三层是以功夫电影和中国文化为特色的潜在"华莱坞"，旨在培养整个中华民族共同的民族文化，以实现与好莱坞电影的分庭抗礼（Zhao，1999[⑨]；Su，2010[⑩]）。也有学者通过对中国现行的电影审查制度加以梳理，包括对不同渠道发行的电影实行双轨审查机制，以及对外国和独立电影与国内和官方制作相比的双重标准，提出这种双轨和复杂的审查机制虽然有助于缓解政府媒体控制下的紧张局势，为国产电影提供市场保护，但无助于中国电影的"走出去"战略，无形中也为软实力的提升设置阻碍（Zhou，2015[⑪]；Rosen & Stanley，2002）。

---

① Moretti F., "Planet Hollywood," New left review, 2001, pp. 90-102.

② De Zoysa R, & Newman O., "Crisis and resurgence: redefining the United States and European Union rela_tionship in the face of global challenges," Twenty-First Century Society, vol. 4, no. 3, 2009, pp. 297-318.

③ Nelson T., "Captain America? On the relationship between Hollywood blockbusters and American soft power，" Globalizations, 2021, pp. 1-13.

④ Clark P., "Chinese cinema:Culture and politics since 1949," CUP Archive, 1987.

⑤ Zhu Y., "Chinese cinema during the era of reform: The ingenuity of the system," Greenwood Publishing Group, 2003.

⑥ Zhang Y., "Chinese national cinema," Routledge, 2004.

⑦ Zhu Y, & Nakajima S., "as an Industry," Art, Politics, and Commerce in Chinese Cinema, vol. 1, 2010, pp. 17.

⑧ Johnson M D. "Propaganda and censorship in Chinese cinema," A Companion to Chinese Cinema, 2012, pp. 151-178.

⑨ Zhao W, & Sun J, & Zheng Z, et al., "Model MD-1 CCD micro high-speed videography system," 23rd In_ternational Congress on High-Speed Photography and Photonics. SPIE, 1999, 3516, pp. 376-380.

⑩ Su W., "To Be or Not To Be?—China's Cultural Policy and Counterhegemony Strategy Toward Global Hollywood from 1994 to 2000" Journal of International and Intercultural Communication, vol. 3, no. 1, 2010, pp. 38-58.

⑪ Su W., "To Be or Not To Be?—China's Cultural Policy and Counterhegemony Strategy Toward Global

教育是提升国家软实力的重要资源。立足于国际传播语境与软实力战略，教育既是"资源"又是"工具"[1]，一方面能够提升国家在文化、科技、医疗等领域的威望，另一方面则能够促进所在国文化价值观与社会组织规范的推广与普及[2]。其中，高等教育作为文化价值观的载体、国家坐拥的智库资源、达成特地目的的工具，在长远提升国家软实力方面发挥着重要作用，而作用路径则是教育国际化[3]，这与"软实力"概念的创始人奈[4]在 Soft Power and Higher Education 一书中强调的通过"增收留学生"与"增加文化交流项目"以提升美国的软实力是一致的。

聚焦于更为宏观的教育体制机制，大学排名发挥着定义特定大学在全球教育服务市场中的地位和声誉的作用，为未来的学生与家长在选择受教育地点和个人职业道路时提供参考与指南。非西方国家的高等院校在遵循英美范式来发展其高等教育体系的过程中，西方的全球霸权地位和高等教育的国际不平等得以加剧和固化[5]。除了常见的塑造共同的文化特征与价值观、依托文化遗产的宣传和推广提升软实力之外，有学者基于马来西亚、新加坡的文化外交特点和"教育枢纽"（education hubs）特性，提出了通过推动国际参与者的知识互动，从而构建知识经济（knowledge economy）的软实力提升路径[6]。

体育是提升国家软实力的重要资源。由于体育文化的发展，大型体育赛事（奥运会、世界杯）能够在吸引全球关注的同时提供文化符号传播的舞台，并以此促进长期的软实力提升（Cull，2008[7]；Wang，2008[8]；Grix，

Hollywood from 1994 to 2000" Journal of International and Intercultural Communication, vol. 3, no. 1, 2010, pp. 38-58.

① Amirbek A, Ydyrys K. "Education and soft power: Analysis as an instrument of foreign policy," Proce_dia-Social and Behavioral Sciences, vol. 143, 2014, pp. 514-516.

② Antonova N L, & Sushchenko A D, & Popova N G. "Soft power of higher education as a global leadership factor," 2020.

③ Wojciuk A, & Michałek M, & Stormowska M., "Education as a source and tool of soft power in international relations" European Political Science, vol. 14, 2015, pp. 298-317.

④ Nye J., "Soft power and higher education," Forum for the future of higher education(Archives). Harvard University, 2005, pp. 11-14.

⑤ Lo W Y W., "Soft power, university rankings and knowledge production:Distinctions between hegemony and self-determination in higher education," Comparative Education, vol. 47, no. 2, 2011, pp. 209-222.

⑥ Lee J T., "Soft power and cultural diplomacy: Emerging education hubs in Asia," Comparative Educa_tion, vol. 51, no. 3, 2015, pp. 353-374.

⑦ Cull N J., "The public diplomacy of the modern Olympic Games and China's soft power strategy," Own_ing the Olympics: Narratives of the new China, 2008, pp. 117-144.

⑧ Wang Y., "Public diplomacy and the rise of Chinese soft power," The Annals of the American Academy of Political and Social Science, vol. 616, no. 1, 2008, pp. 257-273.

2013①)。具体来讲，奥运会作为一种由政府主导和间接影响的文化产品，对软实力的作用是独一无二的。通过大规模的编排、文化符号的独创性、审美、音乐、奇思妙想和幽默以及技术实力，主办城市部署了大量符号，面向国内和国外进行传播与再生产，在这个过程中国家叙事被符号化和戏剧化（Arning，2013②；Rivenburgh，2004③)。奥运会"声称的普世主义"（claimed universalism)，可以被挪用于特定的民族主义事业，并与一系列国家价值观相接合，从而扩大文化输出范围，提升国家软实力（Housel，2007④；Arning，2012⑤)，这种融合已经成为全球化资本主义的重要内容，是全球化和民族主义互相妥协、努力调和的成果。除此以外，和平建设和国家建设可通过体育外交和政治的四种机制来实现：形象建设；搭建对话平台；建立信任；和解、融合和反种族主义⑥。体育的国际知名度、对文化的关注以及和平价值观，使其成为各国利用软实力实现国际目标和改善公共外交的有用工具⑦。除了大型体育赛事，体育这一软资源可以被进一步细分为"体育赛事""体育人力资本"和"体育产品"三类。此外，"体育运动员""女子运动""主办/参与区域、国际、大陆或全球活动""教练""正宗体育联赛"被确定为最重要的体育外交资源⑧。

　　与 NGO 建立合作关系是提升国家软实力的重要路径。NGO 即 Non-Government Organization，联合国将其定义为"致力于非商业、非暴力、不代表政府的集体行动的集体"，以非政府行为体的角色在全球化体系中发挥着重要作用。学者 Castells⑨曾强调国际非政府组织（Transnational Non-

①　Grix J., "Sport politics and the Olympics," Political studies review, vol. 11, no. 1, 2013, pp. 15-25.

②　Arning C., "Soft power, ideology and symbolic manipulation in Summer Olympic Games opening cere_monies: A semiotic analysis," Social Semiotics, vol. 23, no. 4, 2013, pp. 523-544.

③　Rivenburgh N. The Olympic Games, media and the challenges of global image making:university lecture on the Olympics [on line article], Barcelona:Centre d'Estudios Olímpics(UAB). International Chair in Olympism(IOC-UAB)[J]. International Chair in Olympism(IOC-UAB), 2004.

④　Heinz Housel T., "Australian nationalism and globalization:Narratives of the nation in the 2000 Sydney Olympics' opening ceremony," Critical Studies in Media Communication, vol. 24, no. 5, 2007, pp. 446-461.

⑤　Arning C., "Soft power, ideology and symbolic manipulation in Summer Olympic Games opening cere_monies:A semiotic analysis," Social Semiotics, vol. 23, no. 4, 2013, pp. 523-544.

⑥　Nygård H M, Gates S., "Soft power at home and abroad: Sport diplomacy, politics and peace-building," International area studies review, vol. 16, no. 3, 2013, pp. 235-243.

⑦　Dubinsky Y, & Dzikus L., "Israel's country image in the 2016 Olympic Games," Place Branding and Public Diplomacy, vol. 15, no. 3, 2019, pp. 173-184.

⑧　Abdi K, &Talebpour M, & Fullerton J, et al., "Identifying sports diplomacy resources as soft power tools," Place Branding and Public Diplomacy, vol. 15, no. 3, 2019, pp. 147-155.

⑨　Castells M., "The new public sphere: Global civil society, communication networks, and global govern_ance," The aNNalS of the american academy of Political and Social Science, vol. 616, no. 1, 2008, pp. 78-

Government Organization，TNGO）在全球治理体系中的重要性，认为政府部门与国际非政府组织的互动是国家融入全球化体系、提升国际交流与合作的重要渠道。软实力的提出者约瑟夫·奈[①]也曾强调非政府组织所引领的公民理念与公益活动有助于为国家创造可观的软实力。同时，作为公共外交的重要主体，非政府组织以一种"不寻常的、半正式的（non-ordinary and semiformal）"方式介入着国家软实力的提升实践中[②]。

海外关于非政府组织与国家软实力提升的研究主要集中于探讨 NGO 对提升国家软实力的正面作用：日本通过"政府发展援助（Official Development Assistance）"鼓励政府部门与非政府组织达成合作关系，在改善国家形象、输出国家文化价值观、提升软实力方面有着正面作用[③]。以日本 20 世纪 70 年代起面向印尼等亚洲国家的援助政策和通过 NGO 提供技术扶持等行为为例，日本战后作为法西斯战败国的形象得到了一定改善[④]。学者 RD Trilokekar[⑤]则对教育国际化语境下加拿大联邦政府推行的海外发展援助（overseas development assistance）政策进行梳理，指出其中的政治与文化转向，并强调教育的海外援助过程在传播加拿大文化、提升国家软实力方面发挥着重要作用。

（二）文化符号与国家形象

软实力传播是一个（或一组）体现国际社会关系和经济贸易的时空、机制变革的过程，并且产生跨地理区域和虚拟区域的信息流动、文化活动、精神交往以及权力实施的传播现象[⑥]。文化软实力输出是大国形象构建的重要组成部分，主要体现在文化外交层面，是中国应对"锐实力说"的重要举措：中国在跨国人文交流领域搭建了对外高级别人文交流机制,在"一带一路"倡议框架下基于"民心相同"的战略目标构，教育部、文化和旅

93.

① Nye Jr J S. "Public diplomacy and soft power," The annals of the American academy of political and social science, vol. 616, no. 1, 2008, pp. 94-109.

② Ivanchenko V., "NGO Public Diplomacy As An Instrument Of Global "Soft Power" Competition," World Affairs:The Journal of International Issues, vol. 20, no. 3, 2016, pp. 10-15.

③ TONG S, & LIN J, & HUANG J., "A New Way to Increase the Nation Soft Power:Cooperation between Gov_ernment and NGO," Journal of Shangrao Normal University, 2014.

④ Ahlner J., "Japan's soft power:an unsustainable policy?," 2006.

⑤ Trilokekar R D., "International education as soft power? The contributions and challenges of Canadian foreign policy to the internationalization of higher education," Higher Education, vol. 59, no. 2, 2010, pp. 131-147.

⑥ 吴飞、黄超：《软实力传播的概念与范式初探》，《新闻记者》2012 年第 11 期，第 58-65 页。

游部通过教育合作与人文交流合作推动人文的国际交流[①]。

　　文化符号与国家形象塑造。文化符号作为当代国家的文化标志，将一种符合当代中国发展现实的文化形象，"植入"文化产品之中，对总体上提升中国文化形象有着重要作用（贾磊磊，2013[②]；蒙象飞，2014[③]；杨卓凡，2018[④]；冯月季，2019[⑤]）。学者王丽雅[⑥]将文化符号定义为"那些只被某一文化群体的成员所承认，经常带有复杂意义的语言符号、图案和物体等"。国家在国际社会中的互动是通过国家行为者之间的符号制造与符号认知，进而延伸到对符号制造者的角色领会来构塑角色形象[⑦]。中国软实力也是由各种符号包括文化、价值、理念、话语、理论、制度乃至行为符号构成的一种国家实力，是一个复合型的符号。文化符号反映了一个国家精神、物质、情感等方面的一系列特质，具有记忆、沟通和凝聚等功能。

　　文化符号传播与文化软实力提升。文化符号的传播过程可以概括为"文化互动"，只有多向的文化符号传播（包含文化符号的对话、交流、融合过程）才能发挥提升软实力的作用，人为地强制文化符号单向性流动则是文化扩张的表现。通过对中国文化符号在海外传播情况进行调查，学者王丽雅提出长城、中国功夫、中国烹调、阴阳图等这类在海外已经有了一定认知基础的文化符号，亟需在对外传播中赋予更多的社会主义核心价值观内涵。例如长城作为一种防御性工事，应当强调其"和平"的价值观内涵，而非"封闭""排外"；"龙"在西方文化背景中是邪恶与具有攻击性的，因此在对外传播过程中应当赋予中国龙吉祥、幸运等价值内涵（关世杰，2011[⑧]；陈承雄，2013[⑨]）。立足于创新中国传统文化价值观、打造具有影响力的国家文化符号，应当以文化自觉为理论基础，从文化记忆、文化认同

---

　　① 严骁骁、应对：《"中国锐实力说"：文化外交视角下中国的软实力运用与国际形象塑造》，《中南大学学报（社会科学版）》2020年第26卷，第5期，第168页。

　　② 贾磊磊：《全球化时代中国文化传播策略的当代转型》，《东岳论丛》2013年第9期，第82-87页。

　　③ 蒙象飞：《中国国家形象建构中文化符号的运用与传播》，上海外国语大学，2014年。

　　④ 杨卓凡：《中国电影符号与价值观呈现对国家实力感知的影响——以"一带一路"沿线国家调研为例》，《当代电影》2018年第4期，第112-118页。

　　⑤ 冯月季、李菁：《打造国家文化符号：文化自觉视域下中国传统文化IP的价值建构》，《中国编辑》2019年第9期，第33-37页。

　　⑥ 王丽雅：《中国文化符号在海外传播现状初探》，《国际新闻界》2013年第35卷，第5期，第74-83页。

　　⑦ 胡键：《软实力研究在中国：一个概念演进史的考察》，《国际观察》2018第6期，第119-134页。

　　⑧ 关世杰：《跨文化交流学》，《国际政治研究》1995年第4期，第98页。

　　⑨ 陈承雄：《受众在中国电影国际影响力建构中的意义——以西方修辞学视角而言》，《毕节学院学报：综合版》2013年第2期，第12-17页。

以及文化反思三个角度打造文化 IP[①]（冯月季，2019）。通过对兵马俑、中国结、陶土罐、宫廷展、龙图腾等极具中国"文明古国"特点，却缺失文化价值观内涵的文化符号分析，学者蒙象飞[②]指出了文化符号传播过程中的误读现象。这些文化符号的传播仅能满足西方民众的猎奇心理，甚至会进一步固化中国"好战、愚昧、落后"的错误形象[③]。

文化符号传播是一把双刃剑。一方面，文化符号的使用对国家形象提升固然有着正面作用，但在文化符号被"挟持"与"重新加工"后，其内涵的文化价值观也会随之改变（杨卓凡，2018[④]；潘忠党，2006[⑤]）；另一方面，在吸引受众对中国文化软实力认同的同时，也增强了受众对中国硬实力的偏见。以美国媒体建构的"中国黑客威胁论"为例，美国媒体的表达手法可被概括为机智的隐喻、典型的案例、醒目的形象、生动的描述和流行的辞藻等符号技巧，以此起到契合受众心理需求、唤醒集体记忆和激发文化共鸣的作用。学者肖飞[⑥]发现，在描述"中国黑客攻击"时，美国媒体大量借用了冷战时期"升格控制"（escalation dominance）、"延伸威慑"（extended deterrence）等与核战争相关的专业术语，并将中国他者化为"网络龙""夜龙"，强调应对"中国黑客攻击"是一场"正义的屠龙者"与"恶龙"之间的较量。

（三）文化价值观与国家形象

"文化软实力"是软实力研究的关键概念，而"文化价值观"是文化软实力的核心所在（陆钢，2007[⑦]；俞新天，2008[⑧]）。"文化"与"权力"原本没有直接联系，文化是人类的精神产品及相应载体，权力是使他者按照自己的意愿行事的能力，当文化进入与他者的关系后，开始带有权力的属性[⑨]。有学者意识到国内研究中频繁提及的"文化软实力"与奈所言的

---

① 冯月季、李菁：《打造国家文化符号：文化自觉视域下中国传统文化 IP 的价值建构》，《中国编辑》2019 年第 9 期，第 33-37 页。

② 蒙象飞：《中国国家形象建构中文化符号的运用与传播》，上海外国语大学，2014 年。

③ 柳田：《中国人需要怎样的文化符号》，《解放日报》2011-01-13。

④ 杨卓凡：《中国电影符号与价值观呈现对国家实力感知的影响——以"一带一路"沿线国家调研为例》，《当代电影》2018 年第 4 期，第 112-118 页。

⑤ 潘忠党：《新闻与传播之别——解读凯里《新闻教育错在哪里》》，《国际新闻界》2006 年第 4 期，第 12-16 页。

⑥ 肖飞：《他者威胁：美国媒体"中国黑客"报道话语分析》，《东南传播》2013 年第 10 期，第 14-16 页。

⑦ 陆钢：《文化实力弱让中国失分——与阎学通教授商榷》，《世纪行》2007 年第 6 期，第 45-46 页。

⑧ 俞新天：《软实力建设与中国对外战略》，《国际问题研究》2008 年第 2 期，第 15-20 页。

⑨ 陈玉聃：《论文化软权力的边界》，《现代国际关系》2006 年第 1 期，第 57-63 页。

"软实力"之间并非直接对应，因此将"文化软实力"视为是软实力的一个重要维度，并将其定义为：一种基于文化价值观、意识形态和社会制度的吸引力的软实力[①]。学者俞新天[②]提出，软实力包含着思想、概念、原则、制度、战略和政策，它们在文化背景下运行，在文化价值观指导下运作。在这一前提下，俞新天将"文化"进一步界定为"当代中国文化"，即反映在当代中国人思想和行为中的文化，包括中国传统文化、马克思主义的中国化成果——中国特色社会主义理论和已被中国人所接受的西方文化（包括科技、教育、学术等）。而"文化价值观"则是指当代中国人所认同的价值观，例如和平、发展、和谐、改革、开放、民主、法治、以人为本等方面。

中国传统文化价值观与文化软实力构建。一个国家的文化与价值之所以能够产生吸引力，关键在于这种价值蕴含着符合一定时代潮流的进步性。然而，中国文化价值观和中国传统文化提供给中国对外传播的资源有限，一方面是因为中国文化传统中有许多不符合现代文明进步方向的糟粕；另一方面则是因为其与其他文明的不可通约性，难以被其他文化所接受和转化[③]。例如，中国文化年的活动与孔子学院的教学加强了中国传统文化的吸引力，但未能让其他国家和地区的人们仿效、追随并转化为他们的价值，因此未能促进中国软实力的提升[④]。贾磊磊教授[⑤]将中国电影中的文化价值观归纳为"心向仁爱"和"道法天意"，指出"天意并不是一种超然物外的绝对精神，而是一种与人的伦理取向相同相合的文化理念"。田海平教授[⑥]则指出："'家国天下'是中华文化'走出去'始终不变的'主旋律'。无论走向何方，中华文化都不能割舍'家国天下'的道德前提和伦理情结，不能丢掉'家国情怀'和'天下意识'所呈现出来的'精神底色'。"

中国当代文化价值观与国家形象构建。回顾中国近代以来的发展经验，有学者总结出三方面的价值：发展、稳定、和谐。推动这三重价值在

① 龚铁鹰：《论软权力的维度》，《世界经济与政治》2007年第9期，第16-22页。

② 俞新天：《软实力建设与中国对外战略》，《国际问题研究》2008年第2期，第15-20页。

③ 庞中英：《全球化、社会变化与中国外交》，《世界经济与政治》2006年第2期，第7-13页。

④ 陈玉刚：《试论全球化背景下中国软实力的构建》，《国际观察》2007年第2期，第36-42页。

⑤ 贾磊磊：《全球化时代中国文化传播策略的当代转型》，《东岳论丛》2013年第9期，第82-87页。

⑥ 田海平：《中华文化"走出去"与中国价值观的道德诠释》，《湖北大学学报（哲学社会科学版）》，2017年第44卷，第5期，第1-7页。

国际关系层面和全球化的大背景下的体系化、制度化，是国家形象构建的关键任务。也有学者提出，中国在国内构建和谐社会，在国际社会致力于推动建立和谐地区、和谐世界，寻求不同文明、不同社会制度和不同发展模式间的和而不同、共存发展，这是中国软实力持续发展的综合框架①。社会主义核心价值观对国家文化软实力塑造的关键在于使其实化、细化为人们的伦理道德自觉，在增强国民的伦理价值认知和道德素质水平的过程中，彰显国家文化软实力，进而提升国家形象②，而道德理性、集体主义、以人为本是认识核心价值观与国家文化软实力的伦理价值共识的三个维度③。核心价值观是国家文化软实力的核心要素。核心价值观向国家文化软实力的转变主要是通过两种机制——认同和承认——实现的④，核心价值观通过在外部的传播，与其他文化交流、竞争，以获得在世界上的独立地位，得到其他文化的承认，从而对外展现国家的文化软实力。近年来，关于在选择与传播文化价值观的过程中平衡中国与他国的关系、构建体现中国现时代精神价值、充分展现中国国家形象和反映中国国家软实力灵魂的价值观体系成为重中之重⑤。在当代中国文化软实力的提升过程中，过分强调自我而无视、敌视他者是不可取的；同样，一味迎合他者而放弃自我也是不可取的⑥，因此，"共享价值观"（shared values）是讲好中国故事的关键，也是创新对外宣传方式、提升国家软实力的重要内容，这既不是突出中国价值观，也不是强调西方价值观，更不是追捧"普世"价值观，而是追求能够对话的人类共享价值观，如"共建人类命运共同体"价值观⑦。

西方文化价值观与软实力提升研究。西方的民主、自由、平等、人权等价值观念固然是西方文化中的核心价值，但在几百年的发展、讨论与传

① 方长平：《中美软实力比较及其对中国的启示》，《世界经济与政治》2007 年第 7 期，第 21-27 页。

② 孙绍勇：《协同推进态势下"一带一路"发展机遇的辩证统一》，《理论学刊》2017 年第 5 期，第 87-93 页。

③ 樊英杰、张同修：《基于互联网平台的在线课程核心价值观传播研究——以网络教育中的法学专业在线课程为例》，《当代教育实践与教学研究（电子版）》2017 年第 5 期，第 7-8 页。

④ 刘学斌：《认同塑造与承认获取：核心价值观与中国文化软实力建设》，《理论导刊》2016 年第 3 期，第 88-91 页。

⑤ 骆萍、孔庆茵：《当代中国价值观：内涵，意义与传播策略》，《探索》2015 年第 4 期目的153-157 页。

⑥ 项久雨、张业振：《当代中国价值观国际传播中的自我与他者》，武汉大学学报：哲学社会科学版，2018 年第 71 卷，第 2 期，第 23-30 页。

⑦ 陈先红、陈可馨：《世界各国对中国抗击疫情的积极话语分析》，《收藏》2020 年，第 7 页。

播过程中已经成为了人类的共享价值。有学者提出，西方的文化价值观有
着极大的局限性，因为其核心假设是个体的最高价值以及个体利益的不一
致性①。在价值观建设与软实力提升方面，美国因其在全球化进程中的主
导力和影响力使得自身社会核心价值观建设通常被视作一个"成功样
板"。有学者将美国核心价值观建设的路径概括为三个方面：（1）主体方
面形成了政党和民间组织等不同类型的建设力量；（2）传播方式上形成了
宗教和大众传媒等多种协同途径；（3）日常教育方面形成了家庭、学校、
社会等多格局的育人合力②。随着"自由平等"这一政治价值观在国际社
会体制机制内的渗透，表达自由、集会自由等已通过《全球人权宣言》成
为公认且具有合法地位的个体权利，相应地这些概念也成为拥有强权力
的话语表达③。通过对多国核心价值观的总结，有学者指出，西方国家的
自由、平等、民主、法治等核心价值观④，新加坡的"国家至上，社会为
先；家庭为根，社会为本；关怀扶持，同舟共济；求同存异，协商共识；
种族和谐，宗教宽容"共同价值观⑤，俄罗斯的自由、民主、公正等主要
价值观⑥，越南的民富、国强、民主、公平、文明的价值目标⑦，古巴的追
求民族独立、强调平等互助、维护社会公正、保持清正廉洁等核心价值观
（赵续生，2014），都在一定程度上为当代中国价值观的生产提供了借鉴与
参考⑧。其中，东亚文明圈在思想、道德与价值观上呈现出同构现象，其
中儒家学说构成了东亚价值观的主要内涵（杜维明，1997⑨；张立文；何
爱国，2005⑩；郭洁敏，2007¹¹）。而价值观的选择也影响着国家的形象建

---

① 陈玉刚：《试论全球化背景下中国软实力的构建》，《国际观察》2007 年第 2 期，第 36-42 页。

② 杨增崒、李敏敏：《美国社会核心价值观建设的主要路径及其启示》，《学术论坛》2014 年第 37 卷，第 12 期，第 16-19 页。

③ 刘小燕、王洁：《政府对外传播中的"NGO"力量及其利用——基于西方国家借 NGO 对发展中国家渗透的考察》，《新闻大学》2009 年第 1 期，第 105-109、9 页。

④ 周文华：《社会主义核心价值观大众化网络传播路径探析》，《铜陵学院学报》2014 年，第 13 卷，第 5 期，第 65-67 页。

⑤ 苏振芳：《当代国外思想政治教育比较》，2009 年。

⑥ 黄凯峰：《价值观研究：国际视野与地方探索》，上海：学林出版社，2013 年。

⑦ 闫杰花：《越南共产党价值观的生成及演进》，《当代世界与社会主义》2106 年第 1 期，第 70-74 页。

⑧ 项久雨、张业振：《当代中国价值观国际传播中的自我与他者》，《武汉大学学报（哲学社会科学版）》2018 年第 71 卷，第 2 期，第 23-30 页。

⑨ 杜维明：《现代新儒学与中国现代化》，1997 年。

⑩ 何爱国：《调适，整合与重建：儒家现代化进程中的十二种方式》，《河北学刊》2005 年第 25 卷，第 5 期，第 60-67 页。

11 郭洁敏：《论东亚认同的价值理念》，上海市社会科学界第五届学术年会文集（2007 年度）（世界

构和全球传播模式（贾文山，2010），例如，中国试图塑造富有集体意识和道德观的形象，即文明的、热爱和平的、具有和谐社会、和谐亚洲理念的形象（李希光，2009[①]刘继南&何辉，2006[②]）；而美国则试图将自己塑造为一个强大的（强壮、强调进攻性和寻求硬实力）、富有吸引力的（软实力）和充满智慧的（巧实力）个体，并通过对外推广美国模式维系其超级大国地位[③]。

（四）战略叙事与国家形象

关于战略叙事与文化软实力提升研究集中于"讲好中国故事"的作用机制与实现路径。中国融入全球化体系的道路是一个不断生产中国故事的过程。这种故事议题设置既直接建构出国家自身在国际地位的政治角色及其话语权力资源，也牵涉国家所主导的国际实践能力[④]，中国在国际事务中遇到的阻碍和困难，被认为"多是因为没有把关于中国的故事讲述好"[⑤]。在寻求媒体公共外交的过程中，这种"讲好中国故事"、实践跨文化沟通的愿景，也就一度成为国家对外传播的核心议题[⑥]。从"讲好中国故事"入手，战略叙事在国内研究中更强调其"国家叙事"维度，也叫民族叙事，是指叙事学视野下以民族国家为主体的政治性传播，以对外展现国家形象获得国际认同（任东升，2016），叙事者对特定文化叙事资源（如神话、传说、传奇等）的契合运用，包括概念隐喻，即故事的修辞工具和叙事技巧；神话原型，即故事的品牌个性和人物特征；价值观即故事的主题诉求，实现讲好中国故事、提升国家软实力的目的[⑦]。

经济·国际政治·国际关系学科卷），2007年，第211页。郭洁敏：《东亚价值观的再思考》，《国际观察》2007年第3期，第6-11页。

① 李希光：《话语权视角下的中国文化软实力建设》，《思想政治工作研究》2009年第4期，第11-13页。

② 刘继南、何辉：《中国形象：中国国家形象的国际传播现状与对策》，中国传媒大学出版社，2006年。

③ 贾文山、岳媛：《面子Vs实力：中美全球传播模式比较研究》，《国际新闻界》2010年第7期，第27-32页。

④ 王昀、陈先红：《迈向全球治理语境的国家叙事："讲好中国故事"的互文叙事模型》，《新闻与传播研究》2019年，第7页。

⑤ 徐黎丽、王悦：《"一带一路"建设中甘肃"黄金段"作用的发挥》，《西北师大学报（社会科学版）》2015年第52卷，第6期，第22-28页。

⑥ 陈力丹、费杨生：《互联网重新定义了媒体》，《青年记者》2016年第13期，第58-60页。陈力丹、费杨生：《关系：移动互联时代传统媒体转型的逻辑起点——读第20个玛丽·梅克尔的互联网报告》，《编辑之友》2016年第7期，第5-10页。

⑦ 刘瑞生、王井：《"讲好中国故事"的国家叙事范式和语境》，《甘肃社会科学》2019年第2期，第151-159页。

学者贾文山①指出中美在外交政策、外交模式、外交话语体系和行为方式的不同，可以归因于两国在各自价值观影响下对自我认知的不同，进而影响了自我塑造以构建理想形象并实现自我价值的不同模式，也就是说，中美两国的软实力提升战略是依托于不同价值观运作的。也有学者从国家叙事学的视角指出，讲好中国故事是提升中国国际话语权和文化软实力的巧传播战略，应以"共建人类命运共同体"为基本世界观，形构中国"文化价值观国际话语权——政治性国际话语权——全球治理国际话语权"，提升中国文化的感召力、创造力、公信力。而讲好中国故事的实践应把握好"中国观""故事观""传播观"三个重要问题②，通过故事样本资源的系统化、国际话语权的去传统化、文化软实力的语境化以及全球叙事的公共空间化，描绘出"讲故事——话语权——软实力"动态演化的生成机制③。中国文化价值观的对外话语体系建构路径，主要有将中国道路的实践创新凝聚、升华为对外话语体系的新表述，实现世界眼光、中国特色、学术创新的辩证统一，打造对外话语体系的"全媒体"传播路径，实施对外话语体系的"分众性"传播方略④。

关于海外国家的软实力战略叙事研究更为强调与中国相对照的可供借鉴之处。例如美国将其巩固世界霸权地位的战略与面向全世界推行民主自由思想的实践相结合，强调自身作为"自由世界的灯塔"角色。"自由美国"的普世叙事在宗教和公共外交领域衍生为"美国引领的宗教自由世界"叙事，并在理念、战略、机制和实践等方面介入美国公共外交，成为美国巧实力的重要依托⑤。法国的软实力战略叙事选择了"数字化"路径，从"数字外交""文化数字化"入手，前者以新兴发展中国家作为推广重点，通过技术支持、文化信息流通和价值观念影响，将信息通信技术融入与发

---

① 贾文山、岳媛：《面子 Vs 实力：中美全球传播模式比较研究》，《国际新闻界》2010 年第 7 期，第 27-32 页。

② 陈先红、宋发枝：《"讲好中国故事"：国家立场，话语策略与传播战略》，《现代传播（中国传媒大学学报）》2020 年。

③ 王昀、陈先红：《迈向全球治理语境的国家叙事："讲好中国故事"的互文叙事模型》，《新闻与传播研究》2019 年，第 7 页。

④ 莫凡：《当代中国价值观念对外话语体系建构与传播研究》，《中国特色社会主义研究》2014 年第 1 卷，第 6 期，第 83-87 页。

⑤ 涂怡超：《"自由美国"的普世叙事：宗教与当前美国公共外交》，《美国问题研究》2014 年第 1 期，第 117-132 页。

展中国家在医疗、教育、经贸和公民生活等多个领域的合作中[1]；后者则在对文化产品进行数字化开发利用的同时，不断完善与之配套的创新型数字文化服务[2]。针对日本的文化外交战略，首先，战略制定层面，缺乏清晰准确的定位和明确表述的目标；其次，战略执行层面缺乏对输出内容的甄别和跨境交流的诚意；最后，战略监管层面缺乏公开的话语权与公正的监管机制[3]。

从实践层面看，学者胡智峰[4]通过分析我国政治经济国际地位与软实力不相符、不对称的现象，提出中国传媒在国家形象提升过程中应当从传播主体、传播诉求、传播渠道与传播类型四重维度进行完善，他提出的突出民间、行业、专业的主体身份与形象，从单一扁平传播渠道转向多媒体渠道融合的立体传播，均体现着"全球治理"的问题意识与全局态度。中国的软实力相对美国来说正在不断增长，这一方面依赖政府，并且以凝聚国内人心、形成与加强主流价值观为首要目的[5]；另一方面，中国软实力的拓展是其硬实力增长的必然结果[6]。学者王昀[7]通过梳理中国故事、国际话语权、中国文化软实力三个核心概念，分析三者之间的互文性逻辑关系，提出中国文化软实力作为全球话语权的权力形式，一方面体现为国家内部的文化资源与传播力量，为中国故事的全球对话打开窗口；另一方面则取决于外部国际政治格局以及国家在国际社会权力关系中所处的地位。从软实力中文化价值观的传播方面看，强调从文化传统中对自我的认知进行自我塑造，以构建理想形象并达到实现自我价值的不同模式。受"面子文化"的影响试图塑造富有集体主义意识和道

① 邓文君、李凤亮：《数字时代法国对外文化传播策略研究》，《天津师范大学学报：社会科学版》2015 年第 3 期，第 42-47 页。

② 邓文君：《"互联网+"背景下法国提升文化软实力的战略路径研究》，《西安外国语大学学报》2017 年第 25 卷，第 3 期，第 121-124 页。

③ 姜瑛：《"酷日本"战略的推行模式、现实困境及原因分析》，《现代日本经济》2019 年第 38 卷，第 6 期，第 1-12 页。

④ 苗棣、刘文、胡智锋：《道与法：中国传媒国际传播力提升的理念与路径——2013《现代传播》年度对话》，《现代传播：中国传媒大学学报》2013 年第 1 期，第 1-7 页。

⑤ 约瑟夫、王缉思：《中国软实力的兴起及其对美国的影响》，《世界经济与政治》2009 年第 6 期，第 6-12 页。

⑥ 李向阳：《中国特色经济外交的理念、组织机制与实施机制——兼论"一带一路"的经济外交属性》，《世界经济与政治》2021 年。

⑦ 王昀、陈先红：《迈向全球治理语境的国家叙事："讲好中国故事"的互文叙事模型》，《新闻与传播研究》2019 年，第 7 页。

德观的自我形象，即文明的、热爱和平的、具有和谐社会、和谐亚洲、和谐世界理念的国家形象[①]。

总而言之，本章节回溯了国内外关于软实力与软实力战略的研究脉络，其错综复杂的概念关系和历史发展呈现出以下逻辑（见图 2-2-1）：

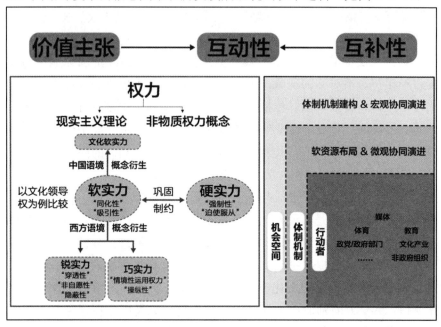

图 2-2-1　关于软实力概念纷争与机制演化框架图

第三节　软实力评价体系：一个西方的视角

自美国学者约瑟夫·奈（Joseph Nye, Jr.）于 20 世纪 90 年代提出软实力概念后，软实力被广泛应用于国际政治、国际传播领域，成为国家综合实力的主要构成要素之一。与经济、军事等硬实力相区别的是，软实力（soft power）的评价衡量缺少统一，国家之间对于软实力的理解亦存在较大区别，因此，在软实力评估方面，国内外充斥着各种声音。尽管约瑟夫·奈在此前文章中明确表达过软实力可以通过民意调查和小组访谈衡量，仍有学者认为软实力效果的多维度使其难以被测量。

---

① 贾文山、岳媛：《面子 Vs 实力：中美全球传播模式比较研究》，《国际新闻界》2010 年第 7 期，第 27-32 页。

一、既有软实力评估体系：规模大、范围广、英美主导

既有的软实力评价体系规模与范围较大。多家研究机构与研究团队、多位学者专家基于自身理解与主客观因素，着手展开评估与研究工作。具有全球影响力的数家评估机构通过统计指标、问卷调查、民意调查等多种量化途径，以民意对不同国家的形象认知、好感与认同度等为依据，结合客观指标，综合反映该国文化价值、对外政策等因素，从而达成衡量软实力影响力的目标，向全球连续多年发布基于其评估模型与调查结果的研究报告，下表是部分具有国际影响力的研究机构发布的研究报告中所评估的对象国家数量统计。

表 2-3-1　部分具有国际影响力的评价报告评估对象国统计

研究机构	发表年份	对象国家数量	对象国家排列
【俄】斯克尔科沃-安永新兴市场研究所（Skolkovo-E&Y Institute）	2010	14	美国、法国、德国、英国、加拿大、意大利、日本、中国、印度、俄罗斯、巴西、土耳其、墨西哥、南非
【英】政府研究所（The Institute for Government）	2010，2011，2013	26，30，40	（以2013年40国为例）英国、美国、德国、法国、瑞典、日本、丹麦、瑞士、澳大利亚、加拿大、韩国、挪威、芬兰、意大利、荷兰、西班牙、巴西、奥地利、比利时、土耳其、新西兰、中国、葡萄牙、爱尔兰、波兰、新加坡、墨西哥、俄罗斯、以色列、泰国、捷克、智利、希腊、南非、阿根廷、印度、马来西亚、阿拉伯联合酋长国、埃及、印度尼西亚
【美】波特兰公关公司	2015起	30	（以2019年为例）法国、英国、德国、瑞典、美国、瑞士、加拿大、日本、澳大利亚、荷兰、意大利、挪威、西班牙、丹麦、芬兰、奥地利、新西兰、比利时、韩国、爱尔兰、新加坡、葡萄牙、波兰、捷克、希腊、巴西、中国、匈牙利、土耳其、俄罗斯

从影响力来看，全球范围内最具影响力的软实力评估报告是美国南加州大学与波特兰公关公司共同发布的"软实力30强"排名（soft power 30）。南加州大学传媒专业常年稳居 QS 世界大学传媒专业排名前三，在世界传媒学领域具有重要影响力。南加州大学安那伯格新闻与传播学院院长，是曾先后担任美国国家安全委员会（National Security Council）和美国新闻署（U. S. Inforanatiorl Agency）高级职员的 Ernest J. Wilson III，他关注软实力研究，并实际推动软实力量化研究的发展，在软实力量化研究领域具有前瞻性与指引性影响力。波特兰公关公司成立于 2001 年，创办人是曾担任英国前首相布莱尔顾问的艾伦（Tim Allan），2012 年被美国的宏盟公司（Omnicom Group Inc.）收购。目前宏盟公司是全球最大广告商，市值超过 300 亿美元。在软实力评估与报告发布方面，南加州大学与波特兰公关公司合作，直接造就了"软实力30强"排名（soft power 30）从美国辐射全球的决定性影响力。

美国皮尤研究中心（Pew Research Center）2014 年、2015 年、2017 年公布的关于中国国家形象的大规模调查结果，也被视为中国国家形象调查的代表性报告。在问卷调查研究路径方面，美国皮尤研究中心（Pew Research Center）是全球范围内颇负盛名的无倾向性（non-advocacy）独立民意调查机构，总部设于华盛顿特区。该中心为那些影响美国乃至世界的问题、态度与潮流提供信息资料。

总的来说，既有软实力评价体系规模和范围较大、评估内容较为丰富。然而，现存影响力较大的软实力评估体系范围主要由英美等国确立，也存在从统计指标研究路径到问卷调查研究路径，再到商业维度的市场调查不平衡等情况。

二、主流评估方法与代表体系评估指标与成果概述

（一）主流评估结果分析

表 2-3-2　部分具有国际影响力的评价报告中美比较

评估体系	排名位于第一的国家	中国排名
【俄】 斯克尔科沃-安永新兴市场研究所（Skolkovo- E&Y Institute）	美国	8/14
【英】 政府研究所（The Institute for Government）	英、法并列；美国；英国	17/26；20/30；22/40
【美】 波特兰公关公司	英国；美国；法国	30/30；28/30；25/30

从软实力世界排名来看，结合各国评估体系，位列第一梯队的有英国、美国和法国。这些国家的软实力排名遥遥领先于非西方国家，属于全世界软实力最强国家。处于第二梯队的国家有德国、加拿大、澳大利亚、瑞士、瑞典、荷兰、丹麦、意大利、西班牙等。此外，中国作为世界第二大经济体，软实力排名却常年位于一二梯队之后，在所查找的几个评估体系下均位列中等之下。在其他几个国际性大国中，俄罗斯排名明显落后于其他欧美强国；印度则是软实力表现较为突出的地区性大国；巴西表现较佳，软实力评估雄踞拉丁美洲第一。

从软实力的亚洲排名来看，日本在软实力评估中表现较好。根据软实力的亚洲排名，日本、韩国、新加坡分别位列第一、二、三名。尽管日本表现不如美、英、法国，但与其他欧美国家并驾齐驱，排名约与瑞士、瑞典等国相当。相比之下，中国软实力表现较不理想。中国的软实力排名或有一两次处于中等偏下水平，但是总体而言与巴西、墨西哥、阿根廷、印度、俄罗斯等国家处于世界排名最后方阵。

（二）质化研究概述

1. 奈的软实力评价体系评估

约瑟夫·奈给软实力下过几种定义，在国家层面，指的是一个国家造就一种情势，使其他国家仿效该国发展倾向并界定其利益的能力；在人际关系层面，是影响他人喜好的能力；在行为术语中，就是能吸引人的力量。他曾指出若干软实力的潜在资源，如美国的跨国企业、奢侈品牌、世界一流大学、吸引外国移民数量、获得诺贝尔奖数量等。他也指出过软实力可以通过民意调查和小组访谈衡量。但是对于各国软实力整体性的衡量与比较，依旧在一些学者之间引起争议。比如一些人认为美国的软实力强于中国，但如果追问美国的软实力领先中国多少，很难给出确切答案。可以说，软实力是涉及人情感因素的颇具主观性的指标。

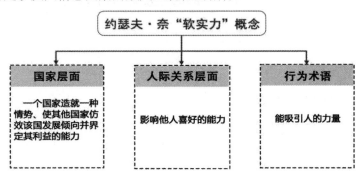

图 2-3-1　奈的软实力评价体系评估逻辑图

2. 李根基于资源的软实力评价体系评估

韩国政治学者李根在借鉴、吸收约瑟夫·奈的软实力理论和罗伯特·普特南的"双层博弈"理论的基础上，提出了一套新的软实力分析框架，对"软实力"概念给出了自己的定义与分类。在此基础上，他又提出五类软实力策略。

这五类软实力分别为：（1）改善外部安全环境的软实力；（2）动员他国以获得支持的软实力；（3）操纵他国思维方式和塑造其偏好的软实力；（4）维护团队或国家共同体团结的软实力；（5）提高领导力或政府国内支持率的软实力。同时，李根也提出了"软实力协同效应和软实力两难困境"概念，在聚焦软实力政策价值的前提下运用他的软实力理论框架，对诸多现实案例进行了分析，构建了软资源、软实力政策目标间的逻辑联系，并为非主导国家研究和发展软实力提供了新的视角。

虽然该理论对中国学者拓展文化软实力研究有一定的借鉴意义，但其对于软实力的概念界定、理论阐述、案例分析等存在前后矛盾、认识局限、观点偏颇等问题，中国学者应该辩证看待。

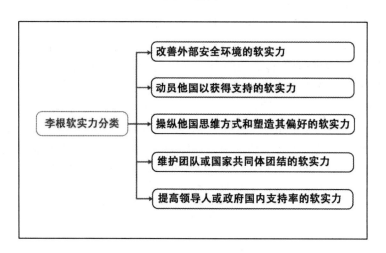

图 2-3-2　李根软实力评价分类框架图

（三）量化研究概述

1. 统计指标

清华大学阎学通团队于 2008 年发表《中美软实力比较》[1]，在国内率先提出软实力统计指标量化研究。该团队将软实力定义为"一国国际吸引

---

[1] 阎学通、徐进：《中美软实力比较》，《现代国际关系》2008 年第 1 期，第 24-29 页。

力、国际动员力和政府国内动员力的总和"，并基于此定义选取了六个指标，设计了软实力指标模型。阎学通团队从国际关系出发，将软实力分为国家吸引力、国际动员力和国内动员力。国家吸引力分为国家模式吸引力和文化吸引力。国家模式吸引力根据相似政治制度国家数量比衡量，文化吸引力由「相同民族文化国家数量比+（电影出口额比+留学生数量比）/2」/2 衡量。国际动员力分为战略友好关系和国际规则制定权。战略友好关系由军事盟友数量比衡量，国际规则制定权由「联合国安理会盟友比+（世界银行投票权比+国际货币基金投票权比）/2」/2 衡量。国内动员力由对社会上层动员力和对社会下层动员力构成。对社会上层动员力由议会中执政党议员所占比例衡量，对社会下层动员力由执政党党员占成年人比例衡量。

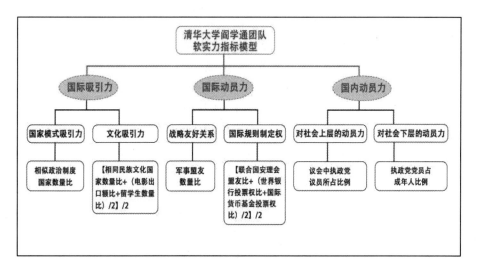

图 2-3-3　清华大学阎学通团队软实力指标模型图

　　波特兰公关公司从六个维度选取 70 多个指标，从联合国教科文组织、联合国世界旅游组织、联合国电子政务调查、联合国开发计划署人类发展报告、世界银行、世界知识产权组织、世界经济论坛、经合组织、国际奥委会、国际足联、国际金融公司、国际电信联盟、QS 世界大学排名、联合国条约汇编等方面采集有关国家的数据。并就 7 个方面开展国际调查，得出好感度总得分，最后进行加权平均。具体指标类型、含义与名称见下表 2-3-3。

表 2-3-3　波特兰公司软实力评价指标统计

指标类型	指标含义	指标名称
文化	国家的文化产出,包括流行文化和高级文化的全球影响力、吸引力	国外游客人数
		国外游客人均消费额
		主要电影节参展影片数量
		外国记者在国内的总人数
		联合国教科文组织世界遗产的数量
		全球前百名博物馆排名数量
		音乐市场规模
		在海外的十大音乐专辑排名数量
		奥运奖牌数
		国际足联世界杯男子排名
		国营航空公司的载运质量
数字化	国家的数字基础设施及其在数字外交中的能力	国家元首脸书(Facebook)的海外关注量
		国家元首或政府脸书的海外参与度
		外交部脸书海外关注总数
		外交部脸书的海外参与度
		国家元首的图片墙(Instagram)粉丝数量
		每百居民的互联网用户数
		每百万人的互联网安全服务
		每百人手机数
		互联网带宽
		政府在线服务指数
		电子政务参与指数
		每百人的宽带用户数
教育	国家的人力资源水平、提供国外奖学金的力度以及对国际学生的吸引力	经合组织国际学生评估项目中的科学、数学和阅读的平均值
		高等教育入学率
		全球顶尖大学数量
		学术期刊论文发表数量
		国际留学生人数
		教育经费占国内生产总值的百分比

续表

指标类型	指标含义	指标名称
外交	国家的外交网络力量及其对全球参与和发展的贡献	海外发展援助总额
		海外发展援助
		国民总收入
		驻外使馆数量
		国内外国使馆数量
		国外一般领事馆人数
		常驻多边代表团数目
		参与的国际组织数量
		环境条约的签署数量
		申请庇护人数
		外交文化使团数量
		免签证国家数量
		国家电视台的海外收视人数
企业	国家经济模式的吸引力、吸引外资环境和企业创新能力	全球专利数量占 GDP 比例
		世界经济论坛竞争力指数排名
		外国直接投资额占 GDP 比例
		传统经济自由指数排名
		清廉指数排名
		研发支出占 GDP 比例
		全球创新指数得分
		中小企业的数量占中小企业劳动力的百分比
		世界银行的做生意环境指数排名
		失业率占劳动力比例
		高科技出口占制成品出口比例
		企业创业成本占人均国民总收入比例
政府	致力于自由、人权和民主以及政府机构的质量	人类发展指数得分
		自由之家指数得分
		国内智库总数
		性别平等指数排名
		民主指数排名
		地下经济规模占 GDP 比例
		犯罪率
		世界银行的政府责任指数排名

指标类型	指标含义	指标名称
政府		死刑实行人数
		基尼系数
		世界经济论坛政府信任指数排名
		新闻自由指数排名
		世界银行政府治理效率指数排名
		世界银行政府治理的监管质量排名
		世界银行政府治理的法治排名
好感度（favourability）	国际调查，分为0—10个等级	美食
		欢迎国外游客程度
		科技产品
		奢侈品
		处理全球事务的正义感
		吸引观光就业和留学的程度
		对全球文化的贡献

2. 问卷调查

全球性的大规模问卷调查对于了解一个国家的软实力较为有效。它可以直接判断受访者的态度，然而在样本采集数量上存在因采集年限过长每年调查人数较少而产生潜在代表性不足的情况。如前所述，美国皮尤公司在六七年间调查了 415353 人，是所有调查中最多的。然而平均到 38 个国家，每个国家的受访人数每年约一千到两千人，这较之于一国总人口数来说是很小的比例。更进一步，面临更大的挑战是纳入比较研究的国家总数较少。北大课题组比较了 17 个国家受欢迎程度，是所有调查中最多的，但仍然不到全世界近 200 个国家的 1/10。此外，它只调查了 5 个国家民众的看法，因此得出的结论只反映 5 个国家的情况。美国皮尤公司的调查指出，中国与美国受喜欢的程度不相上下。然而，这一结果仅限于所调查的 38 个国家范围内。中国在全世界近 200 个国家受喜欢程度的总体水平难以甚或无法评估。因而，中国的软实力与美国之间的比较，很难从既有问卷调查中得出。

3. 综合研究

澳大利亚麦考瑞大学媒体传播与文化研究学系纪荔对软实力概念的起源——现实主义传统下的权力概念进行回顾与阐述，为理解和分析软实力提供了一个理论框架。同时，作者综述了现存西方文献中对软实力效果研究的主要研究方法，并借鉴计算机科学、公共关系学与市场学的研究方法，构建了以"客体为中心"的衡量软实力效果的新的理论与方法论框架。

对于软实力效果的衡量与界定，纪荔将其分为认知和行为两个种类及个体、机构、国家三个层面。在研究方法上，纪荔将其分为两个层面。第一个层面与情绪、情感相关。这方面的评估一是通过民意投票和问卷调查搜集数据，二是通过内容分析解码文本中包含的软实力效果的积极和消极反馈。第二个层面涉及个体与机体的认知和观点，包括对软实力资源的理解、解释和观点。这一维度采用海登以传播为中心的研究方法，通过对具体活动与行为的话语分析，直接探究"国际参与者是如何看待可解除的软实力资源和性能，以及如何有效转化为说服力"。

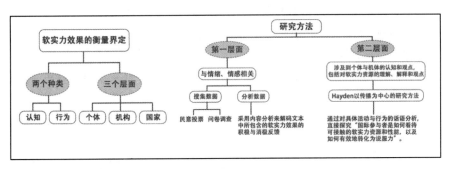

图 2-3-4　软实力效果界定和研究方法路径图

三、主流评估方法合理性分析

（一）质化评估体系合理性分析

目前主要质化的评估体系来自约瑟夫·奈与李根的研究。两者研究在软实力的定义上相类似，不同点主要可以从定义基础和结果的必然性两方面进行讨论。在定义基础上，奈的定义主要基于权力的性质，李根的定义主要基于权力资源的性质[①]。在结果的必然性方面，奈的研究认为"有种趋势认为软实力等同于拥有大量的软资源，硬实力等同于拥有大量硬资源"，在此定义下，软实力与软实力资源并没有明确的界限。李根的研究则认为"只有将软资源转化为影响力，软实力才得以发挥"。由此，两者评估体系有所不同。

[①] 张国祚、邓露：《对李根软实力理论的评析》，《湖南大学学报（社会科学版）》2021年第35卷，第1期，第116-124页。

首先,约瑟夫·奈的软实力理论从美国的文化价值观、意识形态和政治制度出发,是具有国别的话语权,在全面系统地描述其他国家软实力发展的特征的适用性也存在疑问。[①]从质化评估体系来看,还存在软实力概念界定不明、软实力使用方式以及目的手段模糊不清,互相矛盾的问题。

1. 软实力来源界定不明

关于软实力的大量文献中,主要争议之处在于对软实力和软实力资源的衡量。首先在于软实力的来源界定不明,如软实力是否完全来源于软实力资源,软实力资源与硬实力资源是否相互影响。以约瑟夫·奈的定义来看,软实力的吸引力来源并非"威逼利诱"的硬实力方式,是区别于硬实力的,然而约瑟夫·奈在部分情景下也承认硬实力和软实力是相互干扰相互发挥作用的。同样,李根在对比中美软实力中也存在界定不明的情况,对于军事实力等硬实力的界定存在前后矛盾。[②]

2. 软实力使用方式模糊

硬实力是强制性的威逼利诱,软实力则是一种吸引。然而在实际应用中,目标的达成是因为硬实力威逼利诱的作用还是自身软实力的吸引作用,这之间的划分是很难判断的[③],以李根的软实力评估方法来看,软实力资源转化成影响力的模型中,硬实力资源在其中是否有影响以及影响程度如何值得探讨。

表 2-3-4　约瑟夫·奈和李根软实力评估方法体系对比

质化研究评估方法体系名称	共同点	不同点	
		定义基础	结果的必然性
约瑟夫·奈	李根理论未一以贯之,与约瑟夫·奈的定义出现类同	权力的性质	"有种趋势认为软实力等同于拥有大量的软资源,硬实力等同于拥有大量硬资源"
李根		权力资源的性质	"只有将软资源转化为影响力,软实力才得以发挥"

① 胡南:《国家软实力的指标体系研究》,《长春工业大学学报(社会科学版)》2010年第22卷,第1期,第6—9页。

② 张国祚、邓露:《对李根软实力理论的评析》,《湖南大学学报(社会科学版)》2021年第35卷,第1期,第116—124页。

③ 叶自成、陈昌煦:《从美国"软实力"到中国"柔实力"——约瑟夫·奈软实力理论评析》,《国际观察》2015年第2期,第54—70页。

（二）量化研究评估体系合理性分析

1. 统计指标设计合理性分析

吉林大学行政学院胡南[①]指出国家软实力指标体系建设的基本原则是系统性、可行性以及定性分析和定量分析结合。以波士顿公关公司"soft power30"为例，约瑟夫·奈将该指数描述为"迄今为止最清晰的图景（the clearest picture to date）"，这是首个纳入数字资产重要性的指数，并采用国际民意调查来衡量各国在全球的声誉。韩国学者尹成勋也将"soft power 30"作为关于软实力测量的一个很好的研究对象，"soft power"从2010年开始几乎每年都对软实力资源进行量化，其规模和范围是世界领先的，并成为全球从业者咨询的最广泛的指数。以约瑟夫·奈的软实力"soft power"理论为核心，他将软实力实例化为文化、数字化、教育、外交、企业、政府等六类指标以及通过国际调查得到的好感度排名，充分考虑了各种软实力资源的影响力，基本实现了公平性。福建师范大学经济学院院长黄茂兴评价道："这份软实力排名采用客观和主观指标相结合的方式，改变了西方一些评价机构单纯采用主观调查的评价方法，这对于真实反映一个国家的软实力有较好的参考价值，是一种较为科学的评价方法。"中国人民大学新闻学院钟新以及黄超教授[②]将这种基于软实力组成结构、主客观层面结合、对软实力的核心要素进行综合指标评估的定量评估方式总结为一种来源型评估体系（Source System of Assessment）。他认为，过分强调客观定量不可取，软实力的主观因素是无法完全忽略的，例如除了游客数量等客观指标外，美食、明星这些介质也是国际沟通联系的方式，因此需要对应的主观的、标准化的定性评估的参与。

首先，软实力操作定义的合理性受指标选择的地缘政治与国别话语权影响。

英国文化协会高级政策分析师和阿拉斯代尔·唐纳森和阿里斯塔尔·麦唐纳也质疑软实力是否是西方的构造，他们以2018年的"soft power 30"为例，提出印度的软实力排名与其在全球的实质影响力存在偏差，如印度文化包括宝莱坞电影、瑜伽、美食以及印度企业等在全球是主要输出者和参与者，但印度未上榜这一现象，就反映了"soft power 30"几个问题：国际调查的抽样范围（西方、亚洲、非洲国家数量比例选取）；

---

① 胡南：《国家软实力的指标体系研究》，《长春工业大学学报（社会科学版）》2010年，第22卷，第1期，第6-9页。

② 钟新、黄超：《软实力的三种评估框架及其方法》，《湖南师范大学社会科学学报》2013年第42卷，第3期，第93-100页。

软实力衡量标准（重视利于西方国家因素）；软实力本身是否偏向于西方模式而成为西方模式的构造。英国华威大学政治与国际研究系的博士生张昌以及华威大学经济学硕士学位以及复旦大学经济学学士吴瑞勤也针对2018 "soft power30" 数据来源进行分析，认为 "soft power 30" 的软实力衡量事实上是嵌入意识形态和价值观的，其政治偏见表现在指标选择以及数据选择和处理上。首先其机构来源的地理位置集中在西方发达国家，分布严重偏向于西方发达国家，这种西向的地理位置选取使得西方世界价值观和国际领先地位更容易收获认可。

此外，在指标选择上受西方霸权文化制约，主要以英美政治价值观、经济制度以及文化为依据，在一定程度上巩固了西方霸权主义地位。例如，政府分项指数采用的是 "Press Freedom Index, the Freedom House Index, and the World Bank Good Governance Rule of Law"（新闻自由指数、自由之家指数和世界银行善政法治），而这些指标则嵌入了美国民主三大支柱 "言论自由（人权）、选举民主和法治"，这种软实力基准使得西方统治合法化[①]，一定程度表明了政治意图、文化限制以及价值偏见对于软实力衡量公正性的影响。

因此，"soft power" 主要采用传统实证主义，一方面采用主观与客观结合模式使得无形的软实力概念可测量化，其研究路径和体系是相对成熟的，具有学术价值；另一方面，其测量指数和研究模型无法克服偏见和文化障碍，具有西方中心主义色彩，难以客观反映国家软实力情况。自2015年开始，报告研究内容的重心也在改变，从最初的关注软实力理论框架和软实力来源描述转向软实力的具体实践，更注重实用性和及时性。

总之，现有量化指标体系的合理性争议和建议主要体现为以下几个方面。

一是指标分类是否合理的问题。关于指标分类存在原因探索问题，是通过研究获得原因（即指标类型），还是通过已有结论或经验直接确定原因（即指标类型）。并且，尽管已经存在多达六个分类，这些分类是否足够包括所有软实力资源依然值得商榷。另外，关于软实力与软实力资源内涵与外延的界定在国际范围内依然存在争论，涉及是否可以以偏概全仅仅遵从某一种定义进行分类。

二是指标选取是否合理的问题。不同国家软实力的优势所在不同，甚

---

① Zhang C, & Wu R., "Battlefield of global ranking: How do power rivalries shape soft power index build_ing?" Global Media and China, vol. 4, no. 2, 2019, pp. 179-202.

至部分国家可以仅仅因为某一方面突出实现软实力的优势领先地位。如果忽略了这种个性，仅仅考虑指标的通性，或许无法准确衡量软实力。并且，由于指标制定者所接受的教育与所处的社会环境及历史传统是存在一定局限的，其所选取的指标也必然存在局限性。例如，土耳其学者乌库雅皮奇[①]就指出基于指标的定量数据对软实力衡量的影响，他以软实力中的一部分即快速增长的市场为例说明，移民数量作为其中的一项市场指标，表面来看，该国拥有大量移民进入，一定程度上表明了该国的宜居指数和吸引力，指标具有合理性，然而该指标并非总是反映真实情况，例如叙利亚拥有最多难民，其接受外国移民数量名列前茅，这种情况下，移民数量并不能代表其宜居指数。大规模的人口涌入并非自愿移民，而是一种被迫的迁移，并不代表叙利亚的软实力。

三是是否考虑了人口因素。如果要衡量软实力，就一定要充分考虑人口问题。如果仅仅只是衡量国家数量，而忽略了人口，就无法准确衡量软实力。例如，对新加坡与对印度的吸引力如果只是以国家的数量来衡量，这种衡量就会存在较大偏颇。

四是是否考虑吸引力区域性与群体性因素。一定区域与一定群体，一定存在一定特性，对其的吸引力也一定存在特性，因此，软实力也应考虑区域性与群体性因素。例如，梵蒂冈对西方国家存在较大吸引力，但是对其他国家却不一定有如此的吸引力。同理，沙特阿拉伯对阿拉伯世界的吸引力也是其他地区与其他群体无法理解的。

2. 问卷调查设计与投放合理性分析

从问卷调查设计合理性来看，问卷调查设计是否充分考虑被调查者的喜好，是否充分考虑被调查者的情感因素，是问卷调查设计的关键问题。同时，问卷调查是否预先设置语境、国际政治、国际关系格局的视域等因素，会否影响受众初步判断。从心理学角度来看，问卷调查的语句表达、逻辑顺序，将对被调查者产生一定影响。因此，是否存在引导性语句等问题，是问卷调查设计的重要考虑问题。从心理学角度看，问卷调查的语句表达、逻辑顺序，将对被调查者产生一定影响。因此，是否存在引导性语句等，是问卷调查设计的重要考虑问题。Utku 也指出问卷设计的结构性等问题会影响目标受众的感知，从而影响对潜在软实力的看法[②]。因此，问卷调查是一种衡量软实力必不可少但存在不足的方法，首先是结果可能因问

① Yapici U., "Yumuşak Güç ölçülebilir mi?" Uluslararası İlişkiler Dergisi, vol. 12, no. 47, 2015, pp. 5-25.

② Yapici U., "Yumuşak Güç ölçülebilir mi?" Uluslararası İlişkiler Dergisi, vol. 12, no. 47, 2015, pp. 5-25.

卷设计、投放等产生偏差；其次是需要考虑民意调查的连续性，也就是个人认知情感上的延续性；最后，问卷调查主要是将软实力与民意调查联系起来，因而被广泛应用于"皮尤的全球态度项目，BBC 世界服务的国家评级调查，或 Anholt-GFK Roper 国家品牌指数"，然而这种以好感度为代表的民意调查无法反映其背后代表的可用软实力资源以及发挥的有效性"the available resources and an understanding for where they will be effective"[1]。因此，麦克洛里建议需要在主观的民意问卷调查中加入客观指标，使得复杂的无形的文化资产得到有形表现。

从问卷调查投放合理性分析来看，总体在亚太地区、非洲国家的问卷调查投放量比例偏低。此外，从官方资料来看，其所选用的采访语言为英语与西班牙语，这也极大程度上限制了投放的合理性。以皮尤研究中心 2017 年进行的调查为例，对 38 个国家共 415353 人进行调查。其中，北美国家有 2 个，欧洲国家有 11 个，亚太国家有 7 个，中东国家有 5 个，非洲国家有 6 个，拉美国家有 7 个。

3. 量化研究方法论合理性分析

来源型的定量指标评估体系也存在方法论硬伤，例如指标只能反映软实力资源，而没有直接转化并且直观反映各国软实力的特征和现状。韩国学者尹成勋也认为这种软实力量化衡量方法已经过时，其问题之一就在于混淆了软实力和软实力影响之间的区别。此外各指标的二级分类指标的统一标准的制定也比较困难，无法获得可靠的数据参考价值。[2]（钟新，黄超，2013）。

4. 综合研究必要性分析

综合研究在研究方法上主要融合了质化研究与量化研究。在研究学科中，包含了国际政治学、国际传播学、统计学、大数据与人工智能等跨学科范畴。综合实证主义和解释主义的传统，多学科方法论框架吸纳了计算机科学技术和大数据方法来搜集数据以及分析社交媒体平台上社交互动的分布与流动，并且结合定性研究方法（比如，内容分析、文本分析、论述分析和框架分析）来探究其背后的动机触发因素、社会背景和传播流动、行为和互动所产生的社会含义。

综上所述，本节从历史沿革中梳理软实力概念层次并揭示一套我国发

---

① McClory J, & Harvey O. "The Soft Power 30: getting to grips with the measurement challenge," Global Affairs, vol. 2, no. 3, 2016, pp. 309-319.

② 钟新、黄超：《软实力的三种评估框架及其方法》，《湖南师范大学社会科学学报》2013 年第 42 卷，第 3 期，第 93-100 页。

展的软实力价值理念和实践。第一，通过梳理既有的权力概念层次和软实力提出的时代背景、历史脉络，从地缘政治（美国、欧洲为例）探讨软实力概念的演变和社会变迁，重点揭示从软实力到巧实力、软实力到锐实力流变的局限性纷争；接着以在中国的舶来与延伸为案例，反思中西软实力概念差异，弥补软实力概念断层，以此为整个研究铺垫好逻辑起点。第二，我们从现有主流评价体系进行初步评估，发现无论从技术层面还是话语权层面，现有评价体系都存在不合理问题。从而让我们意识到，软实力战略研究需要注重结合新全球化时代语境，从国际意识形态话语斗争和主流价值观传播调适上搭建全球软实力研究的范式创新。

第三章　国家形象视域下的跨文化传播

习近平总书记指出，构建人类命运共同体"要尊重世界文明多样性，以文明交流超越文明隔阂、文明互鉴超越文明冲突、文明共存超越文明优越"。构建人类命运共同体就要积极开展世界各国文化之间的交流、融合和贯通，构建开放包容的人类文化发展形态，推动人类社会繁荣进步。因此，在构建人类命运共同体的过程中，跨文化传播对维护人类文化的多样性和人类社会历史发展道路的多样性、促进人类社会的健康发展和世界和平发展具有重要意义。

为打破西方话语霸权，构建公平、客观、平等的国际传播环境，国家形象的塑造至关重要。国家形象的建构作为一个复杂的系统性工程，不仅包括一国的政治体制、科技创新、经济实力、军事力量、国民素质、商品制造、自然资源以及外交等物化形态层面的内容，同时还包括媒体报道、影视与文化艺术作品、领导人的讲话以及各种国家形象的宣传与营销等视觉文化与符号的跨文化传播问题。[1]（吴飞、陈艳，2013）从社会历史环境来看，跨文化传播理论成形缘起于二战之后，以欧美国家为核心的国际关系主导力量通过外交和国际交流实现政治、经济力量的扩张，在这一过程中，克服文化差异、强化跨文化管理的需求为跨文化传播的理论研究提供了现实土壤（姜飞，2010[2]；戴晓冬，2011；陈辉 & 陈力丹，2017[3]）；从学理层面来看，跨文化传播以不同文化之间的传播模式为研究对象，探讨来自不同文化的传播主体如何在传播过程中展现其文化与传播模式[4]（Levine & Kim，2007）。随着全球化的推进与媒介技术的普遍应用，跨文

---

[1] 吴飞、陈艳：《中国国家形象研究述评》，《当代传播》2013 年第 1 期，第 8-11 页。

[2] 姜飞：《美国跨文化传播研究形成发展的理论脉络》，《新闻与传播研究》2010 年第 3 期，第 17-27 页。

[3] 陈辉、陈力丹：《跨文化传播研究的知识结构与前沿热点：基于 CiteSpace 的可视化图谱分析》，《国际新闻界》2017 年第 39 卷，第 7 期，第 58-89 页。

[4] Levine T R, & Park H S, & Kim R K., "Some conceptual and theoretical challenges for cross-cultural commu_nication research in the 21st century," Journal of Intercultural Communication Research, vol. 36, no. 3, 2007, pp. 205-221.

化传播逐渐根植于人们的生产生活之中。

基于此，本章首先梳理了跨文化传播的子概念与相关争议，从跨文化传播的四种英文概念入手，厘清在此基础上延伸的研究领域与理论沿革。随后将文化符号的跨文化传播作为切入点，透视民间交互场域中跨文化传播的特性与趋势。接着与时俱进探讨数字时代的跨文化传播特性，最后，本章将跨文化传播研究与国家形象研究相结合，剖析这两大研究领域的相补之处、理论分歧、研究现状以及未来的研究转向。本章试图在耙梳跨文化传播理论渊源的基础上，探讨国家形象跨文化传播现状何以形成、跨文化传播与国家形象的互动关系，以及未来如何推动构建更为平等公正的跨文化传播环境。

第一节　跨文化理论的四种表达

1959 年，美国人类学家爱德华·霍尔将人类学研究的非言语交际行为运用到社会学之中，开启了跨文化传播研究的进程[①]，其中最为突出的贡献在于对世界文化的"高语境"与"低语境"（high and low context cultures）抽象划分，率先明确了两种文化运作机制的差异所在，即依赖于交际语言的低语境文化和依赖于交际语境的高语境文化。这一分析框架为后来的文化价值取向理论和文化价值理论提供了有力铺垫。

"跨文化传播"一词在英文中可以对应四种表达方式，包括 intra-，cross-，inter-，trans-cultural communication，虽然这些概念都强调不同文化之间的互动，但它们各自代表着跨文化传播（传通、交际、交流）领域的不同侧面和深度[②]。cross-cultural communication 一般用于表述单方面的发力，常用于"跨文化培训""跨文化技能"等语境，内含着某一文化对其他文化的主动接触，是一种初级的文化"跨骑"行为。因此，虽同样译为"跨文化传播"，intercultural communication 与 cross- cultural communication 在文化层面和个体层面有着一定区别：前者是指来自不同文化环境的个体、群体、组织、国家之间的传播行为，体现着一定的文化特征，是一个涵盖

---

① 赵立敏：《理论，身份，权力：跨文化传播深层冲突中的三个面向——以汉传佛教在华传播为例》，《国际新闻界》2020 年第 42 卷，第 9 期，第 23-42 页。

② 姜飞、黄廓：《对跨文化传播理论两类，四种理论研究分野的廓清尝试》，《新闻与传播研究》2009 年第 16 卷，第 6 期，第 53-63 页。

了人际传播、组织传播和国际传播的概念[①]，更具复杂性、互动性和传播实践性，因此也被称为"跨文化交际"[②]；后者则表示不同文化之间交流互动形式的比较，视角更为宏观，也更具有概括性。例如，一位韩国人和一位德国人的互动过程属于跨文化交际（intercultural communication），而韩国人群体和德国人群体在交流过程中的相似或不同之处，以及由此产生的相关研究则归属于跨文化传播研究（cross-cultural communication research）。

与 inter-和 cross-对文化的差异和比较的强调不同，trans-侧重于超越文化边界的假设，以更具包容性和开放性的视角理解跨文化传播。也就是说，Trans- culture 表示文化之间"贯通"与"超越"的行为、过程和结果[③]，突破了以地缘或文化现实为标准的文化边界划分，表现为对不同文化的哲学存在和文化生态的聚焦。总的来说，cross-cultural 是一个单向的、线性的传播模式，inter-cultural 强调互动性和文化间性，trans-cultural 则是从哲学层面探索不同文化的传播主体（个体或组织或机构）如何处理涉及跨文化的所有议题。因此以上三者分别对应着 cross-比较文化传播研究，inter-深层文化结构研究、trans-超验文化传播哲学研究三种不同的研究逻辑。在此基础上，intra-与 cross-、inter-、trans-这三种跨文化传播研究相区别，前者是一种以自我文化为基点，强调传播活动跨越国界时带来的政治、经济影响，后三种则关注这一跨越的文化影响。

表 3-1-1　"跨文化传播"四大子概念与研究领域汇总

	应用语境	特点	对应研究议题
cross-cultural communication	常用于"跨文化培训""跨文化技能"等语境，表示不同文化之间交流互动形式的比较；内含着某一文化对其他文化的主动接触，是一种初级的文化"跨骑"行为。	聚焦于民族文化与权力关系，视角更为宏观，也更具有概括性；表现一种单向的、线性的传播模式。	比较文化传播研究

---

① 关世杰：《谈传播学的分支——跨文化交流学》，《新闻与传播研究》1996 年第 3 卷，第 1 期，第 64-69 页。

② Gudykunst, &W. B., & Yoon, Y. C., & Nishida, T., "The influence of individualism-collectivism on perceptions of communication in ingroup and outgroup relationships," Communications Monographs, vol. 54, no. 3, 1987, pp. 295-306.

③ 姜飞、黄廓：《对跨文化传播理论两类，四种理论研究分野的廓清尝试》，《新闻与传播研究》2009 年第 16 卷，第 6 期，第 53-63 页。

续表

	应用语境	特点	对应研究议题
Inter-cultural communication	描述来自不同文化环境的个体、群体、组织、国家之间的传播行为，体现着一定的文化特征，是一个涵盖了人际传播、组织传播和国际传播的概念（关世杰，1996）。	具有复杂性、互动性和传播实践性，强调文化间性，重视对身份、价值、交际能力等议题的探讨	深层文化结构研究
Trans-culture communication	从哲学层面探索不同文化的传播主体（个体或组织或机构）如何处理涉及跨文化的所有议题。	侧重于超越文化边界的假设，以更具包容性和开放性的视角理解跨文化传播，	超验文化传播哲学
intra-cultural communication	强调传播活动跨越国界时带来的政治、经济影响。	以自我文化为基点，关注宏观地传播政治经济后果。	传播政治经济学

　　随着跨文化传播理论运用情境的拓展与深入，众多学者提出了多元文化主义理论、文化休克理论、文化杂糅理论等一系列围绕文化差异这一核心议题的跨文化传播理论。有学者将跨文化传播的主旋律概括为"冲突与融合"[①②]，这一方面是由于不同主体与他者文化的交流日益频仍，另一方面则是因不同文化对权力与话语资源的争夺进一步加剧了跨文化冲突，因此对文化冲突与文化融合的理论阐释、转化过程和管理模式的深入研究，便是指导多元文化走向和谐共生格局的过程。

　　从实践需求来看，"多元文化主义"（multi-culturalism）的发展缘起于移民、种族的现实困境[③]，意在追求种族平等、尊重差异的价值理念，而后这一理论逐渐渗透进西方主要国家对待移民等问题的基本价值观。从理论发展脉络来看，多元文化主义的前身是文化多元主义（cultural pluralism），由学者 Horace Kallen 在"美国化"和"熔炉论"（melting pot）的时代背景下提出，指少数群体完全参与到主流社会中，但又保持文化差异的状态。

---

　　① 车英、欧阳云玲：《冲突与融合：全球化语境下跨文化传播的主旋律》，《武汉大学学报（哲学社会科学版）》2004 年第 57 卷，第 4 期，第 570-576 页。

　　② 赵立敏：《理论，身份，权力：跨文化传播深层冲突 中的三个面向——以汉传佛教在华传播为例》，《国际新闻界》2020 年第 42 卷，第 9 期，第 23-42 页。

　　③ 肖珺、胡文韬：《新媒体跨文化传播的难点及其理论回应》，《新闻与传播评论》2021 年。

但由于其对黑人群体的排斥和对种族差异的过度强调，多元文化主义在黑人民族运动和民权运动中应运而生[①②]，一个社会中存在多个种族或文化群体的多样性被整个社会所接受和欣赏，或在政策层面上采取旨在促进所在共同体之文化多样性的措施[③]。学者维杰威[④]将多元文化主义的概念框架总结为以下三个层面：（1）多元文化主义强调社会多元化的种族构成；（2）多元文化主义在政策领域体现为保障移民群体的基本权利；（3）多元文化主义接受且支持社会的人口异质特性。虽然这一跨文化理论为缓和民族与文化之间的文化隔阂提供了基本思路，但也有学者认为多元文化主义不适用于世界性的文化冲突，甚至导致了社会环境的碎片化（fragmentation），助长了极端主义和恐怖主义[⑤]。

随着多元文化主义融入社会文化观念、教育理念和公共政策，其文化相对主义的缺陷和社会认同度的缺失使这一理论面临着越来越多的质疑和批评。同时，网络社会的发展使得对以地缘关系和种族差异为标准的文化划分失灵，社交媒体推动了以文化认同为基础的共同体的形成。多元文化主义在这一全新的语境下未能延续其解释力。在数字传播语境下，学者姬德强[⑥]提出数字平台中的跨文化传播因受到算法的影响，传播主体的身份杂糅现象十分明显，具体表现为身份的快速流动性和杂糅性。同样为维护文化的多元性、异质性，有学者提出文化间性（inter-culturality）这一概念，与传播学的主体间性（inter- subjectivity）相对应[⑦]，即学者赵月枝[⑧]所强调的"跨文化交流的哲学依据应建立在对'主体间性'的探索与发展上"，从而实现多元文化主义在新媒体语境下的完善与革新。

为了解释强势文化与弱势文化之间的权力关系，文化冲突论、文化帝国主义、东方主义等"跨文化冲突"（inter-cultural shock）的理论应运而生。

---

① 王希恩：《多元文化主义与马克思主义民族理论的两点比较》，《科学社会主义》2010 年第 2 期，第 8-12 页。

② 肖珺：《新媒体与跨文化传播的理论脉络》，《武汉大学学报（人文科学版）》2015 年第 4 期，第 122-128 页。

③ 李军：《从图像的重影看跨文化艺术史》，《艺术设计研究》2018 年第 2 期，第 93-104 页。

④ Van de Vijver F J R, & Breugelmans S M, &Schalk-Soekar S R G., "Multiculturalism:Construct validity and stability" International Journal of Intercultural Relations, vol. 32, no. 2, 2008, pp. 93-104.

⑤ 黄伟民、殷鹏：《社会学中的多元文化主义和民族多元主义——碎片化理论回顾与评述》，《广西民族大学学报（哲学社会科学版）》2015 年第 37 卷，第 2 期，第 17-27 页。

⑥ 姬德强：《平台化治理：传播政治经济学视域下的国家治理新范式》，《新闻与写作》2021 年。

⑦ 单波：《跨文化传播的问题与可能性》，《武汉大学出版社》2010 年。

⑧ 黄艾：《传播学教育与研究方法论的创新与实践——专访赵月枝教授》，《全球传媒学刊》2017 年第 4 卷，第 4 期，第 11-24 页。

美国学者塞缪尔·亨廷顿认为不同文化或文明之间的差异（即宗教、语言等价值体系的不同）是引发国家冲突的根源，李彦亮[①]将跨文化冲突（inter-cultural shock）进一步定义为不同文化与亚文化之间的对立、排斥和矛盾状态，从而明确了文化冲突概念的宏观视角和内在的权力属性。跨文化传播中的冲突与融合是一体两面的关系，马克·奥比[②]在"共文化理论"（Co-cultural Theory）中提出处于弱势地位的文化对主流文化的顺应与服从是其融入主流社会的、协商式的文化融合方式。之前的跨文化传播理论在谈到弱势文化群体的时候，或多或少存在一种潜意识，认为这样的边缘群体总是要试图融入更主流和广阔的社会环境。而共文化强调了"被缄默群体"的主体能动性、意愿表达和行为[③]，为理解文化内部各群体间的互动机制提供了参考框架，也为探索文化、权力与传播之间的相互关系提供了新的理论视角[④]。1968 年，在哈瓦那召开了"知识分子与第三世界人民的解放斗争"会议，会议首次正式提出"文化帝国主义"的概念，强调除了全球经济体系亟待改变之外，全球文化关系也存在着以英美为代表的西方发达国家与前殖民地国家的不平等现象。文化帝国主义可以采取普遍态度或积极、正式和深思熟虑的政策形式，甚至包括军事行动，对另一种文化进行统治，其中经济或技术因素也可能发挥作用。学者赫伯特·席勒认为，全球的信息传播结构同样是导致文化帝国主义的源头所在，也就是说，具有更大政治和经济实力的国家将决定文化的价值，并通过国际媒体构建主导世界的全球文化，从而导致不同文化之间的不平等[⑤]。1976 年 Schiller 发表著作《传播与文化支配》（Communication and Cultural Domination），丰富了"文化帝国主义"概念的内涵，将批判的对象从发达国家扩展到了充当发达国家实现"文化帝国主义"的本国代理人，即第三世界国家的统治者[⑥]。赫伯特·席勒认为将当时跨国的文化控制仅仅看作是单方面的"侵略"已经过时，因为"文化控制的加强"是来自中心国家和边缘、半边缘国家统治阶

---

① 李彦亮：《跨文化冲突与跨文化管理》，《科学社会主义》2006 年第 2 期，第 70-73 页。

② Orbe M P., "From the standpoint(s) of traditionally muted groups: Explicating a co-cultural communica_tion theoretical model," Communication Theory, vol. 8, no. 1, 1998, pp. 1-26.

③ 高碧瑶：《奥尔布的共文化理论研究》，《新闻研究导刊》2020 年第 11 卷，第 20 期，第 60-62 页。

④ 王媛：《共文化的理论框架与演进轨迹》，《重庆社会科学》2015 年第 4 期，第 93-100 页。

⑤ Schiller, H. I., "Mass communications and American empire," 1971.

⑥ 潘慧琪：《不平等的世界传播结构："文化帝国主义"概念溯源》，《新闻界》2017 年第 12 期，第 11-16 页。

层的合谋①。

　　上述研究一方面反映着世界格局的变化，也透视着跨文化传播研究的政治经济学转向。后殖民理论学者霍米·巴巴在此基础上强调，东西方的权力关系是含混的、混杂的（hybridity），也就是说，当殖民者的文化与被殖民者的文化相接触时，二者并非控制与被控制的关系，也不是组合、相加的关系，而是两种文化之间进行协商、让步、模仿和重新阐释，最终形成一种区别于两种文化的第三种文化，这一结果也就是"文化杂糅"（cultural hybridization）现象。从文化传播的角度看，有时文化杂糅作品的流传度和影响力会远超原作品，受众会通过文化杂糅的作品了解原文化，甚至忽略了原文化本身的价值②。值得注意的是，这一跨文化传播研究的视角强调文化并非一个代代相传、始终如一的稳定结构，而是不断重构的、具有社会历史特征的结果③。21世纪以来，有学者将文化杂糅定义为"形式与现有的文化实践分离，并在新实践中与新形式重新结合"④。学者Kraidy则从批判性跨文化主义（critical transculturalism）视角指出，文化本质上是与社会实践中的能动性杂糅，即物质结构的再生产。因此，文化杂糅现象应强调这一过程是否赋予了社会群体在其生活过程中产生影响的能力，文化杂糅理论的价值在于它强调人的能动性"⑤。事实上，不同的文化不可能互不相干，文化经验或者说每一种文化形式都是根本性的、典型的混合体⑥。

　　正是由于文化和人的文化认同都普遍具有非纯粹的"混血"或"杂交"性质，"跨文化主义"（Transculturalism）逐渐获得更多学者的认同。跨文化主义的实质在于"跨越"（Trans-），不像"多元文化主义"筑起和强化文化的边界，而是突破和穿越文化之间人为设置的藩篱⑦，其原则被定义为"从他异性角度看待自身"（seeing oneself in the other）⑧。南美学者费尔

---

① Schiller, H. I., "Communication and Cultural Domination," New York: International Arts and Sciences Press, 1976.

②徐冠群：《文化传播与文化创新：跨文化传播语境中文化挪用的积极意义》，《收藏》2019年，第11页。

③ Stewart C., "Syncretism and its synonyms:Reflections on cultural mixture," Diacritics, vol. 29, no. 3, 1999, pp. 40-62.

④ Pieterse J N., "Globalization and culture: Global mélange" Rowman & Littlefield, 2019.

⑤ Kraidy M., "Hybridity, or the cultural logic of globalization," Temple University Press, 2006.

⑥ Said, E. W., "Culture and Imperialism," London: Vantage, 1994.

⑦ 李军：《从图像的重影看跨文化艺术史》，《艺术设计研究》2018年第2期，第93-104页。

⑧ Cuccioletta D., "Multiculturalismor Transculturalism: Towardsa Cosmopolitan Citizenship," London Journal of Canadian Studies, vol. 17, 2001/2002.

南多·奥尔蒂斯于 1940 年首次提出了跨文化主义的观念，认为种族混合的民族性即"杂交"性（metissage），是美洲文化认同的合法性前提 [34]。跨文化主义杂志《相反》（Vice Versa）主编塔西纳里则进一步指出，单一的"传统文化论"其实是以狭隘的"民族—国家"论为基础而演化出来的现代性论调，必须以"跨文化主义"论加以超越 [33][34]。在跨文化主义的基础上，前文提到的学者克雷迪[①]于 2005 年提出了批判性跨文化主义（critical transculturalism），以解决涉及国际传播中两个主要理论框架的理论问题：文化帝国主义和文化多元主义。克雷迪认为它们要么不愿意，要么不能在关注国际传播的话语和文本方面的同时，强调物质结构。而批判性跨文化主义是一个框架，它通过在国际传播分析中整合机构和结构来关注跨文化关系中的权力。批判性跨文化主义认为，代理权位于以跨语境的方式行事的社会实践中；结构和代理权之间的关系是一种片面的衔接；在媒体传播过程中会考虑文化时刻的生产、文本、接收之间的积极联系。

与前述研究聚焦于宏观的民族文化与权力关系的 cross-culture communication 理论视角不同，inter-culture communication 这一跨文化交际视角更强调对身份、价值、交际能力等议题的探讨。跨文化交际中所发生的冲突与融合是以个体的身份冲突和所面临的文化陌生感为基础的。针对个体面对陌生文化时所必经的自我适应与自我调整过程，学者卡尔维罗·奥贝格[②]于 20 世纪 60 年代提出了文化休克（cultural shock）概念，描述海外旅居者尝试融入陌生文化时，因脱离了所熟悉的社会交流符号和互动语境，从而引发焦虑、惊恐、沮丧、无奈等心理失衡症状，他在此基础上创建了文化适应周期理论（acculturation stages），将个体面对陌生文化时所经历的文化冲击和适应周期划分为不同阶段，即蜜月期（honeymoon）、危机期（crisis）、恢复期（recovery）和适应期（adjustment）。莱斯加德[③]将交际者的适应能力变化具象化为一个 U 型曲线（由高至低再到高），考虑到交际者回到原先的文化群体时会再度经历文化适应过程，古拉霍恩[④]进一步提出"双 U 型曲线假说"。有学者通过对跨文化能力研究的整合分析（meta-analysis），归纳出了既有研究的五大理论模型，包括组合型、共同导向型、

① Kraidy M., "Hybridity, or the cultural logic of globalization," Temple University Press, 2006.

② Oberg K., "Cultural shock: Adjustment to new cultural environments," Practical anthropology, vol. 4, 1960, pp. 177-182.

③ Lysgaard S., "Personal contact and change in intergroup attitudes," Acta Psychologica, vol. 11, no. 1, 1955, pp. 189-194.

④ Gullahorn J T, & Gullahorn J E., "An extension of the U-Curve Hypothesis 1," Journal of social issues, vol. 19, no. 3, 1963, pp. 33-47.

发展型、适应型和因果过程型[①]，并对各模型的实践运用和理论贡献做出了系统性梳理。然而，由于这一研究领域多用于学校教育、企业培训等情境，有着强烈的实践导向特征，存在重复性研究较多、研究成果碎片化的缺陷[②]，随着后来的学者在对文化适应阶段进一步细分、对文化适应策略的心理学研究、对跨文化转化（intercultural transformation）不同层面的探讨中不断完善和扩展这一理论，才逐渐呈现出整合化特征。

为进一步评判跨文化交际者在陌生文化中辨析文化身份、高效且恰当地进行交际的能力，即跨文化交际能力（competence），陈和斯塔罗斯塔[③]提出"跨文化交际能力三角模式"，以跨文化交际的"高效性"和"得体性"作为研判指标，从情感层面（即交际者的个人情绪或感受的变化，具体表现为中立态度、开明度、社交从容等）、认知层面（即跨文化意识的产生，具体表现为自我意识和文化意识）和行为层面（即跨文化灵巧性的提升，具体表现为交际行为中完成交际目标的能力）展开分析。随着全球化进程的深入，Chen[④]补充了全球思维（global mindset）这一指标，并将早期的"跨文化交际能力模型"深化为"全球交往能力模型"。

同样是针对跨文化交际中的差异与调整议题，格尔特·霍夫斯泰德[⑤]从管理学角度提出了文化价值取向理论，将文化视为同一环境下人们共同拥有的、能与其他人相区分开的心理程序，并将文化价值维度概括为个人主义/集体主义（individualism and collectivism）、权力距离（power distance）、不确定性规避指数（uncertainty avoidance index）、男性气质和女性气质（masculinity and femininity）、长期导向与短期导向（long-term and short-term orientation）五大层面，并通过上述指标概括一个文化的独立性、平等性、男女平等程度和对儒家思想的认同程度等基本特征。与"文化休克"所面临的理论困境类似，霍夫斯泰德的文化价值取向论面临着实证研究样本的局限性、文化是否能进行量化等争议[⑥]。同时，由于文化价值取向的划

① Spitzberg B H, & Changnon G., "Conceptualizing intercultural competence," The SAGE handbook of intercultural competence, vol. 2, 2009, pp. 52.

② 戴晓东：《跨文化交际理论从欧洲中心到多中心演进探析》，《学术研究》2011 第 3 期，第 137-146 页。

③ Chen G M, & Starosta W J., "Intercultural communication competence: A synthesis," Annals of the International Commun ic.

④ Chen G M. A model of global communication competence, 2005.

⑤ Hofstede G., "Culture's consequences: International differences in work-related values," 1984.

⑥ 戴晓东：《跨文化交际理论从欧洲中心到多中心演进探析》，《学术研究》2011 第 3 期，第 137-146 页。

分仅适用于国家层面而非个人层面，施瓦茨[①②]在此基础上提出了个人层面具有普适性的价值观，并指明这些价值观在不同文化中会有不同的取向，提升了文化价值取向理论在跨文化交际领域的解释力。

如前所述，跨文化传播学虽然早已被国际传播协会纳入传播学的研究方向之一[③]，但跨文化传播学的研究对象是来自不同文化背景的个人、组织、国家间进行信息交流的社会现象，其研究范围涵盖了人类学、社会学、心理学、管理学、教育学、国际政治等多个学科。因此，跨文化传播作为一个研究领域，对不同文化间的差异性、冲突性和融合趋势的诠释与探讨，在如今人类跨文化交流日趋频繁的大环境下有着增进不同文化群体之间的理解、推动建设人类命运共同体的重要意义。同时，国家形象作为国际社会的各种理性行为体所形成的综合印象和评价[④]，深化跨文化传播的研究对宣传我国价值理念、树立国家形象、推动文化外交同样意义重大。

表 3-1-2　跨文化传播相关理论汇总

	代表学者及理论	研究领域或方向
多元文化主义（multi- cultural- ism）	霍勒斯·卡伦提出多元文化主义概念框架，为缓和民族与文化之间的文化隔阂提供了基本思路。	发展缘起于移民、种族的现实困境，意在追求种族平等、尊重差异的价值理念[⑤]，而后这一理论逐渐渗透进西方主要国家对待移民等问题的基本价值观。
跨文化冲突理论（inter-cultural shock）	（1）马克·奥比[⑥]"共文化理论"认为，处于弱势地位的文化对主流文化的顺应与服从是其融入主流社会的、协商式的文化融合方式。	解释强势文化与弱势文化之间的权力关系。

---

① Schwartz S H., "Beyond individualism/collectivism: New cultural dimensions of values," 1994.

② Schwartz S H, & Boehnke K., "Evaluating the structure of human values with confirmatory factor analysis," Journal of research in personality, vol. 38, no. 3, 2004, pp. 230-255.

③ 关世杰：《谈传播学的分支——跨文化交流学》，《新闻与传播研究》1996 年第 3 卷，第 1 期，第 64-69 页。

④ 刘艳房：《国家形象战略研究》，《中国特色社会主义研究》2009 年第 1 期，第 55-58 页。

⑤ 单波：《跨文化传播的问题与可能性》，武汉大学出版社，2010 年。

⑥ Orbe M P., "From the standpoint(s) of traditionally muted groups: Explicating a co-cultural communication theoretical model," Communication Theory, vol. 8, no. 1, 1998, pp. 1-26.

续表

	代表学者及理论	研究领域或方向
跨文化冲突理论（inter-cultural shock）	（2）"文化帝国主义"概念强调除了全球经济体系亟待改变之外，全球文化关系也存在着以英美为代表的西方发达国家与前殖民地国家的不平等现象。 （3）赫伯特·席勒认为，全球的信息传播结构同样是导致文化帝国主义的源头所在，具有更大政治和经济实力的国家将决定文化的价值，并通过国际媒体构建主导世界的全球文化，从而导致不同文化之间的不平等。	
文化杂糅理论	（1）殖民理论学者霍米·巴巴认为东西方的权力关系是含混的、混杂的（hybridity），殖民者的文化与被殖民者的文化相接触时，两种文化之间进行协商、让步、模仿和重新阐释，最终形成一种区别于两种文化的第三种文化，这一结果也就是"文化杂糅"现象。 （2）学者克雷迪①则从批判性跨文化主义（critical transculturalism）视角指出，文化本质上是与社会实践中的能动性杂糅，即物质结构的再生产。因此，文化杂糅现象应强调这一过程是否赋予了社会群体在其生活过程中产生影响的能力，文化杂糅理论的价值在于它强调人的能动性。	文化杂糅即"形式与现有的文化实践分离，并在新实践中与新形式重新结合"，强调文化并非一个代代相传、始终如一的稳定结构，而是不断重构的、具有社会历史特征的结果。
文化休克（cultural shock）理论	（1）学者卡尔维罗·奥贝格②于20世纪60年代提出了文化休克（cultural shock）概念，描述海外旅居者尝试融入陌生文化时，脱离了所熟悉的社会交流符号和互动语境，从而引发的心理失衡症状，他在此基础上创建了文化适应周期理论（acculturation stages）。	以个体的身份冲突和所面临的文化陌生感为基础，关注个体面对陌生文化时所必经的自我适应与自我调整过程。

---

① Kraidy G M, & Gresset N, & Boutros J J., "Information theoretical versus algebraic constructions of linear unitary precoders for non-ergodic multiple antenna channels," Canadian Workshop on Information Theory. 2005.

② Oberg K., "Cultural shock: Adjustment to new cultural environments," Practical anthropology, vol. 4, 1960, pp. 177-182.

	代表学者及理论	研究领域或方向
文化休克（cultural shock）理论	（2）莱斯加德①将交际者的适应能力变化具象化为一个 U 形曲线（由高至低再到高），考虑到交际者回到原先的文化群体时会再度经历文化适应过程，古拉霍恩②进一步提出"双 U 型曲线假说"。	
跨文化交际能力（competence）理论	陈和斯塔罗斯塔③提出"跨文化交际能力三角模式"，后陈④补充了模型中全球思维（global mindset）指标，并将早期的"跨文化交际能力模型"深化为"全球交往能力模型"。	评判跨文化交际者在陌生文化中辨析文化身份、高效且恰当地进行交际的能力。
文化价值取向理论	格尔特·霍夫斯泰德⑤的文化价值取向理论，将文化视为同一环境下人们共同拥有的、能与其他人相区分开的心理程序，并将文化价值维度概括为个人主义/集体主义、权力距离、不确定性规避指数、男性气质和女性气质、长期导向与短期导向五大层面，并通过上述指标概括一个文化的独立性、平等性、男女平等程度和对儒家思想的认同程度等基本特征。	针对跨文化交际中的差异与调整议题，但面临实证研究样本的局限性、文化是否能进行量化等争议⑥。同时，文化价值取向的划分仅适用于国家层面，而非个人层面⑦⑧。

第二节 跨文化传播与文化符号研究

全球交流与互鉴过程中文化符号的跨文化传播逐渐受到重视。正如我

---

① Lysgaand S., "Adjustment in a foreign society: Norwegian Fulbright grantees visiting the United States," International social science bulletin, 1955.

② Gullahorn J T, & Gullahorn J E., "An extension of the U-Curve Hypothesis 1," Journal of social issues, vol. 19, no. 3, 1963, pp. 33-47.

③ Chen G M, & Starosta W J., "Intercultural communication competence: A synthesis," Annals of the International Communication Association, vol. 19, no. 1, 1996, pp. 353-383.

④ Chen G M., "A model of global communication competence," 2005.

⑤ Hofstede G., "Culture's consequences: International differences in work-related values," 1984.

⑥ 戴晓东：《跨文化交际理论从欧洲中心到多中心演进探析》，《学术研究》2011 年第 3 期，第 137-146 页。

⑦ Hofstede G., "Cultural dimensions in management and planning," Asia Pacific journal of management, vol. 1, no. 2, 1984, pp. 81-99.

⑧ Schwartz S H., "Beyond individualism/collectivism: New cultural dimensions of values," 1994.

们所看到的，由于文化符号自身所具有的象征性和通俗性等特点，其在跨文化传播过程中往往海外受众容易理解和一定程度接纳，并在民间舆论场中形成热门的话题讨论。如从最开始的中国功夫，到新近萌翻众人的熊猫，都证明了文化符号在国家形象建构过程中举足轻重的地位。特别是在社交媒体快速发展的环境下，文化符号似乎找到了一种新的传播载体——表情包，各种各样的文化符号被人们加以形象化、图像化，或配上与图像意境相匹配的"梗"文化，成为网络交流中人们表达自身情绪的视觉性符号。因此，本节首先对符号学基础理论进行简述，根据皮尔斯的理论，将八类文化符号进行了划分和传播分析；接着，我们认为有必要对表情包所代表的数字文化符号传播在国家形象建构过程中究竟扮演了何种角色、起何种传播效果进行深度和系统性探讨，更重要的是追问，其作为生动灵活的文化符号在消解政治色彩的同时，如何塑造了国家形象？本节将通过文献综述和二手资料分析，试图在国际社交媒体场域互动中找到答案，为我国未来的跨文化传播提供新的借鉴与经验。

一、符号学基础理论

在国家形象的建构过程中，文化符号因其自身的象征性和通俗性被广泛应用。能够表现特定文化形态及其显著特征的、高度凝练且具有广泛影响力的象征形式系统均被称为文化符号。[①]对文化符号在国家形象传播功能研究上，国内学者不仅强调符号意义生产与协商为核心的三元传播关系（赵星植，2017），也充分意识到文化符号具有记忆、沟通传播和凝聚功能（冯聚才，2012[②]；蒙象飞，2016），尤其是跨文化传播中符号的更新、内涵与外延结合的重要性[③]。笔者对当前有关文化符号的文献进行整理、研究和分析后发现，我国文化符号跨文化传播呈现出多形式、全方位的特点，但是由于存在传播方式异化、意识形态差异、文化根基差异等原因，不同文化符号的传播效果往往显得参差不齐。当前学术研究所包含的文化符号种类，笔者在刘斌提出的 4 大类文化符号即行为符号、实物符号、言语符号、颜色符号的基础上，进一步补充和总结，认为当前我国文化符号可以归为 8 类，即艺术符号、言语符号、活动符号、体育符号、实物符号、明星符号、

---

① 王一川、张洪忠、林玮：《我国大学生中外文化符号观调查》，《当代文坛》2010 年第 6 期，第 4-20 页。

② 冯聚才：《文化符号与文化软实力》，《开封大学学报》2012 年第 26 卷，第 3 期，第 1-4 页。

③ 宫慧娟：《"以人为本"理念在新闻角度选择中的体现》，《新闻传播》2009 年，第 9 页。

媒体符号、习俗符号。在下文中，笔者将结合一般符号学理论对于文化符号本身及其作用过程展开分析。在探讨文化符号共性之余，笔者也将分别从 8 类文化符号的个性出发，研究其在跨文化传播过程中的表现，以期总结出文化符号在跨文化传播过程中获得更好传播效果的规律。许多符号学分析的文章聚焦于文学研究领域和语言学研究领域，而非传播领域。另外，符号学的分析方法也无统一的标准。因此，笔者将回归符号学的几个基本概念，通过基本概念来构建内容的分析框架。接下来涉及的基本概念分别为能指和所指、直接意指和含蓄意指。

（一）能指和所指

现代符号学的"开山鼻祖"索绪尔提出了能指和所指这一对符号学的基本概念。索绪尔（Ferdinand de Saussure）认为"语言符号所包含的两项要素都是心理的，而且由联想的纽带连接在我们的脑子里"①。罗兰·巴特（Roland Barthes）继承了索绪尔提出的能指与意指的概念。在罗兰·巴特撰写的《符号学原理》一书中，作者提到，"符号的意义就是符号通过符形所传达的关于符号对象的讯息"。罗兰·巴特认为，语言符号以及其他符号都是"能指"和"所指"的统一体。符号的意义基本上是通过"能指"和"所指"之间的相互作用实现的。②"意指"是将"能指"与"所指"结成一体的行为，它可以被理解为一个过程，该行为的产物就是符号。符号包含了两个构面，"能指"构成表达面，"所指"构成内容面，两者的区别在于"能指"是一个中介体，必须借助某种事物作为载体，"所指"不是具体事物本身，而是这种事物的主观意识。在一定条件下，已形成的符号整体可以继续作为表达面与新的符号内容相结合，在更高一级层次上产生意指作用。③而符号学的另一位奠基人美国哲学家皮尔斯（Charles Sanders Santiago Peirce）"根据符号三要素（媒介、对象和解释）的相互关系建立'符号的三合一分类方法'，其核心类别有三种：图像符号（icon）、标志符号（index）和象征符号（symbol）"④。对此，在《理解视觉文化的方法》一书中，马尔科姆·巴纳德（Malcolm Barnard）作了进一步解释。在图像符号中，符号和客体有着相似性，比如照片、明星画报等；在标志符号中，符号和客体

① 索绪尔：《普通语言学教程》，高名凯译，北京：商务印书馆，1980 年，第 101 页。

② 罗兰·巴特：《符号学原理》，王东亮译，北京：生活·读书·新知三联书店，1999 年。

③ 孔梓、宁继鸣：《跨文化语境下文化符号的意义建构》，《烟台大学学报（哲学社会科学版）》2014 年第 27 卷，第 2 期，第 116-120 页。

④ 王铭玉、宋尧：《中国符号学研究 20 年》，《外国语（上海外国语大学学报）》2003 年第 1 期，第 13-21 页。

之间有着存在的或是偶然的关系，比如红绿灯与通行之间的联系。象征符号具有任意性，由人们约定俗成建立联系，和社会文化息息相关。[1]从某种意义上说，索绪尔的符号概念相当于皮尔斯的象征符号，皮尔斯在索绪尔的基础上扩充了符号的概念。

正如赵毅衡所认为的那样，人类文化的各个部门都涉及意义活动，因此都是符号学的用武之地，甚至说没有一个文化部门不受惠于符号学[2]。"文化的典型表征就是文化符号。文化符号是经过历史积淀形成的、被人们普遍认同的典型表征形象。"[3]因此，更多的文化符号属于标志符号和象征符号的范围。具体表现为许多符号本身和客体之间的联系具有偶然性和任意性，如语言符号、习俗符号、实物符号等。以"龙"这一象征符号为例，由于东西方社会文化的差异，该意象具有不同的情感色彩，在中国象征祥瑞的龙在西方便成了邪恶的化身。正因为很多时候文化符号在不同文化语境中拥有不同人群约定俗成的具有任意性的含义，在跨文化传播中对于客体文化的考察就更应该受到重视。

（二）直接意指和含蓄意指

在《符号学原理》中，符号学大师罗兰·巴特对直接意指和含蓄意指作了明确说明。他认为，一切意指系统都包含一个表达平面（E）和一个内容平面（C），意指作用则相当于两个平面之间的关系（R）。简单来说，表达平面和内容平面相当于索绪尔的能指和所指。"现在我们假定，这样一个系统本身也可变成另一个系统中的单一成分，这个第二系统因而是第一系统的引申。这样我们就面对着两个密切相连但又彼此脱离的意指系统。……在第一种情况下，第一系统（ERC）变成表达平面或第二系统的能指"。[4]而这个第一系统便成了直接意指平台，第二系统成为含蓄意指平台。也就是说，含蓄意指的第二系统，其表达面由第一系统构成（见图 3-2-1）。

2	E			R	C
1	E	R	C		

图 3-2-1　直接意指和含蓄意指

---

① 马尔科姆·巴纳德：《理解视觉文化的方法》，常宁生译，北京：商务印书馆，2005 年，第 224 页。

② 赵毅衡：《符号学原理与推演》，南京：南京大学出版社，2015 年，第 23 页。

③ 郝正：《面向 21 世纪的中国文化形象与文化符号——建设社会主义文化强国的理论思考》，《社会科学战线》2013 年第 3 期，第 12-16 页。

④ 罗兰·巴尔特：《符号学原理》，李幼蒸译，北京：生活·读书·新知三联书店，第 169 页。

在学者杨文远和马国强二人书写的《体育明星的符号学解读》一文中，作者利用符号学理论分析了体育明星的符号结构，并用下图直观地表现了其符号构成。"符号的完成，尤其是复杂符号的完成不是一次性的，而是叠垒性的、阶梯性的。"[1]相比于体育符号，体育明星作为明星符号拥有着更加具象的表现形式。体育明星符号的构建可以通过两级系统进行剖析。其结构如图 3-2-2 所示。[2]

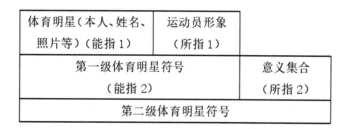

体育明星（本人、姓名、照片等）（能指 1）	运动员形象（所指 1）	
第一级体育明星符号（能指 2）		意义集合（所指 2）
第二级体育明星符号		

图 3-2-2 体育明星符号的构建

按照皮尔斯的符号划分理论，可以将体育明星符号的能指和所指做进一步的划分。由于运动员本人、照片与运动员形象之间存在相似性，因此图中的第一级体育明星符号为图像符号，而第二级体育明星符号为象征符号。象征符号是第一级明星符号在意义集合的基础上建立的，所以，姚明作为体育明星，其明星符号的背后被赋予了多重意义，他既是消费社会的象征，也可以是中华民族文化的象征。这一符号结构也可以被用于其他领域明星符号的分析上。

总的来说，笔者认为，文化符号往往同时拥有直接意指系统与含蓄意指系统。成功的跨文化传播应当使文化符号的内涵充分被受众所理解。然而，由于文化符号与社会文化的复杂勾连，文化符号每一级意义的抵达，往往都是一次巨大且不易的跳跃。这将是所有文化符号在跨文化传播过程中需要共同克服的难题。

二、不同文化符号的传播差异

虽说我国文化符号跨文化传播呈现出多形式、全方位的特点，不仅囊括了富有中国特色的文化艺术，同时也依靠各种传播媒介进行广泛传播，但值得注意的是，不同文化符号的传播效果往往不如人意。比如以武术为

---

[1] 杨文运、马国强：《体育明星的符号学解读》，《体育学刊》2007 年第 8 期，第 24-27 页。
[2] 杨文运、马国强：《体育明星的符号学解读》，《体育学刊》2007 年第 8 期，第 24-27 页。

代表的体育符号，在传播范围及程度上相比诗歌、文学等文化艺术符号明显要更胜一筹。但归根结底，两者在传播思路上存在着比较大的分歧。美国著名翻译理论学家劳伦斯·文努提（Law rence Venuti）1995 年曾在他的《译者的隐身》中区分了异化和归化这两种翻译方法，前者是以原文语言或原文作者为导向，后者则是以目的语言或译文读者为导向（Venuti, 1995: 20）。①当前我国许多文学作品的翻译仍较为遵循异化这种方式，译者往往希望保留文学作品中独有的民族特性和语言风格，但这种方式却让很多海外受众在他们的语境背景下很难接受和理解。而武术这种文化符号的传播则较多地采用了归化这种思路，主要把受众的可接受度放在第一位，但是这样一来武术传播也就难免会出现过多注重"武器技术"而较为忽视武术心理价值的问题。根据皮尔斯的理论，笔者将 8 类文化符号进行了简要划分。在文化符号中，媒体符号中的各类纪录片、明星符号中涉及的明星海报等，因其与客体之间存在相似性，被归入图像符号的范畴。

（一）言语符号

言语符号的传播深刻地受到语言沟通障碍与其背后文化差异的影响。言语符号在不同文化背景下的差异有时候甚至会带来种种误解。比如在中国，除了"你好"这类礼貌用语之外，"你吃了吗？""你打算去哪儿？"这些话语也被认为是一种亲切的问候。然而，美国人听了这些话就会觉得奇怪，甚至产生误解，因为这涉及他本人的私事。在英美文化中，"你吃了吗？"这类用语并不属于问候语的范畴，而是实质性的询问。言语与文化的强粘连性，使得言语符号的跨文化传播不得不在归化与异化之中持续寻求平衡。

曾有学者通过实验研究手势频率的文化差异。他们将中国的华语单语者、美国的英语单语者和新加坡的中英双语者复述两个故事的过程进行录像，通过查看实验者的代表性（标志性手势和抽象指示手势）和非代表性手势（语音节拍、标志和具体指示手势），最终得出结论：当用英语说话时，双语者在代表性和非代表性手势的频率上与英语单语者相似；在用普通话－汉语说话时，双语者比汉语单语者产生更多的代表性手势；英语单语者总体上比中国单语者产生了更多具有代表性和非代表性的手势，这表明美国文化是一种相对高姿态的文化，而中国文化是一种相对低姿态的文化。②

正因为如此，强势的语言会将文化推向强势，而强势的文化不等于传

---

① 张沉香：《论异化与归化的动态统一》，湖南师范大学，2001 年。

② So, Wing Chee., "Cross-cultural transfer in gesture frequency in Chinese-English bilinguals." LAN_GUAGE AND COGNITIVE PROCESSES, vol. 10, 2010, pp. 1335-1353.

统和优秀的文化。面对世界文化传播格局中的信息不对称现象，中国在全球推广以孔子学院为基础的汉语教学和文化交流，是文化外交的需要，也是为保护文明的多样性和促进不同文明之间的对话做出的努力。[①]孔子学院作为言语符号传播的典型代表，在全球开办数量高速增长的同时，其不同地域的传播也显现出较大的差异。在同属亚洲文化圈的国家中，由于文化根源上的趋同，孔子学院在韩国、日本等国均取得了比较好的传播效果。但是在西方世界的扩展中，由于受刻板印象及文化差异的影响，孔子学院很多时候甚至被海外受众当成中国进行文化渗透的"特洛伊木马"[②]，一定程度上影响了海外受众对汉语的忠诚度。

（二）活动符号

活动符号的传播也同样难逃这种困境——中国文化相对于西方文化更加含蓄婉约，也给活动符号的表达与跨文化受众的理解增加了难度。一方面，中国所举行的各类国际或国家活动，包括奥运会、世博会、国庆的各种纪念仪式等，构成中国独特的活动符号，有助于改善国际舆论倾向[③]，向世人展现崭新美好的国家形象[④]。但各类活动进行过程中，我们所展现的中国元素往往是片段的、碎片式的，不利于受众形成对中国文化的完整认知。[⑤]以 2008 年奥运会为例，学者杨航和张冉雨曾将伦敦奥运会、北京奥运会和里约奥运会的符号元素编排进行横向对比。在他们看来，伦敦奥运会线性连贯地展示了本国历史，从乡村化的岛国文化、辉煌的工业革命直到最后现代化的、数字化的当代英国，让普通观众可以大概了解这个国家的历史脉络。而北京奥运会开幕式在历史的展现上就显得相对破碎，节目与节目之间的历史逻辑关系不明确，更多展现的只是一种视觉奇观。此外，"北京奥运会开幕式在国家形象的建构上运用到了一些年代久远的元素或离现实生活较远的符号，其中一些符号甚至连中国人都无法准确理解其含义。例如各国媒体对山水画与书法所表达的'意境'、太极拳代表的'天人合一'理念给出了多样性的理解。使用该类符号的一个直接后果就是中国试图让世界了解中国、接受中国的目标无法完整有效地传播，反而有可能

---

① 于森：《从孔子学院看汉语语言文化推广的模式与效果》，《武汉大学学报（哲学社会科学版）》2010年第 63 卷，第 6 期，第 952-957 页。

② 吴瑛：《对孔子学院中国文化传播战略的反思》，《学术论坛》2009 年第 7 期，第 141-145 页。

③ 郭可、吴瑛：《世博会对提升中国国家形象的作用——基于多语种国际舆情的研究》，《外交评论》2010 年第 6 期，第 76-90 页。

④ 张兵娟：《全球化时代的仪式传播与国家认同建构——论国庆阅兵仪式的传播意义及价值》，《郑州大学学报》2010 年第 5 期，第 147-150 页。

⑤ 曾军：《上海世博的中国元素与中国国家形象的建构》，《学术界》2010 年第 7 期，第 5-14 页。

使中国在世界观众眼里变得更加陌生与神秘。"①

澳大利亚文化产业经济学家霍斯金斯曾提出"文化折扣"的概念——扎根于一种文化的特定的电视节目、电影或录像，在国内市场很具吸引力，因为国内市场的观众拥有相同的常识和生活方式；但在其他地方其吸引力就会减退，因为那儿的观众很难认同这种风格、价值观、信仰、历史、神话、社会制度、自然环境和行为模式。假如电视节目或电影是用另外的语言制作的话，因为需要配音和打字幕，其吸引力就会降低。②根据文化折扣理论，在对外传播时，本民族的文化对海外受众来说将会吸引力下降。

另外，美国人类学家爱德华·霍尔在文化价值维度研究方面，也提出了"高语境文化"和"低语境文化"的概念，认为日本、中国等东方的"同质社会"多属于高语境传播社会，西方的"异质社会"多属于低语境传播社会。作为高语境传播社会，中国社会文化中讲究的"意境""留白"、儒家和道家思想文化等都喜好用一种含蓄隐晦的方式来传递信息，这也从某种意义上给受到文化折扣影响的中华文化对外传播设立了更高的理解门槛。对于海外受众来说，也降低了理解的连贯性和通俗性。此外，除了言语符号和以奥运会为代表的活动符号，中国社会高语境文化的影响也在其他类别的文化符号传播上有所体现。比如，清华、北大等的教育符号及道教等宗教符号也属于文化符号，而海外受众对它们的认同度也并不高。③

（三）体育符号

体育的符号载体首先表现为各种具体有形的体育运动项目。其次，体育作为符号，它的载体还可以是各种有形的体育用品，也可以是无形的文化和理念，如体育品牌、体育专卖文化等。体育自身的特点及现代传媒通过影响人们的价值观为体育活动进行编码。④

相比于言语、活动符号，体育符号有着不同的困境——民族传统体育跨文化传播的"工具不足"。在国内，民族体育运动的传播除了口口相传和群体传播外，也会通过国内媒体进行传播。然而，在跨文化传播中，民族特色的体育符号离开了文化存在的特定区域，就必须借助于必要的大众传播工具。但是，在传播力方面由于西方社会现代化起步较早也较为成熟，

---

① 杨航、张冉雨：《国家形象与符号方略：基于 DIMT 体系的奥运会开幕式研究》，《东南传播》2016 年第 10 期，第 57-60 页。

② 考林·霍斯金斯：《全球电视和电影产业经济学导论》，刘丰海、张慧宇译，北京：新华出版社，2004 年，第 45 页。

③ 王丽雅：《中国文化符号在海外传播现状初探》，《国际新闻界》2013 年第 5 期，第 74-83 页。

④ 周二三：《当代体育活动的符号学解读》，《天津体育学院学报》2006 年第 6 期，第 547-548 页。

现代传媒较为发达，在国际传播语境中西方传媒的传播力一直优于我国的传播力，这成为当前制约我国民族传统体育跨文化传播的重要障碍。①

（四）媒体符号

结合上面的体育符号传播分析，我们可以认识到传媒之重要，提升媒体传播力之重要。而文化符号体系中的媒体符号，主要包括央视在内的各个电视台、国家纪录片等，也正在发挥着越来越大的作用。然而整体来看，我国媒体在全球影响力和新闻舆论引导力方面仍处于弱势，虽然我们在资金投入上高于很多西方媒体，②但大部分电视节目却只能进入华语电视台和港台，只有小部分得以进入韩国、日本等亚洲国家。我国媒体的主要受众是海外华人和港台同胞，外国人较少。③同样，我国每年都会拍摄不少纪录片。纪录片作为一种真实的、探索的艺术，有着鲜明的在场感，它用世界语言讲述人们易懂的故事，拉近异域观众与本国的距离，因此成为各个国家隐性宣传自己的文化传统、生活方式、价值观念的良好载体，成为各个国家争夺话语权的工具。④但目前我国的纪录片在国际市场竞争中仍处于劣势地位。⑤

（五）明星符号

明星符号同样是有效的文化符号，他明星可以来自各个领域，如第一夫人彭丽媛、体育明星姚明等。中国第一夫人作为中国外交的一张名片，其首次出访也引起了各界的强烈关注，⑥"这套深色的造型端庄典雅，实际上从珍珠耳环、点亮造型的丝巾、腰带的系法、风衣与裙子长度的比例、鞋子的高度等细节上一点都不疏忽从精致细节中展现中国特有的典雅与大气"。她用心挑选外交服饰，向世界展示中国风元素，其所穿的国产品牌都得以热销，并迅速将中国服饰品牌推向世界。若习近平主席与第一夫人一同出席活动，习近平主席的领带或口袋巾的颜色会与第一夫人的着装互相呼应，以体现其家庭角色，在二人一起下楼梯时，第一夫人总会挽着习近

① 妥培兴：《"一带一路"战略下民族传统体育跨文化传播的价值、困境及其消解》，《南京体育学院学报（社会科学版）》2017 年第 31 卷，第 1 期，第 13-17 页。

② 张宁：《消解作为抵抗："表情包大战"的青年亚文化解析》，《现代传播（中国传媒大学学报）》2016 年第 38 卷，第 9 期，第 126-131 页。

③ 吴德胜、张梦宁、于娇娇：《从 FB 表情包大战看网络表情的传播优势》，《科技传播》2016 年第 8 卷，第 13 期，第 71、84 页。

④ 高峰、赵建国：《中国纪录片跨文化传播的障碍与超越》，《现代传播（中国传媒大学学报）》2009 年第 3 期，第 81-84 页。

⑤ 陈晓夏：《提升中国纪录片跨文化传播能力的思考》，《现代传播》2011 年第 3 期，第 66-68 页。

⑥ 赵可金：《女性角色与国家使命："第一夫人"的外交角色研究》，《国际观察》2013 年第 6 期，第 15-21 页。

平主席的胳膊，①这些暖心的细节构建起温和善良的中国女性形象。作为歌唱家，第一夫人不仅积极参加公益演出，更投身于文化教育事业，以自身的艺术家身份推动中国艺术的跨文化传播，②体现出当代中国女性社会地位的提高，同时其全球慈善大使的身份更凸显中国的和谐文化。

而姚明以状元的身份进入 NBA 后，迅速吸引了大量中外媒体的关注。姚明以其威猛的外形改变了中国人"单薄弱小"的形象，③"在中国球迷心中，姚明是民族英雄，代表十几亿中国人乃至全亚洲人征战 NBA，姚明这一符号被赋予了伟大的民族意义。他高大的身材以及黑头发、黄皮肤的外表成了海内外华人心中的文化认同符号，姚明走出国门到 NBA 打球也象征着中国文化走出国门、走向世界"④。球迷对于姚明周边的消费，更多的是在消费中寻找自己与 NBA 的联系和认同。明星符号相比于其他文化符号，具有更浓厚的消费主义色彩，是消费主义社会的象征之一，在粉丝的消费行为中，被消费的是关系本身。

（六）习俗符号

习俗也是中华文化的重要内容，习俗符号包括各地美食、春节、龙以及其他文化习俗，没有特定的传播受众。整体来看，习俗符号的跨文化传播效果不够理想。以美食为例，中国是为数不多具有"美食之都"的国家，但在跨文化传播案例中并不突出，⑤许多企业采取自娱自乐式的跨文化传播策略，导致传播主体的信息媒介选择与传播受众的信息媒介选择不符，进而影响传播效果。⑥

在文化符号的跨文化传播过程中，也常常出现传播范围与认知程度不相匹配的问题。如故宫、长城等独具中国特色的建筑符号，虽在全世界得到了比较大范围的传播，但其背后隐含的深层次文化内涵，诸如建筑历史、

---

① 王梅芳、买雨佳：《国际传播中的柔性政治——基于中国第一夫人外交的视角》，《应用研究》2017年第1期，第99-101页。

② 方亭、程似锦：《西方媒体报道中的中国国家形象传播——以"第一夫人"彭丽媛随访报道为例》，《福建师范大学学报》2014年第6期，第154-161页。

③ 曹晋：《体育明星的媒介话语生产：姚明、男性气质与国家形象》，《新闻大学》2007年第4期，第143-152页。

④ 时尧、朱金玉：《符号·认同：NBA 在中国的跨文化传播研究》，《新闻研究导刊》2017年第8卷，第21期，第10-11、33页。

⑤ 詹一虹、程小敏：《全球创意城市网络"美食之都"：国际标准与本土化实践》，《华中师范大学学报》2016年第6期，第76-86页。

⑥ 李萍：《成都"美食之都"国际传播媒介策略现状与对策——基于川菜文化国际传播的调查分析》，《品牌传播》2016年第6期，第146-149页。

古代传说、历史价值，海外受众可能很难捕获。[①]习俗符号的跨文化传播同样面临这一困境，当前中国的各种传统节日，比如春节、中秋节等，虽在国外也出现了各种各样的庆祝活动，但有关节日背后的文化内涵、历史来源，海外受众同样难以知晓。另外，除了上述问题——海外受众难以知晓符号背后的更深层次文化含义，文化符号还会因为文化与文化之间的差异性造成理解上的偏差。比如，“长城作为一种防御性工事，可以是‘和平’的含义，但同时，由于其封闭的特征，也可以有‘封闭、排外’的含义。所以在对外传播中我们应积极主动地赋予它更多‘和平’‘和谐生活’等中国价值观含义，争取话语主动权”[②]。

综上所述，如何继续发挥好优势文化符号的引领作用，提升弱势文化符号的影响力，平衡好传播范围与认知程度纵向与横向间的关系，成为当前文化符号跨文化传播亟需解决的问题。文化符号的传播“绝不能单纯地依靠政府单一力量来进行运作，而应该是官方外交、公共外交、民间外交等多种传播方式的战略整合，应该是文化传播、企业产品、政府形象、国民形象、战略公关等多种传播渠道的战略整合，应该是大众传媒、组织传媒、人际传媒等多种传播形式的战略整合”。[③]笔者认为，在促进文化符号跨文化传播方面，需要政府与民间的共同努力。政府应当积极宣传中国文化，构建良好的国际形象，推动文化产业发展，增强国民的文化认同感和文化自信，激发海外华人的认同感，推动民间积极开展文化交流活动；应当持续致力于构建“和平发展、求同存异、负责任大国”的国际形象，引导国民在文化交流中尊重他国文化，求同存异；应当认识到文化折扣理论和不同语境文化之间的差异，在对外宣传文化符号的过程中，充分了解并尊重当地文化，进行适当的本土化改造，降低理解门槛。而在民间，人民群众也应树立正确的文化观，拥有文化自信心，积极宣传中华文化，传播文化符号。

三、场域创新民间交互的表情包符号

在诸多有关文化符号的文献中，许多学者都认同主体之间的信息传播必然依附于特定的符号载体，而当今发达的符号环境为信息的流通和

① 黄会林、刘湜、傅红星、李明、熊晓鸽：《2011 年度“中国电影文化的国际传播研究”调研分析报告（上）》，《现代传播》2012 年第 1 期，第 9-16 页。

② 王丽雅：《中国文化符号在海外传播现状初探》，《国际新闻界》2013 年第 35 卷，第 5 期，第 74-83 页。

③ 蒙象飞：《中国国家形象建构中文化符号的运用与传播》，上海外国语大学，2014 页。

形象的建构创造了丰富的资源与途径。[①]我们注意到，在社交媒体中广泛应用的表情包，似乎越来越成为文化符号载体的引领者。各种各样的文化符号，都能够在表情包中找到自己的影子，并借助表情包广泛流传和扩散。

这在“FB 表情包大战”一事中体现得尤为明显，该事件本是一场“打击‘台独’，维护统一”的网络集群行动，最后却在两岸网友的表情包轰炸中渐渐消解了政治对抗的严肃色彩，转而成为两岸间的图像娱乐和文化交流，增进了两岸的认知和理解[②]。不得不说，表情包与文化符号的结合，不仅是人类视觉的延伸，更是视觉和思想的交互延伸。[③]学者吴德胜从心理学中引入“格式塔心理学”对此加以佐证，认为事物的形态具体体现为一种结构形式，随之而来的视觉“力的样式”能够与人的情感相连通。互联网表情图像的表现形式没有特定规范，图形与文字的共同呈现能够产生丰富的语义和情感共鸣。[④]许多学者在谈及这一点时，也多从符号互动理论及麦克卢汉的媒介及人的延伸理论做进一步的扩展，把媒介看作是人类现实表情在媒介环境中的延伸，突破了时空局限性，代表着面对面交流的过程中个体需要呈现的肢体动作或面部表情，是一种模拟“在场交流”的方式，弥补了不在场时文字交流的不足之处。[⑤]但不难看出，这样的一种说法，实际上把表情包的范围界定得太窄了。表情包自身承载着多样的文化符号，其自然也囊括多种类型，诸如带有节日祝福意味的表情包，其背后是一种对中华文化传统的继承，而并不单单只是指代一些肢体或面部表情。

当前国内学术界针对表情包采取两大研究路径，一种是从表情包自身出发，具体从表情包的定义、发展过程、特点作用、流行原因等不同方面切入思考，这也是大多数学者所采取的研究方向（周静，2016；伍静，2016；蓝芝同、谭雅丹，2017）。如学者伍静便是从表情包的发展历程、流行原因和商业模式进行入手，深刻勾勒出表情包发展的现实图景[⑥]；而学者周静则

---

① 蒙象飞：《文化符号在中国国家形象建构中的有效运用》，《社会科学论坛》2014 年第 6 期，第 226-230 页。

② 张宁：《消解作为抵抗“表：情包大战”的青年亚文化解析》，《现代传播（中国传媒大学学报）》2016 年第 38 卷，第 9 期，第 126-131 页。

③ 李赫、刘琴：《从表情包的流行看网络语言对人际传播的影响》，《视听》2017 年第 7 期，第 177-178 页。

④ 吴德胜、张梦宁、于娇娇：《从 FB 表情包大战看网络表情的传播优势》，《科技传播》2016 年第 8 卷，第 13 期，第 71、84 页。

⑤ 林晓冬：《新符号文本的创造与解释——新新媒介下的表情包》，《大众文艺》2016 年第 19 期，第 176-177 页。

⑥ 伍静：《新媒体时代表情包发展的传播学解析》，《出版广角》2016 年第 15 期，第 83-85 页。

运用使用与满足理论对表情包的走红原因进行深刻剖析，从表情包符合受众的接触动机、广泛的媒介接触可能、符合受众的个性化、身份认同等多种需求三个方面去具体阐述①。另一种研究路径主要是以某个事件作为切入点来具体探讨表情包在传播中所呈现的特征及优势（余晓冬、黄亚音，2016；张宁，2016；吴德胜、张梦宁、于娇娇，2016）。如学者张宁在研究中就以"FB 表情包大战"一事作为切入点，具体分析了表情包在此次传播中所呈现的亚文化特征及消解政治色彩的作用②。学者吴德胜等人同样以"FB 表情包大战"一事作为切入点，具体分析了网络表情相比文字在编码形式、视觉传达上所具有的多重优势。③由于表情包传播上的经典事例较为缺乏，我们也不难发现，采用这种路径进行研究的学者主要聚焦于"FB 表情包大战"及"傅园慧表情包传播"这两个典型性事件，在事例选用上都存在比较大的同质化问题，因而如何从这些有限的事件出发去进行更为深入的探讨而避免泛泛而谈，也就成了这种研究方向的难点所在。

　　虽说表情包传播研究在方向性上有着明显的区别，但在其定义的界定上，不同学者仍持有不同看法，难以达成一定共识。而笔者从当前学者所给出的定义中也发现，有关其定义可以分成这样的几个视角。（1）从表情包的历史发展阶段入手，系统概括表情包发展所经历的字符阶段、图标阶段和图片阶段，把网络表情包看作是一种视觉性符号，通过字符和图形的组合模拟个体的表情、神态、肢体语言，从而实现表达情感的目的，它伴随着网络技术的革新而不断演变至今。④（2）从表情包的某一特性入手对表情包进行概念界定。当前表情包有着诸如娱乐性、迅速性、融合性等不同的特性，学者汤景泰正是从网络表情所具有的融合性这一点出发，把网络表情看成一种融合了文字、图片、动作与情绪等多种因素来传情达意的"网络方言"（汤景森，2016）。（3）从构成表情包的具体元素或素材入手，强调表情包往往是网友以明星、流行语、影视作品截图为原始素材，配上与图像的情感含义一致的文字制作而成的，用来呈现主体所要表达的特定

---

① 周静：《基于使用与满足理论视角探析网络表情符号》，《出版广角》2016 年第 18 期，第 77-79 页。

② 张宁：《消解作为抵抗："表情包大战"的青年亚文化解析》，《现代传播（中国传媒大学学报）》2016 年第 38 卷，第 9 期，第 126-131 页。

③ 吴德胜、张梦宁、于娇娇：《从 FB 表情包大战看网络表情的传播优势》，《科技传播》2016 年第 8 卷，第 13 期，第 71、84 页。

④ 孙雨婷：《从网络表情包看视觉化语言及情绪表达》，《新闻知识》2016 年第 10 期，第 78-81、93 页。

含义。[①]

虽说在概念的界定上不同学者有着不同的切入视角,但他们在定义中毫无例外地都肯定表情包在一定程度上满足了人们的某种需求,这一观点与使用与满足理论似乎不谋而合。也正是基于这样的一种观点,一部分学者从使用与满足理论入手,对表情包的走红原因进行更深层次的探讨。一方面,由于表情包传播迅速,形象生动,具有文字所无法比拟的优越性,同时各大社交平台大量提供,在很大程度上提升了受众的接触动机与接触可能。另一方面,当前正处于社会转型期,贫富分化严重、公平与法治问题尚存,大众承受着来自社会不同阶层的压力,由此引起内心波动,导致大众对自我认同的实现、社会尊重的获得以及群体归属感的探索等方面,有着较强的精神诉求。[②]而表情包的出现,恰恰在一定程度上形成了文化认同感,满足了受众身份认同和自我实现等需求。

一些学者在对表情包走红原因的阐释上,还赋予表情包以青年亚文化特质,将表情包的广泛传播看成是青年亚文化群体所进行的身份构建和社群认同。但不同学者在表情包所处地位的界定上,则产生了一定的分歧。一种观点认为青年亚文化所具有的抵抗姿态不断弱化,并渐渐与主流文化达成和解。(孙页、薛可,2016)另一种观点则认为表情包这种亚文化越来越引起大多数人的共鸣,并实现了一定程度上的标出性翻转。不难看出,在表情包走红这一问题的阐释上,当前学界呈现出多重的观点和多元的理论维度。但我们同时也应注意,表情包实证研究上的匮乏,导致许多学者在进行论断时都缺少足够的科学依据作为支撑,由此也导致许多观点甚至以对立的形态出现,这也是未来研究中值得我们去更正的地方。同时,传播地域范围上的局限,也让很多研究缺少一种跨文化传播的视野。以一种跨文化传播的视角去看待表情包的传播,也将成为我们研究的一个重要思路。

三、形式创新:作为非言语符号的表情包

随着互联网技术的发展与各种传播渠道的出现,以计算机为媒介的网络传播(CMC)正在不断发生着巨变。各种异步的网络传播(如电子邮件)及同步的网络传播(如即时通信)均对传统的面对面交流(F2F)带来了巨大挑战,且有取而代之之势。针对这样的情况,有不少学者对此提出了质

---

① 林晓冬:《新符号文本的创造与解释——新新媒介下的表情包》,《大众文艺》2016 年第 19 卷,第 1 期,第 176-177 页。

② 周静:《基于使用与满足理论视角探析网络表情符号》,《出版广角》2016 年第 18 期,第 77-79 页。

疑，认为网络传播（CMC）是一个冷漠且不友好的传播媒介，相关的情感很难借助这种渠道得到有效传播①。因而很难成为人们最主要的沟通媒介。且在网络传播中人们缺少非言语行为诸如表情、语气所带来的线索，受众往往很难对传播者的情感有比较准确的把握，这在一定程度上限制了网络传播（CMC）的进一步发展。但 Derks et al.（2008）却在其研究中表明，目前仍没有迹象表明网络传播（CMC）相比面对面沟通（F2F）较为缺乏情感及个人卷入，相反，人们更倾向于在网络传播中明确表达自身情感。与此同时，日渐兴起的表情包在网络传播中扮演着如同面对面沟通的非语言线索的角色，能够更好地帮助人们了解传播者当前的情感及精神状态。这也使得网络传播从以往被认为是一种更多与工作相联系的媒介，慢慢转变为更加具有娱乐性的媒介②。此外，Sara H. Hsieh & Timmy H. Tseng③在其进行手机即时通信趣味性的研究时，也间接证实了表情包在网络传播中所具有的地位和作用。他通过发放问卷的方法，具体询问受众及其朋友是否会在网络沟通中发送大量表情包以代表自己的感受和情感，同时是否觉得表情包相比文本会传达出更多的信息线索。问卷结果表明，文本及表情包的结合使用，能提高信息和情感线索的丰富度，减少人们相互间的心理距离，增强网络沟通中的趣味性和社会联系④。琳达·凯伊、海伦·沃尔和斯蒂芬妮·马龙⑤⑥同样通过问卷的方法进行表情包的相关研究，他运用主题分析法对使用表情包这一问题的回答进行整理分析后发现，大多数参与者使用表情包的原因可以归为帮助个人表达（包括建立情感基调、舒缓心情）及减少叙述的模糊性。

　　不难看出，国外学者在当前的大部分研究中都对表情包所扮演的重要

---

① Sproull L, & Kiesler S., "Reducing social context cues: Electronic mail in organizational communication," Management science, vol. 32, no. 11, 1986, pp. 1492-1512.

② Danet B, & Ruedenberg-Wright L, & Rosenbaum-Tamari Y., "Hmmm… where's that smoke coming from?" Journal of Computer-Mediated Communication, vol. 2, no. 4, 1997, JCMC246.

③ Lee C T, & Tseng T H, & Hsieh S H., "Can't Live Without Smartphones: Device Attachment as a Dual Route Process Promoting Consumer Loyalty," Let's Get Engaged! Crossing the Threshold of Marketing's Engagement Era. Springer, Cham, 2016, pp. 181-182.

④ Lee C T, & Tseng T H, & Hsieh S H., "Can't Live Without Smartphones: Device Attachment as a Dual Route Process Promoting Consumer Loyalty," Let's Get Engaged! Crossing the Threshold of Marketing's Engagement Era. Springer, Cham, 2016, pp. 181-182.

⑤ Kaye L K, & Wall H J, & Malone S A., "Turn that frown upside-down": A contextual account of emoticon usage on different virtual platforms, Computers in Human Behavior, vol. 60, 2016, pp. 463-467.

⑥ Wall H J, & Kaye L K, & Malone S A., "An exploration of psychological factors on emoticon usage and impli_cations for judgement accuracy" Computers in Human Behavior, vol. 62, 2016, pp. 70-78.

作用给予了肯定与认同。围绕此问题，也有一部分学者从更为细微的角度进行思考，通过实验的方法具体探讨表情包在特定情境下的使用所引起的情感回应及不同表情包所带给人们的认知差异。其中，有关表情包在反语的表扬或批评中的使用效果研究占到了很大的一部分（Dominic Thompson et al.，2016[①]；Ruth Filik et al.，2015[②]；Dominic Thompson & Ruth Filik，2016）。如学者露丝·菲力克等人（2015）通过实验的方法，从网络信息是否明确这两种情境分别展开实验研究，具体从反语的批评或表扬（带表情包—吐舌头、眨眼睛、省略号或感叹号）、反语的批评或表扬（无表情包）、平实的批评或表扬（带表情包）、平实的批评或表扬（无表情包）这八种类型出发进行思考，并在实验后询问参与者所感受到的讥讽程度及预判的心理感受（从消极到积极进行评分）。实验结果表明，在信息明确的情境下，平实的批评中带有表情包（吐舌头或眨眼睛）往往相比标点符号会更让人感觉到讥讽的意味（省略号或感叹号），但在反语的批评或表扬中，表情包则使得批评少了更多消极意味，表扬变得更加具有积极意味。在信息模糊的情境下，带有眨眼表情的反语表扬相比省略号或句号则会带来更为积极的情绪性影响，且带有眨眼表情的平实批评会让人感知到更少的消极意味（Ruth Filik et al.，2015）。多米尼克·汤普森等人（2016）采用类似的实验情境及方法，具体探讨了在反语的批评或表扬及平实的批评或表扬中，表情包有无带给人们情感影响。虽然其在研究范围及细致程度上略逊于前者，但在情感这一维度的测量上，则使用了更为精准的皮肤生物电技术来捕捉人们的情感变化。其实验结果也表明：表情包在沟通中的使用能增强人们的愉悦感，而且也更能唤起人们内心的积极感知。同时，在辅助人们更为清楚地了解话语所传达的信息时，表情包的作用也功不可没。但该研究由于在实验中只对“吐舌头”这单一表情进行具体测量，因而这种作用是否也适用于其他类型的表情包，仍有待我们去进行考证。（Dominic Thompson et al.，2016）

　　另一种实证研究的方向，则聚焦于表情包在工作场景交流中的具体运

---

① Thompson D, & Filik R., "Sarcasm in written communication: Emoticons are efficient markers of intention" Journal of Computer-Mediated Communication, vol. 21, no. 2, 2016, pp. 105-120.

② Filik R, & Hunter C M, & Leuthold H., "When language gets emotional: Irony and the embodiment of affect in discourse" Acta psychologica, vol. 156, 2015, pp. 114-125.

用及所带来的传播效果上的差异[Tainyi (Ted) Luor et al., 2010[1]；Karianne Skovholt, Anette Gronning & Anne Kankaanrante, 2014[2]]。如泰尼·罗尔等人（2010）在其研究中选定一家台湾公司进行探索性实验。其先通过对该公司的即时通信信息内容及使用的表情包进行分析归类，再基于此来设计实验过程，以使其更加符合真实工作场景下的交流。而在具体的实验操作上，也是通过运用文本（单一或复杂任务信息）加表情包（积极、消极、中立、无）的方式来进行，并在实验结束后发放问卷具体测量被试者的情感回应。实验结果分析表明，不管简单或复杂的任务导向传播，消极的表情包均会给人带来消极的影响，积极的表情包只有在复杂的任务导向传播或是针对女性雇员的简单的任务导向传播信息中，才能对人产生积极的影响。在另一项研究中，卡里安娜·斯科夫霍尔特、安妮特·格朗宁和安妮·坎卡安兰塔主要研究在工作场景下邮件交流中，表情包的使用所带来的影响。他通过借鉴言语行为理论中 Searle 对言语行为所作出的五种分类，包括正式的指示（如要求）、情感表达（如感谢）、代表性的（如声称）、承诺的（如许诺）和宣布（如任命），并结合对具体邮件的分析提出了研究中表情包所具体安放的不同工作场景（包括 signature，jokes/irony，request，rejection，correction，complaint，thanks，greetings，wishes，appraisals，promises，admissions）。在对这些邮件进行话语分析后，卡里安娜·斯科夫霍尔特等人[3]得出表情包不仅仅是传者情绪的代表，在具体的工作邮件交流中还有三种功能：（1）当表情包跟在签名后面时，能给人制造出一种积极的情绪；（2）当表情包是放在表述的句子的后面时，其往往能充当幽默或玩笑的制造者；（3）当表情包用于情感表达的语境时（比如感谢或问候），则能增强这种情感的表达；而当其用于发出指示或命令时，则能充当一种缓和剂，使人们更容易接受。

因此，在当前大部分有关表情包研究的英文文献中，很多学者基本采用了实证研究的方法，且多以实验为主。而这些研究成果也都对表情包在网络传播中的作用给予了佐证。但在其中，我们也发现了以下这些问题。

---

① Luor T T, & Wu L, & Lu H P, et al., "The effect of emoticons in simplex and complex task-oriented communication: An empirical study of instant messaging" Computers in Human Behavior, vol. 26, no. 5, 2010, pp. 889-895.

② Skovholt K, & Grønning A, & Kankaanranta A., "The communicative functions of emoticons in workplace emails:" Journal of Computer-Mediated Communication, vol. 19, no. 4, 2014, pp. 780-797.

③ Skovholt K, & Grønning A, & Kankaanranta A., "The communicative functions of emoticons in workplace emails:" Journal of Computer-Mediated Communication, vol. 19, no. 4, 2014, pp. 780-797.

（1）以往的研究中大多采用文本+表情的方式来进行实验，且表情包大多只是局限于某几种，并未能很好地代表表情包这个整体，因而有关其中所提及的表情包的作用，未免缺少一定的普适性。（2）表情包作为一种符号，其背后所被赋予的内涵及意义对每个人来说可能都会有所不同，因而传者及受者内心的动机及认知，我们并未能有比较准确的把握。但在进行表情包意义的界定及进行主题分析时，大多数研究体现出了较为主观的色彩，因而这可能对传者及受众本身的认知出现偏差。（3）随着表情包制作的简便化与快速化，越来越多的表情包开始在各种网络平台上大量出现，且在形式上也在不断创新。但我们不难发现，现今很多有关表情包的研究仍停留在简单的由字符组成的表情或是小黄人系列表情包，并未能在诸如图片或动图形式的表情包上开展相关的研究，因而这也是我们在未来的研究中值得去探索的一个重要方向。

前期研究启发了本章对民间交互场域中的互动话语构建进行深入挖掘，这不仅是目前最具有"合塑"潜力的传播载体，同时注重主体客体化和客体主体化的内在统一。若因势利导利用外交对象国的海外民众对中国元素感知、意义化解释、情感体验卷入，通过文化符号研究路径的意指传播模式的价值取向、选择原则和互动话语策略，可以更好把握海外民间主体对中国文化价值观的形塑规律、作用和话语发展。具体而言，一是可以通过丰富文化变异理论和异文化传播理论，充分运用选择性螺旋的传播节点，检视网络交换理论、社会认同理论，突破中国文化价值观的"战略话语"。中国价值观跨文化传播应回归 P-to-P 话语模式，通过现代文化艺术形式和传播手段来梳理文化障碍的话语系统。二是从实证田野可应用的外交对象国对中国文化符号的文化价值共鸣带和阻碍带的话语逻辑特点，建立民间反馈、互动甚至是平等的对话姿态，探索中国价值观跨文化传播战略的难点和转折点。

综上所述，本节将作为文化符号的表情包置于跨文化传播研究的视域中进行分析，首先探讨了文化符号在跨文化传播中的传播优势和不同类别的文化符号在受众认知过程中的差异性与一致性；随后着眼于表情包这一兼具数字传播特性与民间交互特性的文化符号类别，提出表情包在跨文化传播研究中的场域创新维度与形式创新维度。虽然相关研究未将表情包与国家形象建设相勾连，但本节试图通过透视表情包这一文化符号内在的跨文化传播属性，揭示表情包与文化认同、国家形象之间的必然联系，从而推动国家形象研究与跨文化传播研究在数字传播语境下的联系与接合。

第三节　数字时代的跨文化传播

跨文化交流是来自两个或更多不同文化社区的个体试图在嵌入式社会系统中互动协商以及共享意义的过程。[①]随着科技的发展，跨文化交流开始依托电脑、互联网、手机等新的数字媒介，数字媒介的使用者可以和他们存取的信息进行积极的互动，重新组合、再度混合并创造新的知识形式，从而驾驭信息双向流动。基于此，罗伯特·洛根延伸了麦克卢汉的观点，提出了个人电脑和互联网出现后的传播时代为互动式数字媒介时代或"新媒介"时代。[②]

在数字媒介时代，媒介作为人的延伸和人的关系相对独立，对于人的感知有强烈的影响。书面媒介会影响视觉，使人的感知成线状结构；视听媒介则会影响触觉，使人的感知成三维结构。电子媒介让信息传播瞬息万里、全球同步，时空的距离无限缩小，人类结成了一个紧密的、相互作用频繁的、无法静居独处的社区。[③]尼葛洛庞帝认为数字化生存有四个特征，即分散权力、全球化、追求和谐和赋予权力。[④]年轻一代可以摆脱很多传统偏见，完全不受地理的束缚。数字化生存的本质是"赋权"，因为它容易进入、有流动性且可以引发变迁，它具备遗传性，人类的每一代都会比上一代更加数字化。数字媒介时代的独特特质，也使得新媒体对跨文化传播社会实践的影响逐步凸显。首先，不同民族性格、思维方式和价值观念的差异已经突破了物理时空的限制，实现了跨文化间的沟通，文化间的言说、交流、理解和适应更彰显其重要性。同时，伴随着数字技术的蓬勃发展，帝国主义对全球的统治形式也开始转变，[⑤]通过以数字技术为依托，用一种更加隐蔽的方式对他国展开操控，衍生了技术霸权、文化霸权等。

---

① Ting-Toomey, S., & Chung, L. C., "Understanding intercultural communication(2nd ed.)." New York; Oxford. Oxford University Press. Return to ref 2012 in artic le. 2012.

② 罗伯特·洛根：《理解新媒介——延伸麦克卢汉》，何道宽译，复旦大学出版社 2012 年版，第 24-26页。

③ 马歇尔·麦克卢汉：《理解媒介——论人的延伸》，何道宽译，商务印书馆 2000 年版。

④ 尼葛洛庞帝：《数字化生存》，胡泳，范海燕译，海南出版社 1997 年版，第 267-272 页。

⑤ 郑冬芳、秦婷：《数字帝国主义技术霸权的政治经济学批判》，《理论学刊》2022年第3期，第95-104 页。

因此，在数字媒介时代，跨文化传播的边界从民族国家到网络社会，跨文化传播的主客体呈现出异质性、多样化的对立与统一，跨文化传播方式实现媒体融合下的共享、互动和创新，跨文化传播中的文化认知迈入数字文艺复兴。①本节在数字环境多重变化下，继续探讨跨文化传播相关理论与实践的本质与发展。

一、平台化与全球数字平台的崛起

平台化是数字时代的重要趋势，目前，针对平台化的研究分别从商业研究、政治经济学和软件研究三个不同角度展开。赫尔蒙德将平台化定义为"平台作为社交网络的主导基础设施和经济模型的兴起及其后果"②。尼堡和波尔则指出平台化表现为数字平台的经济、政府和基础设施扩展渗透到网络和应用程序生态系统中，从根本上影响文化产业的运营。③在社交媒体中介化的社会交往、互动背后，都是每个社交媒体平台通过数据、算法、协议、界面和系统默认值等技术维度建立的网络社交结构。④现阶段平台化已经成为一种思考分布在网络上的所生成内容的可编程性的方式，更加突出其交互性。因此学者范迪克和波尔将平台化理解为"社交媒体平台触发和引导用户创造性或交流性贡献的能力，而用户可能反过来影响这种平台所激活的通信和信息的流动"⑤。平台化与社交媒体逻辑相结合，成为通过互联网来开展若干社会、政治和经济活动的有利进程，这一趋势也促成了数字平台的诞生与崛起。

（一）数字平台的概念

对于数字平台的概念界定，学界存在各类看法。从技术的角度，数字平台可以被定义为纯技术人工制品，其中平台是一个可扩展的代码库，生态系统包括补充该代码库的第三方模块。加扎韦内和亨弗里德松（2015）⑥

---

① 肖珺：《新媒体与跨文化传播的理论脉络》，《武汉大学学报（人文科学版）》2015 年第 68 卷，第 4 期，第 122-128 页。

② Helmond, A. "The platformization of the web: Making web data platform ready." Social Media + Society. 2015.

③ Nieborg, D. B., & Poell, T. "The platformization of cultural production: Theorizing the contingent cultural commodity." New Media & Society. vol. 20, no. 11, 2018, pp. 4275-4292.

④ 匡文波：《数字平台如何影响中国对外传播：后疫情时代中国网络媒体全球传播的机遇与挑战》，《西北师大学报（社会科学版）》2021 年第 58 卷，第 5 期，第 5-14 页。

⑤ Van Dijck, J., & Poell, T. "Understanding social media logic." Media and Communication. vol. 1, no. 1, 2021, pp. 2–14.

⑥ Ghazawneh, A., and Henfridsson, O. "A Paradigmatic Analysis of Digital Application Marketplaces," Journal of Information Technology. vol. 30, no. 3, 2015, pp. 198-208.

在蒂瓦纳等人（2010）[①]的基础上，将数字平台定义为"基于软件的外部平台，由基于软件的系统的可扩展代码库组成，提供与其互操作的模块及其互操作的接口所共享的核心功能"[②]。整体上看，平台是数字的基础设施，它可以将自己作为中介，让两个或更多的群组发生互动，并提供一些工具让用户可以建造自己的产品、服务和市场。[③]

而从社会交互的角度看，一个数字平台也可以被描述为一个包含技术元素（软件和硬件）和相关的组织过程及标准的社会技术组合（Tilson et al., 2012）[④]，从而使其更加具有社会性。吉莱斯皮强调了数字平台的服务性，指出目前数字平台无论从自我描述，还是用户、媒体和评论的更广泛的公众话语，都已经"成为描述内容中介在线服务的术语"[⑤]。吉莱斯皮进一步将平台概念化为四个方面的组合：计算性的，使得使用的应用程序的操作和设计成为可能的基础设施；建设性的，能够呈现个体想表达的东西；形象性的，提供一个自我改善的机会；政治性的，能够作为一个政党来认可其信仰的舞台。[⑥]如果平台的概念体现了这四个特征，那么平台的作用就不仅仅是托管内容，它们是用户，监管和商业之间的接口。此外，平台具有代理性，因为它们通过用户分发和访问内容的方法，履行其作为用户、监管和商业接口的角色。[⑦]

（二）数字平台的发展

在研究层面，随着数字平台对当今几乎所有行业的挑战与改变，它正在慢慢进入主流信息系统（ISs）的研究文献中。我们发现，数字平台由于其分布式特性和与机构、市场和技术的相互交织，成为一个具有挑战性的研究对象。由于平台创新规模的指数级增长、平台架构的复杂性不断增加

---

① Tiwana, A., & Konsynski, B. "Complementarities Between Organizational IT Architecture and Governance Structure," Information Systems Research. vol. 21, no. 2, 2010, pp. 288-304.

② M;D;Reuver, M; Sorensen, C; Basole, RC. "The digital platform: a research agenda" Journal of information technology. vol. 33, no. 2, 2018. pp. 124-135.

③ Nick Srnicek. "Platform Capitalism," Cambridge: Polity, 2016.

④ Tilson, D., Sørensen, C. and Lyytinen, K. "Change and Control Paradoxes in Mobile Infrastructure Innovation: The Android and iOS Mobile Operating Systems Cases" In: 45th Hawaii International Conference on System Science(HICSS 45), Maui, HI. 2012.

⑤ Gillespie, Tarleton. "The Politics of Platforms." New Media and Society, vol. 12, no. 2, 2010, pp. 347-364.

⑥ Gillespie, Tarleton. "The Politics of Platforms." New Media and Society, vol. 12, no. 2, 2010, pp. 347-364.

⑦ Jonathon Hutchinson, "Micro-platformization for digital activism on social med ia Hutchinson" Information communication and society，vol. 24, no. 1, 2021, pp. 35-51.

以及数字平台向许多不同行业的传播，数字平台的相关领域出现了新的研究挑战。

数字平台在如今的传播中发挥着日益重要的作用。一方面，较为成熟的数字平台能够成为主要的数字媒体中介来影响用户。2010 年，克里斯·安德森就曾提及更简单、更时髦的智能应用组成的数字平台，会使得网民不再单一看重搜索效果，而是更偏好直接、简易、快速的信息获取。①由于平台的重要性不仅体现在作为硬件架构，而且在于作为允许软件运行的软件框架，对于数字经济和文化（包括知识产权和参与式文化）都能产生巨大影响，一些国家已经开发了自己的 sns 和智能手机②，谷歌、脸书、iPhone 和 Android 由于在聚合多个服务方面发展先进，已经发挥了主要的数字媒体中介作用。另一方面，数字平台的崛起会影响平台促进文化传播的落点。平台相关竞争不再围绕如何控制价值链，而是围绕吸引与平台相关的生成活动。从数字技术到金融（如 Kickstarter）、移动性（如 Uber）和医疗保健（如 Patients LikeMe）的颠覆性交叉都是由数字平台逻辑推动的。③同时，每个微平台系统都有它的价值取向，平台系统以其文化价值观与规范为基础建立内容编码、流通、把关的标准，从而对传播行为产生巨大影响。

在经济领域，数字平台的发展融入了全球资本流通的脉络，是当代资本主义扩张的手段。④斯尔尼塞克认为今天的资本主义就是以数据为对象的资本主义，他从加速主义的角度考证当代资本主义的最新形式为平台资本主义，"数据就是一个提取、精练出来的原材料，可以在诸多方面进行使用"⑤。但只有成熟的数字平台才能进行云计算和大数据处理，也只有它们提炼的数据才具有使用价值层面上的意义。由此，平台资本主义以数字平台及数据来获得权力和利润，也使得相对分散的无产阶级更加边缘化。⑥

看向数字文化的未来发展，一方面得益于鲍德温、伍德、克拉克提及

---

① Chris Anderson, "The Web is Dead, Long Live the Internet", http://www.wired.com/magazine/2010/08/ff_webrip/, 2010-08-17.

② M; D; Reuver, M; Sorensen, C; Basole, RC. "The digital platform: a research agenda" Journal of information technology. vol. 33, no. 2, 2018. pp. 124-135.

③ M; D; Reuver, M; Sorensen, C; Basole, RC. "The digital platform: a research agenda" Journal of information technology. vol. 33, no. 2, 2018. pp. 124-135.

④ 匡文波：《数字平台如何影响中国对外传播：后疫情时代中国网络媒体全球传播的机遇与挑战》，《西北师大学报（社会科学版）》2021 年第 58 卷，第 5 期，第 5-14 页。

⑤ Nick Srnicek. "Platform Capitalism." Cambridge: Polity, 2016.

⑥ 董金平：《加速主义与数字平台——斯尔尼塞克的平台资本主义批判》，《上海大学学报（社会科学版）》2018 年第 35 卷，第 6 期，第 55-65 页。

的模块化[①②]和罗歇、蒂罗尔论述的网络效应在多边市场中发挥的作用[③]，平台领导者势必会不断加强他们在特定创新生态系统中的领导地位。另一方面，实证研究强调，平台生态系统比这些直接的理论方法所表明的更为复杂。学者里夫斯、洛坦、勒格朗、雅各比德斯在对平台生态系统进行大规模跨行业分析的少数实证研究报告中提及，即使对于成熟的平台领导者来说，失败率也很高[④]。实证分析似乎表明，竞争平台格局是不稳定的，并且会随着平台领导层的快速变化而变化。[⑤]

（三）包容性全球化

如今，全球化正处于"十字路口"，跨国界经济活动的组织日益增加，国际贸易、外国直接投资（FDI）、国际资金流动以及人员、思想和技术流动空前频繁，国际相互依存关系不断加强。[⑥]而随着 20 世纪 80 年代新自由主义结构调整明显加剧了全球范围内的分配不平等，社会的重大动荡导致了挑战国际经济体系运作方式的"替代全球化运动"，学者和从业者寻找使全球化具有包容性的方法。[⑦]包容性全球化的理念产生并在实践中不断成熟。

"包容性"作为文化多元发展的追求，在过往并不罕见。"包容性增长"和"包容性发展"经常被世界银行等有影响力的国际组织作为关键概念使用，[⑧]千年发展目标（MDG）和可持续发展目标（SDG）也是包容性发展和全球化愿景的例子。[⑨]与扶贫发展相比，包容性增长更侧重于包括穷人在

① Baldwin, C. Y., & Woodard, C. J. "The architecture of platforms: A unified view." In A. Gawer(Ed.), Platforms, markets and innovation. Cheltenham: Edward Elga. 2009. pp. 19-44.

② Baldwin, C. Y., & Clark, K. B. "Modularity in the design of complex engineering systems." In D. Braha, A. Minai, & Y. Bar-yam(Eds.), Complex engineered systems: Science meets technology. springer, New York. 2006.

③ Rochet, J. -c., & Tirole, J. "Platform competition in two-sided markets." Journal of the European Economic Association, vol. 1, no. 4, 2003. pp. 990-1029.

④ Reeves, M., Lotan, H., Legrand, J., & Jacobides, M. G. "How business ecosystems rise(and often fall)." MIT Sloan Management Review, vol. 1, 2019, pp. 1-8.

⑤ Thomas, M ; Le Masson, P ; Weil, B; Legrand, J. "The future of digital platforms: Conditions of platform overthrow" creativity and innovation management. vol. 30, no. 1, 2021, pp. 80-95.

⑥ Sheppard, E. (2016). The limits to globalization. The disruptive geographies of global development. Oxford: Oxford University Press.

⑦ Sheppard, E. "The limits to globalization. The disruptive geographies of global development." Oxford: Oxford University Press. 2016.

⑧ Stepan Verkhovets&H. "Emrah Karaoğuz. Inclusive globalization or old wine in a new bottle? China-led globalization in sub-Saharan Africa" Globalizatio ns.

⑨ Sachs, J. D. "The age of sustainable development. Columbia University Press." 2015.

内的大多数劳动者的福利，更具有全局意义。[①]更有学者指出，包容性全球化和新自由主义全球化之间一个表面上的区别是"包容性全球化首先是为了改善人们的生计而设计的，而不仅仅是为资本的利益服务的"。[②]

也有一些学者将"包容性全球化"作为一个新概念放在更广阔的数字时代背景下来定义，认为在包容性全球化的过程中，应该出现以下情况：第一，国家要发挥有效的监管作用，以确保公民之间的利益分配更加公平和平等；第二，优先发展包容性基础设施，重点是最不发达地区；第三。不存在"一刀切"的原则；第四，各国自愿合作，创造和分享共同利益；第五，促进文化多元化。[③]总体上看，包容性全球化被描述为"一种比迄今为止由西方主导的模式更具包容性和公平的模式"。[④]

中国在改革新自由主义全球化、促进包容性全球化的过程中起到了示范作用，与新自由主义、华盛顿共识的全球化以及最近的其他一些国际倡议有所不同，中国的重点是战略性国际经济伙伴关系和多边信贷，以解决投资、基础设施、就业和经济发展问题。这种强调源于中国自身的包容性发展经验，其中包括让相对低收入的社区作为工作、商品和服务的提供者，以及提供普通群体负担得起的商品和服务等方式。通过这些方式，中国希望发展一个新的包容性国际平台，解决西方主导的新自由主义中剥削的内在特征，使经济全球化能够惠及更多的地区和更多人民，在全球范围内产生可持续和有利于穷人的发展进程[⑤]。总而言之，包容性全球化的提倡与实践一直面临老牌资本主义国家的重重挑战，然而，数字平台时代的崛起带来机遇的同时，也需要我们更加冷静地思考和追踪其理论与实践的发展。

数媒时代的理论与实践

（一）平台帝国主义

随着数字平台的崛起，以前强大的信息和通信技术公司越来越服从于

---

① Saad-Filho, A. "Growth, poverty and inequality: From Washington consensus to inclusive growth(UN Department of Economic and Social Affairs," (DESA) Working Papers. United Nations. vol. 100, no. 100, 2010.

② Liu, W., Dunford, M., & Gao, B. "A discursive construction of the Belt and Road Initiative: From neo-liberal to inclusive globalization." Journal of Geographical Sciences, vol. 28, no. 9, 2018, pp. 1199–1214.

③ Liu, W., & Dunford, M. "Inclusive globalization: Unpacking China's Belt and Road Initiative." Area Development and Policy, vol. 1, no. 3, 2016, pp. 323–340.

④ Passi, R. "Unpacking economic motivations and non-economic consequences of connectivity in_fra-structure under OBOR." In L. Xing(Ed.), Mapping China's 'One Belt One Road' initiative. 2019. pp. 167-195.

⑤ Liu W D, "Dunford M. Inclusive Globalization: Unpacking China's Belt alnd Road Initiative," Area Development and Policy, vol. 3, no. 1, 2016, pp. 323-340.

平台，文化帝国主义进入平台帝国主义（Platform Imperialism）阶段。[1]2013年韩裔学者金达永（Dal Yong Jin）发表了《全球化时代中平台帝国主义的建构》一文，率先提出了平台帝国主义的概念并进行了极具前瞻性的探讨[2]。2015年，金达永又出版了《数字化平台、帝国主义与政治文化》一书，在该书开篇提及当代信息权力的中心已从传统的万维网转向了新兴的数字平台，但国际的信息交换和要素转移并不是完全对等的。

通过各类数字平台，具有数字技术开发和运营优势的国家不仅能强化他国的信息依赖与技术依附，也能利用社交媒体输出价值观，这构成了平台帝国主义数字化侵略的核心本质。[3]

1. 含义表现

首先，平台帝国主义外化为少数发达国家和许多发展中国家之间不对称的关系。正如文化和媒体帝国主义理论长期宣称的那样，全球文化和技术主义的流动是不对称的平台帝国主义，尤其是指接受"平台"作为数字超级媒介使得许多发展中国家对美国更加依赖。换句话说，目前平台开发的某些特点是不平等的技术交流和资本流动，这意味着美国公司的技术主导极大地影响了大多数人和国家。

在其他领域，包括文化和硬件，维持国家间权力平等的方法主要是这些商品的出口和相关服务；但在平台帝国主义的情况下，方法则是不同的。"因为平台是对人们的日常信息获取极为重要的资本主义表现形式，不仅在国家层面，而且在全球层面上。其重要性体现在平台是否支持进步和平等的信息流通，支持那些希望立足当代全球社会的商业主体"[4]，由此，知识产权和商业价值嵌入平台资本积累和权力扩张的过程。

同时，数字平台的无处不在为跨国统治提供了基础，正如瓦伊迪亚纳坦所承认的那样："如果有一种占主导地位的文化帝国主义形式，它将涉及文化的管道和协议，而不是其生产。"[5]"管道"的比喻说明已然认识到

---

[1] Efrati, Amir and Spencer Ante. "Google's $12. 5 billion Gamble." The Wall Street Journal. August 16. Accessed November 21, 2011.

[2] Dal Yong Jin. "The Construction of Platform Imperialism in the Globalization Era." tripleC: Communication, Capitalism&Critique. vol. 11, no. 1, 2013, pp. 145-172.

[3] 王斌：《数字平台时代的新帝国主义及其反思》，《天府新论》2019年第1期，第141-148页。

[4] Gillespie, Tarleton. "The Politics of Platforms." New Media and Society, vol. 12, no. 3, 2010, pp. 347-364.

[5] Vaidhyanathan, S. "The googlization of everything — and why we should worry." University of California Press. 2012.

平台技术（包括像 Netflix 这样的门户网站）提供了支撑文化生产的地下技术和经济体系。[①]

在平台帝国主义的发展中，主要存在特别突出的四种趋势。第一，平台利用垂直整合形式建立经济模式，其中平台在收购其他公司的同时会涉及供应链的元素，产生更全面的经济影响；第二，跨国扩张的趋势，直至存在壁垒以禁止新竞争者的出现；第三，避免财政问责制或监管，避免对监管机构的信托责任；第四，系统地利用用户数据作为平台增长的动力 。[②]

需要注意的是，这四个趋势并非平台资本主义所独有的。学者罗宾逊表示，近几十年来，各行各业的公司越来越多地从个别民族国家中脱离出来，形成一个"跨国资产阶级"，这是一组公司，其商业行为不再局限于一个国家[③]，而 Dayen 提出垂直整合的商业模式是许多垄断企业的特征[④]。在四个趋势中，对用户数据的利用，为平台帝国主义的理论化提供了最终、最独特的前提。

2. 实践案例：以 Netflix（美国奈飞公司）为例

Netflix 作为重要的流媒体播放平台，在互联网分发视频领域建立跨国垄断的愿望反映了本分析开始时引入的平台帝国主义的趋势。自 2010 年以来，Netflix 已将其流媒体服务扩展到大约 200 个国家的市场，平台本身具有不容忽视的影响力。

在垂直整合方面，Netflix 最初在 DVD 租赁市场占据主导地位，现下则以"Netflix 原创"形式向电视制作转变。对此，加洛韦将垂直整合确定为 Netflix 比较优势的关键[⑤]，Hayes 则指出"Netflix 的分销模式可以推广其原创内容，同时从表面上"拥有"的工作室获得许可，从而实现媒体行业最清晰的垂直整合形式之一"。[⑥]

按照吉娜·基廷在 Netflixed:The Epic Battle for America's Eyeballs 中的记载，Netflix 的两位重要创始人里德·黑斯廷斯（Reed Hastings）和马克·伦道夫（Marc Randolph）在拼车时提出了组建 Netflix 的想法。"伦道夫很欣赏美国零售网站亚马逊，并希望找到某类可供灵活运输的商品，以

---

① Davis, S. "What is Netflix imperialism? Interrogating the monopoly aspirations of the World's largest television network'" Information, Communication & Society. 2021.

② Srnicek, N. "Platform capitalism. Polity Press." 2016.

③ Robinson, W. "A theory of global capitalism production, class, and state in a transnational world." Johns Hopkins University Press. 2004.

④ Dayen, D. "Monopolized: Life in the age of corporate power." The New Press. 2020.

⑤ Galloway, S., & Swisher, K. "Netflix will probably be fine." The Intelligencer April 23, 2021.

⑥ Hayes, T. "What is vertical integration?" The Investopedia February 21, 2021.

便使用与亚马逊类似的模式在互联网上销售。"①早期黑斯廷斯和伦道夫将目光投向了出租 VHS 磁带。但因为磁带售价昂贵且运输不便，想法被搁置。直到 1997 年划时代的 DVD 在美国正式开始销售，两人测试了通过邮寄销售或出租 DVD 的方案。当寄出的光盘完好无损地出现在黑斯廷斯家中时，他们决定正式启动这一模式。1998 年 Netflix.com 成为第一个出租和销售 DVD 的网站，初期仅有 30 名员工和 925 种可供销售的影片。Netflix 早期的运营模式为，提供每张 DVD 的按次租赁，1999 年 9 月 Netflix 引入了每月订阅的概念。"2000 年，按次租赁模式被取消，公司开始专注于收取固定费用并提供无限租赁次数的业务模式中"。②此后，Netflix 卷入与 Blockbuster 的业务竞争中。在此过程中，Netflix 开始谋划从影片租赁向流媒体平台的转型。2006 年，Netflix 成立了以公司命名的奖项，旨在奖励推荐算法的开发者，以此对标成立于 2000 年的电影推荐平台 Cinematch。同年，Netflix 还成立了独立的内容制作部门 Red Envelope Entertainment，帮助 Netflix 授权和发行了上百部独立制作电影。直到 2008 年，因为与合作电影制片厂发生矛盾，该部门才正式被裁撤。

内容推荐算法和内容自制能力是 Netflix 在租赁行业外进行垂直整合的两种思路，两者奠定了当前 Netflix 作为流媒体平台的重要基础，并为之后在垂直整合上的策略改良提供了重要经验，比如处理与内容生产方的合作关系。2012 年，Netflix 重新回归自己旗下开展自制内容。

在跨国扩张方面，Netflix 进行本地化、超国有化的传播试图制造进入壁垒。本地化作为 Netflix 向国际市场扩张战略中讨论最多的要素之一，在电视研究中被定义为经过精心设计进入国外市场以战略性地与文化路标整合的实践。③ Netflix 首席内容官泰德·萨兰多斯（Ted Sarandos）曾表示，公司"不会试图为世界制作更多好莱坞内容。相反，该战略的很大一部分是将来自不同国家的内容带给全球观众"。④Netflix 首席执行官里德·黑斯廷斯（Reed Hastings）则更愿意将他们所做的事情描述为"相互分享"："我

① Keating, Gina, "Netflixed: The Epic Battle for America's Eyeballs." Penguin Books. 2012.

② Huddleston Jr., Tom. "Netflix didn't kill Blockbuster — how Netflix almost lost the movie rental wars". CNBC. September 22, 2020.

③ Moran, A. "TV formats worldwide: Localizing global programs." Intellect Books. 2010.

④ Stuart Cunningham, Alexa Scarlata. "New forms of internationalization? The impact of Netflix in Australia." Media International Australia, vol. 177, no. 1, 2020.

们为 190 个区域提供服务，我们试图以同样的立场考虑它们。"①本地化策略的效果显而易见，JEREMY KAY 的一项调查显示，2019 年"在美国以外的八个国家或地区，使用本地语言制作的电影、电视节目，成为 Netflix 上最受欢迎的内容"。②为了实现本地化目的，与目标投放区域在内容生产上合作，也成为一种策略，"Netflix 在美国、英国、西班牙和加拿大拥有或租赁了大量的内容制作设备，并通过与不同国家的国家广播公司和制作公司达成的协议来实现其跨国参与。目前，Netflix 与英国、印度、韩国、意大利和哥伦比亚的实体签订了此类协议"。③同时，Netflix 在国际员工和制作协议上投入大量资金，则被视作通过超国有化进程来"合乎逻辑地导致国际合并"。④此外，超国有化的传播使得 Netflix 有机会关注并开发一些相对小众的内容。洛茨认为，"Netflix 的基本战略是与跨国订户进行交易，以追求独特的内容战略，这一战略特别针对口味群体的节目"。⑤ 以往，"受限于基于国家为单位的受众评估，这些群体规模太小，无法有效形成一个可行的市场"，⑥而常常得不到重视。

在避税方面，Netflix 使用避税天堂，通过将生产外包给"独立承包商"来利用工资差异，同时利用不同国家办事处之间的现金转移，以最有利的财务方式报告税收。⑦以公司的跨国业务为基础，Netflix 能够在不同国家之间灵活转移其金融活动来避免监管，以此促进其国际增长。

在数据利用方面，Netflix 没有像其他大型平台公司那样将数据商品化，声称只在内部使用用户数据来完善其算法推荐过程。但事实上，Netflix 大量利用这些数据来构建其算法建议，产品创新副总裁卡洛斯·戈麦斯·乌

---

① Stuart Cunningham, Alexa Scarlata. "New forms of internationalization? The impact of Netflix in Australia." Media International Australia, vol. 177, no. 1, 2020.

② Kay J(2019) Local language content top most popular Netflix releases of 2019 in eight countries. ScreenDaily, 31 Dec. Available at: https://www.screendaily.com/news/local-language-contenttop-most- popular-netflix-releases-of-2019-in-eight-countries/5145879. article(accessed 8 October 2022).

③ Amanda D Lotz. "In between the global and the local: Mapping the geographies of Netflix as a multi-national service," International Journal of Cultural Studies, vol. 24, no. 2, 2020.

④ Mandel, E. "International capitalism and "supranationality". In H. Radice(Ed.)," International firms and Modern imperialism. Penguin Books. 1975, pp. 143-157.

⑤ Amanda D Lotz., "In between the global and the local: Mapping the geographies of Netflix as a multi-national service," International Journal of Cultural Studies. vol. 24, no. 2, 2020.

⑥ Amanda D Lotz., "In between the global and the local: Mapping the geographies of Netflix as a multi-national service," International Journal of Cultural Studies. vol. 24, no. 2, 2020.

⑦ Sweney, M. "Netflix accused of funneling UK profits through Netherlands." The Guardian January 14, 2020.

里韦便提及该算法已经成为通过向客户提供适合其算法配置文件的材料来留住他们的一种方式。[①]同时，Netflix 向用户推荐的程序高度依赖算法生成的用户兴趣配置文件，且被认为具有意识形态导向。

数据为 Netflix 实现三个方面的目的提供了重要的支撑。其一，将平台提供的服务与传统电视行业区分开来；其二，诋毁传统电视行业的做法。其三，利用数据技术转移批评。比如，在讨论数据时，Netflix 的高管经常将服务与传统网络区分开来，声称某些行业规范在当前的流媒体电视背景下"无关紧要"或"无关紧要"。首席内容官泰德·萨兰多斯曾说："18到 49 岁的用户数据对我们来说太微不足道了。我们不跟踪他们。这是一个广告驱动的人口统计，对我们来说毫无意义。"[②]这是 Netflix 在跨国平台和全球观众的背景下，重新定义电视剧特征的一种努力。但毫无疑问，这样的说法可以与传统的以人口统计来推算收视情况的模式进行切割。事实上，Netflix 的数据功能进一步将服务与传统电视区分开来。数字技术不依赖于受众样本生成的人口统计数据，而是允许公司收集平台上所有订阅者活动的行为数据。根据泰德·萨兰多斯的说法："通过流媒体，我们可以洞察每一秒的观看体验。我知道用户尝试了什么以及关闭了什么。我知道用户在什么时候关掉了它。它非常复杂。"[③]这些数据使 Netflix 高管可以声称该公司以传统网络所不了解的方式"了解"观众。对此，Original Series 的前副总裁辛迪·霍兰德声称"Netflix 将内容定位到特定的'品味社区'而不是人口群体"。[④]显然，超前的数据观察策略为更准确的推荐算法提供了帮助。据报道，"Netflix 上有超过 75%的观众活动是基于平台的个性化推荐"。[⑤]

大量炒作的数据策略应用，同时也是 Netflix 试图转型为科技公司的一种策略，不过这一策略招致了大量的批评，甚至被冠以"纯粹的极客巫术"的负面称谓。2019 年 Netflix 公司代表出席了美国国会听证会，当时代表

① Levy, A. "How Netflix's AI saves $1 Billion a year." The Motley Fool June 19, 2016.

② Wayne, M. L. (2022). Netflix audience data, streaming industry discourse, and the emerging realities of 'popular' television. Media, Culture & Society, 44(2), 193–209. https://doi.org/10.1177/01634437211022723

③ Sarandos T(2012) Carsey-Wolf Center at UC Santa Barbara. Available at: https://www.carseywolf. ucsb. edu/wp-content/uploads/2018/02/Interview_Ted-Sarandos. pdf(accessed 8 October 2022).

④ Lynch J(2018) Netflix thrives by programming to 'taste communities, ' not demographics. In: Ad Week. Available at: https://www.adweek.com/tv-video/netflix-thrives-by-programming-to-taste-communities- not-demographics/(accessed 8 October 2022).

⑤ Michael Dixon. How Netflix used big data and analytics to generate billions, in BIG DATA, DATA ANALYTICS , MEDIA ENTERTAINMENT, April 5, 2019.

者将平台对数据的观测行为称为"数据利用"，"并澄清了他们对订阅费而非广告的依赖"。[①]史蒂夫·F. 安德森在其研究中称，随着"观众越来越意识到推荐系统的功能和局限性，他们也变得更加挑剔"。[②]此外，Netflix 通过在技术博客、路演等活动中提供更广泛的推荐算法功能来回应这一批评。2020 年，首席执行官里德·黑斯廷斯指出"Netflix 有更多好莱坞的员工比硅谷的员工多，他们三分之二的支出都花在了内容上。此外，作为不依赖广告的单一服务，他建议他们不是技术公司，也不是媒体公司，而是娱乐公司"。[③]由于 Netflix 并不开放由用户生成的数据，大量观点认为应该将其视为一家媒体。洛巴托认为，"黑斯廷斯关于 Netflix 娱乐公司的声明，从战略上避免了被归类为媒体公司或科技公司以及随之而来的监管责任"。[④]

尽管四个趋势在 Netflix 的具体实践中都得以凸显，平台帝国主义在推行中并非没有阻碍，随着 Netflix 跨国扩张的展开，摩擦也随之而来。一方面，从投资者对其他娱乐服务竞争的焦虑，到各国政府的抵制，再到资助"Netflix 原创"的沉重成本，Netflix 遇到了日益上升的制作和许可成本以及与谈判新市场有关的一系列问题[⑤]。另一方面，来自其他跨国公司的压力同样不可忽视，像中国百度、阿里巴巴、腾讯、小米公司这样的非硅谷公司日益突出，使 Netflix 的跨国扩张进一步复杂化。[⑥]

随着像 Netflix 这样的媒体公司经济实力的扩大，其他利益相关者的声音也受到了威胁。通过破坏监管机构、国家政府或其他内容制作者在国家范围内的作用，Netflix 试图建立自己的垂直整合的跨国系统，威胁到媒体行业的发展，特别是在小国。这一点引起学界的关注，对 Netflix 和其他平台巨头的垄断愿望展开批判性理解，对于加强问责制和限制其日益增长的

---

① Zayn Max, Serwer Andy. 2020. "Netflix Co-CEO Says Many Tech Giants are 'Data-exploiting'." Yahoo! finance, September 9. https://finance.yahoo.com/news/netflix-co-ceo-says-many-tech-giants-are- dataexploiting-132020520.html.

② Anderson Steve F., "Technologies of Vision: The War Between Data and Images." Cambridge, MA: MIT Press. 2017. pp. 47.

③ Sherman Alex. 2020. "Netflix Isn't a Media Company or a Technology Company – It's an Entertainment Company, CEO Reed Hastings Says." CNBC, September 9. https://www.cnbc.com/2020/09/09/reed- hastings-netflix-isnt-tech-or-media-its-entertainment.html.

④ Lobato Ramon, "Netflix Nations: The Geography of Digital Distribution." New York, NY: New York University Press. 2019.

⑤ Davis, S. "What is Netflix imperialism? Interrogating the monopoly aspirations of the 'World's largest television network," Information, Communication & Society. 2021.

⑥ Wang, W. Y., & Lobato, R., "Chinese video streaming services in the context of global platform studies." Chinese Journal of Communication, vol. 12, no. 3, 2019, pp. 356–371.

全球影响力至关重要。①

（二）数字帝国主义

1. 内涵定义

2010 年起，以数字技术为依托的智能手机等移动终端设备大范围使用，帝国主义进入了数字化帝国主义时代。②它意味着一种数字霸权兴起，即通过各种平台掌控大量普通用户的日常数据，将这些数据变成庞大的数据体系，并利用这些数据影响商业、政治、文化的格局甚至大国关系。③数字帝国主义继承并延续了帝国主义的一般特征，通过强权政治促成"中心—半边缘—边缘"的世界体系空间结构，学者弗兰克·卢斯夏诺认为它主要有三种不同的类型，即文化帝国主义、霸权话语帝国主义和经济帝国主义。④

文化帝国主义表现在伴随着旧的殖民关系遭到冲击，帝国主义通过高度发达的信息传播手段对殖民地和第三世界进行文化渗透活动，以保持其在世界文化发展中的霸主地位。⑤对于文化帝国主义，部分学者认为文化帝国主义是西方发达资本主义国家对弱势国家渗透、同化、控制的重要手段。⑥王淑娉从新帝国主义与传统帝国主义的区别出发，认为文化帝国主义将资本逻辑引入文化领域，将霸权逻辑强加于文化交流合作中，从思想文化上巩固西方大国霸权统治地位，从而在国际政治博弈中加紧软实力竞争。⑦孙炳炎则从主客体视角出发，对文化帝国主义的运行机制作出详细描述，从渗透主体来看，文化帝国主义运行机制呈多元化发展趋势。⑧

反之，也有理论家认为文化帝国主义今天已经不复存在，并提出了反对文化帝国主义论点的理由。比如学者施特劳布哈尔强调民族文化可以捍

---

① Davis, S. "What is Netflix imperialism? Interrogating the monopoly aspirations of the 'World's largest television network'," Information, Communication & Society. 2021.

② 郑冬芳、秦婷：《数字帝国主义技术霸权的政治经济学批判》，《理论学刊》2022 年第 3 期，第 95-104 页。

③ 蓝江、王欢：《从帝国到数字帝国主义——重读哈特和奈格里的〈帝国〉》，《求是学刊》2019 年第 46 卷，第 2 期，第 45-54 页。

④ 弗兰克·卢斯夏诺、黄华莉：《数字帝国主义与文化帝国主义》，《马克思主义与现实》2003 年第 5 期，第 92-102 页。

⑤ 洪晓楠、邱金英：《文化帝国主义理论产生的背景及概念辨析》，《大连理工大学学报（社会科学版）》2007 年第 4 期，第 51-55 页。

⑥ 匡长福：《浅谈西方对华文化渗透的新路径》，《思想理论教育导刊》2011 年第 5 期，第 50-54 页。

⑦ 王淑娉：《新帝国主义文化战略的主要特征》，《思想教育研究》2017 年第 10 期，第 103-106 页。

⑧ 孙炳炎：《清醒认识西方意识形态渗透的"四化"新态势》，《理论探索》2020 年，第 6 期，第 70-76 页。

卫自己的生活方式，在某些方面，甚至可以与世界其他国家分享自己的形象[①]。学者特雷西指出，原本传统文化薄弱的第三世界生产者如今加强了他们的国家文化产业，以与占主导地位的美国和欧洲文化力量竞争。[②]Morley认为文化帝国主义受到国际传播流动自身复杂性、最近的本土化策略、文化保护主义、活跃受众的舆论互动等众多因素的影响，由此具有局限性。[③]这些学者强调的是，国际传播和媒体的流动变得比过去更加复杂，并导致了一种新的文化帝国主义模式。

霸权话语帝国主义则产生于一个或多个主要国家有意识地利用他们所拥有的信息优势来强加他们的意志于外围国家之时。[④]学者弗里德曼认为，全球化比以前任何时候都在更深更快地加大着一种鸿沟，即那些分享信息革命和全球经济利益的国家与那些未曾分享此种利益的国家之间的数字鸿沟。[⑤]在信息社会里，知识就是一种权力，也正因为此，知识作为一种控制国际环境的手段会被有选择性地散布或者封锁，[⑥]导致话语霸权的产生。

学者摩根索认为，经济帝国主义作为扩大权力的合理方法是近代的产物，是伴随着商业主义与资本主义扩张的时代而出现的。[⑦]而在信息社会中，如果把加工后对于消费者有用的信息视为"产品"的话，那么公司（或国家）在网络上创造价值、获取利润、形成优势有多种选择，如借助那些经过授权把原始数据译为有用形式的软件来控制"生产方式"[⑧]，或者控制通往数字空间的通道[⑨]等。在因特网和万维网的入口趋向于免费提供大多

① Straubhaar, Joseph., "Beyond Media Imperialism: Asymmetrical Independence and Cultura l Proximity." Critical Studies in Mass Communication, vol. 8, no. 1, 1991, pp. 39-70.

② Tracy, Michael., "Popular Culture and the Economics of Global Television," Intermedia, vol. 16, 1988, pp. 9-25.

③ Morley, David., "Globalization and Cultural Imperialism Reconsidered: Old Questions in Ne w Guises. In Media and Cultural Theory, edited by James Curran and David Morley," New York, Routled ge. 2006. pp. 30-43.

④ 弗兰克·卢斯夏诺、黄华莉：《数字帝国主义与文化帝国主义》，《马克思主义与现实》2003 年第5 期，第 92-102 页。

⑤ Friedman Thomas. 1998. Booting Up Africa. The New York Times. 5May1998: A31.

⑥ 弗兰克·卢斯夏诺、黄华莉：《数字帝国主义与文化帝国主义》，《马克思主义与现实》2003 年第 5 期，第 92-102 页。

⑦ 汉斯·摩根索：《国家间政治：寻求权力与和平的斗争》，北京：北京大学出版社，2005 年。

⑧ Branscomb Anne., "Who Owns the Internet? In O' Reilly and Associates eds. The Internet and Society.," Cambridge: Harvard University Press. 1997.

⑨ Branscomb Anne., "Who Owns the Internet? In O' Reilly and Associates eds. The Internet and Society.," Cambridge: Harvard University Press. 1997.

数服务的趋势下，有能力进行信息筛查来提供"准确的知识"成为一种可贵优势。

对云端的控制可以说是经济帝国主义的典型案例。"云"是数字时代一种有代表性的技术创新，云端是用户可以通过因特网远程访问的所有内容，代表着技术的先进性。但卡德里和梅加提出了一个关键性的质疑：如果云计算中的数据存储在数据中心而不是个人电脑中，这就引出了一个非常重要的问题，即"谁能拥有它"。[①]目前"云端"相关领域不同国家的产业发展程度不一，以云计算领域为例，我国国际市场份额与美国差距较大。美国约占全球市场份额的65%，我国阿里云和华为云两大巨头约占市场份额13.5%，与美国之间差距较大。从国际分布来看，我国企业主要集中在国内市场，美国企业的业务遍布世界，国际化程度较高。基础软件领域，计算机操作系统 windows、Linux、Unix、DOS 都是美国企业，相比之下，我国市场占有率不足 5%，在政府、军事、大型工程领域，中国有自主产品支撑，又有开源的软件系统可用，但是商业化能力极低。[②]

事实上"云"的出现极易滋生垄断。一方面，互联网平台具有外部性，用户的不断集中使得大型互联网公司往往会获取很高的流量，因而也获得更多的数据；另一方面，只有数字巨头才拥有购买和管理数据的能力。苹果、脸书、微软、谷歌、亚马逊五巨头以非正式协议的方式划分了自身的社会量化空间，从而瓜分了美国的数据资源，在世界市场上也占据了绝对的统治地位。寡头间的联合意味着权力的集中，它们控制着信息基础设施和互联网服务标准，控制着互联网环境和数据计算能力，甚至控制着数据内容。在这样的基础上，拥有"云"的垄断公司便可以获取大量的经济利益并操控人们的生活，"云帝国"也由此出现。[③]

总体看来，数字帝国主义不会维护世界正义，会加剧世界文明的撕裂程度。一方面，数字技术作为服务于资本主义的技术形式，不可能消弭现代化进程中由于生产力水平不同所造成的发展鸿沟，而且依靠数字技术获得丰厚利润的发达国家也不可能会自动放弃这种获利模式；另一方面，数字帝国主义借助所谓"数字自由""数字民主"的名义，意图掩盖隐藏其

　　① Couldry N, Mejias U A., "The Costs of Connection: How Data Is Colonizing Human Life and Appropriating It for Capitalism," Palo Alto: Stanford University Press, 2019.

　　② 王拓、梁肖：《全球数字技术博弈及我国的应对》，《服务外包》2021年第8期，第50-53页。

　　③ 刘皓琰、云帝国：《一个似"马"非"马"的理论命题——基于对库尔德里和梅西亚斯数据殖民主义理论的解读》，《东北大学学报（社会科学版）》2021年第23卷，第1期，第113-120页。

后的数字殖民和政治独裁目的。^①在文化层面，数字帝国主义会侵害文化安全，给我国文化安全带来了严峻挑战：在文化主权层面，西方的"普世价值"利用数字的隐蔽性，意图消解党和国家的文化领导权；在文化认同层面，消费主义和数字深度融合，会进一步削弱了主流文化认同；在文化价值层面，数字技术理性价值排序上升并遮蔽了数字文化的价值理性，易引发人们价值信仰的迷失和审美旨趣的模糊。^②构筑数字帝国主义时代的文化安全，需要深刻揭露数字帝国主义的"价值同化"实质，坚持马克思主义立场、观点和方法，不断提升应对价值输出和文化消费主义的能力。

2. 博弈实践：以 5G 技术与算法为例

（1）5G 技术

5G 是第五代无线网络技术，为 4G 系统后的演进。5G 的性能目标是高数据速率、减少延迟、节省能源、降低成本、提高系统容量和大规模设备连接。通过这些目标的实现，5G 有望为物联网（IoT）提供数字基础设施，支持和扩大当前工业制造和物流自动化的趋势。此外，为工业和商业用途开发的 5G 应用程序可能会产生最重大的社会和经济影响，并代表了电信服务运营商提供的一些最有利可图的新服务。^③作为新一轮科技革命的核心通用技术，5G 基础架构已经成为控制未来行业进行更广泛竞争的关键战场，成为数字帝国主义下的重要争夺。

基于通信产业界对 5G 技术的展望，主要国家都启动了 5G 研发计划。欧盟希望迅速发展 5G 技术，以维持和加强欧洲企业的领导地位，改善老牌通信巨头如诺基亚（Nokia）和爱立信（Ericsson）成长乏力的局面；韩国在 5G 研发机构设立、长远规划、促进战略以及研发投入等方面都有积极表现；美国积极开展 5G 项目的研发，投资 2750 亿美元，将 5G 建设视为"必须取胜"的竞赛^④；英国政府于 2017 年宣布了"英国 5G 战略"，这一战略强调的是"英国应该成为 5G 的全球领导者，以便我们能够尽早利

---

① 孙冲亚：《数字帝国主义时代的文化安全风险及其应对》，《马克思主义研究》2021 年第 6 期，第 115-123 页。

② 孙冲亚：《数字帝国主义时代的文化安全风险及其应对》，《马克思主义研究》2021 年第 6 期，第 115-123 页。

③ Baark, Erik., "China's New Digital Infrastructure: Expanding 5G Mobile Communications," East Asian Policy. vol. 14, no. 2, 2022, pp. 124-136.

④ 参见特朗普：《5G 是一场美国必须取胜的竞赛　将释放更多频谱》　https://new.qq.com/omn/20190413/ 20190413A0HQEN.html.

用其潜力，并帮助创建一个适合所有人的世界领先数字经济"①。

我国全方位布局5G技术的研发工作，于2013年开始开发5G技术，2015年，中国将5G作为"中国制造2025"的国家议程②，2019年11月开始为5G移动通信提供商业服务。2021年12月，中央网络安全与信息化委员会14日发布了《"十四五"国家信息化规划》，2022年1月发布了《"十四五"数字经济发展规划》，提出了加快信息网络基础设施建设和协调计算能力、算法、数据和应用资源的国家级综合大数据中心系统建设的目标。③中国领导层计划建立的新基础设施包括收集和共享数据的核心设施，即快速和广泛使用的连接，5G便为其中之一。其中以华为品牌为首，截至2021年，华为宣布占全球5G专利中的13.53%，在5G解决方案领域保持绝对领先的优势。

科技发展背后是大国之间的博弈，各国均希望能拥有更高的市场占有率，以此占据数字技术的战略制高点，控制全球数字技术制定标准，从而垄断数字资源。④在5G技术的这轮地缘政治博弈中，中国5G开始逐渐领先，引起美国的猛烈反击，夹在两国之间的欧洲陷入进退两难的境遇。随着中国科技发力，2018年，美国以"威胁国家安全"为由，对华为开启制裁。2019年5月15日，特朗普政府宣布，华为将被列入美国商务部的"实体名单"，并封闭所有使用美国技术的渠道。2020年5月15日，美国商务部的工业和安全局再次宣布，计划限制华为使用美国技术和软件在海外设计和制造半导体，试图切断华为在全球的芯片供应；除此之外，美国还号召全球各国抵制华为。

但抵制或接纳技术的具体政策仍在不断调整。欧洲在经过一年多抵制华为的摇摆期后，在2020年对华为的态度开始转变，英国准许华为有限参与其国内的5G建设，欧盟也表示不会禁止华为参与欧盟各国的通信建设，可见，欧洲开始对中国5G开启"绿灯"。截至2020年2月，华为在重压

---

① Department for Culture Media and Sport and HM Treasury(2017). Next generation mobile technologies: A 5G strategy for the UK. https://assets. publishing. service.gov.uk/government/uploads/system/uploads/ attachment_data/file/597421/07. 03. 17_5G_strategy-for_publication. pdf(Accessed 25 April 2019).

② Kim, Dongha, Young, Kim, Dong7Koo, Choi, Hyun. "A Study on the Spread of 5G Policy in China - Focused from Mobile Telecommunications to Industrial Internet," Journal of China Area Studies. vol. 8, no. 3. 2021. pp. 60- 96.

③ 参见《发展日报》《国务院关于印发"十四五"数字经济发展规划通知》，2021年12月12日，<http://www.gov.cn/zhengce/content/2022-01/12/content_5667817.htm>.

④ 孙冲亚：《数字帝国主义时代的文化安全风险及其应对》，《马克思主义研究》2021年第6期，第115-123页。

下已经获得全球 91 个 5G 商用合同，其中 47 份来自欧洲，领先欧洲另外两大 5G 巨头诺基亚（Nokia）和爱立信（Ericsson），位居世界第一。

目前，5G 的技术标准尚未统一，但各个国家对其场景的总体设想是趋同的。未来 5G 概念的定义对全球提出了前所未有的技术、运营和管控挑战，在接入技术、频谱管理以及标准化等方面如何积极应对这些挑战，亟需探索。[①]国际上围绕 5G 标准的纷争不仅仅关乎速度或效率提高多少，这些标准还反映了美国、中国以及欧洲之间关于未来技术如何发展和部署的政治斗争，彰显出以数字技术为依托的竞争特征和对数字霸权的追逐。

（2）算法

算法在数学（算学）和计算机科学领域指被定义好的、计算机可施行其指示的有限步骤或次序，常用于计算、数据处理和自动推理。[②]当下，算法和分析在社会中的使用正在急剧增加[③]，人工智能（AI）越来越多地通过各种方法来参与我们生活中的决策，例如在线机器学习推荐系统、量身定制的新闻聚合服务、信用评分方法和基于位置的服务。算法的进步为重要决策领域的突破提供了前所未有的模式，例如内容策展、招聘、健康与安全、安保、危机管理和公共管理。在大量可用大数据的推动下，算法已成为社会中新的权力代理人[④]。算法技术正在彻底改变行业和社会，并成为日常生活中不可或缺的一部分。

21 世纪初，美国国防部就委托数据巨头安克诚公司，协助建立全方位监视美国和全球人口的技术系统[⑤]；2010 年左右，美国开启真正意义上的算法革命，在图像分类、语音识别、人机对弈等多领域跨越了科学与应用间的"技术鸿沟"，人工智能、云计算等技术领域出现了爆炸式增长，并迅速带动了相关科技产品转化；2014 年，美国曝出"斯诺登事件"和"棱镜计划；2020 年，美国 CIA 又爆出瑞士加密公司事件。

目前在算法领域，美国处于相对核心的位置。美国政府凭借产品和算法优势，几乎覆盖了全球网民的所有网上行为，从总统、情报人员到平民，

---

① 高芳、赵志耘、张旭、赵蕴华：《全球 5G 发展现状概览》，《全球科技经济瞭望》2014 年第 29 卷，第 7 期，第 59-67 页。

② 刘皓琰：《数据霸权与数字帝国主义的新型掠夺》，《当代经济研究》2021 年第 2 期。

③ OECD. 2017. Algorithms and Collusion: Competition Policy in the Digital Age. www.oecd.org/ competition/algorithms-collusion-competition-policy-in-the-digital-age.htm.

④ Diakopoulos, Nicholas. "Accountability in Algorithmic Decision Making." Communications of. vol. 59, no. 2, 2016, pp. 58-62.

⑤ 约翰福斯特，罗伯特麦切斯尼：《监控式资本主义：垄断金融资本、军工复合体和数字时代》，刘顺等译，北京：国外社会科学，2015 年第 1 期，第 4-13 页。

从电子邮件内容、网页浏览记录到在线聊天记录全都难逃监视，大量的数据也在这种无底线的非法行为下流向美方的数据系统。①凭借对数据的垄断，美方通过创新霸权、平台垄断、制造需求等方式在多个领域施行新型的对外经济掠夺，这也是数字帝国主义的重要形式。②

其他国家同样在算法领域出台各类政策以促进其发展。2017 年，中国国务院发布了《新一代人工智能发展规划》，概述了未来几年建设国内人工智能产业价值近 1500 亿美元、到 2030 年成为人工智能领军大国的国家战略。③在韩国，人工智能已被政府选为国家未来几十年关注的核心领域，政府开始加强人工智能产业和市场，计划到 2025 年促进相关技术的发展和增加基础设施及同源服务的数量。④

数字巨头对全世界和人类生活全方位的算法渗透，实际上意味着一个全球化的资本主义监控体系的出现，它不仅剥夺了用户对于数据的自主性，还损害了用户的隐私权利。由于不具备对抗数字巨头的技术条件，用户只能将反抗要求诉诸政府部门。这一种反馈是有成效的，如随着 GDPR 于 2018 年 5 月生效，欧盟已成为算法政策的全球典范。GDPR 将数据隐私作为一项基本人权，用户必须同意，Facebook 等公司才能收集个人数据。

但算法在技术创新方面的利益依旧不可割舍，寻求隐私的保护和利益获取间的平衡成为当务之急。⑤美国政府在算法的助力下成为最大的"黑客帝国"。社会量化部门的垄断地位、全球化的监控体系以及一系列配套的知识产权制度、法律条文和贸易体系的建立，使美国最终获得了其他国家难以撼动的数据霸权地位，并随之拥有了可以支配全球产业链和进行资本扩张的权力基础。⑥

（三）数字行动主义

1. 概念与发展

数字行动主义是指互联网、社交媒体、电子邮件和移动电话等数字工

---

① 刘皓琰：《数字帝国主义是如何进行掠夺的？》，《马克思主义研究》2020 年第 11 期，第 143-154 页。

② 姚聪聪：《数字文明的多重面相与建构路径》，《思想理论教育》2022 年第 3 期，第 44-50 页。

③ Ding, Jeffrey., "Deciphering China's AI Dream." London: University of Oxford. 2018.

④ Zhang, Byungtak., "Humans and Machines in the Evolution of AI in Korea." AI Magazine, vol. 24, 2016, pp. 108-112.

⑤ Shin, Donghee., "Toward Fair, Accountable, and Transparent Algorithms: Case Studies on Algorithm Initiatives in Korea and China." Javnost-The Public. vol. 26, no. 3, 2019, pp. 274-290.

⑥ 郑冬芳、秦婷：《数字帝国主义技术霸权的政治经济学批判》，《理论学刊》2022 年第 3 期，第 95-104 页。

具用于动员、政治行动和煽动变革的趋势，这不仅是数字时代"参与"文化的一大特征，也对跨文化传播有不容忽视的作用。自 20 世纪 90 年代以来，它就以某种形式存在，并随着 Web 2.0 和社交媒体热潮的到来而持续增长。数字行动主义崛起具有不可忽视的意义。第一，数字行动主义研究范围广泛，包括人类学、社会学、政治学、媒体和传播研究以及艺术和设计研究。因此，该领域包含丰富的知识体系，具有不同的认识论和研究焦点。例如，政治学和社会学研究关注动员和机会结构以及框架和信息传播过程，包括网络的作用①，文化研究方法则强调数字行动主义发生的广泛背景。②第二，学界可以借此看到更多用户的公共问题，为跨文化传播提供导向参考。比如学者格尔巴多指出，虽然目前社交媒体处于网络民粹主义状态，但其中大部分内容都是非政治活动，例如八卦、名人文化或人际沟通，因此数字行动主义为我们提供了一个了解公众的独特机会。③

　　学界对数字行动主义的含义存在不同理解。在许多情况下，数字行动主义与媒体技术有关，并应用于各种运动。术语"Web2.0"或"Twitter 抗议"经常被用作对数字行动主义的广泛理解。然而学者格尔巴多强调，这些术语通常是技术决定论者以"数字通信支持的各种形式的行动主义的内容"来指导任何形式的抗议动员。④此外，学者哈金森关注到数字行动主义在政治转变中的作用，他认为通常数字行动主义与公民的不服从有关，如拒绝服务攻击、开源倡导、黑客行动主义或标签行动主义等等。⑤在这个层次上，数字行动主义可以被定义为抗议、可见性、动员活动等几种方法的组合。

　　对于数字行动主义发展的不同阶段，学界也进行了不同的区分。阿蒂娜·卡拉佐吉亚尼探索了四波数字行动主义。她认为第一波浪潮始于 1994 年的萨帕塔运动和反全球化运动，包括 Indymedia 等替代媒体。第二波数

---

① Bennett L, Segerberg A., "The Logic of Connective Action: Digital Media and the Personalization of Contentious Politics," New York: Cambridge University Press. 2013.

② Yang G, "The Power of the Internet in China: Citizen Activism Online," New York: Columbia University Press. 2009.

③ Gerbaudo, P., "From cyber-autonomism to cyber-populism: An ideological history of digital activism," Triple C: Communication, Capitalism & Critique, vol. 15, no. 2, 2017, pp. 478-491.

④ Gerbaudo, P., "From cyber-autonomism to cyber-populism: An ideological history of digital activ_ism," Triple C: Communication, Capitalism & Critique, vol. 15, no. 2, 2017, pp. 478-491.

⑤ Hutchinson, J., "Micro-platformization for digital activism on social media," information communication&society. vol. 24, no. 1. 2021. pp. 35-51.

字行动主义从 2001 年持续到 2007 年，主要由与反伊拉克战争动员相关的数字行动主义兴起构成。在 2007 年之后的第三波浪潮中，数字行动主义蔓延到金砖国家和欧洲及美国以外的其他国家，而这正是它最初的发源地。2010 年至 2013 年的第四次浪潮标志着数字行动主义的主流化。①保罗·格尔巴多区分了两个数字行动主义时期。他确定 20 世纪 90 年代中期的第一波数字行动主义浪潮的特点是反全球化运动中的网络自治主义，21 世纪 10 年代的第二波浪潮则暗示网络民粹主义是在占领运动的大规模动员中构成的。②

　　从数字行动主义产生的结果来看，学者们在技术路径和网络化发展两个领域进行了探讨。比如学者冈萨雷斯·拜洛、博尔格·霍尔索费尔、里韦罗和莫雷诺意识到网络化的发展是数字行动主义的另一种形式，认为数字行动主义"使用社交网站（SNSs）来帮助抗议者自我组织并获得足够数量的参与者"，具有强大的网络化能力。③从实践中我们看到，政治转变与数字行动主义互相赋能后的结果在十多年里已经证明它在全球范围内都拥有巨大潜力。沃尔夫森则从技术层面对数字行动主义进行解读，通过描述第四波数字行动主义后期网络左翼的崛起，认为"技术工具不是中立的，因为它们是由那些有权力的人出于社会意图生产和复制的。同时，技术实践是有争议的斗争场所，因此，技术工具可以用来创造社会变革"④。对于数字行动主义日益流行的激进行动主义，他指出数字行动主义无论其实现程度如何，都需要专业的技术来实现其目的。

　　2. 跨文化传播实践：以"帝吧出征"为例

　　"帝吧出征"作为一起民族主义事件，是指 2016 年 1 月 20 日百度贴吧李毅吧（也称帝吧）提议、部分中国大陆网民实施的翻越防火墙"出征"Facebook 的行动。"出征"的参与者主要是 90 后和千禧一代的青年，他们中间很多是网游玩家或是"爱豆"（idol）粉丝，征伐的目标是蔡英文的Facebook 页面和三立新闻、苹果日报、自由时报等台湾媒体的网站。出征

---

① Karatzogianni A., "Firebrand Waves of Digital Activism 1994-2014: The Rise and Spread of Hacktivism and Cyberconflict," London: Palgrave Macmilla n. 2015.

② Gerbaudo P., "From cyber-autonomism to cyber-populism: an ideological history of digital activism," Triplec: Communication, Capitalism & Critique, vol. 15, no. 2, 2017, pp. 478-491.

③ González-Bailón, S., Borge-Holthoefer, J., Rivero, A., & Moreno, Y., "The dynamics of protest Recruitment through an online network," Scientific Reports, vol. 1, no. 197, 2011.

④ Wolfson, T., "Digital rebellion: The birth of the cyber left," Urbana, IL: University of Illinois Press. 2014.

者使用的主要"武器"，则是图像化的"表情包"和文字口号①，具体做法是把这些"武器"大量投放到目标网页，形成网络"轰炸"之势。②

事件动员的平台，以百度贴吧的"帝吧"为主，但是 QQ 群、微博、豆瓣、天涯贴吧、AcFun 弹幕视频网（A 站）、Bilibili 弹幕视频站（B 站）等等均有行动③。临时招募而来的出征者通过 QQ 群分工协作。此次事件中，在总群之下除了 1 路前锋部队外，又设有 6 路后援保障部队，分别负责情报工作（收集"台独"言论和图片）、宣传和组织工作（发帖招人）、武器装备工作（制作反"台独"图片和言论）、对外交流工作（时差党加反"台独"外语翻译）、战场清理工作（专门举报、到脸书点赞等），并且明确提出"文明用语，不发黄图，反'台独'不反台湾人民"的出征铁律。④

李红梅指出，从事件的意义上讲，此次"帝吧出征"不仅仅是一种网络民族主义的宣泄，更是一种在全球地缘政治环境下有关身份政治的表演⑤。帝吧出征者通过各种影像、文字、表情包进行自我身份表达，同时由于大批中国留学生的参与，这些信息被翻译成多国文字尤其是英文和日文，在网络上广为传播，从而使 Facebook 成为一个身份认同表演和较量的场域。这种表演可以被理解为是在文化全球化语境下对中国文化、中国应有的国际地位的一种主张 88。

作为数字行动主义的跨文化传播案例，"帝吧出征"所表现出来的几点特征具有思考意义。

"出征"的网民试图强调文化认同与情感共鸣。虽然参与者前期使用了部分军事化的语言，同时延续了传统"帝吧"中反讽、戏谑、父权的表达方式，但后期其语言出现了多样化的迹象，一改以往的激烈，总体上变得更加文明与柔和⑥。文化认同方面，根据王喆对"帝吧"事件使用模板的统计分析，出现最多的 6 个模板为"八荣八耻"、义勇军进行曲、余光中的

---

① 周逵、苗伟山：《竞争性的图像行动主义：中国网络民族主义的一种视觉传播视角》，《国际新闻界》2016 年第 38 卷，第 11 期，第 129-143 页。

② 杨国斌：《引言英雄的民族主义粉丝》，《国际新闻界》2016 年第 38 卷，第 11 期，第 25-32 页。

③ 王洪喆、李思闽、吴靖：《从"迷妹"到"小粉红"：新媒介商业文化环境下的国族身份生产和动员机制研究》，《国际新闻界》2016 年第 38 卷，第 11 期，第 33-53 页。

④ 刘海龙：《像爱护爱豆一样爱国：新媒体与"粉丝民族主义"的诞生》，《现代传播（中国传媒大学学报）》2017 年第 39 卷，第 4 期，第 27-36 页。

⑤ 李红梅：《如何理解中国的民族主义?帝吧出征事件分析》，《国际新闻界》2016 年第 38 卷，第 11 期，第 91-113 页。

⑥ 刘海龙：《像爱护爱豆一样爱国：新媒体与"粉丝民族主义"的诞生》，《现代传播（中国传媒大学学报）》2017 年第 39 卷，第 4 期，第 27-36 页。

乡愁、歌唱祖国、七子之歌和帝吧出征[①]。情感共鸣方面，参与者会采用情感沟通的方式进行对话交流——包括向对方解释大陆的风土人情、推介大陆的美景美食、交流电视剧与人生[②]。以往，现实中的网络民族主义运动常以冲突性方式出现，有时还与"民粹主义"相结合，导致矛盾激化。而此次帝吧出征后期出现了引人注意的转向，行动主体所选择的表达以正向情感为主，凸显出温情，一定程度上掩盖了其他活跃在零散话语中的复杂民族主义的情感。

帝吧事件通过戏谑、调侃的方式将政治娱乐化。网络空间的出现给中国民众一个有限的过去、没有的渠道去参与政治和社会生活，尽管中国的网络存在审核机制，但是民族主义的言论还是能够保留。刷屏、表情包是以一种玩乐的方式从事政治活动，并且参与的人也强烈地意识到自己在进行一种民族身份的表演，而且这种表演被视为是有历史意义的。

如何跳出娱乐和戏谑化的层面进入深度沟通，这既需要参与者沟通理性的提高，也有赖于国家整体层面的制度设计和策略。如果网络公共空间被过度限制和封锁，那么温和的网络民族主义在现实挤压下可能恶化为冲突性运动，这正是我们必须警觉的问题所在。

第四节　跨文化传播与国家形象塑造

随着中国成为全球第二大经济体，世界对中国的关注与日俱增，而"中国威胁论"等来自资本主义世界的"意识形态外交"也逐渐流行。改善国际发展环境、实现国家形象的最优化传播已经成为中国发展不可回避的问题。跨文化传播是国家形象研究的重要学术场域，国家形象建构并非线性的、点对点的传播模式，而是受多种因素影响的，从"自我认同"到"他者适应"的跨文化传播过程（匡文波，2013；孟建 & 孙祥飞，2013）[③][④]。

---

① 王喆：《"今晚我们都是帝吧人"：作为情感化游戏的网络民族主义》，《国际新闻界》2016年第38卷，第11期，第75-90页。

② 郭小安、杨绍婷：《网络民族主义运动中的米姆式传播与共意动员》，《国际新闻界》2016年第38卷，第11期，第54-74页。

③ 匡文波、任天浩：《国家形象分析的理论模型研究——基于文化，利益，媒体三重透镜偏曲下的影像投射》，《国际新闻界》2013年第35卷，第2期，第92-101页。

④ 孟建、孙祥飞：《"中国梦"的话语阐释与民间想象——基于新浪微博16万余条原创博文的数据分析》，《新闻与传播研究》2013年第11期，第27-43页。

2008 年，中国政府启动"大外宣"国家战略，在借助网络空间建构国家形象的同时，希冀在此基础上争夺国际话语权，改变长期以来由英美为代表的西方霸权所主导的国际政治格局①。自此，国家形象的跨文化传播成为学界关注的热点，而数字传播技术的革新与社会媒介化和媒介社会化进程使得这一研究领域不断推陈出新，在拓展研究范式的同时也呈现出研究趋势的转向。2021 年 5 月，中共中央政治局就加强我国国际传播能力建设进行第三十次集体学习。习近平指出，应推动我国的制度优势、组织优势、人力优势向传播优势转化，利用重要国际会议论坛、外国主流媒体等平台和渠道发声。各地区各部门要发挥各自特色和优势开展工作，展示丰富多彩、生动立体的中国形象。

一、理论逻辑的差异性

国家形象建构和跨文化传播两大研究领域有着内在逻辑的差异，即国家形象的研究包括作为品牌的国家形象②和作为软实力③的国家形象，更加强调独特性和差异性，而不是相似性和共同点。

阿尔波·鲁西④认为建构国家形象的几大核心概念包括：信念体系（belief system）、形象（image）、认知（cognition）、假象（illusion）。对形象的认知是"对物体、事件或人投射的一系列感知属性强加的人类结构"⑤，而国家形象是"一个人对特定国家的认知表征，即它所相信的国家及其人民的真实情况"⑥。作为文化价值观和国家利益观的载体，国家形象的生成与建构依托于复杂多变的跨文化传播话语与实践，是一种以信息传播为手段、促使对象国对本国形成全面、客观的认知与评价的传播活动⑦。

---

① 肖珺：《认同危机：基于国家形象塑造的网络跨文化传播研究》，《武汉大学学报（人文科学版）》2013 年第 4 期，第 114-119 页。

② Kotler P, & Gertner D., "Country as brand, product, and beyond: A place marketing and brand management perspective," Journal of brand management, vol. 9, no. 4, 2002, pp. 249-261.

③ Nye Jr J S., "Soft power and American foreign policy," Political science quarterly, vol. 119, no. 2, 2004, pp. 255-270.

④ Rusi A., "Image Research and Image Politics in International Relations—Transformation of Power Politics in the Television Age," Cooperation and Conflict, vol. 23, no. 1, 1988, pp. 29-42.

⑤ Nimmo D D, % Savage R L., "Candidates and their images: Concepts, methods, and findings," Goodyear Publishing Company, 1976.

⑥ Kunczik M., "Media giants," Ownership concentration and globalisation. Bonn (Friedrich-Ebert Stiftung), 1997.

⑦ 程曼丽：《国际传播能力建设的实践研究与意义——兼评〈新媒体跨文化传播的中国实践研究〉》，《收藏》2019 年第 1 期。

国家形象的跨文化传播以维护国家利益为最高原则[①]，本质是打破西方现代性的话语垄断。值得注意的是，民族认同的形成是由"自己"与"他者"的比较过程决定的，民族认同感强调"陌生人"和"我们"的差异。民族文化成型与发展的过程也就是本土文化自我反省、自我认同的过程，"我者形象"是与他者文化和他国的国家形象相联系的。基于此，有学者提出，国家形象的跨文化建构与传播并非以建立他国文化对本国文化的认同感为目标，而是从他者文化这一"镜像"中实现并强化对自我文化的认同感[②]。

二、国家形象跨文化研究三大范式

针对国家形象跨文化传播的不同层面，相关研究主要从以下三方面展开：

其一是通过透视国家形象跨文化传播的一般流程，进而完成理论模型建构。学者匡文波[③]认为国家形象是人们对客观事实主观认知的结果，具体来说，国家形象是基于国家性质、国家行为、国家地位和国家公关四大客观事实，经由文化、利益和媒体三重透镜偏曲后的主观投射。结合现代心理学的认知理论，海外受众对我国国家形象认知的两大途径是直接接触与间接接触，前者要求国家物质精神状况的整体改善和不同主体跨文化交际能力的提升，后者则要求改善媒介环境、完善国家信息跨文化传播的体制机制[④]。然而，也有学者提出文化认同在国家形象的跨文化传播中是无法实现的，至多只能产生文化认可，而国家形象在经过他者文化重塑之后所产生的印象则是强化自我文化认同的途径，也就是说，国家形象是一国的各种文化表征与他国价值态度融合之后所形成的整体[⑤]。它既不是国家物质条件的反映，也不完全取决于传播策略的调整，唯一决定国家形象跨文化传播效果的是"他者文化"在价值观念与意识形态指导下面对"我者文化"

---

① 沈悦、孙宝国：《"一带一路"视阈下中国梦的多维建构与全球想象——以纪录片跨文化传播为视角》，《云南社会科学》2019年第2期，第174-181页。

② 孟建、孙祥飞：《中国形象跨文化传播的三种言说策略》，《对外传播》2012年第9期，第38-40页。

③ 匡文波、任天浩：《国家形象分析的理论模型研究——基于文化，利益，媒体三重透镜偏曲下的影像投射》，《国际新闻界》2013年第35卷，第2期，第92-101页。

④ 王朋进：《"媒介形象"研究的理论背景，历史脉络和发展趋势》，《国际新闻界》2010年第6期，第123-128页。

⑤ 孟建、孙祥飞：《中国形象跨文化传播的三种言说策略》，《对外传播》2012年第9期，第38-40页。

所采取的利己性的判断。

　　国家形象跨文化传播的模式与策略选择同样体现着原文化的内涵与核心价值观。陈①发现思维模式、表达方式和文化语境三个文化因素是影响社交媒体中跨文化传播行为方式的三个突出的文化因素，这三个因素是文化价值观的体现②。从我国以"面子文化"为导向的形象塑造观念来看，大力建设和谐社会与中国和平崛起的传播话语与实践表现着我国国家形象跨文化传播的模式转型，这一强调道义、谦卑和双边性的传播模式构建了中国友好、和平、互助的国家形象，是我国集体主义与个人主义、形象观念和实力观念共同作用的产物③。

　　从国家形象跨文化传播的客体来看，作为国家形象的认知方和接受方，国际社会中的组织、国家和国外的所有民众共同构成国家形象传播的多维度客体。根据与中国的意识形态关联、社会历史关系与地缘关系，中国国家形象跨文化传播客体大致可分为西方发达国家民众、广大发展中国家民众和周边国家民众④。针对最后一类，以学者陆地⑤为代表的周边传播理论范式成为国家形象跨文化传播中极具代表性的研究方向，即"一个国家在有效的主权辖区边界两侧进行的，介于国内传播和国际传播之间的综合性信息活动"⑥。周边传播对跨文化传播理论的贡献与突破在于，"周边"强调文化的相通与相近而非文化的差异性，兼顾地缘层面的物理空间和社会文化层面的抽象空间，将宗教沿革、贸易往来、风俗习惯等传播实践囊括其中，观照中国周边以汉文化为中心、不断向四周扩散的文化空间共同体⑦。在周边传播理论框架内，文化传播既是核心，也是重要手段。基于此，我国国家形象的跨文化传播空间在周边传播理论范式下被进一步细化为东

---

　　① Fritz W, & Graf A, & Hentze J, et al., "An examination of Chen and Starosta's model of intercultural sensitivity in Germany and United States", 2005.

　　② Fritz W, Graf A, Hentze J, et al. An examination of Chen and Starosta's model of intercultural sensitivity in Germany and United States, 2005.

　　③ 贾文山、岳媛：《面子 Vs 实力：中美全球传播模式比较研究》，《国际新闻界》2010 年第 7 期，第 27-32 页。

　　④ 吴献举：《国家形象跨文化传播的系统特性与实现路径》，《中州学刊》2020 年第 42 卷，第 5 期，第 164-171 页。

　　⑤ 陆地、许可璞、陈思：《周边传播的概念和特性——周边传播理论研究系列之一》，《现代传播（中国传媒大学学报）》2015 年第 3 期，第 29-34 页。

　　⑥ 陆地、许可璞、陈思：《周边传播的概念和特性——周边传播理论研究系列之一》，《现代传播（中国传媒大学学报）》2015 年第 3 期，第 29-34 页。

　　⑦ 刘源：《"一带一路"下东北亚周边传播的文化路径》，《新闻爱好者》2019 年第 11 期，第 22-26 页。

北亚、东盟等地缘战略区域，农耕文化、海洋文化、游牧文化等人类文明类型，以及儒教、佛教、基督教等宗教传播的文化空间，传播模型也被归纳为从中心到边缘、从边缘到中心、从中心到中心、从边缘到边缘几大类，从而为国家形象跨文化传播的现象揭示、理论阐释与模型构建提供了全新思路与方法。

其二则聚焦于对国家形象跨文化传播过程的编码与解码机制。在国家形象的跨文化传播中发挥主导作用的角色往往是国家本身。然而国家是具有"国际人格者"特征的政治组织，因此政府、企业、媒体、社会组织、公民共同构成了国家形象跨文化传播的多维度传播主体。有学者将国家形象的建构与跨文化传播过程概括成为异域文化建构和设计文化身份进行的斗争[①]。

由国家主导的国家形象跨文化传播活动与各自文化的价值观息息相关。美国与中国的国家形象跨文化传播模式的差异体现着两国多元性与统一性、个人中心主义与集体主义、英雄崇拜与仁义道德的文化价值观分歧[②]，双方都以各自文化传统中对自我的认知为基础，在塑造国家形象的同时推行不同的外交政策、传播模式、话语体系和行为方式。国家形象的跨文化传播是一种话语主体与受众之间的对话性空间建构，传播主体将本国的文化、立场、行为、意识形态意义类型编码进这一空间内，传播受众自行进行解码或重新建构。因此，国家形象的跨文化传播话语应当贴近国际环境与社会现实，具备大局意识，诚实、平等、全面的话语或许是传播模式的最优选[③]。学者邱凌[④]基于国家形象宣传片所面对的编码解码特点，即编码是在自我文化中依据自我文化的码本进行，而解码是在他者文化中根据他者文化的码本进行，提出国家形象的影像表达应遵循跨文化传播规律，以"民族化的内容，国际化的叙事"作为创作原则。为推动国家形象跨文化传播的多主体参与，政府部门积极利用组织与机构层面的体制机制，包括孔子学院、功夫电影、艺术展览和在线直播等，在构建中国崛起和平国

---

① 孟建、孙祥飞：《中国形象跨文化传播的三种言说策略》，《对外传播》2012年第9期，第38-40页。

② 贾文山、岳媛：《面子 Vs 实力：中美全球传播模式比较研究》，《国际新闻界》2010年第7期，第27-32页。

③ 梁凯音、刘立华：《跨文化传播视角下中国国际话语权的建构》，《社会科学》2020年。

④ 邱凌：《国家形象宣传片的跨文化传播策略》，《现代传播：中国传媒大学学报》2011年第12期，第35-38页。

家形象的同时吸引全球关注①②。

其三则探讨国家形象跨文化传播的短板、困境与相应的传播策略。中国国家形象跨文化传播面临着国家形象受西方刻板印象制约、跨文化传播格局严重不平衡等困境，在传播主体、传播受众、传播内容、传播理念等方面均存在短板③。也正因如此，"中国威胁论"的内容与传播形式总随着不同的社会历史语境与跨文化传播模式发生变化，主要体现在话语表征和言说对象的调整，这也是中国形象常常遭遇"他塑"的重要原因之一④。

媒体是国家形象跨文化传播的表达者、实践者，是民众了解周围及世界变化的载体。然而，硬件设施建设方面，我国媒体的跨文化传播能力在覆盖面、人才专业性、技术先进性等方面与英美仍有差距；从传播模式看，我国媒体在传播观念、话语运用和传播矩阵布局等方面也有一定滞后性⑤；媒体报道方面则存在以下不足：（1）重社会新闻，极少回应国际社会对中国政治问题的关注；（2）重正面报道，使得媒体呈现出的可信度和公信力降低；（3）重引用官方话语，造成缺乏客观性的媒体现象⑥。同时，中央电视台在国际报道中一直在寻求将国家利益（官方机构）、媒体利益（与商业媒体的竞争）和读者利益（上升的大众民族主义）相结合的采编模式⑦，这也是我国媒体在国家形象建构过程中跨文化能力缺失的体现。媒体在国家形象塑造中应融入世界话语体系，遵循国际通行标准、规范等，要通过提升我国媒体对外传播力、消解境外媒体误读等方面来提升我国的国家形象⑧。

三、三大前沿研究转向

（一）全球南方转向

自 20 世纪 60 年代起，传播政治经济学在西方社会科学主导的学术环

---

① Paradise J F., "China and international harmony: The role of Confucius Institutes in bolstering Beijing's soft power," Asian survey, vol. 49, no. 4, 2009, pp. 647-669.

② Keane M, & Zhao E J., "The reform of the cultural system: Culture, creativity and innovation in China," Cultural Policies in East Asia. Palgrave Macmillan, London, 2014, pp. 155-173.

③ 高宝萍、冯慧：《新媒体语境下中国国家形象跨文化传播困境与对策探究》，《理论导刊》2021 年。

④ 董军：《"国家形象建构与跨文化传播战略研究"开题会综述》，《现代传播（中国传媒大学学报）》2012 年第 34 卷，第 1 期，第 121-123 页。

⑤ 程曼丽：《国家安全视角下美国涉华舆论的变化及应对》，《对外传播》2019 年第 2 期，第 7-9 页。

⑥ 程曼丽：《国家安全视角下美国涉华舆论的变化及应对》，《对外传播》2019 年第 2 期，第 7-9 页。

⑦ Servaes J., "The Chinese dream shattered between hard and soft power?" Media, Culture & Society, vol. 38, no. 3, 2016, pp. 437-449.

⑧ 吴献举：《国家形象跨文化传播的系统特性与实现路径》，《中州学刊》2020 年第 42 卷，第 5 期，第 164-171 页。

境中逐渐以"反主流"的姿态崛起[①]。从跨文化传播领域看，当前亟需融入有全球视野和中国立场的批判性研究，在打破以全球北部为主导的跨文化传播研究概念价值和理论建设体系的同时，观照全球南方（global south）背景下的流动、动态和复杂的跨文化交流经验。正如学者姜飞[②]所说，从实践和政策意义上看，以美国学界为代表的跨文化传播研究与人类学、管理学、政治学等学科领域通力合作，共同致力于强调文化相对性，构建美国文化认同。这一方面能够与意识形态不同的文化主体（例如中国和苏联）形成对抗关系，另一方面使得他国文化产品的文化内涵被消解和重构，进而直接暴露于美国消费文化之中而被去魅，最大限度地消除这些文化产品潜在的意识形态与文化冲击。

因此，将跨文化传播的研究视野转移至全球南方，除了能够将其独特的经济和社会变革、后殖民历史特点加以运用，为学者们开辟新的理论和经验视野之外，更重要的是打破西方中心话语的垄断，突破"东西方""南北"和"全球-本地"的理论局限，开辟一个更广阔的理论领域和方法论路径，从而推动全新知识体系的产生和新思想的构建。同时，所谓"去西方化"并非否认或拒绝西方的研究方法和理论，而是探讨"本土"范式如何有助于丰富跨文化和跨语境学术话语中的三种不可通约性：文化不可通约性、概念不可通约性和制度不可通约性[③]。

为了弥合跨文化传播与国家形象之间的逻辑分歧，未来的研究方向应当超越西方与东方、我者与他者的二分法，实现陈[④]所说的"边界智慧"（boundary wisdom），即一种通过面对来自外部影响的挑战来重塑自己的核心价值观的过程。这个过程体现了一种包容的心态，即在自身与其他文化群体之间相互协商、推拉的基础上，通过与外来元素的互动，不断丰富和拓展文化的边界。学者杜维明[⑤]提出"21 世纪儒学创造性转化"的重要概念，便是从全球视角观照地方文化的重要理论实践。如今，国家形象跨文化传播的基本原则应当强调"培养对其他文化的尊重与共存意识，强调对

---

① 赵月枝：《从全球到村庄：传播研究如何根植乡土中国》，《江西师范大学学报（哲学社会科学版）》2020 年第 53 卷，第 1 期，第 3-17 页。

② 姜飞：《美国跨文化传播研究形成发展的理论脉络》，《新闻与传播研究》2010 年第 3 期，第 17-27 页。

③ Wang G., "De-Westernizing communication research," Altering Questions, 2011.

④ Chen G M., "Moving beyond the dichotomy of communication studies: Boundary wisdom as the key," De-westernizing communication research: Altering questions and changing frameworks, 2011, pp. 157-171.

⑤ 杜维明：《关于传统文化创造性转化的几点思考》，《中央社会主义学院学报》2019 年第 4 期。

其他文化的积极态度和认知意识，它要求文化之间的差异不被视为陌生、不可接受或可恨的东西，而是作为共同生活方式的实验，其中包含所有文化的宝贵经验和信息"[①]。

（二）新媒体转向

在新媒体的推动下，全球化趋势创造了新的社会网络和活动，重新定义了人类社会的政治、文化、经济、地理等边界，扩大和延伸了社会关系，加强和加速了社会交流，涉及人格的微观结构和社区的宏观结构[②]。新媒体对国家形象跨文化传播的影响主要体现在以下三方面：（1）民族/民族文化对新媒体发展的影响；（2）新媒体对文化/社会认同的影响；（3）影响跨文化交流不同方面（例如，跨文化关系、跨文化适应和跨文化冲突）的新媒体（尤其是社交媒体）。学者肖珺[③]提出，新兴媒介技术重塑了跨文化传播的格局、思路与实践方式，网络跨文化传播产生了"文化碰撞范式""麦当劳化""杂糅模式"三种范式。鉴于跨文化传播的"主观输出+客观接收"的"二元思维定式"缺陷，学者姚志奋[④]提出了文化内容性转化、生态适应性转化、传播媒介性转化、受众视域性转化等四个提升国家形象跨文化传播效果的"转文化传播"理念。

从社会媒介化趋势看，国家形象成为新媒体（尤其是社交媒体）所构建的"拟态形象"。除了国家级媒体之外，海外受众可通过中国民间的传播内容重新认识和了解中国，这对国家形象跨文化传播过程突破宏大叙事与文化壁垒有着显著作用。在"新公共外交时代"，非官方的行为主体成为国家形象跨文化传播的实践者。李子柒、阿木爷爷等网红通过将视频内容与中国文化风俗相融合，在 Youtube 等海外新媒体平台实现了国家形象的隐性传播[⑤]。然而值得注意的是，"网红"虽然是新媒体赋权下的民间传播实践，但其巨大影响力和关注度使其脱离了"草根"群体，反而拥有了国家

---

① Cuellar I, & Arnold B, & Gonzalez G., "Cognitive referents of acculturation: Assessment of cultural constructs in Mexican Americans," Journal of community psychology, vol. 23, no. 4, 1995, pp. 339-356.

② Steger M. Political ideologies and social imaginaries in the global age[J]. Global justice: Theory practice rhetoric, 2009, 2. Steger M., "Political ideologies and social imaginaries in the global age," Global justice: Theory practice rhetoric, vol. 2, 2009.

③ 肖珺：《认同危机：基于国家形象塑造的网络跨文化传播研究》，《武汉大学学报（人文科学版）》2013 年第 4 期，第 14-119 页。

④ 姚志奋：《国家形象对外"转文化"传播的理论重构与实践选择——以辜鸿铭与李子柒的文化传播为例》，《理论导刊》2021 年。

⑤ 张举玺、王琪：《论新公共外交视域下中国网红对国家形象构建的作用——以 YouTube 平台中国网红李子柒为例》，《新闻与传播评论》2021 年第 74 卷，第 5 期，第 108-120 页。

层面的象征意义。从系统论看，国家形象可分为整体形象和局部形象。整体形象是一个国家作为系统而表现出来的整体面貌，在海外受众对我国的总体认知和评价中发挥着决定性作用。而网红形象在跨文化传播过程中呈现出的零散性、碎片化甚至营利性特征，使其在国家形象建构中所发挥的影响利弊并存。由于国家形象塑造是一项长时间的系统性工程，其顶层设计既要顺应社会媒介化与媒介社会化的趋势与利好，也要严格把关不同维度的传播主体，融合跨文化传播中国家形象建构的官方需求与民族文化价值观念，以提高传播路径的合理性与可行性。

随着全球化进程的深入与互联网的普及，民族国家间的差异性不断让位于拥有更多文化认同和生活方式共性的亚群体或地方性文化群体[1]。然而，背靠互联网而指数级增长的跨文化传播并没有消除个体基于民族国家的身份认同，反而是身处同一数字化空间中的互动与交流加速了跨文化事件的全球传播，甚至激起了更多跨文化冲突甚至是民族主义矛盾[2][3]。同时，新媒体技术的普及使得大量亚文化群体不断涌现，虽然它们的存在让以统一的语言、身份和政治诉求为基础的民族文化认同变得更加复杂，但并未挑战以民族国家为单位的身份认同[4]。

（三）Z 世代转向

Z 世代即"Generation Z"，指代 1995—2009 年间出生的群体，其成长过程伴随着互联网、即时通信等新兴科技的普及与社交媒体的崛起，因此这一群体的媒介使用行为具有以下特点：较早接触网络；更加开放和多元化的文化交流态度；更强烈的网络意见自主表达；更细分的社会关系网络；对互联网的依赖程度更高；对智能设备更主动的需求[5]。值得注意的是，通过社交媒体分享日常生活和经历是 Z 世代交流的重要组成部分，他们的观点表达、娱乐休闲、信息获取、工作学习都被折叠在了社交媒体之中，在社交网络中获得"点赞""转发""评论"对他们来说是必不可少的，否则

---

① 刘精明、胡传胜：《迈克·费瑟尔斯通：〈消费文化与后现代主义〉》，《中国学术》2000 年第 1 期，第 247-248 页。

② 肖珺、胡文韬：《新媒体跨文化传播的难点及其理论回应》，《新闻与传播评论》2021 年。

③ 陆新蕾、琚慧琴：《从跨国追剧到饭圈"骂战"：粉丝民族主义的日常操演》，《国际新闻界》2021 年第 43 卷，第 10 期，第 29-49 页。

④ "LGBTQs, media and culture in Europe" Routledge, 2017.

⑤ Zhang X D, & Sun H Y, & Zhao X., "From 'Post-90s' to 'Post-00s:' A Survey Report on the Development of Children in China" China Youth Study, vol. 2, 2017, pp. 98-107.

就会失去"面子"①。与此同时,Z 世代对通过社交媒体进行交流持谨慎态度,因为他们"比 1980 年代出生的人对自己在网上的言行更加负责"②。

中国 Z 世代有着鲜明的行为模式,这可以归因于他们成长的独特背景:(1)社会阶层的固化;(2)物质条件的丰富;(3)数字时代;(4)有限(与扩大)家庭;(5)繁重的学业。在这样的背景下长大,中国 Z 世代的跨文化交流态度、路径、协作方式、话语符号与其他跨文化传播主体截然不同。同时,"趣缘"是网络文化群体崛起的重要因素,共同的兴趣爱好、话语策略和行为方式促成了独特的跨文化交流实践行为。例如粉丝群体以共同的"爱豆"作为情感纽带进行跨文化交流,交流内容往往以获取追星物料、交流追星信息为主③。值得注意的是,在这一跨文化传播场域中出现了与主流媒体的宏大叙事话语相区别的民族主义与爱国主义情感。当一定的趣缘社群(例如粉丝群体、游戏玩家等)被特定重大事件激起情感动员时,Z 世代可以将自己原来的兴趣爱好转移为特定的共同情感,并在此基础上实现文化认同与互信,最终促使小众的集群化④。

也正因如此,Z 世代的网络民族主义行动成为近年来跨文化传播的重要案例之一,而这也对国家形象在新媒体语境下的建构、维护与重塑有着深远影响。近年来兴起的"饭圈出征"现象作为一种民族主义实践形式,在社交媒体的助力下突破了民族国家的地缘界限,进而扩展到全球网络平台上。Z 世代通过对跨文化传播文本的自主审查,识别出对中国贬低或不利的言论,在投身"骂战"与"出征"的同时,兼顾策略选择上的协同性与敏感度,在多重身份中不断做出协商与选择⑤。然而,有学者指出 Z 世代目前所呈现的跨文化传播话语与实践行为与其说是"出征",不如说是一种自我表演⑥,这一传播场域中真正的观众只有参与者自己,他们实现了民族

---

① Yang Z, & Wang Y, & Hwang J., "Generation Z in China: Implications for Global Brands," The New Generation Z in Asia: Dynamics, Differences, Digitalisation. Emerald Publishing Limited, 2020.

② Hu S, & Gu J, & Liu H, et al., "The moderating role of social media usage in the relationship among multicultural experiences, cultural intelligence, and individual creativity," Information Technology & People, 2017.

③ 陆新蕾、琚慧琴:《从跨国追剧到饭圈"骂战":粉丝民族主义的日常操演》,《国际新闻界》2021年第 43 卷,第 10 期,第 29-49 页。

④ 吴志远:《从"趣缘迷群"到"爱豆政治":青少年网络民族主义的行动逻辑》,《当代青年研究》2019 年第 2 期,第 19-25 页。

⑤ 陆新蕾、琚慧琴:《从跨国追剧到饭圈"骂战":粉丝民族主义的日常操演》,《国际新闻界》2021年第 43 卷,第 10 期,第 29-49 页。

⑥ 杨国斌:《英雄的民族主义粉丝》,《国际新闻界》2016 年第 38 卷,第 11 期,第 25-32 页。

身份认同，构建起匿名的爱国共同体的想象[1]，其最终目的也不在于推动国家形象的跨文化传播。

综上所述，本节从基本逻辑、研究内容和研究转向三个维度将国家形象与跨文化传播两大研究领域相结合。第一，通过分析既有的跨文化传播研究与国家形象研究对待文化多样性与文化互通性的态度，揭示二者的内在逻辑关联与差异，指明国家形象研究的跨文化传播理论与范式转型的必要性；其次，将国家形象跨文化传播研究划分为理论模型建构、编码解码机制、短板与对策三个方面，解读既有研究的概念沿革、理论偏向与延伸案例；最后聚焦近年来两大研究领域的热点与新兴范式，概括出全球南方转向、新媒体转向和 Z 世代转向三大研究趋势，探讨当国家形象塑造进入多元化的跨文化空间中时，来自不同文化群体的社交体验、文化认知和价值判断，从而推动国家形象的跨文化传播与数字传播趋势和全球化时代语境相结合。

小结　国家形象对外传播"自塑"与"他塑"

"他塑"与"自塑"是建构国家形象的两种方式，"国家形象"就是人们通过不同信息媒介对"国家"这个源像所产生的种种感知、认知、印象或评价等。陈宗权和谢红（2015）认为"他塑"和"自塑"可以从国家形象的塑造过程进行区分，"自塑"基于形象源像及信息媒介角度，而"他塑"则是基于形象认知主体角度而进行的形象塑造过程。本书在国家形象对外传播"自塑"与"他塑"的理论框架下，推进理论应用的案例分析以及理论创新为目的的实证探索。

一、"自塑"

（一）"自塑"的哲学渊源

自我塑造的哲学内涵源于自我理解，通过自我理解而成就的新的自我可以被视为自我塑造。但理解本身会存在个体间的偏差性，如伽达玛[2]所言，"理解事实上没有最完善的理解，它既不是指通过更为清晰的概念而具

---

[1] 刘海龙：《像爱护爱豆一样爱国：新媒体与"粉丝民族主义"的诞生》，《现代传播（中国传媒大学学报）》2017 年第 4 期，第 27-36 页。

[2] Gadamer, "Wahrheit und Methode" in Gesammelte Werke, Bd. 1, S. 302; "Zwischen Phanomenologie und Dialektik" in GesammelteWerke, Bd. 2, S. 8.

有那种实质性的更完善的知识,也不是指有意识的创造对于无意识的创造的意义上的那种基本优越性。这样说就足够了:若人们一般有所理解,人们的理解就总是不同的"。只有不同的理解而无"更优越"的理解,此中所表达出的平等理念为世人所赞同,但这样的表达尚不足够。①只有从"自我理解"进至"自我塑造"的理论层次,才能弥补这种不足。

自我塑造蕴含着些许自由选择的意义,即虽然我们现有的存在方式是一个无可更改的事实,但是我们的呈现形式和将来道路却是可以选择的,这种可选择性也决定了我们的行为是有意识的。对于如何选择自我塑造的方式,西方对古典希腊"德性"概念有诸多讨论,中国则以孔孟一脉的主流旨趣"立德"为主要脉络,自我塑造是在"德"所开启的方向上的进一步延伸。②

(二)对外传播中的"自塑"

"自塑"指国家形象对外传播中,国家媒体对国家形象的主动塑造,是有意识的主动传播,因而也是传统的国家形象对外传播采取的主要策略。国家形象的"自塑"主要是指一个国家的外在形象和内在品性③,其目的是满足国家争取国际社会认同度从而扩大国际影响力的需求,在改变自己的实力和某些特征来提升自己国家形象的同时,国家还可以通过宣传等方式校正、放大,通过自己的意愿输出自己的形象,从而使得自己的形象变得正面、高大且美好④。刘嫦⑤将传媒"自塑"置于价值学视域下,将其分为两个价值评价过程。第一个价值评价过程(主体是本国媒体,客体是本国的客观存在)的结果——存在于信息符号的"自塑"国家形象,还会作为评价客体出现在第二个价值评价过程(主体是他国观众),因此,"自塑"相较于"他塑"先天优势不足,需要克服语言差异、文化壁垒等困难。加强文化自塑。建立文化自信的关键是以主体身份参与全球文化建设,消解同质化与异质化的矛盾。不能仅仅停留在文化符号的层面,走出去的核心应是价值观念;也不能仅仅停留在单向度,而应是多边交流,进而参与全

---

① 潘德荣:《文本理解、自我理解与自我塑造》,《中国社会科学》2014年第7期,第50-65页。

② 参见格朗丹:《哲学解释学导论》,何卫平译,北京:商务印书馆,2009年,第99-100页。

③ 黄莉、万晓红、陈蔚、卫才胜、付志铭、张立强、曾顺旭:《北京冬奥会期间中国国家形象的塑造研究》,《武汉体育学院学报》2021年第5期,第5-11页。

④ 赵雪波:《关于国家形象等概念的理解》,《现代传播(中国传媒大学学报)》2006年第5期,第63-65页。

⑤ 刘嫦、任东升:《对传媒"自塑"和"他塑"国家形象的价值学思考》,《天府新论》2014年第4期,第130-133页。

球文化构建①。

近年来，我国逐渐重视国际传播中"自塑"的作用。国际汉语教材承担着传授语言知识和展现中国文化等多重使命，这种方式更加"润物细无声"，相较于传统的外宣来说更平和。教材的字里行间、人物事件都展现着中国形象，朱勇、张舒②从中国人物形象自塑角度提出汉语教材的人物设计要遵循内部系统性和外部有效性两大原则，进一步增强中文教材国家形象的内在刚性表达和外在柔性表达，采取外国学习者乐于接受和易于理解的话语实践，设计真实、丰富、多样的人物，讲好可爱的中国故事③。外交翻译在中国南海形象符号建构的过程中发挥了重要的作用，新时代以来，中国南海形象的政治性、复杂性等特征愈发凸显，外交翻译不仅建构出自塑式的中国南海形象——南海诸岛是中国固有领土，"航行自由"不是"横行自由"，自由不能违法，不能损害中国的南海主权，还建构出了交往式的中国南海形象——南海是和平之海、友谊之海、合作之海④。

二、"他塑"

（一）"他塑"的哲学渊源

"他者"是相对于"自我"而形成的概念，指自我以外的一切人与事物。凡是外在于我的存在，不管他以什么形式出现，可看见还是看不见，可感知还是不可感知，都可以被称为他者。"自我"通过确立"他者"来认识自身。⑤

古希腊哲学家柏拉图在其著作《对话录》中提出了"同者与他者"的关系。认为同者的定位取决于他者的存在，而他者的差异性同样也昭示了同者的存在。黑格尔和萨特进一步发展了"他者"的概念，黑格尔认为，"如果没有他者的承认，人类的意识是不可能认识到自身的"。而萨特指出，"他人"是"自我"的先决条件，即他人意识的出现是自我意识成立的前提。

---

① 李立国：《文化自塑与文化自信——我国大学文化传承创新的当代使命》，《清华大学教育研究》2011年第3期，第55-56页。

② 朱勇、张舒：《国际汉语教材中国人物形象自塑研究》，《华文教学与研究》2018年第3期，第24-30、54页。

③ 梁宇：《国际中文教材国家形象自塑的二元表达》，《云南师范大学学报（哲学社会科学版）》2022年第3期，第57-65页。

④ 马会峰 、杨明星：《外交翻译与中国南海形象建构》，《海南大学学报（人文社会科学版）》2022年第2期，第33-41页。

⑤ 胡凯、秦舒娅：《"他者"视域下中国抗疫故事的叙事路径与价值创新》，《传媒》2022年第18期，第94-96页。

无论是黑格尔还是萨特，他们均认为"自我意识的独立和依赖"过程中需要"他者"的参与。拉康则在"镜像理论"中进一步强调"他者"对"自我"成熟的意义，我们会在与他人观点的交互中来建构自己。

（二）对外传播中的"他塑"

"他塑"指国家形象被其他国家的民众主动接纳并传播的过程，由他人、他组织、他国媒体和他国公众实现。这一过程对于被传播的国家而言，有被动且不可控的特点。但由于该方式的传播对于国家形象输出地而言具有在地性、接近性特点，往往能够取得更好的传播效果，但这一效果由于传播内容和调性不可控，也具有潜在风险。由此，国家形象的"他塑"主要指代表国家形象生成外部环境的传播媒介，以及在国家形象的客观存在和认知主体的主观认知共同作用下，在认知主体的头脑中形成的整体印象和总体评价[1]。国家形象在对外传播的过程中，有可能会因为传播手段具有间接性而导致"走形"，并且由于外国人和外部环境在认识、判断一个国家之前有预设标准，他们将按照自己的价值观、世界观、利益取舍和好恶感等来塑造自己心目中的外国国家形象。从这种角度讲，在外部环境充满主观判断、误解和偏见的境遇里，一个国家对自己的国家形象从根本上是无能为力的，但可以通过论争、批判进行一定程度上的改变[2]。

在国家形象的塑造方面，文化的意义只有在与"他者"的互动交往与对话中才得以实现，中国形象的意义交集要通过与"他者"叙事的互动才能更加完善。"他塑"是其他国家的行为主体为了其利益和目的而为某一国家塑造国家形象，但在效果上既可以凭借"他者"的文化身份拉近中国故事与国外观众的距离，也能在文本内容和形式上超越"常境"获得"陌生化"的审美效果，引起国际受众的兴趣。[3]福柯的话语理论认为，权力与话语紧密关联，"话语意味着一个社会团体依据某些成规将其意义传播于社会之中，以此确立其社会地位，并为其他团体所认识的过程"。话语理论也适用于国际社会关系，正如严文斌所说，中国形象塑造与否、"自塑"还是"他塑"，都决定着中国国际话语的影响力强弱与否，也影响着国际传播格局。[4]外国许多影视机构都制作了中国题材的纪录片，并呈现出两个不同的"中

① 黄莉、万晓红、陈蔚、卫才胜、付志铭、张立强、栗晓茹、曾顺旭：《北京冬奥会期间中国国家形象的塑造研究》，《武汉体育学院学报》2022年第5期，第5-11页。

② 赵雪波：《关于国家形象等概念的理解》，《现代传播（中国传媒大学学报）》2006年第5期，第63-65页。

③ 彭增安：《孔子学院与国家形象传播》，《秘书》2018年第6期，第58-62页。

④ 严文斌：《中国国际形象的"自塑"与"他塑"》，《对外传播》2016年第6期，第17-18页。

国形象"，"他者"话语下构建的"中国形象"因国与国之间的话语博弈与利益消长、关系亲疏以及不同的文化历史传统而导致的不同的文化策略而有所差异①。2020年奥斯卡最佳纪录片《美国工厂》讲述了后工业时代俄亥俄州一家中资工厂福耀玻璃（Fuyao Glass America）的故事，既没有进行容易遭到海外受众排斥的"美化甚至极端美化中国"，也没有进行会对中国形象造成负面影响的"丑化甚至极端丑化中国"，而是采用了客观中立的"他者"视角②。

三、"自塑"与"他塑"的关系

"自塑"和"他塑"并非完全割裂，有效的"自塑"具有促进"他塑"的可能，而"他塑"也为"自塑"提供内容资源。例如北京冬奥会，无论是开幕式上的二十四节气倒计时、闭幕式上的"折柳寄情"，都向世界展示了中国的优秀传统文化，北京冬奥会向世界展示中国的科技实力等等，都体现出我国通过北京冬奥会进行了一次有效的国家形象"自塑"，而其他国家的民众也通过北京冬奥会这个平台进一步认识了中国。日本记者对奥运会吉祥物"冰墩墩"的喜爱火出圈，被中国网友亲切地称为"义墩墩"，则是"他塑"为"自塑"提供内容资源的一个直接例证。

从实证角度更为流动与开放的论述视角仍有很大的探索可能，细致发现，国际学者"跨文化传播"相关族群与个体层面中微观的视角可与我国提倡的"文明互鉴"宏观视角形成一定理论对话；离散族群的文化适应提出了"压力-适应-成长"模型，就是对中国文化"引进来""走出去"的困境作出理论回应。因此，从实证勾连国家形象的"自塑"与"他塑"之间多维互动的关系，不仅有利于讲好中国故事，提高文化软实力，同时能关照西方的"people to people diplomacy"理论基础。

---

① 张娜：《中国形象的"他塑"和"自塑"——对中国现实题材纪录片创作的思考》，《中国电视》2017年第3期，第80-82页。

② 邵鹏：《论纪录片"他塑"中国形象的共情叙事与共情传播——基于奥斯卡最佳纪录片《美国工厂》的分析》，《现代传播（中国传媒大学学报）》2020年第4期，第116-119页。

第二部分：理论应用

在第二部分，文章将从国家形象的"自塑"和"他塑"两方面着手：通过对华文媒体传播效果和网络议程的研究，了解华文媒体"自塑"传播的路径和效果；通过对巴伐利亚中国城的个案研究，探讨在"他塑"传播中潜在的机遇和挑战。具体来看，在第四章对"自塑"传播的研究中，文章将首先概括目前学界对海外华文媒体研究的现状，其次聚焦共建"一带一路"国家华文媒体，从五大走廊多维传播及其网络议程设置两方面具体分析；随后探讨华文媒体主流和自媒体的功能，最后对既有关于华文媒体与国家形象对外传播理论进行反思和理论探索。第四章对"他塑"传播的研究中，文章聚焦"巴伐利亚中国城"的案例，首先交代中国城的发展背景及文化交流的重要地位，其次反思了该中国城在他塑中潜在文化刻板印象的符号要素，接着展现了国内媒体对该中国城的"他者"形象塑造，最后对文化城市节/阔文化传播与国家形象对外传播理论进行反思和重构。

第四章 国家形象"自塑"传播：以华文媒体传播效果研究为例

  国家形象具有可塑性与传播性，其生成建构是自塑与他塑相互影响的历史性过程；在时间与空间之中延展的话语与符号之流，成为国家形象建构的重要支柱。在国家形象的自塑方面，本研究选择国家形象建构长期被忽视的主体力量——海外华文媒体作为研究对象，原因在于：一是海外华文媒体地域分布广泛，联结对象多元，其在地化自塑的过程极具典型性；二是海外华文媒体发展历史悠久，是持续时间最长、活跃程度最高的国家形象建构主体；三是目前的研究多集中于对国内主流媒体及在新媒体语境下的转型路径的探讨，学界对华文媒体研究尚存空白，甚至在跨文化传播研究与国家形象塑造研究中长期处于被忽视的状态。华文媒体作为海外华人信息交流及维系文化身份认同的一个重要平台，其发展与华人的移民历史紧密相关。从 1815 年第一份华文报刊《察世俗每月统计传》创办至今，华文媒体走过了两百多年的历程，从早期海外华文媒体秉承"启蒙国报，传播新思"的初衷萌芽发展，到 20 世纪华文媒体迎来曲折发展后的黄金时代，再到现今日趋成熟的华文传播网络的形成，不难看出华文媒体的发展和我国及世界经济、政治及科技的发展大环境紧密相关。在这样复杂多变的时代背景下，华文媒体的传播格局、所面临的挑战机遇也在不断发生着演绎变化。特别是在"一带一路"新的全球视域下，华文媒体作为构建民心相通的人类命运共同体的重要桥梁，其作用如何更为充分有效地发挥，仍是当前我们急需破解的难题。

  本章第一节通过回溯与思考华文媒体近二十年的研究历程，梳理其研究主题、研究对象、研究方法、地域分布等方面的特点；基于文献综述基础，本章第二节采用观察法和二手资料分析法，结合共建"一带一路"国家华文媒体样本的基本信息，将共建"一带一路"国家根据五大走廊分为五类，分析其传播主题、知识图谱与影响力，构建五大走廊华文媒体的多维传播分析图景。为弥补自塑主体研究单向视角的缺陷，本章第三节将网络议程设置理论引入国际传播领域，从实证角度运用社会网络分析法探讨中国主流媒体、美国主流媒体和美国华文媒体议程网络间的影响和关系。本章第四节继续延展关系与互动的研究视角，结合文化符号圈理论，关注华文媒体主流与自媒体在国家形象传播过程中的动态博弈与发展过程，反思重构华文媒体主流与自媒体功能，为海外华文媒体向世界传播中国声音、讲述中国故事搭建基础性知识框架，谏言未来发展。

第一节　海外华文媒体研究现状

为了更为客观全面地构建国内有关华文媒体研究的知识图景和发展脉络，我们以近二十年核心期刊或 CSSCI 发表的华文媒体的相关研究文献作为研究对象，在知网上以"华文媒体"为主题进行检索，试图科学客观呈现国内华文媒体研究在研究主题、研究对象、研究方法、研究对象所属地域、理论运用等诸多方面的情况，同时也从不同年份的研究中把握华文媒体研究自身及文献所提及的华文媒体所面临的环境、机遇挑战、未来出路、传播格局等诸多方面的演绎及流变。经过数据清洗，本研究的样本数量共为 111 篇，各个年份的统计数量如下图所示。

表 4-1-1　本研究各个年份研究对象的统计数量

年份	1999	2000	2001	2002	2003	2004	2005	2006	2007	2008
数量	1	0	1	3	0	3	6	0	1	2
年份	2009	2010	2011	2012	2013	2014	2015	2016	2017	2018
数量	6	12	9	8	13	13	8	7	16	2

在编码处理上，笔者使用 Nvivo11.0 软件进行整个过程的操作。基于研究目的，本研究从研究主题、研究具体对象、研究方法、研究对象所属地域、所提及或举例的华文媒体、理论运用、华文媒体所处环境、华文媒体面临的挑战和机遇、华文媒体的意义、华文媒体的未来出路、华文媒体传播新格局这些指标进行编码分析，并在后六个指标下按年份进行细化整理。

一、研究主题：效果与组织型分析

在对国内相关文献进行编码分析的基础上，我们对近 20 年华文媒体研究主题进行归纳整理，其大致可以分为以下四个大的方向。（1）华文媒体微观效果：华文媒体对个人、社会具体群体等的影响；（2）华文媒体宏观效果：华文媒体对社会政治、经济、文化等的影响；（3）华文媒体组织型分析：关于其历史、现状、发展、建设、意义、功能、特征和不足等；（4）华文媒体研究文献回顾。

研究发现，近二十年华文媒体的相关知识生产有四大特点。（1）大部分学者主要聚焦于华文媒体组织型的历史、现状和发展等诸多层面的考察（贾士秋，2004；易文、赖荣生，2009；王忠，2010；林爱珺、樊雪婧，2014）。既深度观察某个地域或某个华文媒体的发展现状或路径，也有基于华文媒体所处困境对整体的发展提供建设性构想。（2）对华文媒体所具有的效果的考察，大部分学者倾向于从宏观视野入手，具体围绕华文媒体对国家形象的塑造（叶虎，2010；闫欢、王琳琳，2012；徐明华，2013）、对华文教育的推动（李善邦、郭晴云，2013；朱晓昆，2016）、对中华文化的传承等诸多方面的作用展开分析。（3）从微观视角切入的，当前研究所选取的对象则大体上趋于一致，即主要从华文媒体对华人群体或社区的影响展开分析，聚焦于华文媒体对华人社会的整合（刘权，2015）、华人集体记忆的重构（岳广鹏、张小驰，2013）等作用。（4）当前鲜有学者对华文媒体研究文献进行系统性的分析与反思，只有学者戴明（2017）基于 1979—2015 的中国知网数据，从论文数量、研究机构、研究资助、媒体所在国家和地区、研究对象、媒体类型、研究方法等方面展开分析。[①]但该研究在变量的选取上缺乏对华文媒体研究主题及相关话语表述在时间维度上的纵向分析，给本研究对华文媒体在不同的政治经济环境下所发生的演绎变化提供了研究空间。因而本研究试图从更多维度对华文媒体文献成果进行编码分析：从纵向（华文媒体在所处环境、面临的挑战和机遇、意义、未来出路、传播新格局在时间维度上的变化）和横向（华文媒体研究的诸多层面，包括主题、研究具体对象、研究方法、研究对象所属地域、理论运用等）两个方向构建华文媒体近二十年研究的知识代际。

对于华文媒体宏观效果分析，2010 年是知识生产转换中不容忽视的时

[①] 戴明：《海外华文媒体研究述论（1979—2015）——以中国知网数据为例的分析》，《华侨华人历史研究》2017 年第 2 期，第 54-63 页。

间分水岭。在此之前，华文媒体宏观效果研究并未引起重视，而在 2010 年发生量的转变，呈稳步增长趋势。同时主要聚焦于文化传承与认同（邢永川，2010；沈爱君、梅琼林，2011）、中国文化软实力建设（彭伟步、焦彦晨，2011）、国家形象建构（叶虎，2010；闫欢、王琳琳，2012；）、华文教育（李善邦、郭晴云，2013；朱晓昆，2016）、对外传播（侯东阳，2011；苏劲松，2014）等诸多以中国文化和价值观为传播内容的应用思辨。此种增长主要归因于以下两点。（1）从实践层面上看，中国逐渐承担国际责任和参与国际大事，展示国家软实力，比如 20008 年北京奥运会（王忠，2010）、2010 年上海世博会及广州亚运会等一系列国际盛事的举办，均吸引了大量的海外华文媒体进行报道。华文媒体对中国发展的关注及报道的大跨步增长，一定程度上引起了学者的注意。（2）从研究动机上看，软实力在对外传播中更具吸引力和传播效力。特别是面对对外传播的良好契机，华文媒体作为文化沟通与交流的重要桥梁，以中国文化和价值观的对外优先输出构建民心相通，并有助于促进侨民文化的凝聚力、政治进步、经济成功和社会流动性，也促使学者从宏观效果出发进行审视与思考。

二、研究对象：内外不均衡

在对华文媒体近二十年的研究中，绝大部分学者泛化使用"华文媒体"而缺少具象的媒介平台分析，其次，研究对象以华文报业为代表的传统媒体居多，涉及华文网站及新兴媒体相对较少。具体如下：

不难看出，现有研究大多局限于华文报业的相关研究，而华文网站、华文新媒体等作为信息化时代下华文媒体在传播手段上的革新，却被大多数学者所忽略。同时，在华文传统媒体中，当前的研究分布也极不均衡，以杂志、广播、电视为媒介的华文媒体研究也往往被学者所忽视，总体上呈现出内外不均衡的景象。但值得肯定的是，随着当前信息技术的发展和华文媒体媒介融合趋势的不断增强，有不少学者也加强了对华文网站和自媒体的关注，自 2012 年后有较为频繁的研究成果输出（陈昌凤，2012；王忠，2012；甘露，2014；黄慧玲，2014；郑文标，2015；彭伟步，2017）。如学者陈昌凤分析了在"国际主流媒体报道中国热"的背景下，不少西方媒体开办了中文网站进军华文传播市场，现今又有从 Web1.0 到 Web2.0 的传播新格局转变，以微博扩展其影响力，虽然当前仍面临着各种政治经济文化差异所带来的困难及受众文化背景复杂等问题，但已然形成一股重要的华语传播力量。[①]学者郑文标（2015）则对北美地区华文网站的发展现状及中国新闻报道现状展开分析，并从网站的价值观念、价值倾向及价值选择三个层面对华文网站的舆论特征进行总结。[②]学者彭伟步则从少数族群媒体视域对海外华文新媒体的发展态势进行研究，主要阐释了作为维系族群边界的华文新媒体在这种"圈层内的传播形态下"，形成了区分于当地主流媒体的传播特征，即在华人社会中实现内容生产的本土化和传播的全球化。[③]

三、研究方法：以定性为主导

研究方法上，近二十年华文媒体研究基本上采用的都是定性研究，定量研究极为缺乏。大多数学者主要通过对新闻报道、访谈文本及史料的内容分析或通过对个案的考察来窥探华文媒体的发展生态，而采用定量研究方法的在本次所研究的文献中只有两篇。学者刘华通过计量研究的方法对东南亚主要华文媒体的用字情况展开调查，具体从规范字、繁体字、异体字、不规范简化字等汉字类别进行统计分析，总结汉字使用的分类情况。[④]而学者刘康杰则从"全球本土化"的角度对澳大利亚两大华文报纸的作用进行从微观到宏观的量化分析。[⑤]这种研究方法上对定性研究的选择偏好，究其原因，是由于获取华文媒体相关的新闻报道、历史资料往往对于研究者而言更为方便快捷，也更易操作，而问卷发放、实验法等实证研究方法则由于华文媒体及华人分布地域的广泛性而往往很难有效操作，且成本也相对较高。因而这也使得很多关于华文媒体的研究往往只停留在对现象层面的观察总结或是个人的主观思考与推测，难以深入考量华文媒体在传播中的具体效果，也难以为华文媒体未来出路的探讨提供科学佐证，因而在研究结论的提出上往往也缺乏足够的说服力。

四、区域分布：地缘与人口接近性

近二十年华文媒体研究往往更加关注华文媒体在亚洲地区，特别是东

---

① 陈昌凤：《从 1.0 到 2.0：国际主流媒体进军华文网——网络时代华文传播圈的新格局》，《新闻与写作》2012 年第 12 期，第 58-61 页。

② 郑文标：《北美地区华文网站现状分析》，《编辑之友》2015 年第 3 期，第 109-112 页。

③ 彭伟步：《少数族群媒体视域下海外华文新媒体的发展态势》，《新闻爱好者》2017 年第 2 期，第 64-67 页。

④ 刘华：《东南亚主要华文媒体用字情况调查》，《华文教学与研究》2010 年第 1 期，第 16-23 页。

⑤ 刘康杰：《"全球本土化"与海外华文报纸——以《星岛日报》澳洲版和《澳洲新报》为例》，《新闻大学》2013 年第 6 期，第 9-15 页。

南亚地区的发展状况。究其原因，一方面是东南亚地区与我国具有地缘接近性，因而在相关资料的获取或调查研究上较为便利；另一方面，这种研究地域的分布特点也与海外华人的人口分布特点基本吻合。亚洲与美洲是全球华侨华人分布数量最多的两个地区，以服务华侨华人功能为主的华文媒体的发展，自然也与这种人口分布特点相匹配，[①]因而这两个地区的华文媒体自然也更多地受到学者的广泛关注。其他西方资本主义地区，如欧洲、大洋洲也获得了一定关注，但非洲地区的华文媒体发展，却在近二十年的研究中被学者忽略。只有学者王娜君对南非华文报纸的现状、发展困境及应对策略展开过研究分析。[②]

　　伴随着“一带一路”倡议的提出与实施，“一带一路”共建国家的华文媒体发挥好与当地民众民心沟通的桥梁作用，助力人类命运共同体的构建，显得尤为关键。因而本研究还对与“一带一路”共建国家相关的华文媒体研究成果进行统计分析，结果发现，绝大多数研究仍主要聚焦于东盟国家及俄罗斯的华文媒体发展情况，对于西亚、南亚及非洲等地的华文媒体几乎没有涉及。华文媒体作为传播中国信息的重要力量，在满足共建国家对中国经济、政治等信息需求方面具有显著作用。同时，由于以欧美为主导的国际信息传播秩序　直长期存在，在这种西强我弱的传播格局下，西方主流媒体对我国的蓄意抹黑或丑化，很可能会对共建“一带一路”国家带来合作的焦虑和担忧，而华文媒体作为平衡西方舆论的一个重要平台[③]，在打消共建国家或民众的忧虑上显然有其特殊作用。因而未来的研究还应放宽视域，加强对“一带一路”共建国家或地区的华文媒体的个案考察，以更好地为国家战略的发展谋篇布局。

表 4-1-2　研究对象所属地域与相关论文篇数

研究对象所属国家	篇数	百分比
美国	14	12%
澳大利亚	7	6%
马来西亚	6	5%
新加坡	6	5%
中国	4	4%

---

① 戴明：《海外华文媒体研究述论（1979—2015）——以中国知网数据为例的分析》，《华侨华人历史研究》2017 年第 2 期，第 54-63 页。

② 王娜君：《南非华文报纸的发展困境及应对策略》，《青年记者》2013 年第 23 期，第 102-103 页。

③ 彭伟步、焦彦晨：《海外华文传媒的文化影响力与中国文化软实力的建设》，《新闻界》2011 年第 5 期，第 123-127 页。

研究对象所属国家	篇数	百分比
日本	4	4%
英国	3	3%
意大利	3	3%
泰国	3	3%
菲律宾	3	3%
印度尼西亚	2	2%
柬埔寨	2	2%
加拿大	2	2%
俄罗斯	2	2%
越南	1	1%
新西兰	1	1%
南非	1	1%
统称	47	41%
总数	111	100%

五、理论路径：现象阐述与发展前景

关于理论运用情况，近二十年华文媒体的研究总体上以对现象的描述总结为主，其中很大一部分是对海外华文媒体的现状、困境等诸多方面的观察阐述，并没有就其背后的影响机制展开分析，大体上只是遵从从现象到对策的宏观分析路径，因而相关研究结论往往很难对其他地域的华文媒体有启发作用。在少数使用理论进行研究的文献中，相关理论包括文化冲突理论（白贵、王南，2015）、话语权（彭伟步，2008）、生态位理论（许燕，2009；武慧媛，2014）、集体记忆（岳广鹏、张小驰，2013）、框架理论（闫欢、王琳琳，2012）、全球本土化（刘康杰，2013）、社会迷思（邹胜，2013）、政治经济传播学和移民传播学（刘康杰、夏春平，2015）、想象的传播共同体（李文冰，2017）。如学者白贵和王南通过文化冲突理论研究海外华文媒体在跨文化传播中的文化归属问题，发现海外华文媒体对中华传统文化的传承，受华文媒体的文化自觉行为及所在国的政治文化环境与中华传统文化的核心观念间相融关系的双重影响，但是在"新加坡"化的意识形态主导下，当地的华文媒体在寻找文化认同和文化归属上也造成了中华传统文化的异变，从而衍生出"既来源于中华传统文化，又区别于中华传统文化的'第三文化'"。①学者彭伟步对新加坡与马来西亚华文报纸的话语权展开比较研究，发现两国华文报纸在地位上显现出截然不同的区别，新加坡华文报纸在"英语化"下逐渐"被边缘化"，"已经失去在东南亚传播中华文化的中心地位"，而马来西亚的华文报纸则展示了自己强大的话语权并成为"东南亚传播中华文化的中心"。②学者刘康杰和夏春平根据移民传播学理论及以"商品化""空间化"和"结构化"三者为基础的政治经济传播学理论深入探讨了海外华文报纸在新媒体环境下的生存，并发现新媒体与华文报纸的融合才是海外华文报纸未来的发展趋势。同时，华文媒体的生存与发展也是政治经济传播学的一个特例，在实践中显现出跨越地理及文化疆界的"空间化"、受众构成的"结构化"及作为受特殊受众与市场深刻影响的媒介商品的"商品化"。③学者武慧媛引入"生态位"理论，具体阐释了海外华文传媒由于其"独具特色的优势和劣势占据了一定的生态位"，而这种基于与所在国主流媒体间各自不同的生态位，也使得其能与所在国主流媒体和其他少数族裔媒体相互竞争又合作共存"④如学者邹胜便从"社会迷思"这一理论入手，对《世界日报》与美国主流媒体《今日美国》中关于奥巴马主持新移民入籍仪式的新闻报道进行分析对比，得出以《世界日报》为代表的华文媒体所建构的"社会迷思"效应与其概念原型（e.g 黑人社会）截然不同，以华人群体的"面子文化"为出发点，帮助他们形成被美国主流社会所接纳的心理预期。⑤但笔者仍然好奇这是否证明华文媒体只是构建了异国文化融入的想象。学者李文冰借鉴安德森提出的"想象的共同体"理论，将其定义为有着共同的文化纽带和命运共同体意识的、基于传播符号的文化表征与意指实践形成的传播形态。并由此分析华文传媒作为亚洲新闻传播合作与交流"想象的传播共同体"的可能性。⑥这些理论框架的运用为我们对华文媒体角色定位的认识提供了一个新的窗口与视角，特别是现今海外华人群体集体记忆的缺位，使得海外华文媒体只能通过唤醒文化认同感、国家认同感来保持受众的凝聚力和集体

① 白贵、王南：《寻找文化归属的海外华文媒体——《联合早报》对中华传统文化传承与异变的个案研究》，《当代传播》2005 年第 1 期，第 34-35 页。

② 彭伟步：《新马华文报纸话语权比较研究》，《东南亚研究》2008 年第 3 期，第 72-77、82 页。

③ 刘康杰、夏春平：《新媒体淘汰报纸?——五大洲 31 国 59 家海外华文报纸调查》，《新闻大学》2015 年第 1 期，第 22-31 页。

④ 武慧媛：《生态位视角下海外华文传媒的竞争策略》，《青年记者》2014 年第 3 期，第 88-89 页。

⑤ 邹胜：《华文移民媒体与"社会迷思"：以《世界日报》新闻报道为例》，《国际新闻界》2013 年第 35 卷，第 7 期，第 94-101 页。

⑥ 李文冰：《亚洲命运共同体愿景下的华文传媒》，《中国出版》2017 年第 6 期，第 59-62 页。

意识。①但基于理论的探讨分析，传统主观理解上对华文媒体所扮演的角色的积极认识却引起更多学者的反思与质疑。海外华文媒体特殊的社会定位和所处的社会环境使其在接受西方主流价值观的同时，也在建构一种与传统意义上的集体记忆相区别的"社会迷思"。作为离散群体的一部分，其所构建的拟态环境是否是完全意义上的社会迷思原型，也不断指引着学者做更进一步的探索。因而理论的运用一定程度上也给我们提供了反思的路径和方向。面对国外复杂的政策环境及受众环境，特别是新一代华人移民及西方公众等受众群体，华文媒体是否真的能有效发挥其沟通桥梁作用，如何真正向世界传播好中国声音，讲好中国故事，亟待运用相关理论进行更深层次的探讨。

六、机遇与挑战：共融共生

在近二十年华文媒体的文献研究中，不同学者在论文中提及的华文媒体的机遇与挑战，呈现出共融共生关系。从严格意义上来说，并不存在绝对意义上的机遇，也不存在绝对意义上的挑战，二者在时间的演进变化中，一直以相互融合、相互转换的姿态前行。如新兴媒体技术的发展，一方面加剧了华文媒体间的相互竞争，使得海外华文报纸不得不应对新媒体在时效性、读者、内容等方面的沉重压力。②另一方面，其也对吸引和扩大读者群具有十分显著的作用，"在扩大读者面的同时又不需要担心发行成本，使得报纸网站在传播新闻方面有了更大的发展空间"。③面对 2008 年的经济危机浪潮，同样也是如此。虽然危机造成的连锁反应给遍布世界的华文媒体带来了不同程度的重创，使其经营面临着更为严重的经济困境④，但对于华文媒体而言，小型企业的运营模式以及近些年华人数量的稳步上涨，使它们面对经济危机时也有一定的风险承担能力，并且可以在后经济危机时代迸发出新的生命力。⑤但是，华文媒体所发挥的作用也同时被质疑，这是由于华文媒体自身受社交媒体快速发展的挑战，大多数华文媒体仍以传统

---

① 岳广鹏、张小驰：《海外华文媒体对华人集体记忆的重构》，《现代传播（中国传媒大学学报）》2013 年第 35 卷，第 6 期，第 155-156 页。

② 刘康杰、夏春平：《新媒体淘汰报纸？——五大洲 31 国 59 家海外华文报纸调查》，《新闻大学》2015 年第 1 期，第 22-31 页。

③ 王忠：《俄罗斯华文主流媒体网站概述》，《新闻知识》2012 年第 1 期，第 109-110 页。

④ 查谦：《金融危机下世界华文传媒现状与机遇》，《现代传播（中国传媒大学学报）》2010 年第 4 期，第 154-155 页。

⑤ 程曼丽：《对"国际话语体系中的海外华文传媒"有关问题的思考》，《新闻与写作》2011 年第 11 期，第 57-58 页。

媒体为主要载体,同时由于海外主流社会的语言和思维方式对新生的华裔群体以及华人移民产生的影响越来越显著,青年人的华文水平不断下降,[①]因此华文媒体面临着受众人群不断减少的困境。另一种质疑来自对华文媒体在新闻传播体制上的官私之分、新闻主体上的内外之分、传播受众上的"理智"与"情感"的双重情绪之分、传播影响力上的边缘与主流之分进行分析,进而明确表示对华文媒体寄予厚望需要理性看待。因而在华文媒体面临的机遇和挑战中,人的主观能动性在其中反而起到了更为关键的作用,如何在挑战中发掘自身发展机遇,又如何在机遇中有效规避风险,往往更值得华文媒体工作者及研究者考虑。

七、意义探究:辩证转向

在华文媒体的意义探究上,2013 年是值得我们注意的一个关键时间节点。进入 21 世纪以来,华文媒体在中国加入 WTO、北京奥运会和上海世博会成功举办等有利的传播环境孕育下,迎来了繁荣发展的黄金时期。[②]在此之前,大多数学者都对华文媒体所发挥的作用及意义持认同态度,认为华文媒体作为国内媒体在海外的延伸,有助于中华文化的传承和对外传播。[③]同时,海外华文传媒承担着"立足华人群体、服务华侨华人、维护华人利益"的使命,[④]对于拉近海外华人之间、华人与祖国之间的距离发挥了重要作用。但自 2013 年开始,随着华文媒体愈加发展壮大,其所面临的身份危机问题愈加凸显,在角色定位上面临的抉择更是变得异常尖锐。不少学者开始反思前人提及的华文媒体的作用和意义,对华文媒体的角色期待与角色定位质疑,因而 2013 年也可以说是华文媒体意义反思元年。比如学者刘康杰通过对《星岛日报》澳大利亚版和《澳洲新报》的新闻报道的内容分析,发现澳大利亚华文媒体在"为华人代言"的功能上存在着严重缺位,一方面华文报纸中涉及华人自身的新闻十分缺乏,另一方面存在着"报道雷同、浮于表面"的情况,报纸的本地新闻与中国新闻均可以从当地媒体、国内媒体的新闻报道中找到类似的内容,对华文媒体功能的发挥表示出强烈质疑。[⑤]而学者雷晓艳也在其研究中发现海外华文传媒往往在其实

① 丁和根:《海外华语传播与中华民族文化认同的建构——兼论华文媒体的特殊作用与发展进路》,《新闻界》2017 年第 9 期,第 73-80 页。

② 雷晓艳:《多维视野下海外华文传媒的文化身份危机》,《编辑之友》2013 年第 8 期,第 109-112 页。

③ 程曼丽:《关于海外华文传媒的战略性思考》,《国际新闻界》2001 年第 3 期,第 25-30 页。

④ 王忠:《俄罗斯华文传媒的现状与影响》,《中国报业》2011 年第 7 期,第 69-70 页。

⑤ 刘康杰:《"全球本土化"与海外华文报纸——以《星岛日报》澳洲版和《澳洲新报》为例》,《新闻大学》2013 年第 6 期,第 9-15、69 页。

践中陷入一种"文化角色冲突困境"，在这种身份危机下，社会公众对华文媒体的角色期待与华文媒体的实际表现之间出现较大落差，集中表现在西强我弱的传播格局下华文媒体声音依然弱小及意识形态色彩影响下的受众不信任感和反感情绪的产生这两个层面。[①]这种对华文媒体意义辩证看待的转向，随着国际传播趋势的增强及对外传播的需要，在未来的研究中会变得更为普遍。

八、传播环境变化：共性与个性

在华文媒体近二十年的环境变迁中，由于不同华文媒体所处地域的不同，因而其所受环境的影响往往带有自身的地域特殊性，受当地特殊的政治、经济和文化条件影响。与此同时，随着全球化的进一步扩张与信息技术的发展，世界日益连成一个紧密的整体，因而华文媒体所面临的世界大环境变化同样具有一定的普遍性。在此环境下生存的华文媒体，其角色定位似乎在此种共性与个性相结合的环境张力影响下，呈现出摇摆于不同程度的离散群体的特征。

（一）华文媒体环境变化的普遍性与特殊性

华文媒体在近二十年的发展中，其普遍面临的大环境主要体现为以下几个方面。（1）华人人口数量的持续增长及华人经济政治地位的提高（徐明华，2013；李苑，2010；陈乐，2005）；（2）一方面，新媒体技术的发展所带来的传统报纸的式微及媒介融合趋势的增强；（陈竽秀，2014；甘露，2014；李文冰，2017），一方面，大部分仍然延续传统媒体的思维，虽然形式上采用了新媒体的功能，实际没有真正融合新媒体的"互动"和"信息扩散"；（3）中国国际影响力特别是经济影响力的日益扩大（戴楠，2014 谢毅、张婷，2013）；（4）华人移民受众代际的存在及文化认同感的降低（雷晓艳，2013；岳广鹏、张小驰，2013；苟世祥、陈玄，2011）。比如印尼和菲律宾的华文媒体，在文艺副刊上增加了和保持了当地华人的随笔，传播传统节日在中国传统文化中的意义，来努力克服移民代际产生的文化认同感降低。这些大的环境背景在普遍意义上对华文媒体的发展产生了重要影响。另外，华文媒体在全世界地域范围内广泛分布，其所生存的环境也因所处地域的不同而带有其特殊性，主要体现为以下几个方面。（1）所在国对多元文化的包容政策及态度。学者雷晓艳在其研究中借鉴麦格的观点提出了各国对于华文传媒政策的四种类型："多元主义类型、同化主义类型、

---

① 雷晓艳：《多维视野下海外华文传媒的文化身份危机》，《编辑之友》2013 年第 8 期，第 109-112 页。

分裂主义类型和好战类型。"虽然后两种类型的文化政策已失去生存空间，但文化同化现象仍存在，影响也依旧深远。[①]历史上印度尼西亚对华文教育及华文报刊的打压和消灭所造成的文化及受众断层，便是一个十分鲜明的例子。现今新加坡所推行的"新加坡化"，同样也是这种同化意识的延续。因而相比提倡多元文化主义的美国而言，新加坡的华文媒体在生存空间上遭到了更为残酷的挤压与压缩，其与祖国的联系也因此种政策的文化环境影响在不断弱化，游离于离散群体的边缘。（2）当地主流社会对华文媒体的重视程度，呈现出接纳与利用两种角色的分化。如在马来西亚，当地主流社会十分关注华文媒体的发展，华文媒体在主流社会拥有很强的舆论影响力和号召力，"其社会影响力甚至不亚于马来文和英文报纸"[②]。而在有些国家，华文媒体往往会沦为政党选举的工具，政党候选人利用华文媒体拉拢华人选票，但并没有实质关心华人的相关权利及利益，更多的只是将华文媒体作为宣扬自身的一个工具。处于"被利用"角色的华文媒体，其在维护华人权益、替华人发声的功能发挥上，往往是缺位的。（3）华人圈的媒介素养及华文教育水平呈现出四种鲜明的族群特征："水中鱼"型、"套中人"型、"土豪"型、"香蕉人"型。历史上由于不同地区的移民条件及动机不同，因而华人族群在媒介素养及教育水平上也呈现出不同的特征。例如与美洲华人相比，欧洲华人中劳务输入和非法居留占多数，而在欧洲内部，英、法、德等国的华人教育水平也有着显著不同。[③]在此影响下，华文媒体作为海外华人的衍生物，其办报风格和水平自然也附带有当地族群的特征。同时，不同媒介素养下的海外华人，其对媒体的认识和使用也表现出不同的动机。此外，随着二三代华人移民文化认同感的降低，融入主流社会的意愿增强，他们更多地关注当地主流媒体的相关信息，对中华传统文化的认同也表征为不同的受众特征。受此种条件影响，不同地域的华文媒体面临的受众环境也愈加凸显多元化和特殊性状态。

（二）作为离散群体的华文媒体的角色定位

在华文媒体所处环境的普遍性与特殊性的张力作用下，不同地域的华文媒体自身也在离散群体的不同程度间寻求角色定位。而回归离散群体的自身框架，其语义始终围绕离散群体、祖国以及定居国这三个主题之间的

---

① 雷晓艳：《多维视野下海外华文传媒的文化身份危机》，《编辑之友》2013 年第 8 期，第 109-112 页。

② 岳广鹏、张小驰：《海外华文媒体对华人集体记忆的重构》，《现代传播（中国传媒大学学报）》2013 年第 35 卷，第 6 期，第 155-156 页。

③ 刘旭道：《有情有义更中意——意大利〈欧华联合时报〉的跨文化表达探索》，《新闻战线》2017 年第 7 期，第 140-145 页。

联系与互动展开。^①从此概念出发，这三者间的关系为我们探索华文媒体的角色定位提供了一个更为直观的切入点。

1. 定居国——所在国的文化政策

是否得到所在国文化多元政策的支持，往往是影响华文媒体角色定位的一个关键变量。正如前面我们所提及的，当前各国对于华文媒体的政策大体上可以分为"同化主义类型"与"多元主义类型"两大阵营。在两种不同的文化政策环境影响下，华文媒体与母系国间的文化维系也呈现出不同程度的差异；缅甸、柬埔寨、老挝等东南亚国家，其华文报业的发展曾一度十分繁荣，但随着 20 世纪六七十年代以来国家文化政策的收紧及反华、排华的情绪持续激荡，华文报刊与祖国的联系几乎被切断，甚至自身都几近绝迹。^②现今虽然同化主义的发展日渐衰微，但不少国家仍对外来文化抱有较强烈的排斥抵制态度。例如面对种族主义尤其是华族的沙文主义影响时，作为一个移民群体居多的社会，新加坡政府选择将社会改造为具有新加坡意识和命运共同体意识的"新加坡社会"。^③大力推行新加坡化，这无疑极大地限制了华文媒体沟通海外华人与祖国的桥梁作用的发挥。相比之下，以美国为代表的多元文化主义政策，则"对包括华文媒体在内的少数族裔媒体，采取扶持或宽容态度"^④，认可并尊重族群文化差异，这对全国性华文报刊的出现提供了广阔的受众基础及优良的市场基础，^⑤同时也使华文媒体在塑造华人文化认同上有着更为宽松和光明的发展空间。但关于多元文化政策会带来与母系国维系的增强的观点，也有学者提出了不同的看法。如学者段颖便认为，"离散族群生活在一个较为宽松的社会环境中，较少受到排斥，这就有利于该群体从情感上去接近或接纳当地的文化与生活方式，完成从离散群体向居住国少数族群的转变。""而倘若其在居住过程中遭遇各种社会歧视，这反而可能促成群内认同的强化，进而构建共同体。"^⑥因而，多元文化政策所带来的对于定居国情感上的更为强烈的认同，某种程度上也在加速离散群体融入主流社会这一进程。这种同化融入过程，同样也会使其与母系国间的联系减弱。从这个角度出发，关于文化多元政策对母系国联系的增强或减弱作用，仍值得我们从实证角度进行

① 段颖：《diaspora（离散）：概念演变与理论解析》，《民族研究》2013 年第 2 期，第 14-25、123 页。

② 刘翎：《华文媒体的全球化生存》，《南京政治学院学报》2002 年第 2 期，第 118-121 页。

③ 雷晓艳：《多维视野下海外华文传媒的文化身份危机》，《编辑之友》2013 年第 8 期，第 109-112 页。

④ 丁晓正、万鑫：《"中国热"中的海外华文媒体》，《传媒》2006 年第 5 期，第 70-72 页。

⑤ 殷琦：《美国华文传媒：多元文化主义背景下的发展状况》，《厦门大学学报（哲学社会科学版）》2015 年第 6 期，第 37-44 页。

⑥ 段颖：《diaspora（离散）：概念演变与理论解析》，《民族研究》2013 年第 2 期，第 14-25、123 页。

求证。

2. 起源地——原居住国的影响力

随着原居住国影响力的增强，华文媒体作为海外华人及西方公众了解中国的一个窗口，这种信息需求的迫切要求同样有可能成为影响华文媒体增强与母系国间联系的一个重要变量。这种观点在华文媒体的诸多研究成果中得到了学者们的认可。一方面，随着中国综合国力及国际影响力的不断增强，国际社会及西方公众对中国发展的相关新闻变得更为关注，其对中国的信息需求也日益呈现扩增趋势；另一方面，"中国的崛起也增进了海外华侨华人的民族文化认同感和向心力，他们对祖籍国信息的需求也日益增强"。[①]在这两个方面的推动下，华文媒体为了自身的经营与发展，自然也就增强了与母系国的联系，与国内主流媒体展开合作。因而原居住国影响力的增强，一定程度上也推动着华文媒体与祖国的联系与合作。

3. 离散群体——自身所掌握的资源及能力

华文媒体作为离散群体的一部分，其与母系国的维系往往也受其自身的能力水平及所掌握的资源限制。在当前许多国家，由于受限于地域及受众市场的有限性，华文媒体间的竞争往往异常激烈，在生存及经营管理上面临着诸多困境。某种程度上看，许多经营不善的华文媒体在建设与发展上已经陷入了一个"死循环"。根据我们的研究发现，他们大体上陷入资金不足——难以雇佣专业的记者、编辑人才——内容大量依靠转载——同质化严重，内容质量不高——受众人数减少——广告收入下降这个恶性循环。因受限于自身发展的不足，他们不得不大量依靠转载国内主流媒体的相关信息或新闻作为补充，但这在某种程度上也被动加强了与母系国的联系。不过，因此条件所建构出的这种维系往往缺乏足够的稳定性，在激烈的市场竞争环境下极易破碎。

第二节　共建"一带一路"国家华文媒体"自塑"能力探索

通过对华文媒体样本进行整理我们可以发现，海外华文媒体地理特征明显，最先出现在东南亚地区，随后往俄罗斯、欧洲扩展，非洲华文媒体最后出现。整个华文媒体的成立与传播遵循一个基本地理原则：以中国为

---

① 文峰：《浅议海外华文媒体的侨务公共外交参与：基于〈英中时报〉的个案考察》，《东南亚研究》2016 年第 1 期，第 80-85 页。

中心，首先向东南亚辐射，由近及远，由简单可物理触达到远洋航行。东南亚华人迁移后，随着国际交流日益增多，欧洲及亚洲其他地区逐步出现华文媒体，在中国和非洲共同发展后，非洲大陆也陆续出现了华文媒体。由此可以佐证，华文媒体的成立与中国的国际贸易密切相关，华文媒体是中国经济活动国际化的晴雨表，也服务于全球华人，并为中国与世界的共同发展提供了有力支持。

通过调查 18 个拥有华文官方媒体的国家，我们发现，截至 2018 年底，已同中国签订共建"一带一路"合作文件的国家有 15 个[①]，占到了所有开设华文官方媒体国家的 83%，这启发我们在一定程度上可以通过共建"一带一路"国家华文媒体探索"自塑"能力。

一、传播主题、知识图谱与影响力分析

本节首先采用二手资料分析法，根据数据采集饱和度，将共建"一带一路"国家根据五大走廊分为五类。第一类："新亚欧大陆桥"沿线及周边国家，包括俄罗斯、波兰、希腊、匈牙利、乌克兰；第二类："中国—中亚—西亚"沿线及周边国家，主要关注沙特迪拜；第三类："中国—中南半岛"沿线及周边国家，比如越南、柬埔寨、泰国、马来西亚、菲律宾、新加坡、印尼；第四类："孟中印缅"沿线及周边国家，主要指印度、缅甸；第五类：其他国家，比如南非、新西兰、韩国。

进一步，通过内容分析法，划分活动、艺术、言语、体育、明星、民俗、旅游、科技、教育等九个报道主题，并选取相关媒体于博鳌论坛前后（4.6—4.11）和 2018 年春节前后（2.6—2.14）发布的新闻作为研究样本，对其传播主题进行分析。同时，参考"一带一路"经济走廊沿线及周边国家的五大类别，再通过知识表示学习网络图算法[②]，刻画共建"一带一路"国家华文媒体的结构、路径和关系，探索国与国之间华文媒体知识图谱，寻找国家形象的传播路径。基于本研究目标，定义知识图谱关键节点如下。（1）实体：因探究的是共建"一带一路"国家华文媒体，而采样华文媒体的方式为一个国家选取样本 1—2 个，因此把采样国作为知识图谱中的最基本元素，探索不同实体间存在不同的关系，从而发现传播路径。（2）实体属性：不同实体对应不同属性，通过采样华文媒体生产内容，寻求广泛

---

① 数据来源：中国一带一路网 www.yidaiyilu.gov.cn/gbjg/gbgk/77073.htm
② 刘知远、孙茂松：《计算机研究与发展》，《知识学习研究进展》2016 年第 53 期。

且针对于某个主题的刻画维度，通过统计此维度上华文媒体的发文数量，从而得到此媒体相应的传播力大小，基于以上前提，相应维度在本报告中可定义为实体属性。（3）关系：在知识图谱上，关系是一个把 n 个图节点映射到布尔值的函数，刻画为实体之间的"边"。在本节中，将合并知识图谱中"关系"和"内容"的概念，统称为"关系"。本报告使用的关系为二元数组，即布尔值与浮点值。前者用于刻画边是否存在，后者用于刻画特定关系下"内容"，如相似度。本节知识图谱的关系路径表示两个国家在特定主题各维度下的相关系数。因此，图上路径节点国在高度相关信息的情况下，可以实现相互传导；当相对较低相关出现时，将会出现传导阻塞。基于传导的连通和阻塞逻辑，通过关系路径模型实现基于采样国的社群发现。

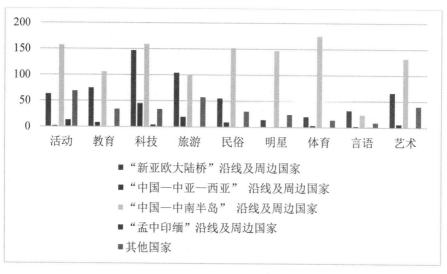

图 4-2-1　五大走廊华文媒体报道数量统计图

　　整体来说，五大走廊华文媒体报道数量分布不均衡，"中国—中南半岛"沿线及周边国家华文媒体发展历史最为悠久，发布的报道最多，约占总样本量的 53.6%，议题也更为广泛，传播主题多元。"新亚欧大陆桥"沿线及周边国家华文媒体的报道量次之。而"孟中印缅"沿线及周边国家、"中国—中亚—西亚"沿线及周边国家华文媒体的报道量较少，分别占总样本量的 0.8% 和 4.3%。

　　此外，本研究结合平均传播贡献率算法进行各国华文媒体报道主题的分析，将前文所归纳的五大走廊沿线的四类国家划分为：第一方阵，"中国

—中南半岛"沿线及周边国家；第二方阵，"新亚欧大陆桥"沿线及周边国家；第三方阵，"中国—中亚—西亚"沿线及周边国家和"孟中印缅"沿线及周边国家。在多数主题报道中，方阵报道篇数和的排序与下列公式求得的平均数排序一致（某主题下不同类别平均每个国家的报道量=方阵中该主题的篇数和/方阵中国家数）。但是在"教育"和"旅游"两个主题中，第二方阵平均数却高于第一方阵。因此我们发现，在"教育"和"旅游"的第二方阵中单一国家的平均传播贡献率高于第一方阵，包括波兰、俄罗斯、希腊和匈牙利对中国教育的关注，迪拜、新西兰、南非和韩国对中国旅游的关注，依然值得重视。根据知识图谱，我们发现各采样国在"教育"主题下传播路径较为清晰和连续，因此，我们可以得到两个结论：一是以柬埔寨、马来西亚、南非、韩国和菲律宾作为中国"教育"主题的传播对象国，最容易促使共建"一带一路"国家传播纬度增强，将极大有利于拓展我国讲好中国"教育"故事的传播路径；二是重视"教育"话题的内容，将克服地域边界和局限，有利于"教育"引领之下的中国故事对外传播（图4-2-2）。

在科技主题下，我们考量了"航海科技""航天科技""交通科技""军事科技""能源科技""农业科技""其他科技""信息科技""医疗科技""物流科技""生物技术""材料科技"维度，绘制共建"一带一路"国家"科技"话题传播知识图谱（图4-2-3），图谱的关系路径表示在科技主题下，发现得到5个社群，其中菲律宾、新西兰、希腊与其他国家相似度较低，独立形成各自社群，迪拜、印度相似度较高，形成一个社群，其他国家集中在一个社群中，这说明共建"一带一路"国家的华文媒体之间的传播影响力互动显著（见图4-2-3）。其中，"交通科技"这个维度在科技主题下，各个国家关注度普遍较高，体现了"一带一路"即使在科技主题下，也呈现出极强的地理通路需求。所有国家中，俄罗斯对"信息技术"的关注尤其突出，远高于其他国家，同时希腊、印尼对此也有一定的关注。此外，印尼对"军事科技"有着较高的关注度。另一方面，在社会上较热的"生物技术""材料科技""物流科技""航天科技"等维度，除迪拜、印度，其他各国华文媒体关注度均较低。换句话说，一是以马来西亚为中心，辐射印尼，泰国和匈牙利及周边可以作为中国"科技"主题传播对象国的结构和路径，最容易促使共建"一带一路"国家传播我国国际形象纬度的增强，这将极大有利于重塑我国讲好中国"科技"故事的传播路径；二是重视"科技"话题的内容，将克服地域边界和局限，有利于"科技"引领之下的中国故事对外传播。

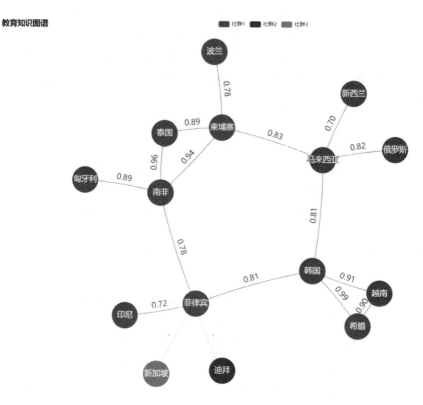

图 4-2-2　共建"一带一路"国家"教育"话题传播结构与路径

由于新亚欧大陆桥沿线和中南半岛沿线涉及国家数量相近，中亚西亚沿线和孟中印缅沿线涉及国家数量相近，经过研究对比，发现涉及国家数量相近的经济带之间作比较较为合理：

（1）当对比新亚欧大陆桥和中南半岛相关报道时，可以发现："旅游"和"言语"两个主题在报道量上，新亚欧大陆桥沿线的报道比中南半岛的华文媒体报道更持续（新亚欧大陆桥沿线>中南半岛）；而在其他七个主题中（"活动""教育""科技""民俗""明星""体育"和"艺术"），中南半岛的华文媒体报道比新亚欧大陆桥沿线的报道更多元（中南半岛>新亚欧大陆桥沿线）。

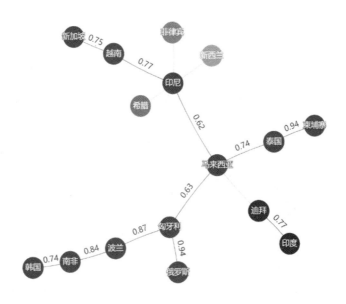

图4-2-3　共建"一带一路"国家"科技"话题传播结构与路径

（2）当对比中亚西亚和孟中印缅相关报道时，可以发现："明星"和"活动"两个主题在报道频次上，中亚西亚的华文媒体报道量少于孟中印缅（中亚西亚<孟中印缅）；而在"言语""教育""科技""民俗""旅游""体育"和"艺术"的报道上，中亚西亚的报道量比孟中印缅更丰富（中亚西亚的报道量>孟中印缅）

总而言之，按报道倾向和关注度排序，进一步分析单个国家传播倾向（见表4-2-1），本研究总结如下：

表4-2-1　按报道倾向和关注度排序的单个国家传播倾向总结

1.	菲律宾："体育"和"明星"占比最大；在所有国家中，菲律宾华文媒体报道议题多元丰富，更新最频繁。
2.	希腊：希腊是欧洲国家华文媒体最活跃的国家，有两家华文媒体，即希华和希中。希华媒体的"活动"和"科技"报道最频繁，其中，"明星""体育"和"言语"的报道明显少于其他话题；希中媒体的"艺术""科技"和"旅游"占比最大，议题覆盖广泛，但"活动"报道少。

续表

3.	印尼："科技"和"活动"主题的报道较多；报道持续且多元，各类主题报道也比较平均。
4.	俄罗斯："科技"和"旅游"占比最大；俄罗斯华文媒体报道议题多元丰富，更新频繁。
5.	泰国：两家华文媒体报道频率相当，覆盖话题较多。《世界日报》"教育"和"艺术"两个主题的报道较多；《星暹日报》"明星"和"活动"的报道最多。但泰国的华文媒体对"体育"的报道非常少。泰国、希腊分别有两个华文媒体，分析一个国家的两个华文媒体的报道数量可以清楚看到：在"明星""民俗"和"体育"三个主题中，《世界日报》的报道少于《星暹日报》；而在"言语""教育""科技"和"艺术"四个主题中，《世界日报》的报道量比《星暹日报》更持续。泰国两个华文媒体对于"活动"和"旅游"的报道数量相当。
6.	韩国："旅游"和"艺术"主题的报道占比较大；议题覆盖面较广。
7.	马来西亚："活动"和"民俗"主题的报道占比较大；议题覆盖面较广，但"言语"的报道仅为3篇，明显少于其他主题。
8.	匈牙利：匈牙利作为欧洲国家，对所有主题的报道数量均相当，其中"活动"和"旅游"最多；但"体育"的报道明显少于其他。
9.	迪拜：对"科技"和"旅游"报道较多；没有"明星"主题的报道。
10.	南非："活动"和"教育"主题的报道较多；"言语"没有报道。
11.	柬埔寨："教育"和"活动"主题的报道较多；虽然柬埔寨的华文对媒体所有话题都有所涉及，但偏好明显，"科技""明星"和"体育"的报道明显少于其他主题。
12.	新西兰："科技"和"民俗"主题的报道占比较大；但"体育"的报道明显少于其他。
13.	新加坡："科技"和"民俗"主题的报道占比较大；议题覆盖略显单一，"体育""艺术""言语"和"活动"等主题报道少。
14.	越南："旅游"主题报道占比最大；各个话题都有所涉及，但都较少。
15.	印度：比最不活跃的波兰多1篇。"活动"是报道最多的主题。印度华文媒体议题非常有限，仅局限于四类主题的报道。
16.	波兰：研究范围内华文媒体最不活跃的国家。对"旅游"和"言语"报道频繁，分别为4篇；"明星""体育""艺术"没有报道，为"0"。

二、"一带一路"中南半岛经济走廊的华文媒体传播效果研究

根据上章结论，本研究选取报道体量最多且话题最多元的"一带一路"中南半岛经济走廊上7个国家的主流华文媒体作为进一步的研究对象（越南《西贡解放日报》、老挝《老挝时报》、柬埔寨《柬华日报》、泰国《星

暹日报》、缅甸《金凤凰报》、马来西亚《星洲日报》、新加坡《联合早报》)，通过综合运用数据分析与内容分析的方法对比分析华文媒体的官方网站及社交媒体账户，探索东南亚地区主流华文媒体构建中国形象、传播中国故事的方法和路径。由于东南亚地区国家间文化背景的相似性，本研究认为，所选的7个华文媒体彼此间虽存在差异，但华文媒体的区域性传播特性以及其所建构的中国形象提供了有效证据。需要强调的是，由于网页的不稳定以及不完整等信息技术局限[①]，本研究仅选取了"一带一路"中南半岛经济走廊中7个国家的华文媒体，未包括文莱、菲律宾和印度尼西亚三国。

在针对华文媒体官方网站的分析中，本研究首先以"一带一路"作为关键词筛选各媒体官网中有关中国的报道，计算更新频率；其次，统计网站所显示"一带一路"报道的总页面数，运用系统抽样的方法，以"1"为起始、"4"为间隔单位，抽取页面共127页(见表4-2-2)、新闻报道共1221篇[②]；再次，研究人员计算其中原创报道与转载报道的比例(无明确注明为"原创报道"的均视为"转载报道")，并对比"一带一路"报道在各栏目中的比例；接着，由一位研究人员对所有报道进行主题编码与话语倾向编码，主题包括政治、经济、文化、社会、科技、军事、体育、公益、环保、娱乐、逸闻趣事和交通等12类，话语倾向包括"积极的""中立的"及"消极的"；最后，研究人员对各华文媒体官网的互动设置、栏目设置进行统计分析，其中互动设置包括人机互动和人际互动。

表4-2-2　华文媒体新闻样本量

	总页面数	抽取页面数	合计页数	合计篇数
《西贡解放日报》	5	1	127	1221
《老挝时报》	4	1		
《柬华日报》	86	21		
《星暹日报》	14	3		
《金凤凰报》	10	2		
《联合早报》	397	99		

在互联网时代，网络技术打破了华文媒体以报纸等传统大众媒体单向传播的模式，为华文媒体与公众、公众与公众创造了独具特色的互动平台。

---

① 未发现文莱的华文媒体，菲律宾和印度尼西亚虽有华文主流媒体官方网站，却未开放任何社交媒体平台官方账号。

② 在研究过程中，马来西亚《星洲日报》官方网站无法正常运行"关键词筛选"功能，导致研究人员对新闻内容的收集和编码统计受阻，故不对该网站进行相关的编码统计分析。

网络传播的互动性主要包括两部分，即人机互动与人际互动。人机互动强调由连接公众与媒体内容的"机器"所带来的互动，具体而言可以分为媒体在"内容呈现"和公众在"内容使用"上的互动。前者指的是媒体在使用网络进行报道时可以借助"文字、图片、声音、视频和动画等"呈现内容，为公众提供多种媒介形式的选择；后者指的是媒体通过运用网络技术，让公众可以定制、选择个性化的"新闻内容""浏览方式"和"接受方式"，比如电子报、电子邮箱订阅等。人际互动则指的是媒体人与公众间的互动，比如公众向媒体人反馈等，以及公众与其他公众之间的互动，比如在新闻页面发表评论、使用社交媒体或电子邮件分享新闻给好友等。

在针对华文媒体社交媒体账户的分析中，本研究选取各华文媒体在新浪微博、微信公众号、Facebook 以及 Twitter 四个社交媒体平台上，截至2018 年 9 月 30 日的账户数据展开分析（见表 4-2-3）。其中，Facebook 的粉丝量为"Follow"华文媒体 Facebook 页面（Page）的人数；点赞数、评论数与转发量是研究人员随机抽取 10 条非广告类的微博、推送、Posts 和Tweets 计算平均值而得，如果总数小于 10 则无须抽取直接计算各对应类别的平均值，Facebook 的点赞数除了"点赞"还包括"惊讶""悲伤""愤怒""喜爱"和"哈哈"，虽然前三种情绪属于负面情绪，但设置包括"点赞"等情绪按钮的目的在于鼓励公众与媒体进行互动，因此对于 Facebook而言，所有情绪均被考虑在内；评论互动数为研究人员在随机抽取的过程中所统计的华文媒体在评论中回复公众的次数；粉丝的社会资本群体画像则是通过对粉丝构成以及公众的评论、转发内容进行内容分析而得。

表 4-2-3　社交媒体分析类别

		社交媒体			
		微博	微信公众号	Facebook	Twitter
分析类别	名称	○	○	○	○
	粉丝数量	○	×	○	○
	首更日期	○	×	×	×
	最新更新日期	○	○	○	○
	总数	○	×	×	×
	更新频率（条/天）	○	×	×	×

续表

	社交媒体			
	微博	微信公众号	Facebook	Twitter
点赞数	○	○	○	○
评论数	○	○	○	○
转发量	○	✕	○	○
评论互动数	○	○	○	○
社会资本群体画像	○	○	○	○

（一）社交独白：基于华文媒体官方网站功能与新闻报道分析

1. 更新频率、报道原创性、栏目设置、报道分布分析

总体来看，在中南半岛经济走廊地区，华文媒体平均每天发布 3.2 篇有关"一带一路"的报道（见表 4-2-4），但不同华文媒体间的更新频率差异较大。新加坡《联合早报》发布有关"一带一路"新闻报道的频率最高，平均每天更新 2.3 篇，柬埔寨《柬华日报》的更新频率也非常高，仅比《联合早报》低 0.1 篇，而越南《西贡解放日报》和老挝《老挝时报》的更新频率非常低，前者平均每天仅发布 0.1 篇报道，而后者近乎于 0。

表 4-2-4　华文媒体"一带一路"报道更新频率

	《西贡解放日报》	《老挝时报》	《柬华日报》	《星暹日报》	《金凤凰报》	《联合早报》	总
更新频率（篇/天）	0.1	0.0	2.2	1.0	0.8	2.3	3.2

就报道原创性而言，原创报道的整体比例与转载报道的整体比例相近（见表 4-2-5），但具体到不同的华文媒体，缅甸《金凤凰报》中的原创"一带一路"报道占 87.5%（是转载占比的 7 倍），而泰国《星暹日报》中的原创报道仅占 8.3%（是转载比例的 0.09 倍）（$\chi^2 = 73.39$, Sig = .000）。

表 4-2-5　华文媒体"一带一路"报道原创及转载比例

	《西贡解放日报》	《老挝时报》	《柬华日报》	《星暹日报》	《金凤凰报》	《联合早报》	总
原创比例（%）	45.5	40	49.2	8.3	87.5	57.4	54.5
转载比例（%）	54.5	60	50.8	91.7	12.5	42.6	45.5

华文媒体官网的栏目设置较为齐全，覆盖面广，且绝大多数媒体均单

独设置了与中国有关的栏目，比如"华人动态""中国大陆""一带一路"等（见表 4-2-6）。但是，有关"一带一路"的报道并不集中分布在此栏目中，这意味着公众无法直接通过浏览此类栏目获得有关"一带一路"的报道，而需要结合其他栏目来了解"一带一路"的新闻，这对读者获取信息造成不便。

表 4-2-6　华文媒体栏目设置及"一带一路"报道分布比例①

华文媒体	栏目设置（比例%）
越南《西贡解放日报》	时政（15.8）、法律、经济（15.8）、国际（31.6）、华人动态（21.1）、教育、体育、科技（5.3）、健康-饮食、文娱、读者-慈善、旅游
老挝《老挝时报》	今日要闻、使馆动态、侨界商会、中老交流、"一带一路"、车市房产、慈善公益、旅游购物、留学教育、投资老挝、学老挝语
柬埔寨《柬华日报》	柬华新闻（30.3）、华人华侨（21.0）、热点资讯（5.6）、今日焦点（4.1）、电子报、一路风情（4.1）、广告专栏、联系我们
泰国《星暹日报》	政治（1.5）、社会、财经（12.3）、国际（1.5）、中国大陆（15.4）、侨社（66.2）、体育、综合、时尚
缅甸《金凤凰报》	热点、财经、社会、缅华、工商、环球、文化、旅游、法律、房产、招聘、图片、视频
马来西亚《星洲日报》	即时要闻、人气新闻、新闻、财经、观点、地方、娱乐、体育、生活志、活动
新加坡《联合早报》	首页、即时（25.9）、新闻（16.2）、财经（11.9）、观点（10.7）、文萃（14.3）、东南亚（0.2）、专题（7.0）、视频（0.2）、生活（0.4）、娱乐（0.1）、"一带一路"、Z-生活

2. 报道主题及其情感倾向分析

本研究将报道主题归纳为 12 大类，"政治""经济"和"文化"是中南半岛经济走廊华文媒体就"一带一路"关注最多的三大话题（见图 4-2-4），分别占所有新闻报道的 46%、36% 和 11.8%。不过，不同的华文媒体有不同的报道主题倾向，其中越南《西贡解放日报》和新加坡《联合早报》最关注"政治"话题，老挝《老挝时报》和柬埔寨《柬华日报》倾向于关注"经济"议题，而"文化"则是泰国《星暹日报》和缅甸《金凤凰报》最关注的主题（$\chi^2 = 289.6$, Sig = .000）。

①　由于在《老挝时报》及《金凤凰报》官方网站通过"关键词搜索"筛选得到的新闻没有显示所属栏目，故不作统计。

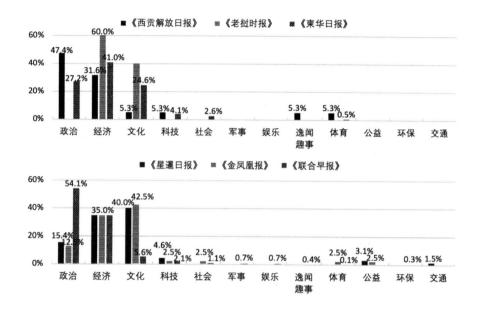

图 4-2-4 华文媒体报道主题分析

在报道倾向分析中，总体上虽然积极的"一带一路"报道占大多数（52.9%），但中立及消极的报道同样占较大比例，总共占 47.1%（见表 4-2-7）。具体到各华文媒体的报道倾向上，只有新加坡《联合早报》曾发布过消极报道，且中立报道的比重最多，其余的华文媒体均以积极报道为主，尤其是缅甸的《金凤凰报》、泰国的《星暹日报》和柬埔寨的《柬华日报》（$\chi^2 = 204.2$, Sig = .000）。

表 4-2-7 华文媒体报道话语倾向分析

	《西贡解放日报》	《老挝时报》	《柬华日报》	《星暹日报》	《金凤凰报》	《联合早报》	总
积极的	84.2%	80.0%	86.2%	87.7%	90.0%	40.7%	52.9%
中立的	15.8%	20.0%	13.8%	12.3%	10.0%	54.6%	43.7%
消极的	0%	0%	0%	0%	0%	4.7%	3.4%

通过分析，在 12 类报道主题的倾向上，大部分主题以积极报道为主（见图 4-2-5），只有"政治""军事""娱乐""逸闻趣事"以中立报道为主，未发现有主题以消极报道为主（$\chi^2 = 95.1$, Sig = .000）。

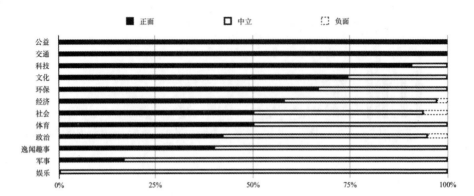

图 4-2-5　华文媒体主题与话语倾向分析

3. 官方网站人机与人际互动分析

对于人机互动（见表 4-2-8），6 个华文媒体官网在内容呈现方面的互动较为单一，主要仍以文字和图片的媒介形式进行报道，只有缅甸的《金凤凰报》和马来西亚的《星洲日报》在报道中倾向于使用视频传播。在公众的内容使用方面，"搜索""语言设置"和"电子报"是各华文媒体使用的主要互动形式，其中，马来西亚的《星洲日报》提供的用户内容使用方式最为多样化，而泰国的《星暹日报》只提供最为基础的"搜索"功能。

在人际互动方面（见表 4-2-8），各华文媒体为媒体人和公众提供了不同的互动途径，其中，大部分网站均提供了联系邮箱以及新闻评论留言区，部分网站单独设置了"反馈表"页面，因此，公众可以直接在网站上以电子邮件的形式向媒体人反馈信息而无需借助其他软件（比如电子邮箱）。对于公众与其他公众之间的人际互动，除了可以使用评论留言以外，大部分网站还在新闻内容旁设置了社交媒体及电子邮件分享的功能。值得注意的是，泰国的《星暹日报》可以提供"评论提醒订阅"服务，公众可以通过电子邮件订阅对其他公众评论的提醒，增强互动联系，或者反之，增加对自己"评论的评论"（comment on comment）提醒。另外，缅甸的《金凤凰报》使用了第三方评论系统（即 Disqus）所提供的服务，该系统可以为各类网站提供"评论托管服务"，公众只需注册该系统上的账号，即可在不同网站上发表评论并随时掌握和追踪后续评论状态，此"评论托管服务"有利于增强人际互动的活跃程度和信息管理。

然而，对比发现，所有华文媒体的官网中均没有公众留言评论的记录，因此，虽然华文媒体在官网管理中设置了互动期许，但实际操作中可实现的互动效果尚未定论。

表 4-2-8　华文媒体官方网站互动设置分析

华文媒体	互动设置			
	人机互动		人际互动	
	媒体的内容呈现	公众的内容使用	媒体人与公众	公众与其他公众
越南《西贡解放日报》	文字、图片	搜索、语言设置、电子报	评论留言、邮箱、电话、传真、地址	评论留言、邮件、社交媒体
老挝《老挝时报》	文字、图片	搜索、语言设置、个性化收藏	邮箱、地址	邮件、社交媒体
柬埔寨《柬华日报》	文字、图片	搜索、电子报、官方 app	邮箱、电话、传真、地址	邮件、社交媒体
泰国《星暹日报》	文字、图片	搜索	评论留言、反馈表、邮箱、电话、地址	评论留言、邮件、社交媒体、评论提醒订阅
缅甸《金凤凰报》	文字、图片、视频	搜索、语言设置	第三方评论服务、反馈表	第三方评论服务、社交媒体
马来西亚《星洲日报》	文字、图片、视频	搜索、电子报、官方 app、点选最爱、邮件订阅、SMS 订阅、点击率和分享量、情绪反馈	评论留言、反馈表	评论留言、社交媒体
新加坡《联合早报》	文字、图片、视频	官方 app、搜索、电子报订阅、电子邮件订阅、单日/一周热门排行榜、读者投票	评论留言、电话、传真、邮箱、地址	评论留言、邮件、社交媒体

（二）内外失衡：基于华文媒体社交媒体账号分析

经过统计可以发现，除越南《西贡解放日报》和老挝《老挝时报》相对闭塞，绝大多数华文媒体均开设了社交媒体账户（见表 4-2-9）。对比四种社交媒体平台，开设 Facebook 账户的华文媒体最多，其次是新浪微博账户和微信公众号，然而 Facebook 账户普遍未保持更新，且公众的点赞数、评论数、转发量均较低；虽然大部分新浪微博账户也面临未及时更新（如越南《西贡解放日报》）甚至停更（比如缅甸《金凤凰报》和马来西亚《星洲日报》），但相比之下，公众的点赞数、评论数、转发量更高，且粉丝量也较高；除此之外，华文媒体的微信公众号几乎均保持更新，并维持着较高的阅读量、点赞数和评论数（比如新加坡《联合早报》），换言之，华文媒体的互动媒介主要依靠国内社交媒体，而国外的 Facebook 和 Twitter 利用率较低。

表 4-2-9　华文媒体社交媒体分析

		越南《西贡解放日报》	老挝《老挝时报》	柬埔寨《柬华日报》	泰国《星暹日报》	缅甸《金凤凰报》	马来西亚《星洲日报》	新加坡《联合早报》
新浪微博	名称	无	老挝时报	无	泰国星暹传媒	缅甸金凤凰中文报社	星洲日报	早报网
	粉丝量		7		399k	116	861k	2133k
	首更日新		2018.1.6		2013.9.7	2015.9.1	2012.2.2	2009.10.17
	最新更新日期		2018.5.17		2018.9.30	2017.11.5	2013.12.4	2018.9.30
	微博总数		13		22k	16	2k	41k
	更新频率（条/天）		0.10		12.09	0.02	2.93	12.70
	点赞数		0.3		10.5	0.5	3.3	101.2
	评论数		0		4.9	0	0.6	49.3
	转发量		0		4.6	0.5	1.4	55.7
	评论互动数		0		0	0	0	0
微信公众号	名称	无	无	柬华日报	泰国星暹日报	缅甸金凤凰中文报社	星洲日报	狮说新语
	最新推送日期			2018.9.29	2018.9.29	2018.9.29	2018.9.28	2018.9.30
	阅读量			1812.4	1650.6	2028.9	656.9	7273
	点赞数			3.6	4	5.8	2.9	68.5
	评论数			2.2	2.3	2.7	0	5.3
	评论互动数			0	0	1	0	0

微信公众号	名称	无	无	東华日报	泰国星暹日报	缅甸金凤凰中文报社	星洲日报	狮说新语
Facebook	名称	SGGP Hoa văn 华文西贡解放日报	无	Jianhua-daily（東华日报）	Sing Sian Daily 星暹日报①	缅甸金凤凰中文报社	马来西亚星洲日报 Malaysia Sin Chew Daily	Lianhe Zaobao 联合早报
	最新Post日期	2015.6.12		2018.9.29	2018.8.24	2018.9.28	2018.9.30	2018.9.30
	粉丝量	2142		18k	2k	15k	1476k	205k
	点赞数	11		0	1.9	2.2	876.6	40.3
	评论数	1		0	0	0.1	71.1	4.3
	转发量	2.2		0	0	0.3	153	7.5
	评论互动数	0		0	0	0	0	0
Twitter	名称	无	无	无	星暹日报	无	无	联合早报 Lianhe Zaobao
	最新Tweet日期				2017.12.21			2018.9.30
	粉丝量				7			184k
	点赞数				4.33			5
	评论数				0.33			3.2
	转发量				24.33			1.7
	评论互动数				0			0

（三）社交对话：国家形象立体化的构建雏形

对比华文媒体官网的单向传播效果，华文媒体的社交平台互动实现为国家形象的立体构建搭建了对话雏形，尤其是社交媒体平台中公众留言评论区的内容分析，为进一步解读华文媒体中的中国故事提供了双向视野和形象感知。

以评论数最高的新加坡《联合早报》官方微博为例，虽然公众与其微博互动最为积极（平均每条微博中有 49 条评论），但互动内容显示公众对《联合早报》报道内容具有反思主动。比如，《联合早报》在 9 月 24 日发布

---

① 另一账户名最新 Posts 停留在 2013 年 8 月，粉丝量为 2306。

了题为"广深港高铁香港段开通首日①，供电故障列车停驶 10 分钟"的新闻，报道称记者乘坐复兴号高铁列车从深圳北站返回香港西九龙站的过程中，"列车于香港境内路段突然减速停驶，车厢冷气及部分灯光也关闭"，报道中引述了"消息人士"的分析，认为此次"事故属于'低级错误'，怀疑在编排列车行驶班次时，没有考虑电力负荷问题"，并引用 GIF 表情包，配有"如今人证物证俱在，娴妃，她也无从抵赖"的台词。

该微博共计收到 66 个"赞"、92 条评论，被转发 30 次。进一步分析评论内容发现：第一类公众不认可《联合早报》的事故评价，认为所谓的"事故"属于"成功测试应急机制"，并质疑香港段高铁在建设过程中因自身问题导致预算过于庞大，评论"香港段供电系统没做好，和高铁质量没关系"；第二类公众认为该微博是对中国高铁形象的恶意抹黑，认为《联合早报》在报道时有"双重标准"；第三类评论则是对第二类评论的积极反应，深入讨论华文媒体报道准则，比如，有公众倾向于支持媒体独立性，也有公众评论"我看了这篇报道并没有觉得我国高铁事故频发，高铁偶然发生事故在各国都有。人家发个报道，怎么就和黑中国扯上关系了？"；有趣的是，从互动过程中可以发现，读者将《联合早报》假想为"新加坡政府"的媒体代言角色，因此，华文媒体的受众将批评的对象延伸至新加坡政府及新加坡本国国情，进而发展出第四类"爱国情绪"的评论，直言新加坡对中国惯性抹黑，并引发对中新以及中新美日等多国关系的评论混战。

因此，由一则中国高铁事故报道所建构的中国形象，在华文媒体微博粉丝的讨论下变得更为复杂和立体，社交媒体的空间支持逐渐为中国故事的传播提供非单一的传播可能。基于双向交流的雏形，公众能自发地挖掘华文媒体报道中国故事背后的动机和目的，进而更为全面地认知华文媒体中所构建的中国形象。

的确，互联网技术为华文媒体提供了更为多样的传播途径，媒体官方网站虽然可以为公众呈现更为丰富齐全的报道内容，但并未满足互动期许，而社交媒体平台可以为华文媒体提供更多与公众的互动途径，增强公众的活跃度和回应率，与此同时，中国故事由华文媒体单方面地陈述、被动地建构逐渐改变。整体来看，"一带一路"中南半岛经济走廊中的华文媒体通过社交媒体平台对话的对象集中于中国国内的公众，仍处于通过官方网站单方面地或通过社交媒体平台与国内公众对话来建构中国形象的阶段，

---

①《联合早报》2018 年 9 月 24 日，https://weibo.com/1654134123/GAPTNeAQL?filter=hot&root_comment_id=0&type=comment#_rnd1538704429626.

而没有进一步上升至对外传播中国故事的阶段。虽然各华文媒体在所属国承担着主流华文媒体、服务华人的角色，且发行量均较大，但若放在更为广阔的国际视野下，中南半岛华文媒体所发挥的传播中国形象作用仍有待加强。

虽然本研究试图全面剖析互联网时代"一带一路"中南半岛经济走廊国家的华文媒体的发展现状和对中国国家形象的传播路径，对比分析官方网站以及新浪微博、微信公众号、Facebook、Twitter 官方账户探讨华文媒体建构中国国家形象的方法，但研究过程仍存在一定的局限性。比如部分社交媒体官方账户对粉丝信息和评论内容的隐私设置，导致分析公众与媒体以及公众之间的互动内容存在局限，未来研究应尝试通过更多途径来挖掘关注华文媒体的群体特征；此外，由于"一带一路"中南半岛经济走廊各国国情及发展情况存在较为明显的差距，在应用本研究所得结论的过程中还需要结合考虑各国实际情况，因此未来可以聚焦国别研究并深入探讨与华文媒体的关系。

第三节　华文媒体的议程设置与潜在"他塑"

"一带一路"倡议是新时代下中国政府推进交流互鉴、构建开放包容的国际化发展新局面的重要举措。按照"一带一路"的建设思路，中国将与欧洲、东盟、金砖国家、东北亚等重点区域国家就基础设施、产能合作、贸易金融、能源环境、减贫实践等诸多领域展开全方位合作，[1]"其战略目标是建立一个政治互信、经济融合、文化包容的利益共同体、命运共同体和责任共同体"。[2]

作为一个如此庞大、跨越国界的系统工程，"一带一路"倡议从执行伊始就受到国内外媒体的广泛关注。中国主流媒体在报道内容上保持高度一致，凸显中国和平发展、合作共赢的大国形象。[3]但是，华文媒体、国外媒体由于其背后复杂的政治关系及利益关系，在"一带一路"报道上呈现

---

① 刘梦：《六大经济走廊》，来源：中国一带一路网 http://www.yidaiyilu.gov.cn/zchj/rcjd/60644.htm.

② 刘娜、朱东仪：《"一带一路"背景下我国对外传播战略新构想》，《新疆社会科学》2016 年第 5 期，第 96-100 页。

③ 王瑞林、毛彦心：《《人民日报》（海外版）国家形象建构研究——以"一带一路"国际合作高峰论坛为例》，《传媒》2018 年第 17 期，第 33-36 页。

出较为丰富的媒介景观，①比如，将"一带一路"倡议带入"马歇尔计划""特洛伊木马"的话语困境②，体现出中国主流意识形态与亚洲其他国家或西方政治势力间的相互博弈。作为民心相通构建中的重要一环，考察华文媒体的传播效果具有重要意义，特别是在国际舆论对"一带一路"倡议的态度经历了"了解——质疑——矛盾中接纳"的过程后，中国处于加大对外传播力度、提升国际影响力的重要机遇期，理清当前国内主流媒体及华文媒体的议程设置在政治立场干扰下究竟对西方主流媒体产生了何种影响，并采取相应传播策略破解西方国家针对"一带一路"倡议所构建的"中国威胁论"话语困境，也就显得尤为关键。

然而当前国内有关"一带一路"倡议的传播学研究，仍主要聚焦在国家及地方媒体的国际传播力建设③④、对外传播战略与体系构建⑤⑥、中国特定文化的对外传播等维度⑦，倾向于从宏观视角关注"他国对中国'一带一路'倡议的响应及'一带一路'倡议所面临的挑战、风险和解决措施"，较少分析"媒体对'一带一路'传播效果的影响"。因而本研究创新性地将网络议程设置理论引入国际传播领域，从实证角度具体分析在"一带一路"对外传播过程中，中国主流媒体及华文媒体的议程设置网络给西方主流媒体报道带来的影响及效果，以期为讲好中国故事、传播好中国声音提供新见解。

具体来说，本研究运用社会网络分析法探讨中国主流媒体、美国主流媒体和美国华文媒体议程网络间的影响和关系。研究结果显示，在报道"一带一路"时，三类媒体均聚焦于"移民""发展理念/价值观""国际政治"及"文化/教育"议题。中国主流媒体和美国华文媒体分别能对美国主流媒体产生网络议程设置效果。中国主流媒体与美国华文媒体之间不存在网络议程

---

① 钟智锦、周志成：《"一国"与"两制"的工具性实现：对香港报纸的内容分析（1998—2016）》，《新闻大学》2018 年第 4 期，第 63-71、152 页。

② 《"一带一路"议题的国际舆情分析》，《对外传播》2017 年第 5 期，第 24-26 页。

③ 曾润喜、魏冯：《"一带一路"国家战略的舆论引导评价研究》，《情报杂志》2017 年第 36 卷，第 5 期，第 90-94 页。

④ 周勇、何天平、倪乐融：《"一带一路"视野下讲好中国故事的四个转向——以第二季"天涯共此时"新闻行动为例》，《新闻与写作》2017 年第 10 期，第 60-63 页。

⑤ 史安斌、盛阳：《"一带一路"背景下我国对外传播的创新路径》，《新闻与写作》2017 年第 8 期，第 10-13 页。

⑥ 张昆：《传播先行，实现民心相通——服务丝绸之路经济带建设的国家传播战略》，《人民论坛·学术前沿》2015 年第 9 期，第 62-72 页。

⑦ 王文权、于凤静：《论"一带一路"愿景下中国海洋文化全球传播的现实契机》，《新闻爱好者》2016 年第 7 期，第 76-79 页。

设置效果。三类媒体的议程网络间均存在显著的相关性，且美国华文媒体与美国主流媒体的相关性比其与中国主流媒体的相关性更高。

一、中外主流媒体的议程网络呈现

（一）同题新闻的比较研究

根据郭光华在其著作《同题新闻大比拼》中对同题新闻的定义，同题新闻并非指新闻标题相同，而是指报道的新闻事件相同，也就是面对同样的新闻体裁时，不同媒体进行的报道。[①]由于不同媒体具有不同的媒体定位[②]、市场定位[③]、报道基调[④]，且代表自身政府的利益与立场，在对同一新闻进行报道时，媒体往往会对其中的某些议题有所侧重和放大，甚至采用隐喻的方法建构某种消极的意义联想[⑤]，从而放大事件的负面效应，降低新闻报道的客观性、全面性。基于此，不少学者展开了对同题新闻新闻文本的比较研究，并就新闻生产背后的原因进行深入分析，以理清不同媒体类型针对同一新闻题材的报道规律。比如学者白贵和韩韶君将目光聚焦于国内的两种媒体类型，通过对以党报为代表的核心主流媒体及以都市报为代表的次级主流媒体在雾霾风险议题报道上的比较研究，窥探二者因受媒体定位影响而在雾霾风险议题建构上所具有的共性和差异。另一部分学者则放眼国外，通过对本国与国外媒体报道的比较、本国与海外华文媒体的比较、国外不同媒体报道的比较，探析媒体报道背后的政治倾向与中西方报道的价值立场差异，以期建构多元对话的国际公共话语空间。比如学者龚芳敏对中美主流媒体《人民日报》和《纽约时报》在云南"3.01事件"上的报道进行了框架分析，揭示两者因受所处文化环境和意识形态影响而在报道上呈现出的喉舌框架与冲突质疑框架的差异。[⑥]

回到"一带一路"研究的语境中，由于中文属于"高语境文化"，加之

---

①　郭光华：《同题新闻大比拼》，湖南：湖南大学出版社，2006年。

②　白贵、韩韶君：《从雾霾风险议题处理看主流媒体环境议题的建构原则及定位——基于《河北日报》与《新京报》的比较研究》，《新闻大学》2018年第3期，第53-59、148页。

③　张莉、陆洪磊：《影响国际议题报道的全球化和本土化因素的再思考——基于"一带一路"报道的比较研究》，《现代传播（中国传媒大学学报）》2018年第40卷，第10期，第45-51、62页。

④　侯迎忠、蔡思岚：《香港主流报纸涉"一带一路"报道框架研究——以《南华早报》《经济日报》和《明报》为例》，《现代传播（中国传媒大学学报）》2018年第40卷，第10期，第85-89页。

⑤　辛静、单波：《海外英文媒体对"一带一路"倡议的隐喻建构——基于语料库的跨文化比较研究》，《现代传播（中国传媒大学学报）》2018年第40卷，第6期，第36-42页。

⑥　龚芳敏：《中美主流媒体对云南"3.01事件"报道的比较分析——以《人民日报》与《纽约时报》为例》，《西南民族大学学报（人文社会科学版）》2015年第36卷，第2期，第158-162页。

中国特色政治话语的特殊性，发源于中国传统文化的传播理念和传播实践与西方媒体引导的国际舆论体系有着本质上的不同。[①]比如学者辛静和单波基于概念隐喻理论比较分析了美国、英国等六个国家和地区的主流英文媒体关于"一带一路"的报道评论，发现"一带一路"的国际话语空间中仍"横亘着根据固化经验所建构的意义联想和认知框架"，背离了良性互动的倡议愿景。[②]学者张莉和陆洪磊对具有不同市场定位的五种英国媒体关于"一带一路"的报道进行分析，发现媒体市场区域定位越广的媒体越倾向于从经济政策视角对"一带一路"进行解读，其媒体报道倾向也更加趋向积极，以此提出未来的"一带一路"传播更需加强与跨国市场媒体间联系的应对方案。[③]因此，处于不同政治立场、文化背景和受众市场下的新闻媒体在报道"一带一路"倡议时所倾向的具体议题值得分析。

RQ1：在"一带一路"主题报道中，中国主流媒体、海外华文媒体、海外主流媒体分别会更偏向于报道哪些议题？

当前国内关于同题新闻的比较研究大多基于框架理论，并以质化分析为主，研究内容集中在对新闻报道的主题、体裁、倾向、报道框架等外在呈现形式的比较，缺少量化研究的佐证。本研究将网络议程设置理论引入国际传播领域，一方面通过分析中外主流媒体议程网络间的关系，深入了解国内主流媒体在对外传播中所扮演的角色和真正发挥的作用，为国内媒体建设及未来发展定位提供客观依据；另一方面则通过对华文媒体及海外主流媒体间议程网络的分析，客观评判作为兼具中华文化与西方文明双重特质的华文媒体，[④]是否能有效充当我国对外传播的桥梁，并以此为依据给新时代我国对外传播内容和策略的调整提供更进一步的参考。

（二）网络议程设置理论：历史回溯与创新运用

网络议程设置理论（Network Agenda Setting，简称 NAS）是研究大众媒介对于议题/属性的显著性网络与公众对这些议题/属性的认知网络相互间关系的理论，[⑤]它除了衡量议题或属性在媒体和公众上的相对重要性之

① 史安斌、盛阳：《"一带一路"背景下我国对外传播的创新路径》，《新闻与写作》2017 年第 8 期，第 10-13 页。

② 辛静、单波：《海外英文媒体对"一带一路"倡议的隐喻建构——基于语料库的跨文化比较研究》，《现代传播（中国传媒大学学报）》2018 年第 40 卷，第 6 期，第 36-42 页。

③ 张莉、陆洪磊：《影响国际议题报道的全球化和本土化因素的再思考——基于"一带一路"报道的比较研究》，《现代传播（中国传媒大学学报）》2018 年第 40 卷，第 10 期，第 45-51、62 页。

④ 曼丽：《关于海外华文传媒的战略性思考》，《国际新闻界》2001 年第 3 期，第 25-30 页。

⑤ 史安斌、王沛楠：《议程设置理论与研究 50 年：溯源·演进·前景》，《新闻与传播研究》2017 年第 24 卷，第 10 期，第 13-28、127 页。

外，还描述新闻报道中各种对象或属性之间的网络结构并考察其对公众感知的影响。[1]网络议程设置理论是在麦库姆斯和肖于 1968 年"教堂山镇研究"中共同提出的经典议程设置理论（第一层次）[2]及 1997 年提出的"属性议程设置"（attribute agenda setting）理论（第二层次）的基础上进一步发展起来的。该理论认为，新闻媒介并不是为公众接收信息过程提供了单个的议题，而是构建了一个由一系列议题所构成的媒体环境。新闻媒体除了告诉公众"想什么"或者"怎么想"之外，更决定了公众对社会现实的认知和判断结果。[3]

议程设置理论自提出以来，除了用于探讨媒介议程与公众议程间的相关关系以外，也被广泛应用于不同媒介间议程设置的研究，以探讨不同媒体类型之间的相互作用和影响。[4]比如美国学者里斯和丹尼利安便发现精英新闻机构往往会对其他媒体的议程设置带来影响，并首次证实媒介间议程设置的作用是真实存在的。[5]学者埃斯科巴等在研究中将媒介间的议程设置研究扩展到第二层次，包含了内容议程和属性议程两个层面。[6]随着议程设置理论发展到第三层，即网络议程设置理论，不少学者也将其应用到跨媒体议程设置研究中。比如学者郭等人借助社会网络分析法，具体对比了美国《纽约时报》、中国《人民日报》、中国台湾地区《联合日报》、波兰《选举公报》四家报纸在报道伊拉克战争事件中的网络属性议程，发现总体呈现出异质性，这在一定程度上回应了新闻实践全球化下新闻报道同质化和异质化的争论。学者克里斯·J. 瓦戈和雷·郭则对《纽约时报》《华盛顿邮报》、通讯社、传统媒体网站、在线党派媒体、新兴在线媒体（非党派）上 2015 年所有的新闻议题网络进行因果分析，发现这些媒体的议程具有

① Guo, Lei., "The Application of Social Network Analysis in Agenda Setting Research: A Methodological Exploration," Journal of Broadcasting & Electronic Media, vol. 56, no. 4, 2012, pp. 616-631.

② McCombs, Maxwell, and Donald L. Shaw "Agenda-setting Function of Mass Media." Public Opinion Quarterly. vol. 36, no. 2, 1972, pp. 176-187.

③ 史安斌、王沛楠：《议程设置理论与研究 50 年：溯源·演进·前景》，《新闻与传播研究》2017 年第 24 卷，第 10 期，第 13-28、127 页。

④ Reese, S. D., & Danielian, L. H. Intermedia influence and the drug issue: Converging on cocaine. In P. J. Shoemaker(Eds.), Communication campaigns about drugs: Government, media, and the public. New York, NY: Lawrence Erlbau m. 1989, pp. 29-46.

⑤ Stephen D. Reese, Lucig H. Danielian. Inter media Influence and the Drug Issue: Converging on Cocaine. In Pamela J. Shoemaker(Ed.). Communication Campaigns About Drugs: Government, Media, and the Public. Hillsdale. NJ: Lawrence Erlbaum Associates, 1989, pp. 29-46.

⑥ Lopez-Escobar E, & Llamas J P, & Mccombs M, et al., " Two Levels of Agenda Setting Among Advertising and News in the 1995 Spanish Elections," Political Communication, vol. 15, no. 2, 1998, pp. 225-238.

高度的同质性和互动性,网络党派媒体在整个媒体议程中发挥着主导作用,《纽约时报》和《华盛顿邮报》的议程很有可能已经受到在线党派媒体的影响而失去自身原有对新闻议程的控制。[①]学者 Vu 等人则借助网络议程设置理论,发现报纸、广播、电视、网络新闻媒体等不同媒介中的议程网络极为相似,呈现出高度同质性,其中在线新闻媒体构建的媒体网络议程与其他媒体构建的议程相关性最强。[②]

从总体上看,当前学界将网络议程设置理论应用于跨媒体议程设置研究的成果仍十分匮乏,国内暂未有学者从此视角出发开展研究。因而本书首创性地将网络议程设置理论应用于中国语境下的跨国媒体间的议程设置,具有十分重要的研究意义。同时,在前人十分有限的研究中,大多数学者仍停留在不同媒体类型的议程网络的相关关系分析,而不同媒体类型间是否存在网络议程效果值得我们去做更进一步的探讨。[③]基于此,本研究提出了以下的研究问题:

RQ2:在"一带一路"主题报道中,中国主流媒体、海外华文媒体、海外主流媒体两两之间是否存在网络议程设置效果?

（三）动态相关的跨国媒体

1. 华文媒体与中国主流媒体:分担与延伸

学者程曼丽将海外华文媒体定义为除中国大陆和港澳台之外,通过汉字或汉语进行传播的大众传播媒介,报纸、杂志、广播、电视以及互联网都在这一范畴内,这些媒体多由在海外定居的海外华人创办。[④]随着改革开放后大陆新移民数量的持续增长及华人社会地位不断提高,华文媒体的民间舆论功能与日俱增,并和国内主流媒体一起搭建了国家形象对外传播的重要窗口和融合载体。作为兼具中华文化与西方文明双重特质的传播媒介,华文媒体在弘扬中华民族传统和扩大国际影响力上,有其自身独特的作用,在海外传播中也显现出比较强的适应性。不少学者也证实了海外华文媒体

---

① Vargo C J, & Guo L. "Networks, Big Data, and Intermedia Agenda Setting," Journalism & Mass Communication Quarterly, 2016.

② Vu, H., Guo, L., & McCombs, M., "Exploring "the world outside and the pictures in our heads": A network agenda-setting study," Journalism & Mass Communication Quarterly, vol. 91, 2014, pp. 669-686.

③ Vargo C J, & Guo L., "Networks, Big Data, and Intermedia Agenda Setting," Journalism & Mass Communication Quarterly, 2016.

④ 程曼丽:《关于海外华文传媒的战略性思考》,《国际新闻界》2001 年第 3 期,第 25-30 页。

在弘扬中华文化传统①②③、推动中外文化交流④⑤、平衡西方舆论⑥⑦⑧上所起到的重要作用。从某种意义上看，海外华文媒体一定程度上分担了国内媒体在对外传播中所肩负的使命与责任，成为国内媒体在海外的重要延伸，这也为我们借助海外华文媒体提升中国国际影响力、与西方主流媒体话语抗衡并进而影响其媒体议程提供了实践上的可能性。⑨鉴于此，本研究提出第一个研究假设：

H1：在"一带一路"主题报道中，海外华文媒体的议程网络与中国主流媒体的议程网络具有显著的相似性。

2. 华文媒体与西方主流媒体：互补或相似

华文媒体作为西方媒体与中国大陆沟通的桥梁和中介⑩，从某种侧面上也为西方民众了解客观、真实的中国提供了重要的窗口，并在西方媒体的新闻参考来源中扮演着愈加重要的作用。⑪这一方面是缘于大部分的海外华文媒体与国内主流媒体保持着紧密的合作关系，⑫因而在与中国相关的消息源的获取上往往占据着时间和内容上的极大优势。另一方面，华文媒体在与中国相关的新闻报道的内容生产上进行了本土化转向，其客观中立的传播立场及报道逻辑往往更为符合西方受众的阅读习惯及偏好，⑬因而也多为西方主流媒体所采用。这就使得华文媒体与中国相关的报道议程一定程度上也对西方主流媒体议程产生了影响。鉴于此，笔者提出了以下的研究假设：

H2：在"一带一路"主题报道中，海外华文媒体的议程网络与海外主

① 刘翱：《华文媒体的全球化生存》，《南京政治学院学报》2002年第18卷，第2期，第118-121页。

② 程曼丽：《关于海外华文传媒的战略性思考》，《国际新闻界》2001年第3期，第25-30页。

③ 裴永刚：《海外华文传媒态势分析》，《当代传播》2005年第2期。

④ 刘权：《华文媒体对日本华人社会的整合作用》，《新闻爱好者》2005年第4期，第31-32页。

⑤ 白贵、王南：《寻找文化归属的海外华文媒体——〈联合早报〉对中华传统文化传承与异变的个案研究》，《当代传播》2005年第1期。

⑥ 彭伟步、焦彦晨：《海外华文传媒的文化影响力与中国文化软实力的建设》，《新闻界》2011年第5期，第123-127页。

⑦ 侯东阳：《在国际舆论中有效地传播中华的声音——对海外华文媒体访谈的思考》，《东南亚研究》2011年第3期，第79-82页。

⑧ 丁建辉：《浙江籍人士投资创办海外媒体研究》，《浙江学刊》2011年第6期。

⑨ 程曼丽：《关于海外华文传媒的战略性思考》，《国际新闻界》2001年第3期，第25-30页。

⑩ 郑文标：《海外华文媒体的现状、问题与对策》，《编辑之友》2012年第12期，第51-53页。

⑪ 刘洪：《图书馆开发海外华文媒体信息资源探究》，《图书馆论坛》2009年第29卷，第5期。

⑫ 张国礼：《澳大利亚华文报业发展现状及启示》，《传》2017年第3期，第30-32页。

⑬ 申雪凤：《海外华文媒体对"真实中国"形象塑造的作用——以联合早报网〈读者调查〉栏目为例》，《传媒》2016年第1期。

流媒体的议程网络具有显著的相似性。

H3：在"一带一路"主题报道中，华文媒体与海外主流媒体议程网络的相似性比华文媒体与中国主流媒体议程网络的相似性更高。

3. 中国主流媒体与西方主流媒体：敌对与竞争

自 2009 年我国提出重点媒体国际传播能力建设总体规划以来，我国媒体国际化发展走过了十多个年头。十多年来中国的对外传播从硬件设施建设阶段走向核心能力打造阶段，到如今处于护航"一带一路"的崛起阶段，这几个阶段的转变也体现着中国媒体的对外传播能力从注重硬实力到追求软实力、从自说自话到强调构建共同话语的转型过程。[①]与此同时，在相关研究里的西方主流媒体，很多时候仍在新闻报道中透露着带有偏见和敌视的政治导向。比如学者赵雅文和王泽帅便以《中国日报》与《纽约时报》对"2015 习近平访美"的新闻报道展开主题差异分析，发现《纽约时报》在报道中不仅数量上十分稀少，更在内容上以网络安全问题和环境气候问题对中国进行负面报道。[②]学者辛静和单波则借助语料库分析工具 Wmatrix 对美国等国家和地区的主流英文媒体关于"一带一路"倡议的新闻报道展开分析，发现美国主流媒体多采用"游戏"隐喻、殖民与帝国主义的隐喻、战争的隐喻将"一带一路"倡议附上"中国威胁论"的色彩。[③]西方媒体话语强有力地抗衡是否会导致媒体议程网络的不同，启发研究人员提出了以下研究问题：

RQ3：在"一带一路"主题报道中，中国主流媒体的报道议程网络与西方主流媒体的报道议程网络是否具有显著的相似性？

二、议程设置的数据呈现：以 GDELT 的特征向量中心性分析

（一）数据来源

本研究以 Global Database of Events, Language, and Tone（GDELT）其中的 Global Knowledge Graph 2.0（GKG 2.0）数据库作为新闻内容收集来源。GDELT 数据库能实时收集全球各国超过 100 种语言的广播、印刷和网络新闻报道内容，其历史数据可追溯到 1979 年 1 月 1 日，且每 15 分钟自动更新一次，形成一份新的数据。该数据库利用自然语言和数据挖掘算法

① 程曼丽：《国际传播能力建设的实践研究与意义——兼评《新媒体跨文化传播的中国实践研究》》，《新闻与传播评论》2019 年第 72 卷，第 1 期，第 123-128 页。

② 赵雅文、王泽帅：《中美媒体"2015 习近平访美"报道的主题差异分析——以《中国日报》与《纽约时报》为例》，《新闻大学》2016 年第 4 期，第 11-18、148-149 页。

③ 辛静、单波：《海外英文媒体对"一带一路"倡议的隐喻建构——基于语料库的跨文化比较研究》，《现代传播（中国传媒大学学报）》2018 年第 40 卷，第 6 期，第 36-42 页。

（包括深度学习算法），在收集新闻报道内容的同时自动翻译为英文并进行内容分析，自动识别报道中的人物、地点、机构、主题、来源、情绪、数字、引言、图片和事件等元素。[1]公众可以在其官方网站免费下载源文件（csv文件），也可以使用 SQL 语言通过 Google BigQuery 平台进行有选择的数据收集，GDELT 数据库将所有数据实时共享至该第三方平台。本研究通过第二种方法收集，数据的时间范围为 2017 年"一带一路"国际合作高峰论坛召开后一年，即 2017 年 5 月 14 日至 2018 年 5 月 13 日。

（二）样本选择

本研究以《中国日报》以及美国三大报《纽约时报》《华盛顿邮报》和《洛杉矶时报》作为研究对象，[2]并根据 2018 年 4 月由中国新闻社联合中国传媒大学新闻学院联合制定的《世界华文传媒新媒体影响力总榜》，[3]选取在美影响力排名前三的华文媒体作为研究对象，包括"多维新闻网""文学城"和"美国中文电视"（见表 4-3-1）。

表 4-3-1　三类媒体中"一带一路"报道篇数

媒体类型	媒体名称	"一带一路"报道篇数
中国主流媒体	《中国日报》	1981
美国主流媒体	《纽约时报》《华盛顿邮报》《洛杉矶时报》	202
美国华文媒体	"多维新闻网""文学城""美国中文网"	169

（三）议题分类

GDELT 项目拥有自己的"主题（theme）"库，其计算机系统能通过识别新闻文本的关键字判断文中所涉及的"主题（theme）"，即新闻的核心议题。GDELT 主题涵盖了"税收""政治事件"等诸多方面，并随着新闻文本的更新而不断增加可识别的主题。[4]截至本研究开展时，GDELT 项目的主题库中共有 451 个主题。

两位研究人员将 GDELT 主题总结为 23 大类议题，具体包括边境问

① Leetaru, K. H. (2012a). Data mining methods for the content analyst: An introduction to the computational analysis of content. Abingdon, UK: Routledge.

② 邱林川：《多重现实：美国三大报对李文和的定型与争辩》，《新闻与传播研究》2002 年第 1 期，第 63~74 页。

③ 来源：中新网微信公众号，http://www.chinanews.com/hr/2018/05-24/8521957.shtml，2018.

④ Vargo C J, & Guo L., "Networks, Big Data, and Intermedia Agenda Setting," Journalism & Mass Communication Quarterly, 2016.

题、贫困问题、自然资源/能源、经济、移民、社会秩序、环境/生物保护、法律、政府管理、就业/失业、媒体和互联网、基础设施、城乡发展、国际贸易、国际政治、发展理念/价值观、医疗卫生/健康、冲突抵制行为、军事、公民自由/人权、人为事故/自然灾害、科技和文化/教育。其中，有 6 个 GDELT 主题在归类时存在争议，因此采取剔除措施。

（四）数据预处理

本研究使用社会网络分析法对数据进行分析，在正式分析前，研究人员对数据进行了预处理。GDELT 数据库的原始数据中，每一行包含特定一篇新闻的所有信息，每一列为 GDELT 分析得到的一类文本元素，比如主题。一篇新闻所包含的所有主题被放置在对应的一个单独的单元格中。为了方便进一步分析，研究人员首先使用 Python 对原始数据中的主题进行归类，得到每篇新闻所包含的议题；接着，若同一篇新闻中同时包含若干议题，则在这些议题之间建立"联系（tie）"，比如，若一篇新闻同时包含"边境问题、贫困问题、自然资源/能源"三个议题，则一共存在三个"联系"。最终形成对应中国主流媒体、美国主流媒体、美国华文媒体的三个议题矩阵，用于使用 UCINET 6.186 进行 QAP 检验以分析矩阵间的相关性。[①]"联系"的权重为含有对应两个议题的报道的篇数。

除此之外，本研究还使用 UCINET 6.186 计算了各议题在议题网络中的特征向量中心度（Eigenvector Centrality），用以反映议题在"一带一路"报道中的重要程度。特征向量中心性分析是用于寻找社会网络中最重要节点的方法，这种方法认为每个节点的重要程度由中心度反映，而节点的中心度则由相邻节点的中心度决定，而不是由所连接节点的个数决定。[②③]换句话说，在议程网络中，与重要议题发生"联系"的议题的重要程度更高，议题的重要程度并不是简单地由报道次数决定。

（五）格兰杰因果关系检验预处理流程

研究人员以"天"为单位合计在过去一年三类媒体报道"一带一路"时每天提及的议题量，然后使用 Eviews 10SV 进入格兰杰因果关系检验的预处理流程。首先，研究人员对数据进行 ADF 检验，结果显示，三类媒体

① 刘军：《社会网络分析导论》，北京：社会科学文献出版社，第 74-76 页。

② 刘军：《社会网络分析导论》，北京：社会科学文献出版社，第 131-134 页。

③ 刘巍、陈昭：《计量经济学软件 Eviews 6.0 建模方法与操作技巧》，北京：机械工业出版社，第 1-11、125-152 页。

的数据均能通过检验（见表 4-3-2），表明数据不含单位根，表现平稳；其次，研究人员基于 VAR 模型通过 AIC 准则计算最优滞后阶数（lag），本研究选定滞后一阶和二阶；最后，使用 Durbin-Watson 检验判断数据是否存在自相关，结果均显示不存在自相关。基于以上预处理结果，研究人员认为数据可用于格兰杰因果关系检验，并根据检验结果判断媒体间是否存在网络议程设置效果。

表 4-3-2　三类媒体数据的 ADF 检验结果

检验方法	中国主流媒体	美国主流媒体	华文主流媒体
ADF-Fisher 检验	2961.72（0.00）*	3610.95（0.00）*	3557.75（0.00）*

*表示在 1% 的显著性水平上拒绝原假设；括号中数据是该统计量的伴随概率。

三、研究结果：由此及彼还是各自为政？

为了解决 RQ1，本研究进行了特征向量中心性分析。结果显示，中国主流媒体议程网络中特征向量中心度排名前十的议题为："移民"（0.425）、"国际政治"（0.423）、"发展理念/价值观"（0.388）、"文化/教育"（0.279）、"环境/生物保护"（0.272）、"社会秩序"（0.263）、"经济"（0.243）、"科技"（0.172）、"冲突抵制行为"（0.156）和"国际贸易"（0.155）。

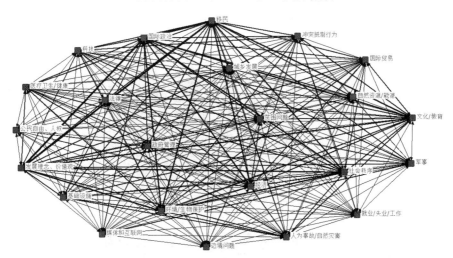

图 4-3-1　中国媒体议程网络

美国主流媒体议程网络中特征向量中心度排名前十的议题为："发展

理念/价值观"（0.342）、"移民"（0.336）、"国际政治"（0.332）、"文化/教育"（0.281）、"军事"（0.25）、"公民自由/人权"（0.24）、"冲突抵制行为"（0.238）、"社会秩序"（0.231）、"人为事故/自然灾害"（0.226）和"基础设施"（0.223）。

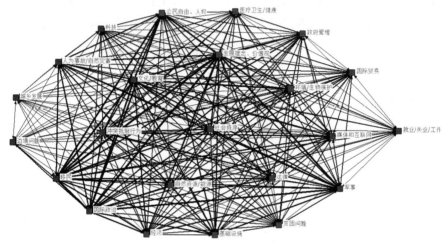

图 4-3-2　美国媒体议程网络

美国华文媒体议程网络中特征向量中心度排名前十的议题为："国际政治"（0.368）、"发展理念/价值观"（0.361）、"移民"（0.356）、"文化/教育"（0.27）、"医疗卫生/健康"（0.268）、"媒体/互联网"（0.25）、"基础设施"（0.238）、"军事"（0.229）、"人为事故/自然灾害"（0.217）和"法律"（0.208）。

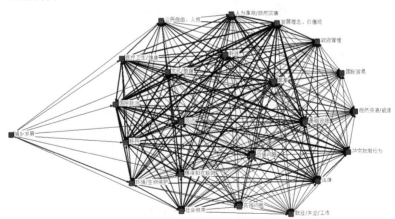

图 4-3-3　华文媒体议程网络

在报道"一带一路"时，中国主流媒体、美国主流媒体和美国华文媒体均主要聚焦于"移民""发展理念/价值观""国际政治"及"文化/教育"。"经济"议题并非美国主流媒体和美国华文媒体的十大重要议题之一，在中国主流媒体中，"经济"议题的重要程度仅排在第七位。

RQ2 旨在探讨三类媒体之间的网络议程设置效果。格兰杰因果关系检验结果显示（见表 4-3-3），中国主流媒体在 13 类议题上对美国主流媒体表现出格兰杰因果关系，其中仅有 1 类议题（"国际贸易"）需滞后两阶才有显著的格兰杰因果关系，其余均至少在滞后一阶时便满足格兰杰因果关系。相反，美国主流媒体只满足在滞后至多一阶的情况下引导中国主流媒体中的 11 类议题，因此，中国主流媒体能对美国主流媒体产生网络议程设置效果，反之则不能。中国主流媒体与美国华文媒体互相在 12 类议题上满足格兰杰因果关系，且均有 1 类议题需满足滞后二阶才存在格兰杰因果关系，因此二者间不存在网络议程设置效果。美国华文媒体则在 18 类议题上与美国主流媒体之间存在格兰杰因果关系，有两类议题需满足滞后二阶的条件（"国际贸易"和"人为事故/自然灾害"），而美国主流媒体只在 4 类议题上对美国华文媒体施加影响，且有两类议题需在滞后二阶的条件下，因此，美国华文媒体对美国主流媒体存在网络议程设置效果。

表 4-3-3　格兰杰因果关系检验结果

中国主流媒体对美国主流媒体的格兰杰因果关系检验结果											
Lag	1	2	3	4	5	6	7	8	9	10	11	12
$F_{(1, 364)}$	1.82	28.73**	0.54	19.91**	11.12**	27.15**	21.47**	1.23	4.44*	0	3.19	2.52
$F_{(2, 363)}$	1.03	6.89**	0.32	5.25**	2.24	9.85**	7.75**	0.53	1.05	0.17	0.59	0.94
Lag	13	14	15	16	17	18	19	20	21	22	23	
$F_{(1, 364)}$	0.38	0.1	12.24**	10.78**	1.87	9.22**	24.20**	3.33	0.94	4.56*	6.39*	
$F_{(2, 363)}$	0.29	13.09**	1.42	2.17	1.21	2.94	11.45**	1.21	0.91	1.46	1.64	
中国主流媒体对美国华文媒体的格兰杰因果关系检验结果											
Lag	1	2	3	4	5	6	7	8	9	10	11	12
$F_{(1, 364)}$	2.51	0.03	4.10*	4.29*	7.16**	3.48	13.04**	1.95	0.17	8.42**	6.47*	4.64*
$F_{(2, 363)}$	1.28	0.16	0.94	3.09*	3.47*	0.15	3.01	0.54	0.24	2.94	3.92*	1.06
Lag	13	14	15	16	17	18	19	20	21	22	23	
$F_{(1, 364)}$	0.1	2.14	5.76*	6.60*	14.32**	1.06	8.32**	1.92	0.97	0.68	3.51	
$F_{(2, 363)}$	0.09	5.17**	1.58	2.26	3.02*	2.27	2.38	1.18	0.12	0.18	0.16	

续表

美国华文媒体对美国主流媒体的格兰杰因果关系检验结果											
Lag	1	2	3	4	5	6	7	8	9	10	11	12
$F_{(1,364)}$	0.03	12.45**	5.37*	10.10**	19.97**	16.23**	21.88**	14.15**	0.2	21.95**	18.83**	5.67*
$F_{(2,363)}$	0.58	2.21	4.01*	5.55**	7.70**	9.55**	11.13**	6.38**	0.23	10.97**	7.18**	3.33*
Lag	13	14	15	16	17	18	19	20	21	22	23	
$F_{(1,364)}$	0.01	1.42	19.22**	19.09**	0.07	4.08*	12.92**	0.25	2.73	27.95**	26.10**	
$F_{(2,363)}$	0.01	6.12**	4.90**	6.45**	0.26	2.43	7.57**	0.44	4.27*	10.70**	5.99**	

美国华文媒体对中国主流媒体的格兰杰因果关系检验结果											
Lag	1	2	3	4	5	6	7	8	9	10	11	12
$F_{(1,364)}$	1.25	2.01	2.39	0.41	8.46**	9.37**	25.60**	10.76**	2.76	0.09	1.77	11.80**
$F_{(2,363)}$	0.72	2.78	0.46	7.04**	3.90*	1.97	5.06**	4.45*	1.57	0.12	2.7	2.76
Lag	13	14	15	16	17	18	19	20	21	22	23	
$F_{(1,364)}$	0.08	0.49	5.72*	9.90**	7.20**	13.85**	6.30*	1.35	3.75	0.7	10.11**	
$F_{(2,363)}$	0.08	0.26	4.87**	3.05*	2.07	6.74**	1.18	1.42	1.75	1.62	7.66**	

美国主流媒体对中国主流媒体的格兰杰因果关系检验结果											
Lag	1	2	3	4	5	6	7	8	9	10	11	12
$F_{(1,364)}$	0.27	3.83	0.27	8.59**	7.36**	3.25	8.67**	1.19	3.89*	0.34	0.5	0.47
$F_{(2,363)}$	0.33	2.15	0.2	2.77	4.93**	0.58	2.55	1.64	1.79	0.23	0.38	0.47
Lag	13	14	15	16	17	18	19	20	21	22	23	
$F_{(1,364)}$	1.01	0.99	9.88**	4.93*	8.03*	28.72**	5.30*	1.71	3.53	3.96*	13.05**	
$F_{(2,363)}$	0.66	0.69	4.13*	1.93	3.94*	12.83**	1.6	1.33	1.34	1.62	6.22**	

美国主流媒体对美国华文媒体的格兰杰因果关系检验结果											
Lag	1	2	3	4	5	6	7	8	9	10	11	12
$F_{(1,364)}$	1.13	1.77	0.17	1.88	1.53	1.56	0	1.23	10.93**	3.12	3.98*	2.37
$F_{(2,363)}$	1.15	0.64	0.06	0.64	0.03	0.32	6.56**	0.04	6.77**	2.04	0.95	0.97
Lag	13	14	15	16	17	18	19	20	21	22	23	
$F_{(1,364)}$	0.01	0.04	1.42	0.08	0.17	3.27	1.22	0.03	1.07	1.08	1.46	
$F_{(2,363)}$	0.01	4.19*	0.2	0.26	0.16	1.26	0.23	0.1	0.16	0.65	0.74	

注：

1、议题序号：1=边境问题；2=贫困问题；3=自然资源/能源；4=经济；5=移民；6=社会秩序；7=环境/生物保护；8=法律；9=政府管理；10=就业/失业；11=媒体/互联网；12=基础设施；13=城乡发展；14=国际贸易；15=国际政治；16=发展理念/价值观；17=医疗卫生/健康；18=冲突抵制行为；19=军事；20=公民自由/人权；21=人为事故/自然灾害；22=科技；23=文化/教育。

2、*为 $p < .05$。**为 $p < .01$。

H1、H2、H3 和 RQ3 均围绕不同媒体中"一带一路"报道的议程网络间的相似性而展开，为了验证猜想并回答研究问题，研究人员对三个媒体的议题矩阵进行了 QAP 检验。结果显示，美国华文媒体与中国主流媒体的议程矩阵间呈显著的相关关系（r = 0.74，p = 0.000），表明二者的议程网络有显著的相似性，因此 H1 成立。美国华文媒体与美国主流媒体间的相关系数 r 为 0.83（p = 0.000），因此同样具备议程网络间的显著相似性，H2 成立。然而，美国华文媒体与美国主流媒体的议程矩阵间的相关系数大于其与中国主流媒体的相关系数，说明美国华文媒体在报道"一带一路"时的议程网络与美国主流媒体的更为相似，H3 不成立。另外，中国主流媒体与美国主流媒体的议程矩阵间的相关系数为 0.69（p = 0.000），说明他们在报道"一带一路"时呈现出显著相似的议程网络。

四、议程设置关系的深思：同质与异质

本研究创新性地将网络议程设置理论引入国际传播领域，具体探讨了中国主流媒体、美国华文媒体和美国主流媒体三者在"一带一路"主题报道议程网络中的议题呈现及两两之间的相关关系。同时，本研究还对中国主流媒体和美国华文媒体的议程设置效果加以分析检验，弥补了国内学界在媒介间网络议程设置研究上的空白，为评析中国主流媒体及海外华文媒体在对外传播中发挥的作用提供了客观依据。

本研究发现"发展理念/价值观"议题同时受到了三类媒体的重视。21世纪初，从西方流入的大量"政治性口号（political slogan）"影响了当今中国主流媒体的对外传播策略，即以简短通俗的语言描述中国政府的愿景并作为政治传播的工具，比如"中国梦""人类命运共同体""一带一路"等。但对于海外受众而言，这种政治性口号因含义的模棱两可和缺少实际政府行动的支持而并不能完全接受或理解。[1]这种情况的出现一定程度上印证了学者史安斌和盛阳的观点，即以往出于"中国特色政治话语的特殊性"和"中文表达的内生模糊性"的原因，"植根于中国传统文化的理念与实践与西方主导的全球传播话语体系存在着本质上的差别"。[2]这导致海外媒体更偏好报道具体的有关中国的国际合作项目而非项目背后的价值观。而数据显示这种现象得到了改善，"发展理念/价值观"在议程网络中的重要程

---

① Hartig, Falk., "Political slogans as instruments of international government communication – the case of China," The Journal of International Communication, 2018, pp. 1-23.

② 史安斌、盛阳：《"一带一路"背景下我国对外传播的创新路径》，《新闻与写作》2017 年第 8 期，第 10–13 页。

度较高，这可以从侧面反映海外媒体开始对中国式话语有了更深的了解并意识到“一带一路”倡议对他们的重要性，而实现话语的理解是对外传播过程中必不可少的基石。

此外，学界关于全球化发展下新闻报道更趋向于“同质化”还是“异质化”的问题一直存在争议。本研究发现中国主流媒体、海外华文媒体、美国主流媒体三类媒体间的议程网络均存在显著的相关关系，也即呈现出较强的“同质化”，这一定程度上为解答此争议提供了数据上的参考与支撑。而具体到这三者的关系，本研究发现美国华文媒体和美国主流媒体的相关关系最强，中国主流媒体和美国主流媒体的相关关系最弱，这从侧面也揭示出媒体所处的社会环境及受众市场等往往对媒体的报道议程产生较为显著的影响，因而对于影响媒体间报道议程相关关系的社会环境因素及受众市场因素，未来仍值得我们去做更进一步的探索和发现。

我们还发现中国主流媒体并不能有效影响美国华文媒体的网络议程设置。虽然中国主流媒体与美国华文媒体为“同根同源”的媒体，但值得注意的是，一方面，美国华文媒体面临着与国内主流媒体截然不同的受众市场，海外华侨华人受所处现实社会环境及教育的影响，特别是新生代华侨华人，其在世界观、人生观、价值观等方面均与国内受众有着显著差别。[①] 这也就促使华文媒体在进行新闻报道时不得不更多地考虑海外华人受众的习惯与偏好，以真正有效地贴近海外华人市场。另一方面，美国华文媒体依靠集团化的生存方式得以不断崛起和扩张，[②] 其内容来源不再仅仅局限于依靠转载国内媒体的相关报道，而是在全世界范围内拥有了独立采编新闻的队伍，在新闻报道上也更加趋向独立自主。因而在这两者的综合影响下，中国主流媒体未能对美国华文媒体的网络议程设置效果产生显著影响。与此同时，随着华文媒体自身实力的增强及更偏向于客观中立的报道风格，华文媒体长期以来的边缘身份也大大改善，[③] 其在当地主流社会的话语权不断增强，并得以对美国主流媒体的议程设置带来一定程度的影响。

综上所述，在未来我国国家形象对外传播体系的调整与构建上，本研究认为华文媒体已不再适宜承担“传播桥梁”作用，即不再单纯地作为中国主流意识形态及话语的输出通道，而更应该作为“第三方媒体”对中国

① 章建民：《与华人华侨说什么，怎么说——国内主流媒体海外华文报纸合作版面的思考》，《中国记者》2010 年第 8 期，第 23-24 页。

② 殷琦：《美国华文传媒：多元文化主义背景下的发展状况》，《厦门大学学报（哲学社会科学版）》2015 年第 6 期，第 37-44 页。

③ 苏彦韬：《美国华文媒体如何在主流社会发声》，《中国记者》2011 年第 11 期，第 14-17 页。

主流意识形态和话语加以佐证，以增强中国主流媒体在国际舆论中的可信度和说服力。

第四节　华文媒体与自媒体的"合塑"路径

作为兼具中华文化与西方文明双重特质的传播媒介，华文媒体在弘扬中华民族传统和扩大国际影响力上，有着自身独特的作用，在海外传播中也显现出比较强的适应性。与此同时，由于受社交媒体的受众分流、海外华文自媒体广告收入的挤占，以及海外市场成分（海外华人圈）的局限，华文主流媒体的传播效果其实并不如我们所想象的那样显著。在华文媒体作为"变压器"的对外传播过程中，仍然有不少学者认为海外华文媒体对西方公众有着直接的舆论接触。凤凰卫视美洲台作为华文主流媒体的典型代表，也面临着种种机遇和挑战。本节通过在凤凰卫视美洲台的田野观察，运用"文化符号圈"理论对华文媒体对外传播的现实图景进行分析，包括内外流动机制、中心与边缘的"太极"化传播策略。我们发现：华文媒体符号圈具有不均质性、不对称性和界限性的特点。由此构建的华文媒体符号圈中，华文主流媒体一方面面临着华文自媒体由"边缘"到"中心"的不断"挤压"，另一方面也面临着西方媒体"话语权"的强势攻击。不仅如此，由于界限性的存在，华文媒体在国家形象的对外传播过程中，很多时候更是难以打破西方公众的媒介认知界限，只能局限于华人圈中进行传播。同时也发现，华文主流媒体与华文自媒体、西方媒体在某种程度上存在相互合作的契机与可能。因而本研究提出，华文主流媒体有必要加强与华文自媒体的协作，跨越符号障碍，"自下而上"地打破与西方媒体合作的"夹道"，通过充分利用"他者"媒介打破国家形象传播的困局。同时在内容的制作上，华文主流媒体不应当只着眼于海外华人的需求，更应该将视野扩展到西方公众，以新的"把关人"角色从讲好中国故事 2.0 版本跨越到向世界讲好世界故事。

一、文化符号圈理论视角海外华文媒体传播图景

根据洛特曼的"文化符号圈"理论，由文化片段排列组合形成的系统构成了符号圈，是一个由属于不同组织水平、充当多种类型的符号所构成的完整机制。同生物圈类似，文化符号圈中的每一个符号系统都是独立的，整个符号圈依靠相互依存、相互影响的系统关系，实现信息的传递、保存、

加工和创新。①当前将此理论运用到对现实层面进行具体解释及研究的文献成果相对缺乏。笔者受学者张杰从文化符号圈理论入手对太极拳这一文化符号研究启发，将海外华文媒体作为文化符号，讨论其"中心"和谐、"边缘"活跃、"界限"规范的特点，以此丰富其符号的空间体系。②具体来说，笔者认为，华文媒体作为传统主流媒体及自媒体的结合，犹如一个大的文化符号圈，传统的华文媒体与新兴的华文自媒体独立运作，但两者间又相互影响，相互冲突，相互融合，具有共同推进华文媒体讲好中国故事，传播好中国声音、构建利益共同体、打破西方的"修昔底德陷阱"论调的潜力。同时我们发现，作为一种文化符号圈，华文媒体在对外传播图景中也同样呈现出不均质性、不对称性及界限性三个基本特征。

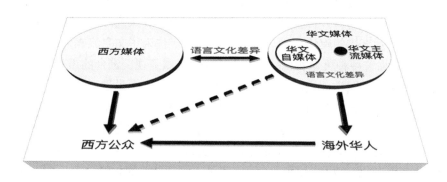

图 4-4-1　华文媒体主流与自媒体海外传播图景

（一）不匀质性：华文媒体中的"语言"差异

根据洛特曼的符号圈理论，文化符号圈以不均质性作为基本特征之一，特指文化符号圈中的语言性质有所差异，从可翻译到不可翻译。但值得注意的是，这里提及的语言性质更多的是一种抽象意义上的概念，而非单指我们平常所说的口头语言，是更广泛的编码与解码过程。因而华文媒体的不均质性，主要表现在中西方固有的语言差异、不同的文化认知习惯、华文传统媒体与自媒体不同"语言"传播方式的差异三个方面。

第一，华文媒体作为一种跨文化传播的"变压器"，不同国家间的语言差异往往是其面临的首要障碍，加之其定位于当地的华人社团中进行传播，

---

① 康澄：《文化符号学的空间阐释——尤里·洛特曼的符号圈理论研究》，《外国文学评论》2006 年第 2 期，第 100-108 页。

② 张杰：《基于文化符号圈理论的太极拳文化符号结构研究》，《体育科学》2012 年第 32 卷，第 12 期，第 85-92 页。

难以争取到其他语言的受众群体。此外，即便使用双语传播，翻译的技巧也面临异化和归化的传播效果考验，尤其目前大部分华文媒体采用异化的自我传播思维，在效果上形成了文化鸿沟。

第二，华文媒体符号圈传播上的不均质性，同时还体现在文化认知习惯上。以纪录片为例，由于中西方语言和思维习惯不同，在事件的叙述逻辑及拍摄手法上经常会有比较大的差异。以一个中国人的习惯视角讲述中国故事、传播中国声音，西方受众往往觉得难以理解，无法厘清其中复杂的关系。特别是一些官方的形象宣传片，由于过于追求画面的尽善尽美，毫无瑕疵，外国受众却出乎意料地认为"完美即是不真实"，更多的是把其当成一个国家宣传而非帮助他们更好地理解中国，因此对其持谨慎怀疑的态度。另外，细致考察华文主流媒体的节目制作内容发现，由于华文主流媒体绝大部分走市场化运营方式，往往面临资金链紧张和人才流动太大的问题，一定程度上影响了其本土节目内容制作上的连贯性，大部分不得不采用直接引进国内节目内容进行播放。比如凤凰卫视美洲台面临广告收入严重缺乏和分流，使其只能引进本部（香港）的节目维持播放体量。但现实是，由于香港节目内容与海外华人的社群爱好仍存在较大距离感，因而此策略实施不久便出现受众人群明显下降的趋势。因此，传者的"语言"与受众的"语言"难以达成交集，也即出现了不均质性，同样也给对外传播效果带来极大的约束。

第三，华文传统媒体与自媒体在所用"语言"上的巨大差异亦造成不均质性。如在第一时间处理新闻事件时，相比华文传统媒体追求专业性，华文自媒体往往更追求娱乐性，试图让受众第一时间接收、消遣和简化消息。因而华文主流媒体与自媒体除在"语言"上产生不匀质以外，也表现出符号圈的"中心"（华文传统媒体）与"边缘"（华文自媒体）之争，进而探讨在符号圈"中心"与"边缘"之间的永动性和循环性。①

（二）不对称性：华文主流媒体与华文自媒体的中心与边缘之争

符号圈理论被洛特曼定义为文化符号学的中心理论，而符号圈的"中心"则是由最发达、最强势、结构上最具有组织性的语言所组成。②文化符号圈永不停歇的中心与边缘运动之争，正是其相互所产生的张力，推动着符号圈不断向前发展。华文媒体作为一个文化符号圈，随着新媒体技术迅速发展与广泛普及，同样刺激了华文主流媒体与自媒体之间的中心与边缘

① 康澄：《文化生存与发展的空间》，南京师范大学，2005 年。
② 康澄：《文化生存与发展的空间》，南京师范大学，2005 年。

之争。正是基于这样的一种想法，华文自媒体往往被看作是华文主流媒体对外传播中的一个威胁，其角色定位很难被学者客观审视，也忽视了将两者间所具有的"合塑"潜力客观运用到具体的传播实践中。因而本研究将对华文自媒体在对外传播上的功效进行审视和初试，试图从中发现华文自媒体与华文传统媒体在"合塑"上的契合点，做到优势互补，从而真正服务于国家形象的对外传播。

对于发展历史较为悠久的华文主流媒体来说，其凭借较为长期的用户积累及市场竞争，已经在华人圈中形成较为牢固的根基，因而目前仍占据着华文媒体符号圈的中心地位。近年来华文自媒体快速崛起，华文主流媒体面临着更为严峻的生存危机。一部分海外华人创办了大量"两微一端"的华文新媒体，如博客、BBS、App 等；一些华人社团乘势在 Facebook、Twitter 和 YouTube 等社交媒体开设公共账号。截至 2016 年 7 月 16 日，学者彭伟步对华文网站、华文客户端、微信、微博、脸书和推特等几大新媒体平台进行统计，发现海外全球华文新媒体累计有 4683 个。其中以华文网站居多，有 2117 个，占比 45.2%。其次是微信公众号和微博占比较大。①最有影响力的集中在美国（102 家）、日本（72 家）、英国（64 家）和澳洲（32 家）四个国家，其中微信公众号和微博是其拓展受众的最大传播渠道和舆论阵地。可以发现，华文主流媒体的中心地位不断受到自媒体的挑战。

通过田野观察，发现这些海外自媒体往往通过提供相关的留学和海外生活服务类信息，吸引广泛的用户人群。以公众号"英国红领巾"为例，该公众号将自身定位为生活消费指南，主要向海外受众提供相关的美食餐厅、英国购物、折扣信息、旅游攻略等，同时在日常的文字和编辑推送上，基本采用标题党策略，文章内容通过轻松娱乐的网络用语对英国时事进行调侃。相关的商业广告往往也借用具有英国文化符号的载体，以多元故事叙事法吸引读者眼球，这不仅减少了受众对营销的排斥，同时容易引起文化共鸣。不仅如此，海外华文自媒体讲好中国故事更能潜移默化影响海外民间舆论，其灵活的网络化话语体系能减少"文化折扣"，其服务信息整合能力能充分利用中国民族文化符号，搭建海外公众的认知桥梁，实现"文化共享"。因而这一类华文自媒体的出现，往往能在比较短的时间内俘获足够多的受众人群，同时由于其较为出色的广告传播效果，广告商也更加倾向于把钱投入到自媒体领域。

---

① 彭伟步：《少数族群媒体视域下海外华文新媒体的发展态势》，《新闻爱好者》2017 年第 2 期，第 64-67 页。

正是在此冲击下，华文主流媒体的很大一部分受众人群被自媒体分流，相关广告商的投入也遭到了挤占，这在一定程度上影响了华文主流媒体的进一步发展。因而本处于边缘位置的自媒体，正在慢慢往华文主流媒体的中心位置靠拢。但我们也应注意到，华文主流媒体在专业性上有着更为显著的优势，在获取信息来源及新闻采编上也有"精、小、专"的人才队伍，凭借其丰富的媒体资源基础，创办与经营了一系列新媒体平台，比如凤凰卫视美洲台旗下开设的官方微博、凤凰网、微信公众号（凤凰新闻、凤凰网、凤凰卫视）、凤凰新闻客户端等，这些都是华文主流媒体在新环境下做出的调适与转型。通过这样一种方式，华文主流媒体与自媒体在发展过程中自然可以从竞争到合作，但具体的"合塑"路径值得未来探索。

（三）界限性：华文媒体符号圈对外扩展的界限限制

符号圈以"界限性"为基本特性，任何文化模式都有内在的界限，而把文化模式区分为内、外两个空间是最为主要的。[①]在媒体大的文化模式下，华文媒体与西方媒体显然有着十分明显的界限性。

由于美国自身有着比较强大的媒介基础，受众的市场需求在各大媒体机构的激烈竞争下，早已被瓜分殆尽，华文主流媒体很难在海外形成一个稳定可拓展的西方受众人群。比如凤凰卫视美洲台台长提到："以一个美国最为典型的三四口人的家庭为例，美国受众有 1 亿左右的电视家庭，每日电视接触约 200 多个频道，若像这样的家庭，到最后一般最多观看 10 个频道：比如，专业的新闻频道可能看一个（比如 CNN 或 ABC），家庭主妇在家可能收看一到两个妇女频道或者家庭装修、家居节目，小孩会收看一两个卡通频道，而先生（丈夫）回家或加多一个体育频道或电影频道。在这样的媒介接触习惯下，一个典型的美国家庭几乎不大可能会去看外国人办的英文频道。要是办中文频道，对中文感兴趣的西方公众有可能被选择观看。"所以不难看出，华文媒体符号圈的对外扩展空间在西方原有媒体的挤压下，发展空间非常有限。加之华文主流媒体秉持服务华人社区的精神，在节目内容的取舍上很难直接满足西方公众。因此，华文主流媒体对西方公众产生的直接传播效果同样是收效甚微的。

另外，在当前的新媒介环境下，海外华文自媒体尚未形成成熟、稳定的盈利模式，运营和生存对其而言是一个巨大挑战。尤其是一些刚创建的华文自媒体，一方面缺少主流媒体的专业素质，另一方面又缺少地方政府的财政补贴，难以在资本市场立足。因此，不少海外华文自媒体处于"夹

---

① 康澄：《文化生存与发展的空间》，南京师范大学，2005 年。

缝中生存"的状态。海外华文自媒体规模较小、实力较弱、分布散乱，难以与强大的当地媒体匹敌，这也是当今华语媒体"壮大而不厉害"不可回避的原因。[①]在这样的一种传播现实图景下，我们必须意识到目前海外华文媒体对国家形象的对外传播路径，是局限于通过直接影响海外华人来间接影响西方公众，但值得探索的是，在如此明显的物质空间界限划分下，究竟跨文化的边界在哪里？洛特曼的文化符号圈"界限"之论值得未来进一步探讨。

二、反思与启示：凤凰卫视美洲台对外传播实践的探索

凤凰卫视美洲台在美国包括加拿大，总共拥有 20 万左右的收费用户人群，与东森电视台、中央电视台的用户人群相比，牢牢占据领先优势，成为华文媒体对外传播中的领头羊。因而凤凰卫视美洲台在对外传播实践探索上的经验、市场思维以及未来规划，值得我们做更进一步反思和探讨。

根据洛特曼"符号——文本——文化——符号圈"的逻辑思路，华文媒体在国家形象的建构及对外传播中，寻找承载着文化内涵的文本信息，应试图通过有序的多层级性互动共存在符号场域中尝试此递进式过程。具体而言，就是找准"符号"及"文本"这两个层面探讨如何提升华文主流媒体在海外市场中的竞争力，打破现有的局限于华人圈的困局，更好地向全世界传播中国故事。

（一）从符号层面上看

华文主流媒体所选用的节目内容及理念视角，都会对海外华人及西方受众的态度改变产生关键性的影响。凤凰卫视美洲台在这方面上所进行的探索，主要表现在以下的几个方面：

1. 融汇东西，结合东西方视角，努力做到公正与平衡

虽然对华文媒体能否直接影响海外非华人群体存有疑问，华文主流媒体仍是极具特色的传播媒介，传播的信息涵盖中国、居住国和国际社会三个层面，代表中国文化与海外文化的融合与共处，是重要的海内外双向沟通桥梁。由于海外华人接触多元文化，常以"他者"视角看待中国，因此在有关新闻报道上，凤凰卫视努力做到公正与平衡，既不"妖魔化"中国，也不盲目歌颂功德，既要用世界的眼光来看中国，同时又需充分照顾受众的中国情结。要从中华民族文化自信角度客观传播才是现代受众所需要

① 谭峰：《海外华语媒体的现实困境与探索——以加拿大为例》，《对外传播》2016 年第 1 期，第 77-78 页。

的。① 再者，出于市场需求的考虑，市场化运营的同时，文化认同理念贯穿其塑造中国国家形象及向世界传达中国声音的过程中，以客观中立的专业精神保持自身的独立性。也就成了凤凰卫视生存下去的必要理念。

2. 从受众需求出发，以人为本，联动受众

不仅如此，东西方视角间的相互融合，同时也需要我们特别注意中西方思维习惯、表达方式、话语方式上存在的诸多不同，因而我们有必要强调"一个世界，多种声音"的全球传播观念，除了依靠中国媒体人的努力之外，鼓励各国民众共同参与、创造多种声音"共振"的"复调传播"格局也是联动受众的重要方式。②

比如，凤凰卫视美洲台除了制作华裔移民最关心的创业、置业和子女教育的节目之外，正在筹建一个包含国家各个文化元素的纪录片片库，打破局限于华人圈的思维，从内容、表演的播出方式到结构的设计，都强调东西方视角的结合，减少"文化折扣"。特别是在有关集合中国文化元素的纪录片的拍摄上，凤凰卫视一直以西方受众较为熟悉的思维方式、话语方式进行讲述，计划通过直接邀请美国导演团队拍摄讲述中国故事，建立一批新的中国故事 2.0 版本的纪录片数据库落地国外电视台，真正符合国外受众的逻辑思维及理解方式，借"他者"视角传播我国国家形象元素，也是我们第三次国家对外传播战略中值得重视的思路。

（二）从文本层面上看

更多强调华文媒体在国家形象建构中使用的媒介及渠道，华文媒体应该致力于提高受众的关注度，从不同层面上满足不同年龄阶层间的媒介需求，发挥其应有的桥梁作用。具体来看，主要体现在以下的几个方面：

1. 加强与国内外媒体间的合作，善用"他者"媒介

当前华文媒体在国外的发展虽然数量上占据绝对优势，但普遍存在"小而弱""小而散"的特点，过多的华文媒体导致读者市场的分割争夺和广告市场的竞争变得愈加激烈，不少华文媒体把过多的精力放在了内部竞争的消耗上，没能在丰富信息内容上进一步发展。③因而面对这样一种激烈的市场竞争环境，华文媒体有必要处理好与其他媒体机构的关系，首先实现与国内媒体间相互合作，再打通甚至收购西方公众的信息发布平台，把

---

① 申雪凤：《海外华文媒体对"真实中国"形象塑造的作用——以联合早报网《读者调查》栏目为例》，《传媒》2016 年第 1 期，第 78-81 页。

② 史安斌：《"一带一路"背景下我国对外传播的创新路径》，《新闻与写作》2017 年第 8 期，第 10-13 页。

③ 张国礼：《澳大利亚华文报业发展现状及启示》，《传媒》2017 年第 3 期，第 28-30 页。

华文媒体的相关节目同时在当地主流媒体进行投放,共享新闻讯息、合作出版报刊、创办节目等等,这些都可以成为海外华文媒体自我突破、直接面对海外主流社会受众进行传播的有效途径。[①]

2. 积极推进全媒体化,与华文自媒体共筑"合塑"国家形象潜力

全媒体化是指传统媒体与新媒体间相互融合的一个过程,传统的华文主流媒体要想保留原有的受众人群,更应该整合多种传播手段与传播资源,推进信息可视化,以满足海外华人多样化的媒介需求。凤凰卫视在推进全媒体化上,主要是从观念和意识、组织结构、内容资源、传播渠道、产品形态五个方面推进全媒体化,不仅整合电视、凤凰周刊、凤凰新媒体、户外大屏幕、凤凰广播等不同的传播媒介,有关新闻内容和新闻的视听资源,凤凰卫视的全球网络也同时在网上、在凤凰的互联网内部调动和配置。[②]

另外,在如今社交媒体及移动技术广泛应用的背景下,越来越多的海外移民特别是第二代及第三代的海外华人,都倾向于从自媒体中获取相关信息。虽然自媒体在消息的"亲近"传达及反馈上有着传统华文主流媒体无法比拟的优势,但其获取的消息来源纷繁复杂,缺乏严密的考证,在真实性及专业性上均值得存疑。因此,传统华文主流媒体与华文自媒体恰恰可优势互补。一方面,华文自媒体可以充分利用主流媒体扩大相关信息来源,提升自身信息的真实性和准确性;另一方面,华文传统主流媒体可以借用自媒体中广泛的受众人群,提升其信息的影响力及影响范围,再合力通过社交媒体上多主题多账号的互动方式推进与西方公众的"民间外交"。

小结 对华文媒体与国家形象对外传播的反思

本章以国家形象的"自塑"主体——华文媒体作为研究对象,构建五大走廊华文媒体的多维传播分析图景,探讨中美主流媒体与华文媒体议程网络间的影响和关系,并结合文化符号圈理论阐释华文媒体主流与自媒体的国家形象建构过程与传播图景。研究发现,海外华文媒体的在地化传播、议题网络交织及新媒体矩阵的搭建过程具有超越时空、广泛互动的特性,其国家形象建构也呈现出流动性和生成性的特征。基于此,本节将进一步

---

① 程曼丽:《海外华文传媒在危机中发展的契机与生机》,《对外传播》2009年第11期,第5-7、1页。

② 李蕾:《"迎接全媒体时代"——清华大学、凤凰卫视共同主办"华语媒体高峰论坛——迎接全媒体时代"》,《新闻与写作》2011年第5期,第24-26页。

深化海外华文媒体发展方向的理论思维，并打破传统的国家形象传播的思路，探讨国家形象传播超越"自塑"的可能性和局限性。

一、传播网络与生态圈：华文媒体未来研究方向分析

纵观华文媒体研究文献二十年来所提及的未来出路与传播格局的演绎变化，这几大趋势呈现出显著的延续性特点。（1）加速资源整合，走集团化发展道路（彭伟步，2011①；贾士秋，2004②），比如印度尼西亚《国际日报》自美国洛杉矶 1981 年创办以来，在 83 个国家均有分社和跟拍记者；奥地利的《联合周报》在欧洲六国也建立了《欧洲联合周报》，形成一种新的报业联合体。（2）加强媒体融合，构建立体传播网络（彭伟步，2014③；王娜君，2013④）。（3）增强不同华文媒体之间尤其是华文媒体与国内媒体之间的合作交流 （戴楠，2014；刘翎，2002⑤），以泰国历史最悠久的华文报纸《星暹日报》为例，它与中国最具影响力的南方报业传媒集团战略合作，引起泰国各界特别是华人社会广泛关注。《南方日报·今日广东》版面通过"星暹"落地泰国，现今南方报业入股《星暹日报》，在多个方面深入合作，实现跨国办报，这在中泰两国的报业传媒史上具有里程碑式的意义。同时，促进华文媒体与当地主流媒体间的深度融合，比如新西兰最大的英文媒体集团 NZME 所属的 NZ Herald（英文先驱报）通过与华文读者中享有高度信誉的"中文先驱传媒"强强联手，共同打造全新互联网媒体平台"新西兰先驱报中文网"（www.cnzherald.com）。（4）培育及扩大读者群（比如俄罗斯《龙报》的中俄双语呈现），树立国际传播理念，实现本土化与国际化的双重发展（尧雪莲，2014；李宇，2017）。

但是，受限于不同地区华文媒体自身的经营情况，其在四个层面的发展上均显现出不同程度的差别，由此也使华文媒体生态圈的多样性及多元化特征更为凸显。值得注意的是，当前不同华文媒体的发展现状往往因不同地域的经济、政治或文化环境而显现出特殊性，在社会影响力与经营管理状况上呈现出两极分化的现象。⑥面对这样一种复杂多元的华文媒体环境，许多从世界华文媒体整体出发进行的定性研究，其总结出的华文传播

① 彭伟步、焦彦晨：《海外华文传媒的文化影响力与中国文化软实力的建设》，《新闻界》2011 年第 5 期，第 123-127 页。

② 贾士秋：《加拿大免费华文报刊生存现状和未来发展》，《国际新闻界》2004 年第 5 期，第 35-39 页。

③ 彭伟步：《当前海外华文传媒发展动态浅析》，《东南亚研究》2014 年第 2 期，第 89-95 页。

④ 王娜君：《南非华文报纸的发展困境及应对策略》，《青年记者》2013 年第 8 期，第 102-103 页。

⑤ 刘翎：《华文媒体的全球化生存》，《南京政治学院学报》2002 年第 18 卷，第 2 期，第 118-121 页。

⑥ 程曼丽：《海外华文传媒在危机中发展的契机与生机》，《对外传播》2009 年第 11 期，第 5-7、1 页。

规律与未来发展路径由于缺乏实证支持，在是否具有适用性及使用效果的达成上仍值得存疑，比如很多学者在研究中都提到华文媒体现今的生存困境、所处的残酷市场竞争，并将提升办报的质量水平作为其未来的发展路径。但从华文媒体自身出发，正是由于其经营上的困难，华文媒体机构往往无法雇佣大量专业的编辑人才，同时也无法提供资金进行独立采编报道，因而很大程度上只能依靠转载国内外相关媒体的新闻信息。在这种资金问题尚未得到解决的情况下，一些学者所提及的提高办报质量水平的建议在实践中往往也就缺乏落地的可能性。除此之外，华文媒体研究还应注重"传播网络"思维，超越现有研究地域覆盖范围小、样本单一化的缺陷，同时搭建线上线下、传统媒体与自媒体协同发展的研究矩阵。当前大多数的海外华文媒体研究主要聚焦在东南亚地区，对于处于欧美等地的华文媒体仍缺乏系统观察。更重要的是，虽有学者注意到海外华文主流媒体紧跟新媒体技术发展进行改造和努力，但仍缺乏对于发展势头迅猛的海外华文自媒体（网络媒体）的研究（方汉奇，2009；邱凌，2017）；在传播效果方面，更多的是把重心放在华文传统媒体对海外华人的影响，忽略如何更好地接触西方受众等现实问题。而这样一种研究偏向难免会导致很多学者忽视海外华文主流媒体在传播范围及效果上的群体性差异，同时缺少对自媒体崛起的重要影响的探讨，因而也忽略了在现今社交媒体发展的大环境下，华文自媒体与华文主流媒体在国家形象对外传播中所具有的联动性及"合塑"潜力。

总之，应对华文媒体生态圈的复杂性建立足够的认知，正确认识其市场、资金、人才资源等方面的具体境况，在"生态圈"思维的基础上，将华文媒体从静止的集合体转换为多种资本和力量在其间竞争、合作、流动的子系统，并与国家形象的系统性工程互动勾连，才能更好地发展华文媒体在国家形象传播中的理论指导与实践发展之道。

二、华文媒体与国家形象传播：超越"自塑"的生成性建构路径

华文媒体在国家形象传播中发挥重要作用，但从其目前发展来看，无疑面临着一些问题。在已有研究中，学者们指出了华文媒体在国家形象传播中的局限。部分学者认为在社交媒体快速发展的环境背景下，大多数华文媒体仍以传统平台为主要载体，内容以转载和翻译为主。[①]同时由于华人移民和新一代华裔越来越多使用当地社会主流语言，年轻一代更倾向于选

---

① 刘康杰、李绮岚：《"融""承""传"——社交媒体时代海外华文传媒的"变"与"不变"》，《对外传播》2017 年第 2 期，第 73-75 页。

择当地媒体，①加之华文媒体主要服务于当地的海外华人社区，很大程度上制约了华文媒体传播的广泛性，不利于国家形象的系统性输出。也有部分学者站在国家利益的立场上进行探讨，比如学者邱凌从国内媒体与华文媒体在新闻传播体制上的官私之分、新闻主体上的内外之分、传播受众上的"理智"与"情感"的双重情绪之分、传播影响力上的边缘与主流之分进行分析，明确表示对华文媒体寄予厚望需要理性看待。②华文媒体在国家形象对外传播过程中，很多时候难以打破西方公众的媒介认知界限，只能局限于华人圈中进行传播。这种传播范围的局限使华文主流媒体面临缺乏足够的稳定的人才和资金的挑战。这些媒体大部分资金来源于海外华商赞助；同时受海外华文自媒体的冲击和影响，其广告收入来源大量减少。

　　以上研究对于华文在国家传播中发挥作用有限的判断具有实际反思意义。然而这些反思未能跳出国家形象传播"自塑"的讨论框架，将国家形象传播置于更广阔的传播互动中看待。既有研究更倾向于将国家形象传播看作是单向线性过程，着眼于国家形象"自塑体"及对外传播"接受性"。笔者认为，海外华文媒体的在地化发展及新媒体矩阵的搭建，具有超越国家形象"自塑"的潜力；华文主流媒体可以通过与华文自媒体、西方媒体加强合作，跨越符号障碍，"自下而上"地打破与西方媒体合作的"夹道"，充分利用"他者"媒介打破国家形象传播的困局。基于此，以海外华文媒体为切入口，可以观照各种主体力量之间的互动博弈过程，探索国家形象的生成性建构路径。

　　由此，笔者提出超越"自塑性"的理论框架，提出"生成性"的建构路径。这一理论路径是对接受性的超越和批判，"文化符号圈"理论着眼于不同组织水平的符号永不停歇的中心-边缘运动，强调符号圈相互依存、相互影响的系统关系，对国家形象的生成性建构过程极具理论解释力。因此，笔者运用"文化符号圈"理论，对海外华文媒体的对外传播现实图景进行分析，发现华文媒体符号圈具有不均质、不对称和难以打破中西界限的特点。而由此建构下的华文媒体符号圈中，华文主流媒体一方面面临着华文自媒体由"边缘"到"中心"的不断竞争，另一方面也面临着西方当地媒体不断挤占其生存空间的挑战。

　　如何通过生成性路径对华文媒体国家形象传播进行研究？笔者认为，

---

① 邢永川：《传播学视野下的海外华文传媒与中华文化之传承——以新、马、泰、菲华文报纸为例》，《东南亚纵横》2010 年第 1 期，第 78-82 页。

② 邱凌：《辩证解析海外华文媒体在我国对外传播中的作用》，《对外传播》2015 年第 10，第 12-14 页。

一方面应着眼于"自塑"过程中不同符号机制相互影响的运动过程；另一方面应关注内在于"自塑"主体的相互交织的其他各种力量，从而将传播者"自塑"视角转变为以生成性与流动性为特征的国家形象建构过程视野。从实践层面看，我们必须更新华文主流媒体在海外报道流程、特点和工作机制等具体内容，以及就如何与国内媒体以及民间舆论场相互协作更好地推进国家形象的生成性建构进行讨论，最终更好地为中国模式推进国际视野，为以"一带一路"与"人类命运共同体"为载体的全球化中国方案被国际标准所接受提供新的实证素材和思考。

第五章　国家形象"他塑"传播：迪特福特 "中国狂欢节"的异域想象

　　文化是建构国家形象的柔性力量。2020 年 10 月，中国共产党第十九届中央委员会第五次全体会议召开，会议着眼战略全局，对"十四五"时期文化建设作出部署，明确提出到 2035 年建成文化强国的远景目标。国家形象的构建与传播依托于跨文化环境下的信息博弈与话语权竞争，也与中国的文化价值观和国家利益观紧密相连。谈及中国文化的海外受众，往往绕不开文化壁垒、信息流动逆差、媒介环境的刻意引导等宏观现象，倘若跳出国际环境、主流媒体和文化交流，中国形象的跨文化传播是否还存在其他路径？海外民众是否可能对中国文化创造性理解、主动性尊重、广泛性认可？中国文化符号在他国传播与发展的过程中是否会产生"文化挪用"的争议？国内媒体在报道中国文化受到海外民众的认可和喜爱时应当注意些什么？对这些问题的探索和回答是在全球化进程中强化文化内核、推动海外传播的重要前提。

　　中国文化的海外传播依托于海外媒体、华文媒体、政治外交、贸易往来等多方面的共同作用，但德国巴伐利亚州的迪特福特小镇似乎是个特例。该小镇地处偏远、城市规模较小、当地华人极少，更没有华裔居民聚居的现象。在政治、经济、文化层面都与中国相对隔绝的情况下，该镇却以历史悠久的"中国狂欢节"闻名，国内媒体多次报道狂欢节的盛况、中国驻慕尼黑总领事曾出席狂欢节并发表讲话、南京市文化和旅游局也与之达成了长期友好往来关系。这一看似成功的民族文化与国家形象跨文化传播案例有着怎样的传播机制与传播路径？目前鲜有研究。

　　基于此，本章将以迪特福特为案例，探究当自我文化和他者文化互为参照时，中国文化如何被再现、被诠释、被投射到他者文化之中，也让我们从陌生人的视角重新观察与审视自我。本章提出以下研究问题：迪特福特居民从何种渠道接触中国文化；是否真正理解中国文化符号的象征意义；迪特福特与中国是否形成了平等、双向的传播关系；国内媒体对迪特福特的报道如何切入？以上问题也成为本章进一步了解国家形象"他塑"传播路径的破题所在。

第一节 "巴伐利亚中国城"：从宗教狂欢到城市文化交流

迪特福特（德语：Dietfurt an der Altmühl）是位于德国西南巴伐利亚州上普法尔茨行政区诺伊马克特县的一座人口不足一万的小镇。因其地处国家级度假胜地——阿尔特米尔河谷自然公园（Naturpark Altmühltal），旅游收入成为当地重要的经济来源。迪特福特的官方网站首页有对小镇细致的介绍，让人意外的是，网站将小镇定义为"Bavarian China"，即"巴伐利亚中国城"。

> 迪特福特有着"巴伐利亚中国城"的美称，当地以"中国狂欢节""巴伐利亚-中国夏季节"和气功、太极、冥想等活动闻名。来自中国的游客为这些活动注入了新鲜血液，文化交流随之兴盛。越来越多热爱旅游的迪特福特人也深受吸引，去到了遥远的东方。

研究发现，一个名叫"中国狂欢节"的节庆成了迪特福特最负盛名的活动，每年有超过一万五千名游客参加。1928 年至今，每年都会在天主教大斋节前的最后一个星期四举办，这一天被称为"荒唐星期四"（Nonsensical Thursday）。迪特福特官网详细解释了这一"传统"的历史渊源：

> 中世纪时期，迪特富特的市民为了躲避来自艾希施泰特（Eichstatt）的横征暴敛的收税官，纷纷藏在城墙脚下。此举被当地人称为像中国人在"长城"下抵御外敌。如此一传十、十传百，迪特富特的市民被挂上了"中国人"（die Chinesen）的绰号。

这一历史故事在诸多资料中多有提及，但更多的说法则追溯到明清时期两地的贸易合作：

> 据称几百年前迪特富特人就开始与中国人做生意，用当地的白银、手工艺品等换取中国的丝绸、瓷器和茶叶。交往多了，迪特富特

人渐渐喜欢上中国以及中国春节等传统文化，并按照自己的想象开始过起了"中国狂欢节"。

虽然以上两种对"中国狂欢节"的溯源都与中国相关，但是"狂欢节"（德文：Karneval）本身则是起源于欧洲的宗教活动。在德国，各地区庆祝狂欢节的形式不尽相同，基本以彩车游行为主，人们进行各种夸张装扮。狂欢节之后的40天内，按照严格的天主教教规，进入封斋期，不许饮酒吃肉等，直到复活节到来。也就是说，迪特福特的"中国狂欢节"并非一个起源于中国的节日，更不是对中国传统节日的"模仿"或"致敬"，而是当地狂欢节的一种特殊的庆祝形式和自我娱乐。换句话说，"中国符号"在迪特福特的"中国狂欢节"中被肤浅地挪用和消费。这一点在迪特福特官网对"中国狂欢节"的大致介绍里有所佐证：

> 自1880年起，迪特福特就把狂欢节期间的"荒唐星期四"视为国庆日，每年举办盛大的庆祝活动。1928年，一群迪特福特人身穿唐装参加游行活动，在狂欢节中脱颖而出，狂欢节的所谓的"中国传统"也由此形成。

类似地，海外媒体对迪特福特"中国狂欢节"的报道中也提到中国元素的加入"成就"了当地独具一格的狂欢节传统。

> 狂欢节在整个德国的西部和南部都很重要。对巴伐利亚天主教徒而言，平时习惯了戒律清规约束的民众只有在狂欢节才能有机会放松。早在1928年，有人建议当地的铜管乐队从该镇的「民间」绰号（即die Chinesen）中汲取灵感，并建议在狂欢节游行中穿中国服装。这个想法随后流行起来，一个新的狂欢节传统就诞生了。[①]

从迪特福特官网中的图片记录可以看出，舞龙舞狮、春联、红灯笼、八抬大轿、用汉字书写的海报和横幅、绘有中国龙图案的旗帜、傅满洲胡须等"中国元素"是当地狂欢节特色的表征。自1954年起，迪特福特引入了"皇帝"这一角色，此后每一年的狂欢节，"皇帝"都会在市政厅宣读新年"诏书"，祈祷新的一年风调雨顺，国泰民安。直到2019年，迪特福特第十一任皇帝"福高帝"卸任。

迪特福特创造性的"中国狂欢节"也吸引了中国官方的注意，中国驻

---

① Hilda Hoy Inside the Surreal, Offensive Tradition of 'Bavarian China' March, 2017 https://narratively.com/inside-the-surreal-offensive-tradition-of-bavarian-china/

慕尼黑总领事多次出席活动并发表讲话，对"中国狂欢节"的传统表示认可与赞扬，强调中国驻慕尼黑总领事馆愿意对迪特福特举办有关中国的文化活动予以支持，诸多国内媒体也对此进行报道。比如：

> 2012 年，驻慕尼黑总领事王顺卿应邀出席德国巴伐利亚州迪特福特市举办的"中国人狂欢节"。教育领事戴继强陪同出席。总领事在致辞积极评价迪特福特市数十年来举办"中国人狂欢节"的传统，表示这一传统促进了中德之间的文化交流。特别是近年来，该市连续举办"巴伐利亚—中国夏季节"，成为双方文化交流的一个平台。①

> 2014 年，中国驻慕尼黑总领事朱万金夫妇应邀出席德国巴伐利亚州迪特福特市举办的"中国狂欢节"。王锡廷副总领事、戴继强教育领事陪同出席。朱总领事在接受巴伐利亚广播电视台等媒体采访时，赞扬迪特福特市"中国人狂欢节"为促进中德友谊所作出的贡献。他表示，希望通过这一活动使更多巴伐利亚人更好地了解中国，尤其是现代中国，同时希望有更多中国人到访巴州，体验德国的异域文化。②

> 2017 年，中国驻慕尼黑总领事毛静秋应邀出席"中国狂欢节"，并在会见迪特福特市市长时表示，中国驻慕尼黑总领馆将继续支持迪特福特有关中国的文化活动，促进双方的交流与合作，增进中德之间的了解和友谊。③

> 2019 年，中国驻慕尼黑总领事张越应邀出席迪特福特市"中国狂欢节"并会见市长布劳恩。张总领事表示，迪特福特与中国的友谊在国内广为人知，该市拥有近百年历史的中国狂欢节已经成为中巴文化交流的重要窗口，希望狂欢节今后越办越好，驻慕尼黑总领馆亦将为该活动提供力所能及的支持。④

作为"巴伐利亚的中国城"，迪特福特也在不断尝试把更多的"中国

---

① 中国新闻网，"德国迪特福特市举办'中国人狂欢节'中领事出席"，2012 年 2 月，http://www.chinanews.com/hr/2012/02-22/3689733. shtml

② 中华人民共和国驻慕尼黑总领事馆，"朱万金总领事出席迪特福特市'中国人狂欢节'活动"，2014 年 2 月，https://www.fmprc.gov.cn/ce/cgmu/chn/xwdt/t1133212.htm

③ 中华人民共和国驻慕尼黑总领事馆，"迪特福特市举办中国狂欢节"，2017 年 2 月 25 日 https://www.fmprc.gov.cn/ce/cgmu/chn/zlgxx/t1441436.htm

④ 中华人民共和国驻慕尼黑总领事馆，"张越总领事出席迪特福特市'中国人狂欢节'"，2019 年 3 月，http://munich.china-consulate.org/chn/zlghd/t1643139.htm

元素"与当地的旅游特色相融合。自 2007 年起，太极、气功、中医、禅宗逐渐成为当地居民日常文化活动的重要组成部分，相关的课程、集会、展览也随之开展。自 2010 年起，迪特福特举办"巴伐利亚-中国夏季节"，当地的乐队联合来自中国的艺术表演团队为市民和游客们带来盛大的歌舞演出，这一活动也成为迪特福特与中国开展城市合作、实现文化交流的桥梁。

自 2012 年以来，中国南京与迪特福特一直保持着友好的文化交流合作关系。作为迪特福特的"姊妹城市"，南京市文化和旅游局（前身为南京市文广新局）也将一年一度的"巴伐利亚-中国夏季节"视为两市长期合作的文化品牌。①

2012 年，在驻慕尼黑总领馆协助下，"巴伐利亚—中国夏季节"期间将举办"南京明城墙实物及图片展"，南京市少年宫青少年艺术团届时将前往迪特福特市进行歌舞、书法、剪纸等表演。②

2014 年，中国驻慕尼黑总领事馆王锡廷副总领事赴巴州迪特福特市参加第五届"巴伐利亚中国夏季节"开幕式活动。活动期间，特意应邀前来参加"中国夏季节"的南京市越剧团为当地民众奉上了一台原汁原味、精彩纷呈的越剧和民乐演出。③

2015 年，迪特福特市三位市长率团 30 人访问南京，5 月南京市雨花台区区长来迪市与该市缔结了友好交流协议。④

2016 年，恰逢迪特福特市建市 600 周年，南京市文广新局组派了浦口区民间艺术团赴迪特福特参加当地的"巴伐利亚-中国夏季节"，驻慕尼黑总领事毛静秋应邀出席并参加了夏季节开幕式。⑤

2017 年，南京文化代表团前往迪特福特参加当地传统节庆活动"巴伐利亚-中国夏季节"，我国驻慕尼黑总领馆副总领事蔡浩、巴伐

---

① 南京市文化和旅游局，"南京元素再次亮相'巴伐利亚—中国之夏'"，2020 年 7 月，http://wlj. nanjing.gov.cn/whyw/202007/t20200702_2109392.html

② 中华人民共和国国务院新闻办公室，"德国迪特福特市举办'中国人狂欢节'中领事出席"，2012 年 2 月，http://www.scio.gov.cn/m/zhzc/35353/35354/document/1508707/1508707.htm

③ 中华人民共和国驻慕尼黑总领事馆，"王锡廷副总领事参加迪特福特市'中国之夏'开幕式活动"，2014 年 6 月，https://www.fmprc.gov.cn/ce/cgmu/chn/xwdt/t1170293.htm

④ 中华人民共和国驻慕尼黑总领事馆，"朱总领事出席迪特福特'巴伐利亚-中国夏季节'开幕式"，2015 年 6 月，http://munich.china-consulate.org/chn/zlghd/t1274947.htm

⑤ 中华人民共和国驻慕尼黑总领事馆，"驻慕尼黑总领事毛静秋出席迪特福特市'巴伐利亚——中国夏季节'活动"，2016 年 6 月，http://munich.chineseconsulate.org/chn/zlghd/t1373423.htm

利亚州大区主席威利，慕尼黑孔子学院康伟主任等专程赶到迪特福特参加了开幕仪式。①

2018 年，巴伐利亚州州议员施特罗布尔、南京市文广新局副局长朱海涛、Neumarkt 县长盖尔、中国驻慕尼黑总领馆和慕尼黑孔子学院代表等嘉宾参加了"巴伐利亚–中国夏季节"开幕仪式，南京市"心连心"工人艺术团为当地市民献上极具中国韵味的精彩演出。②

2019 年，南京艺术代表团在"巴伐利亚–中国夏季节"上演专场文艺演出，中国驻德国大使馆文化参赞陈建阳、迪特福特市长卡洛琳女士、慕尼黑孔子学院康伟主任出席。③

2020 年，受新冠肺炎疫情影响，"巴伐利亚–中国夏季节"改为线上庆祝活动，其间，德国 FB 电视台专门播放了南京市文化和旅游局局长金卫东为此次活动发去的贺信，并以视频的形式向迪特福特民众推介了南京。④

第二节　"他塑"中国：文化符号的挪用、改造、偏差

"巴伐利亚中国城"的特色可以从当地的文化生活和节庆活动中窥见一二。为了强调与中国文化的紧密融合，当地还有"气功之路"（QiGong Path）、"中国人泉"（Chinese Fountain）等地标建筑。可以说迪特福特小镇从节庆活动到城市建设都堆砌着大量的中国文化符号，其中视觉符号是最为主要的中国文化呈现方式。作为非语言符号中最重要的一类，视觉符号的直观形象化，其直观性、易读性、生动性等特点使其具备更强的视觉冲击力，⑤其承载的不仅是表层的符号，更有深层的文化传播意义。

随着移动媒体的发展与传播门槛的下沉，许多前往迪特福特旅游的游客都在社交媒体平台上分享了自己的见闻与感受。其中值得注意的是中国

① 江苏国际在线，"群星闪耀巴伐利亚'中国城'——南京文化代表团赴德交流演出"，2017 年 7 月 http://gjzx.jschina.com.cn/20372/201707/t20170703_4312157.shtml

② 江苏国际在线，"外国城里的'中国节'——南京艺术代表团再次亮相迪特福特"，2017 年 7 月 http://gjzx.jschina.com.cn/20372/201807/t20180702_5492761.shtml

③ 南京市旅游委，"再叙'中国情'！南京艺术代表团第八次访演迪特福特！"，2019 年 7 月，https://www.sohu.com/a/324222677_120025211

④ http://wlj.nanjing.gov.cn/whyw/202007/t20200702_2109392.html

⑤ 郑保卫、赵丽君：《视觉符号视角下的中国国家形象——基于西方国家主流杂志封面图片的研究》，《国际新闻界》2012 年第 34 卷，第 12 期，第 53–60 页。

游客的旅游体验，一方面是由于他们的国内生活经历与文化背景，使得他们在看到异国他乡的"中国文化"时能直观地感受到跨文化传播语境下的文化冲突与文化融合。

> 走遍小城，寻找与中国相关的迹象，"气功之路"算是其一，而"中国人泉"则最有名气。位于市政厅门前的"中国人泉"被做成一个清朝官员的模样，头戴尖顶帽，挂着八字胡，昂首挺胸，举目注视过往的行人。走近观看，胸围不断地流淌出一股股清泉，底座上仿造的中文字无法辨认，据说当时没有人会写中文，只是某位"大师"照葫芦画瓢之笔。[①]

另一方面则是由于中国游客、华裔游客和亚裔游客有着明显区别于欧美人的种族特征，有意思的是，这使得他们在参加"中国狂欢节"的时候，反而引起当地人的注意，成为更为独特的旅游体验。

> 为了躲开二月份的寒风，我们进到了一家附近的小酒馆里。我们刚进门，整个酒馆都安静了下来，所有人都转过头看着我们，就像电影的慢镜头那样。"中国人也来了！"有一个声音叫道。"Servus！"几个当地人用巴伐利亚语和我们打招呼。

当中国游客置身于迪特福特，看到具有强烈象征意义的中国文化符号成为另一个民族的"节日特色"时，文化冲突也就随之产生。具体来讲，文化冲突是指不同文化相遇时呈现的"不融合"状态，这既可以表现在个体间交往的心理、语言、行为层面上，也可以发生在文化群体如民族、国家以及更大的文化群落中。那么，迪特福特人是否真正了解中国文化？是否能够将中国文化与其他亚洲国家的文化相区别？当地对中国文化符号的使用是否恰当？迪特福特人在接受中国文化的过程中是否进行了本土化改造？这些问题不仅是迪特福特与中国友好往来的过程中亟须解答的，也是跨文化传播语境下，中国文化走进海外受众视野时需要注意的。

对于参加"中国狂欢节"的中国游客而言，文化冲突最直观的感受就是对狂欢人群的服饰符号、标语符号感到困惑。一方面是迪特福特人对中国文化符号的使用与中国游客的理解认知相冲突：

> "他们为什么会觉得这些东西和中国有关呢？"Wang 用普通话对

---

① 德国风情集锦，"德国的古城 巴伐利亚中国城迪特福特之一"，2012 年 8 月，http://vagaband.blog.sohu.com/234092846.html

我抱怨道。"他们连清朝和明朝的区别都没弄明白。而且为什么要戴那些尖头的帽子？在中国根本没人穿这些。"①

另一方面是，中国狂欢节期间迪特福特人会在游行活动中高喊"今天我们都是中国人"，而当地的商铺也会随之改名，这使得很多不属于中国的元素也在狂欢节这一天里被冠以中国的名号。

当地的肉铺被改名为"中国肉铺"，面包店也变成了"中国面包店"，店里售卖着新鲜的"中国甜甜圈"和"中国卷饼"。街上的每个人都在高喊着"Nihao！"②

类似地，也有中国游客在狂欢节遇到了为他"答疑解惑"的当地人。

"你来自哪个国家？"他很有礼貌地问我。"我是中国人"，我回答道。"中国人，我猜也是。"他温和地点点头，并继续说："那你知道吗，这些龙代表着好运。"……有的当地人遇到真正的中国人就会很兴奋，他们总会热情地向中国人解释这些中国符号的含义。

除了迪特福特对中国文化符号的"本土化改造"，中国游客所感受到的文化冲突更进一步上升到对种族歧视的讨论。在狂欢节游行活动中扮作皇帝的演员会提前为自己画眼线，被问及为什么这样做的时候，他回答道"我想让我的眼睛的形状看起来更像一条细细的缝。"

如果他觉得在我面前把眼睛画成一条细细的缝是一件会冒犯我的事情的话，他也就不会当着我的面这样做了。我问他"你有没有想过这样（画眼线）会冒犯到一些人？"他说："完全不会，因为这只是一种凸显面部结构的方式，这是没有恶意的。"③

同时，迪特福特人在参加狂欢节游行时用黄色颜料把自己的脸涂成黄

① Hilda Hoy Inside the Surreal, Offensive Tradition of 'Bavarian China' March, 2017 https://narratively.com/inside-the-surreal-offensive-tradition-of-bavarian-china/

② Marvin Xin Ku, What I Learned About Racism as the Only Chinese Person at a 'Chinese' Festival, March, 2019, https://www.vice.com/en/article/eveqjk/chinesenfasching-in-bayern-was-ich-in-dietfurt-ueber-rassismus-gelernt-habe

③ Marvin Xin Ku, What I Learned About Racism as the Only Chinese Person at a 'Chinese' Festival, March, 2019, https://www.vice.com/en/article/eveqjk/chinesenfasching-in-bayern-was-ich-in-dietfurt-ueber-rassismus-gelernt-habe

色，有外媒指出这一行为涉嫌种族歧视。①迪特福特当地旅游局的发言人在一次采访中被问及这个问题，她强调很多中国游客都觉得人们脸上的黄色油彩是"有趣的"而不是"侮辱性的"，迪特福特的居民都很认可中国文化。②

不只是中国游客，亚裔游客在"中国狂欢节"上也遭遇过类似的"种族歧视"，一位亚裔游客被当地居民误认为中国人，而喝醉酒的当地人则在和他打招呼的时候把日语错当成了中文。

> "Konnichiwaaa!"一个人对我喊道。"天哪，真的是个中国人，他在这里干什么？"另一个人说道。"中国人在这里倒也没必要打扮成中国人的样子了。"第三个人说道。③

迪特福特人把眼睛画成细细的一条缝、把脸涂黄、用日语向中国人打招呼，判断这些行为是否属于"种族歧视"，目前无进一步论证。回到跨文化传播语境下种族歧视的定义与表现方式，这指的是白人种族优越论下的一种意识形态，也可以表现为一种社会行为，是一种凭借种族或肤色判断而引发带有偏见或歧视倾向的言行。④

因此在跨文化传播语境下，种族歧视往往表现为对"他者"不恰当的呈现方式。随着全球化程度的日益加深，大众传播、社交媒体和方便快捷的交通方式都在改变着传统的文化边界，拓展着文化的空间，推动着文化的融合。⑤但是本地文化与"他者"文化的巨大差异使得在呈现"他者"文化的时候，带有历史渊源的歧视和刻板印象成为种族歧视的源头。迪特福特人通过眼角的勾勒和脸上的黄色彩绘模仿中国人高颧骨、小眼睛、黄皮肤的种族特征，是一种对中国人形象的简单化、概括化和标签化，以及对异质性的放大、加工与强化。我们发现，这样的行为也逐渐被主流媒体视

---

① The Times, The German carnival that doesn't care for cultural sensitivities, February, 2020, https://www.thetimes. co. uk/article/the-german-carnival-that-doesnt-care-for-cultural-sensitivities-zpmwv2f5h

② Deutsche Welle, A German town 'turns' Chinese-for a few days, February, 2019, https://www.dw.com/en/a-german-town-turns-chinese-for-a-few-days/g-47710247

③ Marvin Xin Ku, What I Learned About Racism as the Only Chinese Person at a 'Chinese' Festival, March, 2019, https://www.vice.com/en/article/eveqjk/chinesenfasching-in-bayern-was-ich-in-dietfurt-ueber-rassismus-gelernt-habe

④ 新华网，"种族歧视：一个主义，多重面具"，2020 年 12 月，http://www.xinhuanet.com/globe/2020-12/17/c_139570090.htm

⑤ 杨仁忠：《如何呈现"他者"：跨文化传播与新闻伦理冲突》，中央民族大学，2010 年。

为一种种族歧视。①

　　同时我们发现，用日语和中国人打招呼有时也被视为是一种种族歧视，即"所有亚洲人都是一样的"。②在否定非白人文化族群多样性的同时，也暗含着西方社会对东亚或者整个亚洲语言文化认知的狭隘，甚至还可以延伸到对这个群体的不完全认知。

　　对于"中国狂欢节"而言，本地文化是天主教的"狂欢节"文化，"他者"文化是中国文化，或者更具体地说，是中国传统文化。黄色的面孔、细窄的眼睛等符号则是迪特福特人对中国传统文化的想象。也就是说，迪特福特人根据自己对中国的刻板印象，加上对中国文化符号的本土化改造，并与天主教狂欢节相结合，生成了"中国狂欢节"这一节庆活动。

　　此外我们还发现，在"中国狂欢节"中频频出现的傅满洲胡须（Fu Man-chu moustache），也被视为种族歧视的一大标志。傅满洲胡须作为傅满洲的代表性符号，是对中国人高度刻板印象的产物。傅满洲是 20 世纪英国小说家萨克斯·罗默（Sax Rohmer）创作的人物，本身不具有任何现实根基，创作者罗默也曾说过："傅满洲这个人是我凭空编造出来的，其实我对中国一无所知。"③普遍认为，傅满洲是西方"黄祸论"的拟人化形象。④也有学者通过对西方流行媒介文本中傅满洲这一形象的历史梳理，提出傅满洲是欧美主流媒介塑造而成的中国人形象，代表着糅合了种族和性别两个维度的强势反华（anti-Sinicism）话语。⑤

　　也就是说，傅满洲胡须这一元素不仅与中国历史文化本身没有任何联系，其背后甚至蕴含着具有相当历史背景的种族歧视话语。迪特福特人对这一符号的使用，说明"中国狂欢节"中的"中国"是权力话语以虚构形式建构的结果。此时的"中国"并非一个先于话语存在（pre-discursive）的主体，而是萨伊德所言之"想象中的地理概念"（imaginative

---

① 环球网，"人民日报谈瑞典辱华事件：如此'幽默'，我们不接受！"，2018 年 9 月，https://world. huanqiu.com/article/9CaKrnKcWMr

② Asian Weekly, Think all Asians look alike? You're racist!, March, 2018 https://nwasianweekly.com/ 2018/03/think-all-asians-look-alike-youre-racist-jk-but-you-def-need-more-asian-friends/

③ Wong, Eugene F., "The early years: Asians in the American films prior to World War II," in Peter X. Feng(Ed.) , Screening Asian Americans, News Brunswick: Rutgers University Press, 2002, p. 57.

④ 中华网新闻，"梁朝伟拟出演漫威上气反派角色 傅满洲有辱华嫌疑"，2019 年 7 月，https://news. china.com/socialgd/10000169/20190724/36672132_all.html

⑤ 常江：《从"傅满洲"到"陈查理"：20 世纪西方流行媒介上的中国与中国人》，《新闻与传播研究》2017 年第 24 卷第 2 期，第 76-87、127-128 页。

geography）。

　　萨伊德的著作《东方主义》中对以上内容有更具体的阐释，即东方是被西方建构起来的地理空间和认知对象，它从地理空间最终变为殖民空间，知识不但为权力服务，而且本来就是权力的一部分。在这样的意识形态背景下，"我方"（we）的文化是理性的、文明的主体，而"他者"（other）的文化则是落后的、野蛮的、神秘的客体。萨伊德在《东方主义》卷首引用马克思指涉法国农民的话：They cannot represent themselves, they must be represented.（"他们无法表述自己，只能被别人表述"），很精确地揭示了本地文化与他者文化的不平等关系。也有国内学者提出，西方所建构的中国形象是融合了想象与知识的"表征"，此时的中国形象可以是理想化的也可以是丑恶化的。[①]"中国狂欢节"所呈现的中国，是一个停滞在古代的中国，是一个被建构、被想象的中国，是一个缺乏自我言说能力的中国。

　　迪特福特人既没有深入了解中国，也没有将中国的核心价值和现代理念传递给当地的民众。中国传统文化只不过是展示"异域风情"和为天主教狂欢节增添特色的符号。中国作为"他者"文化的原生地，虽然与当地建立了长期、稳定的文化合作关系，但既没能改变"中国狂欢节"对中国传统文化符号的错用，也没能让一个现代化、强大的中国走进迪特福特民众的视野，只是单方面地接受着猎奇的目光。

　　同样是基于中国文化符号的错用，关于迪特福特"中国狂欢节"是否属于"文化挪用"（Cultural Appropriation）的争议也逐渐被提及。从"挪用"的定义看，有学者将其定义为"直接复制、抄袭、采用他人的图像作品，改变其原创性与本真性"。而詹姆斯·O·扬在《文化挪用与艺术》（Cultural Appropriation and the Arts）中，把"文化挪用"定义为"某文化背景的人使用源于其他文化的事物的行为"。这一解释比较中性。也有部分学者提出在时尚行业，适当的"文化挪用"是可以激发设计师创造性、促进文化融合与文化交流的。

　　但詹姆斯更进一步指出，"错误地再现原文化"会对原文化造成冒犯，甚至可能对原文化造成伤害，在这样的情况下的文化挪用是不正当的。关于文化挪用是中性词还是贬义词，是一种应当避免的情况还是跨文化传播背景下的必经之路，目前还众说纷纭暂无定论。常见的"文化挪用"可能

---

① 徐明华、李丹妮、王中字：《"有别的他者"：西方视野下的东方国家环境形象建构差异——基于Google News 中印雾霾议题呈现的比较视野》，《新闻与传播研究》2020 年第 27 卷第 8 期，第 68-85、127 页。

对原文化带来的伤害，主要可以概括为以下几点：

1. 未经同意使用别人的文化就是不尊重；
2. 挪用过程中，弱势文化容易被强势文化所取代；
3. 文化挪用会加强刻板印象或加强种族歧视；
4. 文化挪用会改变原文化的意义。

同样回到"中国狂欢节"的例子，正如前文提到的，中国驻慕尼黑总领事馆多次出席狂欢节并发表讲话，明确表达对迪特福特举行的与中国相关的节庆活动持支持态度，这可以排除第一条。如果把本地文化视为"强势文化"，"他者"文化视为"弱势文化"，那么中国文化并没有被迪特福特文化所取代，虽然存在种种争议，但二者在中国狂欢节中确实体现出共生共融的关系，这可以排除第二条。第三条前文有所解释。第四条则比较适用于"中国狂欢节"的情况。

因此，文化挪用（Cultural Appropriation）这一概念与文化欣赏（Cultural Appreciation）相比，前者特指作为主体的文化对受到压制或边缘化的文化及其要素在缺乏基本了解和尊重的情况下轻率利用，以达到娱乐大众、博人眼球的效果。与后者所表现出的珍视、致敬心理不同，"文化挪用"有着"强迫和打压弱势群体的色彩"，是种族主义的衍生品，会给文化上的弱势群体造成屈辱与不适感。

也就是说，在引用这些文化的过程中，如果引用者并未真正尊重文化的特质，甚至曲解了文化本身的内涵，就可以判定属于"文化挪用"。那么迪特福特的"中国狂欢节"和所有与中国文化相关的文化活动是否在"文化挪用"的范围内？迪特福特的"中国狂欢节"充斥着与当代中国形象相脱离的明清元素，甚至不乏与中国传统文化毫无关系的傅满洲形象；当地居民对中国文化符号的象征意义知之甚少，并且对自己无法理解的中国文化元素进行了"本土化改造"。基于以上表征我们可以初步判断，"中国狂欢节"在面临种族歧视争议的同时，也对中国传统文化进行了"挪用"。

尽管如此，我们是否能断言迪特福特人对中国文化缺乏认同感？是否每一次"挪用"的背后都是迪特福特人对他者文化内核的拒绝与不尊重？这些问题我们暂时不能定论。

"文化认同"是跨文化传播过程中必然遭遇的问题。在面对文化上的"他者"时，怎样在相互尊重和理解的基础上形成平等的互动关系，怎样构建自我文化，怎样被他者文化接受与评价，怎样避免刻板印象和意识形态隔阂造成的认知偏差，以上问题都涉及文化认同。乔纳森·弗里德曼

（Jonathan Friedman）将文化认同的变量概括为：种族、现代族群、传统族群和生活方式。这四个变量中，种族以血缘关系为基础，生活方式依赖于共同生活的经历与记忆，传统族群专指共存在同一地理空间的族群，唯有现代族群是不必局限于同一地理空间范围的概念。而强化现代族群的文化认同感，是全球化过程中实现文化认同的必然趋势。[①]也有学者提出，文化认同可以借助符号性资源（即历史、记忆、语言、文化、生活方式等）建构而成。[②]"文化"也并不只能被简单概括为非此即彼的自我文化和他者文化，借用雷蒙德·威廉斯（Raymond Williams）的经典定义，文化是一种普通的生活方式，是与日常生活密切相关的生活模式。生活的全部方式、日常的实践活动构成一个地区的文化生活，而对外来文化符号的使用正确与否，只是当地文化生活的一小部分而已。

也就是说，对于迪特福特人而言，对中国文化符号的使用是产生文化认同感的重要渠道，而不是判断其是否尊重、认同中国文化的唯一标准。后殖民理论家霍米·巴巴曾提出"第三空间理论"（the third space theory），这一空间既不独属于自我，也不独属于他者，而是居于二者之外的中间位置，混合两种文化的特征。在第三空间内，多种文化互相融合，而文化之间的协商与冲突促使不同文化群体产生不同的心理认同，这就要求从新的角度重新审视既有文化。迪特福特的城市建设、节庆活动都是当地文化与中国文化产生对话与冲突的场域，近百年来迪特福特保留着庆祝"中国狂欢节"的传统，加之21世纪以来与中国大使馆、中国南京的友好往来，其中的文化认同或许早已不言自明。

在迪特福特遭遇了种族歧视的游客也在自己的游记中强调，当地人对"中国狂欢节"投入了大量的心血，这让他十分感动。

> 大街上游行的人们全都把脸涂成黄色、穿得就像古装剧里的人物。即使当地人一直强调他们这样做并没有恶意，但这毫无疑问是荒唐的。可是与此同时，迪特福特的人们也在努力地为这个节日做贡献。比如皮娅，她在当地旅游局工作，每年都邀请中国人来参加当地的狂欢节；还有霍斯特，他穿着一身长衫，这是一种中国男士的传统服饰，是他1996年在北京买到的；还有马克斯，他花了110小时雕刻福高帝戴的皇冠上的龙。

① Friedman, J., "Cultural identity and global proces," California: Sage Publications, vol. 31, 1994.

② 赵永华、刘娟：《文化认同视角下"一带一路"跨文化传播路径选择》，《国际新闻界》2018第40卷第12期，第67-82页。

类似地,也有游客提到自己在迪特福特感受到了当地居民的热情与欢迎,即使种族歧视确实存在,自己也拥有了一段愉快的旅游体验。

　　的确,迪特福特的中国狂欢节中有很多种族歧视的情况,但这并不代表每个人都是如此。我不论是作为一名中国游客还是作为一名普通游客,都在狂欢节期间感受到了宾至如归的欢迎气氛。

关于中国狂欢节是否存在"文化挪用"的问题,也有游客提出了自己的见解:

　　对我来说,那些把脸涂成黄色的人和穿着笨拙服饰的人,与那些发自内心地对中国文化感兴趣的人相比是截然不同的。旗袍和长衫早已不是现代中国的日常服饰了,这算是文化挪用吗?或许是,但不知道为什么,当看到迪特福特人比我更在意中国文化时,我心里非常感动。

总而言之,学者杜维明曾提出"文化中国"的概念,并将其界定为三个象征世界的交互作用。中国、新加坡的华人社会构成了第一个象征世界,而海外的华人社区构成了第二个象征世界,第三个象征世界无关血统也无关族裔,所有在知识上促进对中国了解的人士,从学者到商人,从媒体人到政府官员,都属于"文化中国"的成员。杜维明进一步提出,对文化中国国家形象贡献最大的正是最为松散的第三个象征世界。[①]从这一定义看,迪特福特人可以被归入"文化中国"的成员,在他们在推动中国国家形象传播的过程中,文化符号是重要的传播媒介与传播内容。当文化符号脱离中国语境时,难免会出现海外受众对文化符号理解片面,甚至错用和误用的情况。那么"文化挪用"是否是全球化背景下跨文化传播的必经过程?这样的现象应当如何避免?这些问题都需要在未来的海外传播实践中进一步解答。

第三节　消费"他塑"与"自塑"文化认同

随着迪特福特与中国驻慕尼黑总领事馆、南京文化和旅游局达成稳定的文化交流关系,国内媒体对迪特福特的报道也逐渐丰富,从最初寥寥无几的官方新闻稿到如今新浪、腾讯、百家号等多个媒体平台将迪特福特作

---

① 《"文化中国"与儒家传统——杜维明教授访谈录》,《中国文化》1993 年第 1 期。

为新闻素材，这一定程度上代表着迪特福特的"中国狂欢节"逐渐走进国内民众的视野，受到国内媒体的重视甚至认可。

值得注意的是，通过对国内媒体的新闻分析，不乏报道有误和引据不足的现象。其中比较有代表性的错误报道是"迪特福特庆祝中国新年长达90余年"和"迪特福特将中文定为当地的官方语言"。[①]前者是将"中国狂欢节"这一西方传统宗教活动错认为是在庆祝中国新年（二者时间相近，都在每年的二月份前后），后者则是将"中国狂欢节"期间游行队伍高喊"你好"、张贴横幅与海报这一现象过度解读为当地将中文设置为官方语言。关于这一点，迪特福特的市长也在接受采访时"辟谣"过：

> "该市的官方语言仍是德语而不是中文"，迪特福特市长布劳恩（Carolin Braun）笑说，"不是不愿，而是不能。我们的中文太差了。""即便仅仅在狂欢节这一天也不行吗？还是做不到。"

这两条比较典型的错误报道在不同的媒体平台被不断地生产、消费和再生产，于是进一步衍生出更多缺乏援引的错误报道：

> 但是在迪特福特这个德国村里，热爱中国文化的他们也一样会过春节，并且至今已经过了 92 次中国春节了。
> ……
> 在迪特福特小镇里，当地有很多的中文学校，因为家长们特别喜欢把自己家的孩子送到中文学校去学习，学习中文，还有学习中国各种各样的文化、知识。中文，在迪特福特小镇里，也似乎成为了他们的官方语言了，人与人相见的时候，总是更加偏爱用中文来交流。[②]
> ——新浪网，2020 年 3 月 30 日

> 本来世界也都公认中国话是最难学习的语言，不同的字词在不同环境下能够灵活转变寓意，恐怕也只有中国文字了，但是即使这样，迪特福特人还是坚持要把中文确定为他们自己的官方语言，也是欧洲

---

① 观察者网，"德国迪特福特居民自称中国人，官方语言为中文，春节已持续 90 年"，2018 年 2 月，https://www.guancha.cn/internation/2018_02_20_447482_s.shtml

② 新浪，"最像中国的'德国村'，当地都是正统白人"，2020 年 3 月，https://k.sina.com.cn/article_7175695105_1abb46b0100100q017.html?cre=tianyi&mod=pcpager_fin&loc=25&r=9&rfunc=59&tj=none&tr=9

唯一将中文当官方语言的地方，说了 100 年，甚至坚持把这种文化传递给下一代，可见他们对于中国的文化已经深爱到了一定的程度。①

——百度"百家号"，2020 年 5 月 25 日

类似地，以迪特福特为素材的新闻标题也往往以用词夸张失实的"标题党"为主。诸如"德国人'追中国'已经到了这种地步了吗"②"德国小镇的狂欢节，那里的老外都忙着当'中国人'"③"这个德国小镇的居民自称是'中国人'，中文是官方语言！"等标题，即使文章素材大同小异，也以其极具吸引力的标题在多个新闻媒体平台多次发布。

或许是因为迪特福特尚未完全走进国内大众的视野，国内媒体对迪特福特的报道流于肤浅，且同质性较强，缺乏深度报道，与迪特福特相关的信息多以旅游推介和住宿广告为主。为进一步了解迪特福特在国内媒体报道中的形象建构，笔者对百度搜索引擎中包含"迪特福特"这一关键词的新闻报道进行抓取，通过数据筛选过滤和词频统计分析，发现这些报道中出现频率最高的关键词主要有：

表 5-3-1　关键词统计表

关键词	词频
中国	177
迪特福特	138
德国	76
狂欢节	71
春节	65
文化	65
小镇	53
皇帝	45
举办	29
每年	24
中文	24

① 羽昕天，"德国小镇被称为'中国村'，村里全是德国人，却说了 100 年汉语"，2020 年 4 月，https://baijiahao.baidu.com/s?id=1667646752366017684&wfr=spider&for=pc

② 环球网，"德国人'追中国'已经到这种地步了吗？"，2019 年 6 月，https://news.sina.com.cn/c/2019-06-17/doc-ihvhiqay6162343.shtml

③ 虎嗅，"德国小镇的狂欢节，那里的老外都忙着当'中国人'"，https://www.huxiu.com/article/373732.html

续表

关键词	词频
巴伐利亚	22
德国人	20
生肖	22
历史	17
传统节日	16
华人	12
穿着	10
官方语言	10
老外	10
气功	9
游行	9
痴迷	8

　　从以上词频统计中可以看出，首先，国内媒体对迪特福特的报道主要聚焦于"中国狂欢节"，而代表迪特福特与中国友好往来的"南京""演出""夏季节""大使馆"等关键词反而极少出现；其次，"皇帝""春节""中文"这类中国传统文化元素也是报道的重点，而"天主教""宗教"等说明狂欢节的西方宗教文化背景的词语也极少出现。同时，笔者发现图片是报道的主要内容，"点击查看大图"这一短句在抓取的报道中出现了 35 次，对狂欢节盛况的描述是报道的主体，图片是主要的呈现方式，而游客感受、历史背景和上文提到的种族歧视争议等均未出现在国内媒体的报道中。

图 5-3-2　词频示意图

在"中国狂欢节"中,中国文化作为他者文化出现,中国人的形象也随之被定型化和他者化。而当中国媒体对迪特福特进行报道时,迪特福特也以他者的形象出现。正如斯图尔特·霍尔提出的"他者的图景"概念,他者是认识自我的一面镜子,也是主体建构自我意义的必备要素。[①]然而,在国内媒体对迪特福特进行报道的表征中,他者的意义被极大地损耗了。"中国狂欢节"背后的西方宗教文化、当地人对中国文化符号的理解、当地与中国南京所建立的友好城市合作关系等内容,几乎从未出现在国内媒体所建构的他者化的图景中。这样简单归纳所形成的对他者文化的认知不仅会阻碍跨文化群体间信息的互动,也会进一步影响国内受众对于他者文化多样性的认识,进而带来狭隘与偏见。

有学者提出,流量经济推动的媒体人对高时效性的追求、碎片化的阅读习惯带来的碎片化报道以及地域与文化距离等诸多因素,都会导致新闻工作者难以对报道对象的社会文化背景进行全面而深入的报道,难以跨越他者化的藩篱。[②]

如此高度同质性的报道一方面折射着社交媒体时代新闻生产逻辑的变革,另一方面也发挥着塑造民族国家共同体、提升受众对本国文化认同的作用。

学者迈克尔·比利希在其著作 Banal Nationalism 中提出:"国家就如同语言一样,不经常运用便会消亡,因此国家也需要被日常性地使用。"[③]而"阅读国家"则是人们透过媒介与国家建立关系的日常实践。[④]本尼迪克特·安德森在《想象的共同体——对民族主义之起源和传播的思考》一书中提出,"共同体"是通过印刷媒体建构的,报纸使得国家从一个抽象空间转变为一个由现实事件构成、持续运动、拥有生命力的具体地方,从而在读者的日常生活中显现为"可见的共同体"。[⑤]随着互联网的发展,新闻报道的媒介从纸质印刷转移到了手机、网页等客户端,继续对"想象的共同体"的建构发挥着作用。也就是说,媒介的日常使用,塑造着人们对国家

[①] 单波:《跨文化传播的基本理论命题》,《华中师范大学学报(人文社会科学版)》2011 年第 50 卷,第 1 期,第 103-113 页。

[②] 辛静:《熟悉的陌生人:美国新闻媒体中被他者化的中国作家莫言》,《国际新闻界》2015 年第 37 卷,第 4 期,第 27-38 页。

[③] Billig M., "Banal nationalism" sage, 1995.

[④] 卞冬磊:《"可见的"共同体:报纸与民族国家的另一种叙述》,《国际新闻界》2017 年第 39 卷,第 12 期,第 34-52 页。

[⑤] 本尼迪克特·安德森:《想象的共同体——民族主义的起源与散布》,吴叡人译,上海:上海人民出版社,2016 年,第 140 页。

的认知、情感和认同。[①]

随着社会科学研究的建构主义趋势形成，越来越多的学者以建构主义为研究立场分析文化认同。[②]在全球传播背景下，学者大卫·莫利提出，电子传播媒介发挥着建构文化同一体的作用。[③]文化认同的形成与他者紧密联系在一起，所谓"我们"的概念只有在与"他者"的对话和冲突中才能产生意义。[④]将"我们"与"他者"建立联系、通过"媒体再现"呈现出二者的竞争、协商与相互演化，是大众传播提升受众文化认同感的必要手段。

疫情期间，多篇名为"德国因疫情歧视中国人？中德关系遇冷？这个德国小镇却大赞中国好"的文章涌现在搜狗、网易等多个媒体平台。疫情期间也正是中国抗疫贡献遭遇海外媒体否定和妖魔化的特殊时期[⑤]，仔细阅读这些新闻可以发现，内容仍以迪特福特人对中国文化的喜爱为主，与疫情本身并无关系。从国内媒体对迪特福特的报道措辞和风格中不难看出，作为"巴伐利亚中国城"的迪特福特，经过国内媒体对有限的新闻素材进行生产、消费和再生产之后，它被改造成了一个对中国文化充满崇拜与敬仰的"追随者"。

小结　国家形象构建杂糅与"偏塑"传播

谈及"跨文化传播""国际传播"等新全球化语境，中国所面临的传播困境往往被归咎于意识形态分歧和国际话语权的不平等。这一方面是因为西方国家掌握着全球90%以上的新闻信息资源，近70%的海外民众主要通过西方媒体了解中国；另一方面则是因为我国与西方存在着天然的文化价值观隔阂。然而，国家形象的跨文化传播除了要观照宏观层面的国际舆论环境，也需要探索民间场域中以普通个体为主体的"小叙事"，包括民俗文

---

① 卞冬磊：《"可见的"共同体：报纸与民族国家的另一种叙述》，《国际新闻界》2017年第39卷，第12期，第34-52页。

② 吴世文、石义彬：《我国受众的媒介接触与其中国文化认同——以武汉市为例的经验研究》，《新闻与传播研究》2014年第21卷，第1期，第94-108、128页。

③ 戴维莫利、凯文罗宾斯：《认同的空间：全球媒介、电子世界景观与文化边界》，司艳译，南京：南京大学出版社，2001年。

④ 斯图亚特霍尔：《表征——文化表象和意指实践》，徐亮、陆兴华译，北京：商务印书馆，2003年，第237页。

⑤ 人民网，"借着疫情妖魔化中国 西方媒体用了这三招！"，2020年3月，http://society.people.com.cn/n1/2020/0314/c1008-31631985.html

化、交际活动等。

从迪特福特的例子不难看出，即使中国文化成为异域文化中民间节庆活动的重要主题和符号来源，信息流动"逆差"仍然存在，西方民众对中国的刻板印象仍然固化，海外受众对中国故事和中国形象的接触、认知与理解存在较大偏差。如本书第三章所言，跨文化传播与国家形象传播有着一定的逻辑偏差，前者强调文化的共通性和互动性，后者则强调文化的特殊性和民族意识。对于迪特福特而言，与中国驻慕尼黑领事馆达成合作、与南京建立城市伙伴关系、推动中国元素与当地文化的融合，是中国文化在异域空间中被重塑的体现。但与此同时，迪特福特对中国文化符号的本土化改造和符号再生产过程必然需要面对种族歧视和"文化挪用"的质疑；对于国内媒体而言，对迪特福特的选择性报道和过度消费虽然可以在流量经济时代抢占先机，甚至可以在疫情期间成为提升本国受众民族认同感、维护国家形象的话语工具，但这不利于增进国内受众对中国文化的海外传播现状的理解，也为迪特福特与中国更进一步的文化交流设下障碍。

在民间场域的国家形象跨文化传播中，抽象的国家形象往往表现为众多具象化的视觉符号和文化符号，异域文化中独特的视觉叙事和意义生产机制将中国文化与当地的狂欢节传统相融合，这一"文化融合"的结果再度回到中国文化的场域中，由国内媒体重新解码之后，重塑了国人的文化认同。基于此，本章认为迪特福特官方、迪特福特民众、国内媒体、国内游客都经历了以"他者"的身份参与跨文化交流的过程，最终中国与迪特福特从各自的文化价值观出发，形成了各自为用的单向消费，即使双方达成了长期合作的友好关系，也存在着文化交流的错位。迪特福特这一跨文化传播案例未能实现文化的平等交流与协商对话，也未能超越"东方"与"西方""我者"与"他者"的二分法。正如后殖民理论学者霍米·巴巴所言，东西方的权力关系是含混的、混杂的（hybridity），两种文化在协商、让步、模仿和重新阐释的过程中会形成一种区别于两种文化的第三种文化，这一结果也就是"文化杂糅"现象。

从当下的国家形象跨文化传播研究趋势看，除了可以将研究对象从宏观的国际关系与媒体报道策略研究转移至民间的跨文化交际现象研究之外，也应当着眼于本地文化进入异域空间后的适应与重塑过程，探究其中的文化符号与互动语境如何融入异域空间的社会历史环境，揭示跨文化传播作为一个持续、动态的传播过程，每一个阶段呈现出何种特性，以及文化自省与自我纠正在何种状态下可以实现。从实践层面出发，国家形象的跨文化传播可以从以下三个方面着力：一是传播视角。在弥合文化距离的过程中，应当调整沟通角度，曾用异域文化的文化理解与文化认知视角，在保留原文化的价值观与表意内容的基础上，用别人听得懂的语言和方式进行文化再现；二是传播渠道。推动官方媒体与社交平台的互补关系，建立不同国家、不同文化群体之间的互动和参与；三是传播方式。充分利用视觉叙事和修辞跨越文化差异，将存在争议的、不符合当代中国文化价值观的视觉符号加以改造和修正，提升国家形象跨文化传播的时代性、针对性和先进性。针对迪特福特这一案例，本章认为可从以下层面对"文化挪用"加以修正：1）南京文旅局通过文化外交塑造并传播国家形象，对中国文化符号的使用、解读与意义赋予进行纠正和补充；2）提升参与民间交流的个体的跨文化传播意识与跨文化传播能力，即政治意识、责任意识、主人翁意识、斗争意识和大局意识，以及政治判断能力、公共外交能力、调研能力、交友能力、与外媒打交道的能力、备战能力、应变沟通能力、解决棘手问题的能力、外语能力和学习能力。

　　最后需要提及的是，本章写于2021年初，受新冠肺炎疫情影响，无法前往迪特福特当地进行考察，因此本章内容以对网络资料的文本分析为主。文本分析虽然也能对我国与迪特福特的跨文化交流现状形成一个粗浅的认知，但与实证考察相比，还是存在着一些难以弥补的缺憾。由于资料有限，笔者未能对以下问题予以解答：

　　首先，随着近几年迪特福特与中国的合作不断深入，"中国狂欢节"和"巴伐利亚-中国夏季节"发生了一些什么改变？有哪些内容被淘汰了？又有哪些内容得到了重视和保留？其次，迪特福特与中国的友好往来为当地的旅游业带来了什么贡献？是否有数据支持？对小镇居民的生活有什么改变？最后，迪特福特居民了解中国文化都有哪些渠道？当地频繁到访的中国游客、盛大的中国主题的节庆活动对当地居民的生活有什么影响？是否改变了当地居民对中国的看法？

第三部分：理论创新

理论创新是一个过程，根据第一部分（第一、二、三章）对国家形象对外传播的基础理论研究，以及第二部分（第四、五章）关于国家形象理论应用的实证探索，可以看到国家形象的"自塑"和"他塑"传播是一项复杂的系统性工程。因此，国家形象对外传播的理论研究具有复杂性和流动性。因而第三部分（第六、七章）通过肯定性—累积性创新模式进一步论证理论范式的创新性可能。

其一，学者们对如何讲好中国故事展开的叙事、受众和方法论等思辨（陈昌凤，2018），愈发重视国际传播中的信息博弈，试图培育中国故事的国际译码者和意义接受者，但遗憾的是缺乏以实证数据为依据的研究，大部分相关研究停留在验证海外民众对我国故事符号的喜爱度、接受度等方面，导致近几年的研究突破有限。因而第六章通过刺激实验和问卷法，试图找到跨文化传播中的中国文化符号组合策略，以总结出全球语境下对特殊话语在跨文化传播过程中分析的特征，进而提出跨文化传播场域的创新概念和界定（共鸣场、开发场、受限场）。其二，由于国内学者聚焦软实力的基础理论，硕果丰富，但是可行性操作的理论应用研究成果较少，缺少对约瑟夫·奈的"软实力"学说的反思和批判。因此，此部分的第七章，在理论研究上推出了全球软实力评价体系的重构，破除以西方为主的话语权，包含具体的博弈模型、计算公式和问卷方法，以期为此领域的学者提供可供参考的范式。

需要强调的是，国家形象对外传播的"自塑"和"他塑"是一个超越学科的理论范式，同时和实践应用密不可分，在国际风云变幻的今天，其多边性和联动性对理论范式的突破提出了极大挑战。如何应对这样的变化，笔者在提出创新理念的同时时刻保持高度的自我反思，不断修正理论框架。

第六章　国家形象对外传播"合塑"矩阵

　　由于软实力概念的模糊性、政治偏向和实践限制（Layne，2010；Mattern，2005；Keating & Kaczmarska，2019），国际关系和传播学界关于"战略叙事"概念的研究异军突起（Roselle &Miskimmon，2014），在这个背景下，"战略叙事"作为国家形象对外传播"合塑"矩阵的实践效果应受到更多关注，连"软实力"的提出者约瑟夫·奈也承认国际政治已经变成了"谁的故事获胜"。由于"战略叙事"的概念和软实力的概念出发点类似，都关注后冷战时期国家政府如何提升非强迫式的影响力，因而战略叙事从传播学的角度出发更加强调话语在国际传播中的重要性，认为国际政治是叙事之争，国家间的关系不存在真空中而是相互影响。

　　我国文化符号在跨文化传播和软实力提升中具有"话语系统"的输出优势，它既包含跨文化传播中的众多文化符号，同时也囊括了基于政治博弈的文化软实力的吸引力和影响力，对国家形象的立体性建构具有重要意义。其所承载的中国价值观，仍然面临国际传播过程中的信息博弈、符号竞争和感觉品质。

　　因此，本章试图创造性突破通过新媒体的介入刺激，对文化符号"出走"海外进行战略叙事的范式转向，从实践层面建立国家形象对外传播"合塑"矩阵，包括国际传播符号互动认知、情感共通以及行为差异的文化符号语料库。进而基于对文化符号语料库的分析进行传播场域的创新性研究。具体而言，本章第一节主要从态度模型的实证结果分析我国文化符号的传播矩阵，同时通过修正刺激实验和问卷调查模型，以期为未来进入本领域的研究者，在充足的海外调研经费的情况下提供可借鉴的范式方法。在第二节中具体提出三场对外传播场域的战略计划与边界界定，有意识地通过文化符号矩阵提升我国对外的战略叙事。

第一节　符号合塑

一、"合塑"潜力的跨文化传播转向

构建命运共同体是中国国家形象对外传播的价值目标，[①]反映了"自我"与"他者"互为主体或主体间性，[②]从沿线民心相通出发，以传播先行讨论在地化传播及差异化传播迫在眉睫。[③]很多学者将世界文化格局划分为中华、欧美、阿拉伯、印度、俄罗斯及东欧 5 个文化区，而学者 H.J.de 布列季将世界细分为 12 个文化区。[④]这些区域文化在生活方式、语言文字、艺术科学、宗教信仰、风俗习惯、政治生活等文化禀赋和思维取向存在差异：一方面，差异引起文化冲突和演变；另一方面，异质的碰撞也蕴含着和谐共生的文化发展潜力。若力图培育新时代中国价值观的国际符号译码者和意义接受者，需要借助并精准定位跨文化传播不同主体间的符号意义的潜力，从实践层面掌握"中国故事"2.0 版本，以及国家形象对外传播的符号修辞、互动认知、情感共通以及行为差异。

重视"解释循环"的符号学本身，在跨文化传播过程中，探索"意义的意义"势必不能忽视且必须反映"自我"与"他者"文化差异的主体符号和主体间性。"解释循环"的流动过程，即"符号表达释放意义以吸引符号解释，符号解释通过追求意义接近符号表达"。[⑤]但值得注意的是，在跨文化传播中，往往延伸过程被忽视的是第三方符号的介入与干涉，包括实践结果的行为层面产生的意义碰撞，以及互联网时代多媒体符号体裁介入，即定调、通感和出位。"通感"定义为"跨越渠道的表意与接收"，"出位"即为"任何艺术体裁中都可能有的对另一种体裁的仰慕，是在一种体裁内模仿另一种体裁效果的努力，是一种风格追求"。虽然赵毅衡指出出位

---

① 史安斌：《加强和改进中国政治文明的对外传播：框架分析与对策建议》，《新闻战线》2017 年第 13 期，第 29-32 页。

② 詹小美：《全球空间与"一带一路"研究（文化卷）》，西安：陕西师范大学出版社，2016 年，第 8 页。

③ 张昆：《传播先行，实现民心相通——服务丝绸之路经济带建设的国家传播战略》，《人民论坛·学术前沿》2015 年第 9 期，第 62-72 页。

④ 王煦柽：《试论文化地理学的性质和内容》，《南京师大学报（自然科学版）》1985 年第 1 期，第 6-14 页。

⑤ 赵毅衡：《符号学原理与推演》，南京：南京大学出版社，2016 年，第 46 页。

"不太可能出现在非艺术的体裁中"，[①]但笔者大胆假设，在跨文化传播中，媒介作为艺术与非艺术的集合，其介入不仅可以辅助探索文化差异中的文化相似性，也可以在不同文化区间发现科学/实用的符号表意与冲动，摆脱体裁限制，构建跨符号系统表意，形成符号"仰慕"。

对文化符号在国家形象传播功能研究上，国内学者不仅强调符号意义生产与协商为核心的三元传播关系，[②]也充分意识到文化符号具有记忆、沟通传播和凝聚功能，[③④]尤其是对外传播中符号的更新、内涵与外延结合的重要性。[⑤]国家智库报告显示，欧洲精英们明确认同"一带一路"人文交流的重要性，但不认为意识形态差异是主要的阻碍，认为更为重要的是文化和思维方式的差异。[⑥]随即各国纷纷将注意力转向诉诸人心理的各国符号化意象，通过符号载体进行符号竞争和信息博弈，成为国际关系的核心主题之一。

本节将充分挖掘民间交互场域的互动话语"循环阐释"构建，作为目前看似最具有"合塑"潜力的传播载体，注重多媒体符号体裁介入下的主体客体化和客体主体化的内在统一。若因势利导利用海外民众对中国元素感知、意义化解释、情感体验卷入"弯道超车"，通过文化符号研究路径的意指传播模式的价值取向、选择原则和互动话语策略，可以更好把握海外民间主体对中国文化价值观的形塑规律、作用和话语发展。

（一）态度模型的选择：情感、认知和行为研究

态度（Attitude）能反映个体针对"特定社会客体"以一定方式做出反应的"心理倾向"，[⑦]在有关中国文化符号对外传播的探讨中，态度是迄今为止最重要但后续问题不断的切入点。比如，哈嘉莹和尚晓燕通过调查在北京留学的共建"一带一路"国家留学生对中国物质文化符号的熟悉度和认可度，发现海外民众对中国物质文化符号的认可度存在显著的"地缘烙印"，并与海外民众本国物质文化与中国物质文化的差异度有关；[⑧]常江对

① 赵毅衡：《符号学原理与推演》，南京：南京大学出版社，2016年，第133页。

② 赵星植：《论皮尔斯符号学中的传播学思想》，《国际新闻界》2017年第39期，第6版，第87-104页。

③ 冯聚才：《文化符号与文化软实力》，《开封大学学报》2012年第26期，第3版，第1-4页。

④ 蒙象飞：《中国国家形象与文化符号传播》，北京：五洲传播出版社，2016年，第8页。

⑤ 宫慧娟：《我国国家形象塑造的符号学解读》，《青年记者》2009年第21期，第52-53页。

⑥ 刘作奎：《欧洲和"一带一路"倡议：回应与风险》，北京：中国社会科学出版社，2015年，第56页。

⑦ M. J. Rosenberg & C. I. Hovland, "Cognitive, affective and behavioural components of attitudes", in Carl Hovand, eds., Attitude Organization and Change, Beijing: printed by Communication University of China Press, 2015, pp. 1-15.

⑧ 哈嘉莹、尚晓燕：《"一带一路"共建国家来华留学生中国形象认知研究——基于物质文化的调查分析》，《对外传播》2017年第7期，第52-55页。

苏丹青年进行深度访谈，了解他们对中国流行歌曲喜爱程度及喜爱或不喜爱的原因，发现在苏丹青年感知中国形象的过程中，流行歌曲具备"中国文化的去神秘化""私人情感的多元化表达"及"总体文化基调的营造"三个作用；[①]王丽雅使用问卷调查了美国、德国、俄罗斯和印度民众对中国文化符号、核心价值观、文化产品、中国人和中国名人等的认知度和喜爱度，数据结果显示四国民众对中国文化符号均有一定认知但无明显好感；[②]近日，北京大学"增强中国对外传播文化软实力深度研究"课题组对美国、德国、俄罗斯、印度、日本、沙特六国民众展开调查，相比 2011 年的调查结果，六国民众对中国文化符号的喜爱度有所提升，对文化符号的喜爱度和认知度均受不同国家、不同阶层、不同文化背景的影响。[③④⑤⑥⑦⑧]

但细致观察以上理论依据和研究方法，学者们对态度的组成成分持有不同的观点，其中，情感（如，喜爱度）是学者们普遍认可的主要成分，情感态度（Affective attitudes）是指个体对社会客体的情绪、感受或动机，[⑨]具体体现为个体对客体是否喜爱或赞同、对客体的评价为积极或消极等；[⑩⑪⑫]有些学者认为，除了情感，个体的态度还包括认知（Cognitive

---

① 常江：《流行歌曲与中国形象的跨文化认知：基于对苏丹青年群体的深度访谈》，《新闻界》2017 年第 6 期，第 37-43 页。

② 王丽雅：《中国文化符号在海外传播现状初探》，《国际新闻界》2013 年第 35 期，第 5 版，第 74-83 页。

③ 吴新平、徐艳：《态度三要素视角下青年马克思主义者培养情境的创设》，《思想教育研究》2011 年第 11 期，第 26-29 页。

④ 关世杰：《五年间美国民众对中国文化符号喜爱度大幅提升——中华文化国际影响力问卷调查之一》，《对外传播》2018 年第 2 期，第 40-43 页。

⑤ 李玮、熊悠竹：《中华文化符号更受俄罗斯精英群体喜爱——中华文化国际影响力问卷调查之三》，《对外传播》2018 年第 4 期，第 36-38、54 页。

⑥ 权玹廷：《伊斯兰文化影响沙特人对不同文化符号的喜爱度——中华文化国际影响力问卷调查之二》，《对外传播》2018 年第 3 期，第 48-67 页。

⑦ 王秀丽、梁云祥：《日本民众最爱中餐、茶和大熊猫——中华文化国际影响力问卷调查之四》，《对外传播》2018 年第 5 期，第 43-46 页。

⑧ 王异虹、赵欣娜：《中国饮食、长城、医药在德国的认知度和喜爱度名列前三——中华文化国际影响力问卷调查之五》，《对外传播》2018 年第 6 期，第 45-48 页。

⑨ Edwards, K., "The interplay of affect and cognition in attitude formation and change," Journal of Personality & Social Psychology, vol. 59, no. 2, 1990, pp. 202-216.

⑩ Weinstein, Emily., "The Social Media See-Saw: Positive and Negative Influences on Adolescents' Affective Well-Being," New Media & Society, vol. 20, no. 10, 2018, pp. 3597–3623.

⑪ Greenwald, A. G., & Banaji, M. R., "Implicit social cognition: attitudes, self-esteem, and stereotypes," Psychological Review, vol. 102, no. 1, 1995, pp. 4-27.

⑫ Petty, R. E., Briñol, P., & Demarree, K. G., "The Meta–Cognitive Model(MCM) of Attitudes: Implications for Attitude Measurement, Change, and Strength," Social Cognition, vol. 25, no. 5, 2007, pp. 657-686.

attitudes），①即其对社会客体的信仰、判断或想法，②③比如可信度。④第三种观点认为，态度包括三部分（The Tripartite Model of Attitude Structure）：情感（Affective attitudes）、认知（Cognitive attitudes）及行为（Behavioral attitudes）。行为态度则指个体在面对与特定社会客体有关的特定情境时所做出的或可能会做出的行为反应。⑤⑥⑦在针对态度的研究中，后二者观点居多但存在各自的研究偏向，基于"情感-认知"态度模型的研究多聚焦于态度与行为之间的关系，即在情感态度和认知态度的作用下个体在行为层面的改变，⑧⑨⑩⑪⑫而基于"情感-认知-行为"态度模型的研究将"行为"作为态度的一部分，旨在通过行为本身反映态度而非利用态度影响行为。⑬⑭本研究认为只有具体而全面地分析、认知现阶段海外民众对中国文化符号的

---

① Crites, S. L., Fabrigar, L. R., & Petty, R. E., "Measuring the affective and cognitive properties of attitudes: Conceptual and methodological issues," Personality & Social Psychology Bulletin, vol. 20, no. 6, 1994, pp. 619-634.

② Edwards, K., "The interplay of affect and cognition in attitude formation and change," Journal of Personality & Social Psychology, vol. 59, no. 2, 1990, pp. 202-216.

③ Liu, Jiaying & Shi, Rui, "How do Online Comments Affect Perceived Descriptive Norms of E-Cigarette Use? The Role of Quasi-Statistical Sense, Valence Perceptions, and Exposure Dosage," Journal of Computer-Mediated Communication, vol. 24, no. 1, 2019, pp. 1–20.

④ Waddell, T. F., "What does the crowd think? How online comments and popularity metrics affect news credibility and issue importance," New Media & Society, vol. 20, no. 8, 2018, pp. 3068–3083.

⑤ Rosenberg, M. J. & Hovland, C. I., "Cognitive, affective and behavioural components of attitudes", in Carl Hovand, eds., Attitude Organization and Change, Beijing: printed by Communication University of China Press, 2015, pp. 1-15.

⑥ Breckler, S. J., "Empirical validation of affect, behavior, and cognition as distinct components of attitude," Journal of Personality & Social Psychology, vol. 47, no. 6, 1984, pp. 1191-1205.

⑦ Ostrom, T. M., "The relationship between the affective, behavioral, and cognitive components of attitude," Journal of Experimental Social Psychology, vol. 5, no. 1, 1969, pp. 12-30.

⑧ Margolin, Drew, & Liao, Wang., "The Emotional Antecedents of Solidarity in Social Media Crowds," New Media & Society, vol. 20, no. 10, 2018, pp. 3700–3719.

⑨ Koenig, Abby & McLaughlin, Bryan, "Change is an emotional state of mind: Behavioral responses to online petitions," New Media & Society, vol. 20, no. 4, 2018, pp. 1658–1675.

⑩ Edwards, K., "The interplay of affect and cognition in attitude formation and change," Journal of Personality & Social Psychology, vol. 59, no. 2, 1990, pp. 202-216.

⑪ Crites, S. L., Fabrigar, L. R., & Petty, R. E., "Measuring the affective and cognitive properties of attitudes: Conceptual and methodological issues," Personality & Social Psychology Bulletin, vol. 20, no. 6, 1994, pp. 619-634.

⑫ Chaiken, S., & Baldwin, M. W., "Affective-cognitive consistency and the effect of salient behavioral information on the self-perception of attitudes," Journal of Personality & Social Psychology, vol. 41, no. 1, 1981, pp. 1-12.

⑬ Breckler, S. J., "Empirical validation of affect, behavior, and cognition as distinct components of attitude," Journal of Personality & Social Psychology, vol. 47, no. 6, 1984, pp. 1191-1205.

⑭ 吴新平、徐艳：《态度三要素视角下青年马克思主义者培养情境的创设》，《思想教育研究》2011年第11期，第26-29页。

态度三要素之间的差异，才能保证实现有效的、高质量的对外传播，因而"情感-认知-行为"态度模型更为适用。

从另一个角度看，在有关文化符号的研究中，绝大多数学者基于"情感-认知"态度模型展开分析，①②③④⑤⑥然而，围绕该模型的讨论可能会忽视以下某些情况，比如，海外民众对中国文化符号持积极的情感且有较为全面的认知，但在实际中并不会有所参与或在质疑声中为其辩护，所以，探讨"行为"态度能强化文化符号在对外传播过程中的实际作用，大量调查结果显示并非所有的中国文化符号均能为海外民众所认可和接受，然而探讨如何改善海外民众对中国文化符号态度的研究却较为缺乏，原因之一就在于忽略了将"行为"作为态度组成的必要成分进行同一纬度的一致性与不一致性探索。更为遗憾的是，即便霍夫兰编著的《Attitude Organization and Change》一书推崇的态度三要素具有启发意义，书中也并未对情感、认知和行为三者关系做详细讨论，因此，作为态度必要成分的实践行为意义仍有待考究。⑦

（二）文化符号与态度理论：媒体的刺激介入

研究符号表意的第一规律"解释意义不在场时是符号过程的前提"，中国现代文化的符号补缺强调的是价值之稀缺，而对待符号的态度具有相对稳定性的特征，它能够长时间地储存在个体的头脑中，但又能在一定刺激下被迅速激活，并在所处情境发生改变时被重新建构，⑧因此，媒介本身（视频、表情包、懒人包等）是艺术添加值，媒体传播内容即"虚荣"添加值，此时中国文化符号指向的缺场的意义是我国文化元素在国际舆论环境

---

① 关世杰：《五年间美国民众对中国文化符号喜爱度大幅提升——中华文化国际影响力问卷调查之一》，《对外传播》2018 年第 2 期，第 40-43 页。

② 李玮、熊悠竹：《中华文化符号更受俄罗斯精英群体喜爱——中华文化国际影响力问卷调查之三》，《对外传播》2018 年第 4 期，第 36-38、54 页。

③ 权玹廷：《伊斯兰文化影响沙特人对不同文化符号的喜爱度——中华文化国际影响力问卷调查之二》，《对外传播》2018 年第 3 期，第 48-67 页。

④ 王秀丽、梁云祥：《日本民众最爱中餐、茶和大熊猫——中华文化国际影响力问卷调查之四》，《对外传播》2018 年第 5 期，第 43-46 页。

⑤ 王异虹、赵欣娜：《中国饮食、长城、医药在德国的认知度和喜爱度名列前三——中华文化国际影响力问卷调查之五》，《对外传播》2018 年第 6 期，第 45-48 页。

⑥ 游国龙、林伦敏：《近五年印度受访者对中国文化符号喜爱度大幅攀升——中华文化国际影响力问卷调查之六》，《对外传播》2018 年第 7 期，第 46-49。

⑦ Carl Hovand, Attitude organization and change, Beijing: printed by Communication University of China Press, 2015, pp. 198-232.

⑧ 张林、张向葵：《态度研究的新进展——双重态度模型》，《心理科学进展》2003 年第 11 期（2），第 171-176 页。

中的话语缺失。换句话说，我们需要通过第三符号（即多媒体）作为符号添加值，扮演"解释循环"的角色，以探索和解释意义不在场。

根据布雷姆提出的失衡理论（Dissonance Theory），当诱导行为的信号或刺激元素与认知和情感态度相遇，可能导致受众去调整认知或（和）情感态度以配合行为结果。诱导或刺激信号可以是一种态度、一种奖励或者显（隐）性的要求，但值得注意的是，当对差异行为诱导/刺激成分越大，态度改变的程度则越小；当差异行为改变越大，态度改变程度则越大；当外部信息过于干涉或鼓励行为态度时，态度改变的程度则越小。[①]近期一项眼动仪实验研究也为本文做出启发（Sülflow，Schäfer 和 Winter）：即使出现认知失调，在面对与自身原有态度相一致相违背的媒体内容时，人们对二者仍有着同等的注意力分布，前提是这些媒体内容必须是简短的，比如新闻报道的概要。在决定是否深入了解相关媒体信息时，原有态度才起到关键作用，它引导人们更多地阅读支持自己观点和立场的内容。[②]

根据以上文献理论，本章提出以下研究问题：

1. 海外受众对我国现代文化符号的情感、认知和行为态度如何？

2. 多媒体符号体裁作为符号添加值介入和补缺海外受众对我国现代文化符号的情感、认知和行为态度的效果如何？

除上述主效应问题之外，本章还将通过检验媒介刺激对于被试对中国现代文化符号态度的影响，探讨国家形象建构过程中，跨文化语境下文化符号的媒介刺激实验范式，并进行方法修正，以期进一步完善跨文化传播与国际传播实证研究方法论。

二、研究方法

（一）实验设计

采用前后测及对比实验法，自变量为是否来过中国及是否接受视频刺激，控制变量为在华时间和在华居住地（分为一线、新一线、二线、三线、四线和五线城市），基于此将被试分为以下四组：没有来过中国且没有接受实验刺激（空白对照组）、来过中国且没有接受实验刺激（条件对照组一）、没来过中国且接受实验刺激（条件对照组二）、来过中国且接受实验刺激（实

---

① J. W Brehm, "A dissonance analysis of attitude-discrepant behavior," in Carl Hovand, eds., Attitude Organization and Change, Beijing: printed by Communication University of China Press, 2015, pp. 164-197.

② Sülflow, M., Schäfer, S. and Winter, S., "Selective attention in the news feed: An eye-tracking study on the perception and selection of political news posts on Facebook," New Media & Society, vol. 21, no. 1, 2019, pp. 168-190.

验组）

表 6-1-1　本研究的实验分组、材料以及文化符号情况

实验组别		实验材料	文化符号
空白对照组	来过中国且没有接受实验刺激	短视频	艺术符号、体育符号
条件对照组一	来过中国且没有接受实验刺激	纪录片	言语符号、实物符号
条件对照组二	没来过中国且接受实验刺激	懒人包	媒体符号、明星符号
实验组	来过中国且接受实验刺激	表情包	习俗符号、活动符号
			教育符号、宗教符号

（二）研究被试

研究通过滚雪球的抽样方法招募被试。

（三）实验材料

研究选取短视频、纪录片、懒人包和表情包作为实验刺激的四种媒介类型。在正式实验开始前，研究人员通过前期访谈了解被试的媒介使用习惯，并从四种媒介中确定被试最常接触使用的一类作为实验刺激的媒介类型。前期访谈结果显示，所有被试最常接触的媒介均为短视频，因此，我们事先准备了与文化符号相对应的 15 段由政府、企业或机构官方制作的短片。由于短片自身具备激发观看者对相关文化符号的好感以及进一步学习、了解和参与的兴趣，符合本研究对实验材料的要求，保证了实验材料的效度。从另一个角度来看，选择此类短片更符合我国在当前国际传播中的实际操作，使本研究更具有现实参考意义。实验过程中，我们发现每位被试都能在第一时间正确感知宣传片中所反映的特定文化符号并通过口头表述出来，这表明视频材料的信度较高。

在文化符号的选择上，本研究基于近十年相关文献将中国文化符号归为 10 大类（艺术符号、体育符号、言语符号、实物符号、媒体符号、明星符号、习俗符号、活动符号、教育符号及宗教符号），并分别选择 1 至 2 个、总共 15 个相对应的具有现代意识的现代文化符号作为检验对象（见表 6-1-2）。在针对明星符号的实验中（包括"娱乐/体育明星"符号及"企业家"符号），研究对象需在填写问卷前推荐一位能够代表中国形象的娱乐或体育明星及企业家，并基于该人选完成问卷。

表 6-1-2　中国现代文化符号

类型	文化符号	类型	文化符号
艺术符号	流行音乐	品牌符号	中国制造
	功夫/武侠电影		摩拜、OFO
体育符号	中国女排	媒体符号	纪录片
	乒乓球		微信
言语符号	汉语	明星符号	娱乐/体育明星
	网络用语		企业家
实物符号	移动支付	活动符号	中外文化周
	网购		

（四）问卷设计

在实验的前、后测中，研究人员分别通过网络问卷（《问卷星》）从情感、认知和行为三个方面检验被试对中国现代文化符号的态度。基于布雷克勒的研究并结合中国语境以及实验的实际条件，[①]本研究的 3 个因变量，情感态度、认知态度和行为态度共包含 77 个题项（见附 1），最终修正版见附件 3。需要强调的是，在实际操作过程中，研究人员必须根据文化符号的特性适当修正语言的表达，以免造成研究对象理解的困难和研究误差。具体而言，研究人员首先根据文化符号所指代的是人或者物、事，对问卷题项中的宾语进行相应改变，比如第 66 题，针对乒乓球时为 "I like to play with it"，而针对企业家时为 "I like to play/enjoy/have fun/engage with him/her"；再比如，当测量对象为"人"，比如明星时，第 35 题为 "it is lowkey"，而在测量摩拜、OFO 等文化符号时，则调整为 "it is unknown/not popular"；其次，在不改变问卷题项原有含义的前提下，根据具体文化符号进行用词表达修正，比如第 18 题，在网购、微信的文化符号问卷中为 "I feel insecure when in the presence of it"，而在乒乓球的问卷中调整为 "I feel offensive when in the presence of him/her"；又如第 37 题，当询问有关企业家的态度时为 "he/she is slimy"，但在询问有关功夫/武侠电影的态度时为 "It is fake/ inauthentic/ incredible"。

问卷按照 9 点李克特量表计分，最终取平均值作为分数值。其中，在测量认知态度的过程中，研究对象需要列出其接触文化符号时的最初评价（见附 2），包括正面、中立和负面评价，而后实验人员对正、负面想法的

---

① Breckler, S. J., "Validation of affect, behavior, and cognition as distinct components of attitude". PhD dissertation, Ohio State University, Columbus, 1983.

比例进行反正弦变换，计算出净正面评价比例差，再将所有净正面评价比例差乘以 9，以获得与 9 点量表一致的分数值。差值超过 9 时以 9 为最终分数，差值为负时以 1 为最终分数值。

（五）实验过程

实验分为四个步骤。第一步，研究对象需完成 15 份前测问卷，分别对应 15 个文化符号（表 6-1-2），由于研究对象接触文化符号时先产生最初的想法和情感态度，[①]为避免受到问卷中其他题项的影响，这两部分（最初想法和情感态度）被放置在问卷的前半部分，认知态度的其他题项和行为态度题项被放置在后半部分。同时，若研究对象表示对某一文化符号完全不了解或没有接触过，则可以不填写相应的前测问卷；第二步，实验人员随即计算出研究对象对各文化符号的情感、认知和行为态度值以及三者的平均值作为态度指数，并统计各问卷中第 66 题（"I like to play with it"）及第 77 题（"I want to learn it/know more about it/participate with it"）的得分（见附 1），结合以上得分筛选出研究对象持负面或中立态度但有意愿进一步学习、了解及参与的 1 至 4 个符号，以确定实验刺激的内容；第三步，研究对象逐一观看与所选符号相关的短视频（或其他媒介类型）；第四步，在接受刺激后，研究对象需完成相应的后测问卷。在整个实验过程中，研究对象可以通过口头陈述补充说明个人想法，所有补充数据均已录音，作为后期分析使用。

三、文化符号组合策略与矩阵传播

总体而言（图 6-1-1），情感态度前五为乒乓球（5.35）、摩拜/OFO（5.23）、娱乐/体育明星（5.20）、企业家（5.07）和微信（4.71）；认知态度前五为微信（5.94）、乒乓球（5.82）、文化活动（5.67）、汉语（5.43）、中国制造（5.42）；行为态度前五为乒乓球（6.20）、功夫/武侠电影（5.54）、汉语（5.37）、摩拜/OFO（5.10）和微信（5.03）。其中，乒乓球和微信同时居三要素前五，可作为对外传播的排头兵；其次，摩拜/OFO 和汉语占比第二梯队。

（一）乒乓球

在 15 个文化符号中，乒乓球的综合态度均值最高（5.79），肯定了其自身作为"国球"的解释结构、国家符号的元语言以及作为对外传播符号载体的阐释意义。从 20 世纪 60 年代中国乒乓球走出国门，到 70 年代促成"小球转动大球"的中美交往，乒乓球一直发挥着"文化使者""和平使

---

① Breckler, S. J., "Empirical validation of affect, behavior, and cognition as distinct components of attitude," *Journal of Personality & Social Psychology*, vol. 47, no. 6, 1984, pp. 1191-1205.

者"的作用。值得注意的是，乒乓球运动自身因球小、动作精细、速度快、娱乐性低等特征不具备成为"流行体育项目"的条件，①因此具有很强的"场合语境"，即在国家间比赛是发挥最大优势的符码和元语言。同时，其在世界范围内发展失衡，逐渐形成"世界打中国"的现象，除此之外，部分国家不认为乒乓球是体育而是游戏，进而大大降低对乒乓球的重视度。②而在本研究中，研究对象认为这是一项"有趣的、健康的活动"，是"与中国人进行社交的一种活动"，甚至强调"葡萄牙的（乒乓球）球员是中葡混血或澳门人"。所以虽然中国"乒乓球"会带上"民族主义"色彩，但研究对象仍会因"乒乓球"而为中国感到骄傲。总之，研究对象对乒乓球的行为态度较高，这可能与他们在中国生活了较长时间有关，因而在未来的研究中应更多与未访华的海外民众对乒乓球文化的具体态度相比较。

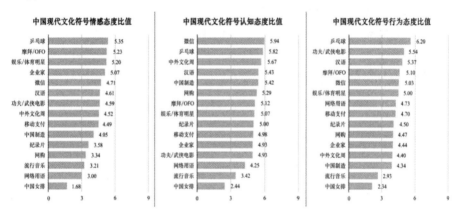

图6-1-1　中国现代文化符号情感、认知和行为态度比值

（二）功夫/武侠电影、纪录片与流行音乐

对比功夫/武侠电影、纪录片和流行音乐可以发现（图6-1-2），功夫/武侠电影和纪录片在认知态度上的比值几乎相同（分别为4.93和5），但纪录片在情感态度（3.58）和行为态度（4.5）上的比值均比功夫/武侠电影低（分别为4.59和5.54），流行音乐在三个态度的比值都是最低（情感态度为3.21，认知态度为3.42，行为态度为2.93）。这一结果与研究对象的访谈内容一致，他们认为，在内容上，纪录片具有隐藏的话语引导（load language）：一方面，国外媒体拍摄的中国题材纪录片存在认知"偏见""种族

---

① 李荣芝：《我国乒乓球跨文化传播研究》，《体育文化导刊》2013年第8期，第17-19、23页。

② 李荣芝：《我国乒乓球跨文化传播研究》，《体育文化导刊》2013年第8期，第17-19、23页。

主义"并"过分赞成美国和欧洲的意识形态";另一方面,国内媒体拍摄的中国纪录片虽然"提供信息"且是"有趣的",但认为成片过于"完美",反而让他们感到"困惑"。而功夫/武侠电影既体现了中国本土文化,又蕴含着团结协作、追求自由、不惧强敌的思想,[①]这些思想既属于中国传统文化,也为世界各国文化所普遍认可。尤其研究对象提到,观看"功夫/武侠电影"是"非常享受的且与中国历史有关""激动人心的""戏剧性的",并立即联想到"三国""皇帝"等与中国历史有关的内容,如"李安"导演的《满城尽带黄金甲》等电影。因此,相比现实题材的纪实类作品,海外民众更能接受诸如功夫/武侠电影等文化产品。

然而,同为文化产品的流行音乐,三个态度比值均属于最低,如常江在调查苏丹青年对中国流行歌曲态度的过程中发现,苏丹青年不喜欢中国流行歌曲的原因在于其总体情绪较为负面、旋律不够强且相比欧美歌曲显得"不够程式化"。[②]本研究也发现,"节奏缓慢的"且是"韩国(流行音乐)的复制品"成为对中国流行音乐的主要印象,"女性化歌声"则成为"流行音乐"一大特征。因此,值得反思的是,中国流行音乐出现了符号体裁的错位"仰慕",这与大陆青年人群追求"韩风"造成符号出位密不可分。

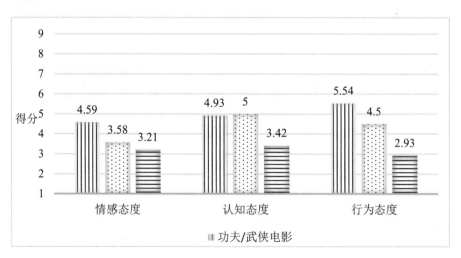

图 6-1-2　功夫/武侠电影、纪录片与流行音乐态度图

---

① 郭玉成、张震宇:《武侠电影构建中国国家形象的对策》,《西南民族大学学报(人文社科版)》2013年第 34 期,第 154-158 页。

② 常江:《流行歌曲与中国形象的跨文化认知:基于对苏丹青年群体的深度访谈》,《新闻界》2017年第 6 期,第 37-43 页。

（三）网购、移动支付、微信、共享单车（摩拜、OFO）与"中国制造"

微信、网购、移动支付与共享单车属于中国的"新四大发明"，[①]但在国际舆论环境中不断遭到质疑。[②]本研究发现，它们在中国短短几年内的广泛应用和迅速发展，构建了国际视野下中国信息科技和电子商务的"复现形象"：具体而言，这些文化符号经过文化社群中流动的"解释循环"和"意义累积"，已经成为中国的新代名词，即二度修辞格。"便利""创新""实用""进步""环保"成为海外受众的主要印象，"淘宝""京东"也随即成为主要品牌代言，尤其是以微信为代表的"使用便捷""收获乐趣"的中国社交媒体平台，具备了超语言的符号修辞性质。

根据图 6-1-3 可以发现，网购（情感态度为 3.34，认知态度为 5.29，行为态度为 4.47）、移动支付（情感态度为 4.49，认知态度为 4.98，行为态度为 4.7）、共享单车（情感态度为 5.23，认知态度为 5.12，行为态度为 5.1）与微信（情感态度为 4.71，认知态度为 5.94，行为态度为 5.03）四个文化符号的比值非常相近，更有趣的是，它们与"中国制造"的态度比值（情感态度为 4.05，认知态度为 5.42，行为态度为 4.34）几乎重叠，从"同喻异边"论证，意味着网购、移动支付、共享单车和微信在现代文化符号体系中被海外受众视为中国数字科技形象配合与对象"共型"。虽然研究对象将"中国制造"与"开放"和"邓小平"等积极词汇联系起来，认为"中国制造"是"资本主义"和"社会主义"的结合产物，也强调其以"负面形象"存在于国际市场中，是一种"侮辱"的说法。但是需要警惕的是，单从"中国制造"态度比值考虑，仍属于负面区间，这与评价"中国制造"的产品质量参差不齐紧密结合。

除此之外，本研究认为，以上文化符号相对负面的态度动因值得关注。其一，安全隐患；其二，语言障碍；其三，公共秩序。对于安全隐患，大部分研究对象由于不熟悉"网购"和"移动支付"相关的法律法规和信息规制而产生了"不安全感"；对于语言障碍，研究对象认为"网购"和"移动支付"由于大部分是"汉语"的缘故造成阅读障碍，信息"不清楚""很复杂"，且由于信用卡办理（认证和绑定困难）以及英文姓名等问题，他们无法正常地进行"网购"。对于公共秩序，研究对象强调人们在使用共享单车过程中并未主动报告自行车损坏，所以给其他人造成不安全隐患，还有

① 陈芳、余晓洁和鹿永建：《"新四大发明"：标注中国，启示世界》，2017 年 8 月，http://www.xinhuanet.com/world/2017-08/11/c_1121468680.htm，2018 年 12 月 25 日。

② 贾卡尔：《BBC 事实核查：究竟是谁提出了中国"新四大发明"》，2018 年 6 月，https://www.bbc.com/zhongwen/simp/amp/chinese-news-43624852，2018 年 12 月 25 日。

二维码"被盗"和"杂乱"停放等公共秩序问题，也成为研究对象的担忧。

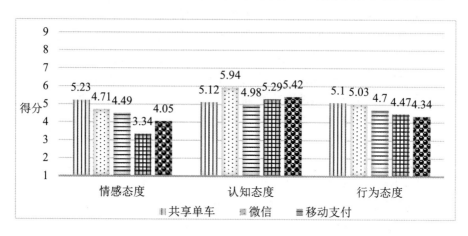

图 6-1-3　网购、移动支付、微信、共享单车与"中国制造"态度图

（四）企业家与明星

研究对象对中国企业家（情感态度为 5.07，认知态度为 5.94，行为态度为 5.03）和娱乐/体育明星（情感态度为 5.2，认知态度为 5.07，行为态度为 5）的态度比较相近且均比较正面（图 6-1-4），具备作为中国文化符号进行对外传播的无限衍义的条件。具体而言，"马云"成为中国"企业家"符号代表的人选，研究对象强调自己了解很多马云的个人成长故事和经历，认为他是"聪明的""成功的""坚持不懈的""战略的""国际化的""乐于交流的"的"奋斗者"，不仅是个"优秀的英语演讲者"，整体而言也是个"优秀的演讲者"。杨澜、姚明是中国"娱乐/体育明星"符号的人选，研究对象肯定了杨澜的"成功"与"坚定自信"，但同时也表示由于杨澜自身的媒体人身份，并不确定杨澜的观点是否真的可信（其中将"fake"改为"uncertainty"）。在对外传播的过程中企业文化常带有国家属性，企业家则是企业文化的意见领袖，是传递企业文化（比如，诚信等）的重要载体，[①]同样，文体影视等其他领域的明星则各自代表了中国在这些领域的文化精神。本研究肯定了中国企业家与明星在国际舞台上的表现，在今后的对外传播过程中，我国应更注重使用企业家、明星等意见领袖来塑造国家形象。

---

① 崔茜：《企业文化的对外传播策略分析》，《新闻界》2009 年第 1 期，第 183-184 页。

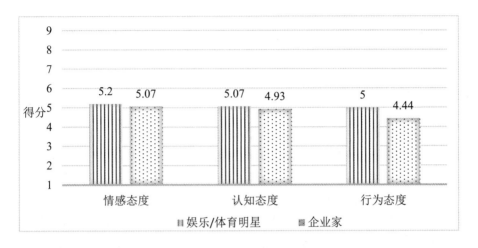

图 6-1-4 企业家与明星态度图

四、态度改变与传播指向

实验开始前确定的实验刺激的媒介类型为短视频，两个实验组均接受了刺激环节。在接受实验刺激后，实验组一对"功夫电影"和"汉语"的态度不变，综合态度比值仍然为 4.59 和 4.61，属于中立区间。实验组二对"中国制造"的态度不变，综合态度比值为 4.05（中立区间），均不愿意更改前测问卷的回答，因此无须完成后测问卷。针对无法通过实验刺激改变态度的文化符号，研究对象在实验过程中解释称，他们"在中国生活了很久""对很多文化符号已经有比较深入的个人理解"，既有观念的改变无法通过观看短视频来实现。

相反，实验组一表示对"网络用语""网购"的态度有所改变，因此完成了相应的后测问卷（见表 6-1-3）。结果显示，对于"网络用语"的情感态度从 3（负面区间）上升至 4.15（中立区间），认知态度从 4.25 上升至 4.63（中立区间），行为态度从 4.73 上升至 5.53，接近正面区间。同时，第 66 题和第 77 题得分分别为从 2 增加至 4、从 8 增加至 9，说明后续使用和参与的意愿增强。

表 6-1-3 前后侧态度指数变化

文化符号	情感态度	认知态度	行为态度	态度指数	第 66 题	第 77 题
网络用语-前	3	4.25	4.73	4.00	2	8
网络用语-后	4.15	4.63	5.53	4.77	4	9

文化符号	情感态度	认知态度	行为态度	态度指数	第 66 题	第 77 题
网购-前	2.94	5.5	5.2	4.55	5	5
网购-后	6.12	5.45	6.47	6.01	8	8

此外，对于"网购"的态度变化幅度更大，在前测过程中的词语联想和口头陈述中，发现研究对象将"网络用语"与"表情包"混淆，所以经过视频内容刺激，情感态度从 2.94（负面区间）上升至 6.12（正面区间），行为态度从 5.2（中立区间）上升至 6.47（正面区间），第 66 题和第 77 题得分均从 5 增加至 8.1，意味着直接参与/使用意愿非常明显。此外，研究对象强调网络用语的不正确使用会让其异常紧张，尤其在大家对网络用语（包括表情包）理解有分歧的情况下，常常产生误会，所以希望能了解更多信息和具体意义之后，帮助解除"危险""焦虑感"和"不安全感"，有趣的是，通过实验刺激之后，研究对象后续开始积极使用如"佛性"（peace and love）等用语。

总结研究对象对"网络用语"和"网购"前后态度变化的原因，很大程度是因为他们在日常生活中对这二者的使用率不高、理解程度较低，因而无法进行"解释循环"，通过接受媒介符号第三方的刺激和价值补位，我们发现研究对象改变了原有态度，换句话说，短视频的艺术添加值突破了语言和时空的障碍，在短时间内激发了研究对象对符号指向的缺场的意义，即文化参与的欲望，比如，在观看有关"网络用语"的短视频后，研究对象表示"别人跟我说过一些网络用语，但我不知道他们的意思""我以前从未使用过，但我想试试……感觉能在中国变很酷"等。同时，根据研究缺点[①]，在未来的实验中将继续把从未到过中国的海外受众作为研究对象进行对比实验，应该会得到有意义的发现。

总而言之，根据研究发现，我们在提高实验的可行性同时不降低问卷题项的信度的基础上，对原问卷题项进行删减，完善了未来实验研究测试内容，

---

① 经过跨时半年的数据搜集，研究发现，前测实验中每份问卷包含三大变量共 97 题项，若完成 15 份问卷需耗时约 2.5 至 3 个小时，这对研究对象的测试状态造成一定影响，在实验过程中，研究对象均不同程度地表现出疲惫感，比如，由于实验时间的限制，实验组一没有完成活动符号的相关实验。其二，Wilson 等人提出，态度理论可以分为外显态度和内隐态度，当个体的态度发生改变，其所形成新的态度为外显态度，但其旧有态度仍然存在并时刻影响着个体无意识的行为，因此称为内隐态度，所以我们预测，当前测时间与实验后测时间间隔较短时，外显态度和内隐态度将不同程度造成实验结果的偏差，所以未来研究中，既可以延长实验对象进行后测实验的时间，又建议增加对外显态度和内隐态度值的区分。其三，未来可以根据本研究划分中国文化符号对外传通的兴奋场、开发场和受阻场，以及更为具体的关于行为、情感和行为开发要素，做下一步刺激实验。

最终本文修正了跨文化传播中文化符号情感、认知和行为研究范式（见附3）。

第二节　场域合塑

一、传播场域战略与符号界定

通过上一节对国家形象文化符号的传播矩阵研究，基本达成这样的共识：若力图培育"中国文化走出去"的价值传播译码者和意义接受者，不仅要借助并精准定位海外受众的不同主体，同时需从实践层面掌握"中国故事"2.0版本的符号修辞、价值认知和价值观共通，从受众主体的角度具体解决"传什么""怎么传"以及"传给谁"的问题。因此，通过将海外受众以对象-再现体和解释项三元构成，以及传受关系间的层级对称性，本研究探索出一种趋同和趋近的中国文化"话语流动圈"，并提出划分文化传播的不同场域，以进一步培育新时代跨代际的解释者社群，其中包括：

（1）中国文化符号兴奋场的分众文化认同与价值共鸣的传播内容。

（2）中国文化符号开发场的分众文化认同与利益分享的传播内容。

（3）中国文化符号受限场的分众文化认同与阻力减拒的传播内容。

具体而言，探索"主体间互动"即作为符号意指系统模式之一，可以发生在对符号意义感知不因人而异的相同文化群体中，是意指的共享区和文化共享的兴奋场，又可以协同在不同文化背景的共有和自然化了的直接和含蓄意指过程，即开发场和受限场。

共鸣区可以定义为高区间的情感、认知和行为共鸣，因此本研究设定以下参数属于共鸣场：（1）三要素平均值属于7-9区间；或（2）三要素中任何两元素为正区间，且排除行为比值为1-3负区间的情况。阻力区定义为低关注、负情感和低唤醒，因此，行为比值和/或第66、77题为1-3区间值即为阻力区。开发场特指具有中、高潜力的关注度，同时满足高唤醒状态，因此，以下三种情况参数值可视为开发场：（1）行为和/或66、77题为4-6区间值；（2）刺激结果值有跨区行为，比如从负区间至中立区间，中立区间至正区间；（3）情感、认知和行为三要素平均值在4-6中立区间。

在上节探讨的符号传播矩阵中，中国"流行音乐"是本研究中唯一的文化对外传播认知"受限"的符号，因此需谨慎处理对中国流行音乐的对外传播，其余符号均属于开发场，同时也未发现任何满足文化兴奋场标准的符号。不排除近一半的受访者近一年才接触到中国文化，近两成尚未接触中国文化的客观原因，但总体对中国文化认知正向积极、认同度较高，所以也意味着有很大的开发可能性。比如在文化开发场的调查显示，历史悠久（95.60%）、富有活力（85.20%）、有魅力（65%）是研究对象普遍认为的中国文化特质。

有趣的是，虽然未发现文化符号在文化兴奋场展示，但研究对象均明确认同人文交流的重要性，且不认为意识形态差异是主要的阻碍，更为重要的是文化和思维方式的差异。比如，在文化开发场，研究对象均对中国文化所彰显的价值理念表示高度认同。"和而不同""以和为贵"的理念受到将近70%的受访者赞同；而赞同"天人合一"的受访者达到约60%。更具体的是，绝大部分来自欧洲的受访者认为"己所不欲，勿施于人"应当成为当今国际关系的行为准则，近九成受访者认为"中庸之道"是为人处世的关键内容；八成的研究对象认为"知行合一"理念适合当前的发展观念与行为，普遍认为以美国为代表的西方国家并未践行，并认可中国在国际舞台呈现的大国担当；此外，几乎所有的研究者认同辩证看待事物、"阴阳相生"的观点。但同时需要谨慎处理的是，有三成受访者对我国"舍生取义"的牺牲精神和"国而忘家，公而忘私"的价值理念持保留态度，并认为需要在地化理解不同文化历史下的处理方法。

因此，根据下图6-2-1所示，在开发场内，本研究建议"乒乓球"与"娱乐/体育明星"符号主要从开发认知态度出发，"文化活动""娱乐/体育明星""企业家""摩拜/OFO"可以从开发行为态度努力，"网络用语""网购""中国女排""纪录片""中国制造""移动支付""功夫""汉语""微信"主要从开发情感态度着手。

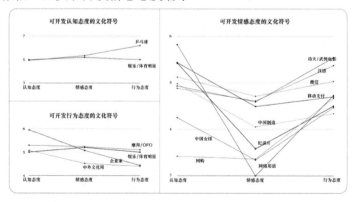

图 6-2-1   文化符号对外传播开发场态度比值

二、战略叙事与理论价值

从学术层面来说，战略叙事和软实力的概念都基于同一个假设：21 世纪塑造国家形象与国际关系最重要的变量不再是军事力量，而是非强迫性的影响力。战略叙事从建构主义的角度出发，强调了话语在塑造国家形象中扮演的重要角色，弥补了软实力概念和方法上的不足。本研究将效果和作用因素纳入研究范畴，通过采访和问卷更加全方位地解释非武力的话语影响力如何塑造其他国家行为体的态度，关注叙事对跨文化传播的深层次影响。通过结合上节矩阵策略，本节总结出三个传播场域中文化符号内容和话语策略的数据库（举例），详见下表：

表 6-2-1　三个传播场域中文化符号内容和话语策略数据库（举例）

传播场域	文化符号	话语策略数据库（举例）		
开发场	乒乓球	认识态度	积极的	葡萄牙的（乒乓球）运动员是中葡混血或澳门人、文化使者、和平使者
			中立的	球速快、刺激的、场合语境
			负面的	中国乒乓球会带上"民族主义"色彩、在世界范围内发展失衡
		行为态度	积极的	与中国人进行社交的一种活动
		情感态度	积极的	有趣的、健康的活动、因乒乓球而为中国感到骄傲
	娱乐/体育明星	认识态度	积极的	杨澜是中国"娱乐/体育明星"符号的人选，并肯定了她的成功与坚定自信、
			中立的	由于杨澜媒体人的身份，不能确定其观点是否真的可信
			负面的	姚明是中国"娱乐/体育明星"符号的人选，但不了解
	文化活动	认识态度	积极的	"2015 年中英文化交流年"是教育的、能提供文化信息的且对双方都有利的
			中立的	担心文化交流是否会变成文化宣传
		情感态度	积极的	喜欢不同文化间的交流活动
	企业家	认识态度	积极的	马云是中国的"企业家"符号，马云是聪明的、成功的、坚持不懈的、国际化的、乐于交流的奋斗者，是优秀的（英语）演讲者
			中立的	马云是战略的

传播场阈	文化符号	话语策略数据库（举例）		
	摩拜/OFO	认识态度	积极的	实用性、环保、进步、方便、便宜
			中立的	标志性颜色（红色和黄色）使人印象深刻
			负面的	乱停乱放的杂乱现象、被用户破坏、危险的、二维码被盗
	网络用语	认识态度	负面的	将"网络用语"与"表情包"混淆
		行为态度	积极的	积极使用"佛性"等用语
			负面的	网络用语的不正确使用会让其异常紧张、在对网络用语（包括表情包）理解有分歧的情况下常常产生误会
	网购	认识态度	积极的	京东、淘宝成为主要品牌代言、方便的
			负面的	互联网审查制度带来不安全感
		行为态度	积极的	使用经历愉快
			负面的	网站上的信息不清楚、语言不通导致的买错物品及售后问题无法解决、信用卡办理（认证和绑定困难）以及英文姓名问题导致无法正常进行网购
		情感态度	积极的	有意愿进一步了解和参与网购
			中立的	网购会让人上瘾
	中国女排	情感态度	负面的	不是自己国家的女排队，与自己无关
	纪录片	认识态度	积极的	国内媒体制作的纪录片有提供信息且是有趣的
			负面的	国外媒体制作的纪录片存在对中国的"偏见""种族主义"并过分地赞成欧美国家的意识形态
		情感态度	中立的	因国内媒体制作的纪录片过于完美而感到困惑
	中国制造	认识态度	积极的	本身有发展、大量产品出口至世界各地
			中立的	与"开放"和"邓小平"联系起来、资本主义和社会主义的结合产物
			负面的	不同的产品质量参差不齐
		情感态度	中立的	童年记忆（玩具）的重要组成部分
			负面的	以"负面形象"存在与国际市场中，这是一种侮辱的说法

传播场阈	文化符号	话语策略数据库（举例）		
	移动支付	认识态度	积极的	带来便利、创新的
			负面的	刚开始使用时感觉很复杂且表述不清楚、网络规则带来被控制感和不安全感
	功夫/武侠电影	认识态度	积极的	武侠电影是非常享受的且与历史有关、会联想到"三国""皇帝"等与中国历史有关的内容，联想到李安导演的《满城尽带黄金甲》等电影，激动人心的、戏剧性的，更易接受的
		情感态度	中立的	喜欢武侠电影而不喜欢功夫电影
	汉语	认识态度	积极的	美丽的、诗意的
			中立的	在中国居住的生活技能、概念发展源远流长、神秘的
		行为态度	负面的	学习过程困难、复杂、应该学得更好就是学不好
		情感态度	积极的	有趣的、学习、了解意愿强
	微信	认识态度	积极的	带来极大的便利、促进交流沟通、便捷的
			中立的	无法理解普遍使用其作为重要工作文件的传输工具
			负面的	网络规则带来被控制感和不安全感、微信是被控制的
		情感态度	积极的	可以从微信上获得乐趣
兴奋场	/			
受限场	流行音乐	认识态度	积极的	带来浪漫的感觉、喜欢古筝的声音
			负面的	俗气、节奏缓慢、韩国（流行音乐）的复制品、不吸引人、演唱性别单一、简单的、普通的、总体情绪较为负面、旋律不够强、相比欧美歌曲程式化程度不够
		情感态度	负面的	没有意愿进一步了解

　　因此，通过文化符号的组合策略与传播矩阵、三个传播场域的策略话语，本章节试图突破性做到：（1）明晰中国文化符号对分区化主体国际传播的要素结构，尤其是中国版本的文化符号创新散布，解决"传什么"；（2）描摹中国文化符号对分众国际传播的情感谱系，包括相对应的广度、信度

和效度，解决“怎么传”；（3）阐析分众对中国文化符号理解偏差的网络思潮话语表征，解决“不能这样传”。不可否认，研究的缺点还包括国别的覆盖面不足，短视频选择的偏好等等，但是，从国家形象对外传播的理论突破上，通过以“遥远”而又“客观”的目光反观自身，立足文化的“互动性”，了解文化的“自觉性”，把握文化的“时代性”，在构建面向国际推广与传播的中国文化体系时，我们尽可能做到以下三点：

用实证探索分众化传播，体现战略传播的系统性和战略性。研究发现，将受众国家进行文化分区研究，文化差异越大，意义符号系统越复杂，符号交流障碍也越大。而话语对象国的历史越长，对中国传统文化共鸣感越强，宗教信仰差异越大，文化符号信息博弈越受阻。但是以文化三个传播场域为导向的文化符号话语数据库，为中国传统文化现代化提供互动空间，现代传播工具的媒介化（公民短视频、表情包）便可以中介文化符号的障碍感，消解一定的文化鸿沟，因此，充分运用现代性诠释的文化禀赋和思维取向是文化开发场的主要实现工具。

强化战略叙事的中介作用，有效平衡战略实施的刚性与柔性。本章打破“文本在场，建构缺席”的国际传播现状，以克服符号的拟象刻板，从建构主义理论出发，探索软资源的文化符号意义的吸收程度是建立信息博弈和共有知识，意识到文化符号象征意义和价值取向的偏离程度取决于“战略叙事”，因此，本研究提出未来国家形象对外传播需从符号意义系统的“共情式沟通”、话语权中的“阐释权谋略”、新媒体介入下的“现代性表达”来冲破文化的藩篱，平衡战略实施的刚性与柔性。

战略叙事需进一步主动掌握软实力话语权。从文化符号的实证探索，研究向度从关注软实力资源以及如何运用扩展到软实力影响的生成与运作过程。随着软实力概念的广泛运用，这个概念本身被大多学者评价为逐渐失去了相应的解释力，并且相关研究也缺乏对软实力具体效用的分析。清晰的叙事可以更好地讲述一个国家的故事，表达该国的价值观与目标，解释政策意图与实施途径，从而影响他国的行为。模糊不清的叙事则很可能产生反作用，导致多重叙事或者反叙事，不利于推进预定的外交议程和跨国合作。从这个角度来说，战略叙事是国家政府影响国际事务最重要的手段。不同国家的软实力战略与当下的国际传播图景互相观照，呈现出国际关系与区域关系、硬实力与软实力、价值观与战略叙事之间的互动机制与民族国家特性。基于此，我国软实力战略亟须对标世界主要国家的战略思维，在战略上将国际传播与全球传播相结合，在叙事上从宣传思维走向故事思维，在主体上从分散失衡走向多元协同，在空间上从阵地意识走向场景意识；其次，我国硬实力和软实力在国际场域呈现落差，亟须加强我国国家战略与他国软实力战略的双向互动模式，通过促进客体角色转变实现主体多样化，拓展内容与形式实现过程多样化，关注国别软实力的个性化从而实现客体多样化；最后，中国软实力战略要求将话语体系融入全球文化体系，面向不同国家受众时采取差异化策略。在助力国家形象传播时既要立足自我，又要平衡好他视角与我视角，在这一点上，由于软资源的价值吸引力和同化力辐射，需要借助符号体系和话语叙事实现其价值内化。本节通过实证探索"价值-文本-实践"实现日常交流，引领跨文化的传播实践，更重要的是尝试了梳理其叙事策略在认知提升、形象塑造、身份建构、态度转变、价值认同、行为转化等方面的作用路径和现存问题，从历时和共时维度分析典型个案软实力提升的成功和失败经验。最后，未来研究可以从加强文明交流互鉴的角度，总结世界主要国家软实力创新发展中的主体与环境、遗传与变异、平衡与失衡、共生与竞争等方面的生态系统特性。在下一章节，通过战略叙事的思维模式，我们不仅关注叙事的形成过程，还包括叙事传播与叙事接收等阶段对国际事务的影响，从评价体系的全球化思维和世界影响力角度在很大程度上弥补软实力现有研究对具体效用关注不足的局限性。

第七章　软实力对国家形象的"自塑"博弈

21 世纪靠什么塑造国际局势并提升本国形象？这个问题一直备受国家政府和学术界关注。"文明因多样而交流，因交流而互鉴，因互鉴而发展。"2019 年 5 月，在北京举行的首届亚洲文明对话大会上，习近平主席提出加强文明交流互鉴的中国主张，展现了对人类文明发展大势的深刻把握，为构建亚洲和人类命运共同体指明了方向。基于这一倡导"各美其美、美美与共"的文明观，本章试图通过软实力评价体系的打造，增强国际传播中议题设置的"自塑"能力，强化国家形象提升的主动性和开放性，从"战略话语"与"评价体系"实现软硬相兼的创新突破。

软实力评价体系的革新基于以下三方面的时代背景：首先，随着软实力评价体系影响力的不断深化，软实力亟须从政治概念转化为应用性概念，从描述性概念转化为规范性概念，从攻击性概念转为包容性概念，提升软实力评价体系的科学性、公正性和完整性，通过为软实力理论来源、评价指标等内容提供更有效的理论论证，在身份构建、关系构建和行为构建三个层面提升软实力评估体系的话语权；其次，当前的全球软实力评价体系亟须摆脱为美国霸权利益服务的构建逻辑，要为世界主要国家的软实力战略布局提供更具有全球性、差异性和主体间性的指导作用，面对西方中心主义强大的"他者化"建构力量，全球软实力评价体系应当推动建立公正、平等的国际传播秩序；最后，我国亟需摆脱被动的、防御性的软实力建设状态，根据全新的软实力评价体系完成软资源布局和体制机制革新，对软实力议程的设置能力、软资源舆论的引导能力从标准和规则制定到实施反馈，都有自己的主动权和把握权。

由此，本章第一节在对既往评估体系进行细致省察和反思的基础上，首先提出国家关系的竞争定位、博弈模型、战略类型与体系评估；第二节通过考量能够被国际接受并且有利于中国的软实力评价体系，提出更加全面和相对公正的评估体系，结合国内外理论的研究弥补东西方语境软实力概念的裂痕，为数字时代我国对外传播提供更好的理论与战略支撑，为今后学者对中国国家形象对外传播的软实力发展战略提出更有效的构想提供坚实的理论基础。更进一步，通过"美美与共"理念下的软实力评价体系，不仅可以吸引世界主要国家对中国文化的认同，同时可以提高我国的文化吸引力、竞争力、行动力、影响力和辐射力。

第一节　软实力国际"自塑权"与合法性竞争

当下中国软实力传播面临外部环境的显著特征是全球政治全方位角力，西方以意识形态划线，将中国标签化，推行价值观外交。在这样的国际社会背景下，软实力评价体系的重构显得极为重要，其路径是以习近平新时代中国特色社会主义思想为主导，加强和改进国际传播工作，讲好中国故事，传播好中国声音，展示真实、立体、全面的中国，从价值观、体制机制和叙事策略等维度进行突破。基于以上时代背景，单一的学科已经不能满足当前软实力战略与评价体系建设的需求。本项目融合信息博弈学、战略传播学、国际传播学、国际关系学等多学科视角，坚持马克思主义中国化，坚持"中国始终是世界和平的建设者，全球发展的贡献者，国际秩序的维护者"，通过建立更加体现人类命运共同体的软实力战略与评价体系，推动建设新型国际关系。

一、软实力竞争定位与话语权

本节强调新形势下锚定提升我国国际形象的立场，提高国际话语权，而解决这个问题的根本在于，建立由我国引领并推动的软实力评价体系，从而促进我国战略提升。因此，在纷纭复杂的国际局势下纵观全球文明交流互鉴图景，洞悉世界主要国家软实力战略类别后重构世界软实力评价体系的"中国方案"是本节的关键性问题。提炼这一关键性问题的主要理由有两个：

一是软实力新发展观的需要。当前世界大变局深刻复杂，变乱交织，国际秩序和全球治理深刻重塑，"西方中心主义"的软实力评价标准已经不适应当前大变局，人类社会迫切需要建立新的软实力发展观，构建更加公正合理的软实力发展和评价国际体系和国际秩序，开辟人类社会更加美好的发展前景。我国提出构建人类命运共同体，提倡全球文明交流互鉴，开辟出合作共赢、共建共享的发展新道路，为人类发展提供了新的选择。

二是软实力科学评价的需求。由于国际关系、国际传播等不同学科的概念、研究范式与研究路径都被部分或全部引入软实力分析框架，因此，在跨学科背景下将软实力的科学性测量视为独立范式成为软实力研究的关键，特别是探索软实力评估方法论成为必要甚至首要任务。因此，进行世界主要国家软实力战略类别划分才能准确制定评价指标、模型和方法。

近些年来，多家研究机构与研究团队、学者专家基于自身理解与多种主客观因素，着手展开全球软实力评估工作，并取得显著成果。虽然众多研究机构、学者专家力求实现研究中立，但研究机构所处国家的政治、文化传统与经济形势对研究机构设计统计指标与开展评估研究有深刻影响。再者，虽然现有的软实力主流评价指标和模型已颇具规模，然而在软实力评估的完整性和公正性方面，国内外充斥着各种争议。从统计指标研究路径到问卷调查研究路径再到商业维度的市场调查，美国均有明显的优势地位。同时，概念发起者约瑟夫·奈就职于哈佛大学肯尼迪政治学院，仍致力于"软实力（soft power）"概念的充实与发展，在软实力基础研究层面始终处于绝对领先地位。所以在软实力评估体系国际话语权方面，美国处于压倒性的优势地位。目前全球范围内，最具影响力的软实力评估报告是美国南加州大学与波特兰公关公司共同发布的"软实力 30 强"排名。因此，如何从中美信息博弈的视角明确"国家软实力评价体系"的定位、价值观与构建原则是问题关键所在，提出的原因是我们对美国权威评价体系中很多指标的科学性和合理性存在疑问。为了兼顾科学合理性与公平公正性，本部分将重点分析美国的"软实力 30 强"排名（soft power 30）指标体系，对其存在的问题进行具体剖析和驳斥，对比说明建立新体系的必要性和合理性。比如美国的"软实力 30 强"排名中同时把"奥运奖牌数"和"国际足联世界杯男子排名"纳入指标体系内，一方面这两个指标既有内涵上的重叠，另一方面为何只兼顾男足而忽略女足，以及为何不纳入足球之外的其他运动项目等一系列问题。

基于此，本节拟从定义权、阐释权、动员权三个维度解释软实力评估体系与国际"自塑"权之间的关系，力图从不同维度对现有主流评估体系的"自塑"合法性研判提供依据。

1. 定义权（学术层面）

约瑟夫·奈是软实力概念的首创者，在回应美国霸权衰落论、维护美国利益和霸权的时代背景下不断丰富着软实力概念体系（唐庆，2015）。自1990 年提出以来，这一概念在原有定义的基础上其内涵得以深化，外延得以拓展，同时在反思、批判和质疑的过程中受到学界广泛的关注。然而，即使大量海外学者指出软实力概念存在定义模糊、过于描述性且难以量化、有着明显的政治偏向(Layne, 2010[1]; Mattern, 2005[2]; Keating & Kaczmarska, 2019[3])等缺陷，海外不同机构推出的国家软实力排名仍主要以奈的研究为理论基础，直接引用或在很大程度上借鉴奈的软实力概念，其评价指标也以奈提出的软实力三大资源（文化、政治价值观和外交政策）为基础进行细化。例如英国第三方企业品牌评估及战略咨询公司 Brand Finance 在 2021年的全球软实力排名报告中借鉴了奈[4]的定义，即软实力是"与军事、经济等硬实力工具相区别的，通过吸引和说服别国服从本国目标，从而使本国得到自己想要的东西的能力"，再如英国波特兰公关公司（Portland）与美国南加州大学公共外交研究中心（USC Center on Public Diplomacy）联合发布的《软实力 30 强：2019 年全球软实力排名》中，也强调"该报告的指数结合客观数据和国际民意调查，构建了约瑟夫·奈教授所说的'迄今为止最清晰的全球软实力图景'"。基于此，笔者认为，约瑟夫·奈所提出的软实力理论体系直接定义着当前主流软实力评价体系对软实力概念及其资源构成的理解与量化，因此存在两方面的缺陷：一方面是对其理论来源、评价标准等依据缺乏有效的理论论证；另一方面是未能对国家软实力所涉及的各方面因素之间的逻辑关系进行论证，这不利于建构完整、客观、公正的全球软实力评价体系，也对我国软实力发展战略的整体评估与调试造成阻碍。

2. 阐释权（政治层面）

从研究机构的意识形态立场对研究结果的影响入手，试图对现有的软实力评价体系的阐释方式、阐释路径及其在体制机制与价值观层面与美国政界的勾连情况进行进一步的分析。我们发现，以最具影响力的美国南加州大学与波特兰公关公司共同发布的"软实力 30 强"评估报告为例，南加州大学传媒专业常年稳居 QS 世界大学传媒专业排名前三，在世界传媒学领域具有重要影响。南加州大学安那伯格新闻与传播学院院长是曾先后担任美国国家安全委员会（National Security Council）和美国新闻署（U. S. Inforanatiorl Agency）高级职员的 Ernest J. Wilson III，他关注软实力研究，并实际推动软实力量化研究的发展，在软实力量化研究领域具有

① Layne C., "The unbearable lightness of soft power," Soft power and US foreign policy: theoretical, historical and contemporary perspectives, 2010, pp. 51-82.

② Mattern J B., "Whysoft power'isn't so soft: representational force and the sociolinguistic construction of attraction in world politics," Millennium, vol. 33, no. 3, 2005, pp. 583-612.

③ Keating V C, & Kaczmarska K., "Conservative soft power: liberal soft power bias and the 'hidden'attraction of Russia," Journal of International Relations and Development, vol. 22, no. 1, 2019, pp. 1-27.

④ Nye J S., "Soft power," Foreign policy, vol. 80, 1990, pp. 153-171.

前瞻性与指引性影响力。波特兰公关公司成立于 2001 年，创办人是曾担任英国前首相布莱尔顾问的艾伦（Tim Allan），该公司 2012 年被美国的宏盟公司（Omnicom Group Inc.）收购。在软实力评估与报告发布方面，南加州大学与波特兰公关公司合作，直接造就了"软实力30强"排名（soft power 30）从美国辐射全球的决定性影响力。

3. 动员权（经济层面）

通过聚焦商业、贸易、全球化企业等经济因素对主流评估体系的合理性和辐射性进行分析，我们发现，众多研究机构与商业公司依托市场调查公司对某国宏观、微观情况进行调研。其出具的调研报告不仅被广泛应用于商业用途，亦通过商业往来辐射文化、经济、能源、外交等更广阔领域，在联合国教科文组织、联合国世界旅游组织、联合国电子政务调查、联合国开发计划署人类发展报告、世界银行、世界知识产权组织、世界经济论坛等体制机制中发挥着动员作用。根据全球知名职业发展机构 Vault 发布的 2020 全球资讯公司排名，业内最负盛名的"MBB"，即麦肯锡、波士顿咨询、贝恩咨询依然稳居"前三甲"。无一例外的是，在全球资讯领域占据绝对领先优势地位的"MBB"，均来自美国。此部分将着重分析商业倾向和商业行为与评估指标、模型以及结果之间复杂性的关系。

综上，全球化背景下的软实力战略与评价体系建设，需要全方位的理论研究和系统的实践探索。既有软实力评估体系主要局限于国家内部，由政界、学界和商界承担相关工作，如中国清华大学的阎学通团队、美国的波特兰公关公司、英国的政府研究所。由此，软实力评估体系指标设计中，可能会由于文化与国家立场的潜在影响对评估公正性有所损害，因此建立由国际组织和我国共同主导的评价体系定位，有利于我国在国际上获得较为公正的评价。其次，软实力评估的数据来源，应聚合各渠道数据进行综合考量，避免西方发达国家主导的数据排名的偏差影响。最后，在软实力评估指标选择上，应尽可能做到基于对各国文化共性和差异的理解，寻找能够达成最大国际共识的评估体系。

第二节　软实力"自塑"博弈与合理性评估

1. 博弈模型

博弈论为应对社会发展的不确定性提供了一种有力的分析工具。在社会实践中，信息博弈论已经突破了经济学的窠臼，能够为政府决策提供不确定性分析的参照（邱新有 & 陈旻，2013）。基于此，本部分以信息博弈论为指导，透析中美软实力评价体系在国际动态传播过程中，学术界、政府部门与软实力评估机构如何建构软实力概念与指标，以及如何有效管理信息，进而提升国家软实力。随着以英美为主导的软实力评价体系的影响力日益扩大，其学术界、政府部门与软实力评估机构通过不同渠道、不同方式，与其他国家相关机构进行一场持续的信息博弈。

在全球国家的软实力分布上，虽然不同国家的力量对比存在明显差异，但从全局来说，我们认为所有国家的软实力总和在一定时期内是一定的，只是不同国家所占有的软实力比重不一样。因为一个国家所采取的不同策略和行为都会增加或减弱自己国家的影响力，同时，当一国的软实力增加或者减弱时，相应的其他所有国家的软实力就会对应减弱或增强，并影响该国在下一个时期内国家软实力的比重。所以，可以说在软实力竞争方面，主要有两类国家：做了增强软实力相关工作的国家，不做增强软实力相关工作的国家。

基于全球软实力竞争存在此消彼长的背景，本节通过信息博弈论工具，从数理层面构建反映国际软实力竞争关系的博弈模型。

我们假设一定时期内全球的软实力总和为 1，做了增强软实力相关工作的国家所占比重为 $x_1(0 \leqslant x_1 \leqslant 1)$，没有做相关工作的国家比重为 $x_2 = 1 - x_1$，t 时刻世界上国家的总数量为 $P(t)$，其中做了增强软实力相关工作的国家数量为 $P_1(t)$，则这些国家所占比例为 $x_1(t) = \dfrac{P_1(t)}{P(t)}$。由于国家之间存在随机两两竞争的关系，那么设选择做增强软实力相关工作的国家期望收益为 u_1，选择不做的国家期望收益为 u_2，所有国家平均期望收益为 $\overline{u} = x_1 u_1 + x_2 u_2$。

假设还存在与软实力工作无关的原生性国家软实力[①] β 和基础外交成本 δ。假如原生性国家软实力对国家软实力的影响是线性且正向的，即存在 k 且 $k > 0$，则下一时刻做了增强软实力相关工作的国家增量可以表示为

$$\frac{dP_1(t)}{dt} = k(\beta + u_1 - \delta)P_1(t)$$

---

① 指一个国家在没有主动采取相关对外宣传推广及其他外交活动的情况下，由本国的自然环境和人文环境等要素带来的软实力，比如巴西的热带雨林和以色列的宗教。

下一时刻国家软实力的总体增量为

$$\frac{dP(t)}{dt}=k\left(\beta+\overline{u}-\delta\right)P(t)$$

对于等式 $P_1(t)=P(t)x_1(t)$ 两边求时间的导数，得到

$$\frac{dP_1(t)}{dt}=\frac{dP(t)}{dt}x_1(t)+P(t)\frac{dx_1(t)}{dt}$$

因此

$$P(t)\frac{dx_1(t)}{dt}=\frac{dP_1(t)}{dt}-\frac{dP(t)}{dt}x_1(t)-k\left(\beta+u_1-\delta\right)P_1(t)-k\left(\beta+\overline{u}-\delta\right)P(t)x_1(t)$$

整理化简，并两边同除以 $P(t)$，得到

$$\frac{dx_1(t)}{dt}=k\left(u_1-\overline{u}\right)x_1(t)$$

该一阶常微分方程表示一定时期内做增强软实力相关工作的国家数量的动态变化，称为做增强软实力相关工作的国家的"复制动态"。该复制动态一方面取决于 t 时做了增强软实力相关工作的国家占比 $x_1(t)$，另一个方面取决于做了增强软实力相关工作国家的收益与平均收益之差 $u_1-\overline{u}$，与原生性国家软实力 β 和基础外交成本 δ 无关。将该方程写成

$$\frac{dx_1(t)}{dt}\bigg/ x_1(t)=k\left(u_1-\overline{u}\right)$$

此时，可以更加直观地看到选择做增强软实力相关工作的国家数量的增长率等于做增强软实力相关工作收益与平均收益之差，差值大于 0 时选择做增强软实力相关工作的国家占比趋向增长，小于 0 时趋向于减少。也就是说，只要做了增强软实力相关工作国家收益高于不做的国家，就会有越来越多的国家选择做增强软实力的相关工作。由此可以看出，具有全球影响力的数家评估机构通过统计指标、问卷调查等多种量化途径，连续多年面向全球发布基于软实力评估模型与调查结果的研究报告，这不仅影响学界研究，也对国家外交、贸易往来、国际事务参与等多领域的建设发展和体制机制产生深刻影响。因此，构建并发布全球软实力评价体系就是非常重要的增强软实力的工作。

2. 评估方法

此部分将重点研究评估质化和量化两种形式的利弊，前者重价值判断

轻技术测量，后者反之。通过一定的评估，把握优劣势，尽可能客观反映现有指标体系的科学化、正当化和合理化，通过本课题评估的测量体系进一步开展指标系统的重构和优化。

（1）质化评估。目前在代表体系的质化研究里，除了约瑟夫·奈本人曾提出民意调查和焦点小组访谈之外，韩国知名政治学者李根受其启发，对"软实力"提出了一套新的软实力分析框架：从权力资源对他国施加影响的效果出发，提出了软实力的新定义；根据政策目标提出了软实力的五大类别；构建了软实力资源转化为软实力的模型；基于罗伯特·普特南的"双层博弈"理论阐发了软实力协同效应和两难困境；运用其理论框架进行了一些实证分析。总体而言，李根认为软实力是"一种通过观念或符号资源构建自己和他人的偏好和形象，从而塑造他人行为的力量"。因此，此部分将聚焦评估如李根等有代表性的质化团队的研究，包括具体分析价值判断的过程，从而借鉴其合理性、分析其优劣势和影响力等来方便下一步的量化评估。

表 7-1-1 约瑟夫·奈与里根质化评估对比图

软实力 质化评估				
提出者	软实力 理论基础	评估方法	优点	缺点
约瑟夫·奈	权力的性质	焦点小组访谈	1. 成功构建独立于硬实力的软实力评估体系	1. 暗含着西方话语霸权； 2. 软实力概念界定不明、使用方式以及目的手段模糊不清，互相矛盾
里根	1. 权力资源的性质 2. 融合约瑟夫·奈的软实力理论和罗伯特·普特南的"双层博弈"理论	基于软实力的五大类别模型	1. 沟通了软资源、软实力政策目标间的逻辑联系 2. 为非主导国家研究和发展软实力提供新视角	1. 软实力评估模型不完善，未将硬实力纳入考虑

（2）量化评估。科学的文化软实力评价指标体系，是国家软实力建设

综合监测体系的重要部分[①]。此部分将着重评估三个方面：一是聚焦对统计指标的评估；二是对统计模型的评估；三是对统计方法的评估。

从国内研究看，从国际关系层面和文化层面展开对软实力的评估与测量是国内研究的两大重要方向，分别以清华大学阎学通团队和湖南大学的熊正德团队为代表。比如，阎学通团队建立了一个关于软实力的指标体系和定量衡量方法，引入了中美国际关系等软实力战略内容，打破了国内软实力研究聚焦于文化软实力，缺乏国际视野和学科多样性等桎梏；其缺点正如阎学通团队主动指出的：1）指标构成要素的简洁性和综合性之间的平衡还有缺陷，例如国际吸引力选了四项指标，而国内动员力只选了两项指标；2）有些指标的代表性强度还不够高，例如战略友好关系应包括盟友之外的友好关系，但该评价体系未能对非盟友友好关系进行指标分类。除此以外，国际规则制定权、军事盟友数量比等指标对于较少参与国际政治决策或是硬实力较为弱小的国家而言不具备解释力，这一定量对比评价指标更适用于中美等大国。

湖南大学熊正德[②]团队则基于文化价值吸引力、文化知识生产力、文化体制引导力以及文化产业竞争力四个类别，建构了文化软实力的四力模型。

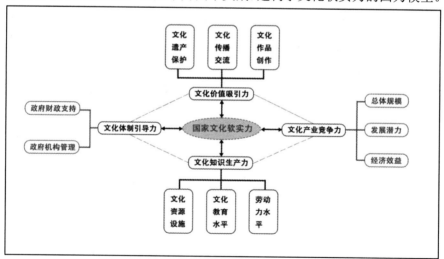

图 7-1-1　湖南大学熊正德团队 国家文化软实力四力模型

熊正德团队的研究过程包括：对我国文化价值吸引力、文化知识生产

---

① 方志：《文化软实力呼唤"硬指标"》，《出版参考》2008 年第 15 期，第 1 页。

② 熊正德、郭荣凤：《国家文化软实力评价及提升路径研究》，《中国工业经济》2011 年第 9 期，第 16-26 页。

力、文化体制引导力、文化产业竞争力逐项所包含的指标进行主成分分析；基于四力的评分值得出我国文化软实力评价函数；通过各省域文化软实力评分值对我国文化软实力进行国内综合比较，其指标体系构建如图 7-1-2 所示：

表 7-1-2　湖南大学熊正德团队 国家文化软实力评价指标体系

一级指标	二级指标	三级指标	指标说明
国际文化软实力（X）	文化价值吸引力（X_1）	X_{11} 文物藏品总数	文物藏品总数（件、套）
		X_{12} 重点文物保护单位数	重点文物保护单位数（个）
		X_{13} 国家级非物质文化遗产名录数	国家级非物质文化遗产名录数量（个）
		X_{14} 对外文化交流来往项目	对外文化交流来往项目总数（起）
		X_{15} 全年接待入境旅游人数	全年接待入境旅游人数（万人次）
		X_{16} 图书、期刊、报纸对外传播力度	图书期刊报纸出口总量（万册份）
		X_{17} 音像、电子出版物对外传播力度	音像电子出版物出口总量（万盒、张）
		X_{18} 艺术表演团创作首演剧目数	艺术表演团创作首演剧目数（个）
		X_{19} 新创作的电影片数	故事、动画、科教、纪录、特种影片总数（部）
	文化知识生产力（X_2）	X_{21} 公共图书馆总藏量	公共图书馆总藏量（万册、件）
		X_{22} 广播节目综合人口覆盖率	广播节目综合人口/平均总人口（%）
		X_{23} 电视节目综合人口覆盖率	电视节目综合人口/平均总人口（%）
		X_{24} 新闻出版总印数	各类出版物总印数（亿册、份、盒、张）
		X_{25} 初中毕业生升学比	新学年高一招生数/初中毕业生总数（%）
		X_{26} 普通高校生师比	在校本专科学生总数/专任教师数（%）
		X_{27} 每万名经济活动人口中科技活动人数	科技活动人员数/经济活动人口总数（人）
		X_{28} 每人专利申请受理数	专利申请受理数/平均总人口（件）
		X_{29} 有科技机构的企业占全部企业比重	有科技机构的企业/国内企业总数（%）
	文化体制引导力（X_3）	X_{31} 国家财政性教育经费	国家财政性教育经费总额（万元）
		X_{32} 文化事业费占国家财政总支出比重	文化事业费/国家财政总支出（%）
		X_{33} 科技经费筹集额中的政府资金	科技经费筹集额中的政府资金（万元）
		X_{34} 文化文物机构财政拨款	文化文物机构财政拨款（千元）
		X_{35} 文化市场管理机构数	文化市场行政管理及执法机构数（个）
		X_{36} 文化文物机构数	文化文物机构数（个）
		X_{37} 群众文化事业机构数	群众文化事业机构总数（个）

续表

一级指标	二级指标	三级指标	指标说明
	文化产业竞争力（X_4）	X_{41} 文化产业增加值占 GDP 比重	文化产业增加值/GDP（%）
		X_{42} 人均文化产业增加值	文化产业增加值/平均总人口（万元/人）
		X_{43} 每万人文化产业从业人员数	文化产业从业人员数/平均总人口（人）
		X_{44} 城镇居民文化消费总支出比重	城镇居民文化消费额/总消费支出（%）
		X_{45} 文化娱乐业收入	文化娱乐业收入（万元）
		X_{46} 文物业经营收入	文物业经营收入（万元）
		X_{47} 文化艺术服务营业收入	文化艺术服务营业收入（万元）
		X_{48} 出版发行和版权服务营业收入	出版发行和版权服务营业收入（亿元）

资料来源：2001—2010 年的《中国统计年鉴》《中国文化文物统计》《中国科技统计年鉴》，以及各省域统计年鉴和统计网站。

从熊正德团队的研究框架看，这一评价指标体系是对我国"文化软实力"理论体系的进一步深化，通过主成分分析法从时间维度和空间维度上实证了我国文化软实力的总体发展趋势及各省域文化软实力发展对国家文化软实力的推动和制约作用。然而，对软实力文化维度的侧重直接导致对硬实力与软实力相关关系以及国际关系、国际传播、战略管理等领域的忽视；同时，这一评价体系仅适用于测量具有大量文物藏品、文化事业与文化产业并行发展的中国及各省市的文化软实力，在国际层面普适性不足；除此之外，该评价体系缺乏对文化软实力的受众测量，尤其缺乏文化软实力的四大组成部分对受众态度、认知、行为等维度的影响。

与熊正德团队对文化软实力展开评估测量相类似，周国富[①]和罗能生[②]从区域文化软实力入手，前者选取文化传统、文化活动、文化素质、文化吸引、文化体制及政策 5 个方面的 25 个评价指标，采用功效系数法和变异系数法，形成一个分层次的、可操作性强且适合中国国情的区域文化软实力评价指标体系，并据此对各省区的文化软实力进行了综合评价，分析了各省区文化软实力的优势与劣势及其与区域经济发展之间的关系；后者从文化生产力、文化传播力、文化影响力、文化保障力、文化创新力和文化核心力 6 个方面构建指标体系，并运用 AHP 层次分析法且采用我国 31 个

[①] 周国富、吴丹丹：《各省区文化软实力的比较研究》，《统计研究》2010 年第 2 期，第 7-14 页。

[②] 罗能生、郭更臣、谢里：《我国区域文化软实力评价研究》，《经济地理》2010 年 30 卷第 9 期，第 1502-1506 页。

省、自治区、直辖市 2006—2008 年的数据对我国的区域文化软实力进行了系统评价。

囿于文化软实力测量研究对政治体制、国际关系的忽视，学者贾海涛提出文化软实力本质是"文化力"与"软实力"的叠加，主张国家文化软实力的测量公式需把政治制度的效率与国内外认同程度、外交艺术、价值观的影响程度、国际形象与国际威望、对外宣传能力与效果、体育水平与国际比赛的成绩、文化创新能力、战略决策水平、政策效能、科技实力、教育水平、人才储备、文化产品或文化遗产的国际影响力、国民道德水准等指标纳入考量。

从国外研究看，以波特兰公关公司发布的"软实力30强"为代表，该报告分为客观指标（企业、文化、科技、政府、国际参与、教育）和主观指标，通过二手文献分析、问卷调查，从 6 个维度选取 70 多个指标，从联合国教科文组织、联合国世界旅游组织、联合国电子政务调查、联合国开发计划署人类发展报告、世界银行、世界知识产权组织、世界经济论坛、经合组织、国际奥委会、国际足联、国际金融公司、国际电信联盟、QS 世界大学排名、联合国条约汇编等方面采集有关国家的数据。并就 7 个方面开展国际调查，得出好感度总得分，最后进行加权平均。

"软实力 30 强"在世界多国的软实力测量研究中极具代表性和参考性，约瑟夫·奈将该指数描述为"迄今为止最清晰的图景（the clearest picture to date）"，这是首个纳入数字资产重要性的指数，并采用国际民意调查来衡量各国在全球的声誉，韩国学者尹正勋也将"soft power 30"作为一个关于软实力测量的一个很好的研究对象。然而，"软实力 30 强"也存在着指标分类、指标选取有着强烈的政治偏向，人口因素、区域性与群体因素等考量不足，问卷调查设计与投放合理性不足等缺陷。

表 7-1-3　主流团队软实力量化评估对比图

软实力 量化评估				
提出者	评价指标	研究方法	优点	缺点
清华大学阎学通团队	3 大维度，6 大指标	定量比较	1. 首创性地将中美两国软实力横向比较； 2. 以国际关系为切入点，打破文化软实力的研究瓶颈。	1. 指标构成要素的简洁性与综合性之间未达成平衡； 2. 部分指标代表性强度不够高； 3. 评价指标细化程度不足； 4. 不适用于硬实力有限的非主导国家。

软实力 量化评估				
提出者	评价指标	研究方法	优点	缺点
湖南大学熊正德团队	3 大指标层级，33 个指标	主成分分析法	1. 厘清了文化软实力的组成部分和内部逻辑关系； 2. 适用于各省域测量本地的文化软实力评分值，对国内省市区具有一定普适性和指导性作用。	1. 对文化层面的侧重使其缺乏国际传播和全球治理层面的测量； 2. 缺乏对文化软实力受众的态度、行为、认知的量化考察； 3. 评价指标对他国文化软实力不具有解释力，缺乏国际层面的普适性。
英国波特兰公司	6 大维度，70 多个指标	数据整理，民意调查，二手文献分析，问卷调查。	1. 客观指标与主观指标相结合，具有一定科学性。	1. 指标分类、指标选取、数据处理等方面极具政治偏见； 2. 人口、吸引力区域性、群体性因素未纳入考虑。
英国独立品牌价值评估咨询机构（Brand Finance）	5 大维度，7 大指标类别	民意调查，专家访谈，问卷调查，田野调查。	1. 将各国在疫情中的反应纳入考量，具有时代性。	1. 未能论证国家软实力所涉及的各方面因素间的逻辑关系； 2. 以约瑟夫·奈的软实力理论为核心，在维护西方文化霸权的同时未能体现理论创新性。

以美国"软实力30强"（soft power 30）指标体系中的现存问题为例，对中美信息博弈状态进行具体分析。

表 7-1-4　美国"软实力30强"指标体系存在问题分析

指标类型	指标名称	问题指标分析
文化	国外游客人数	这两个指标存在交叉重复，且未考虑与 GDP 的关系。
	国外游客人均消费额	
	音乐市场规模	这两个指标存在交叉重复。
	在海外的十大音乐专辑排名数量	

续表

指标类型	指标名称	问题指标分析
数字化	国家元首脸书（Facebook）的海外关注量	这些指标存在交叉重复；很多国家有本国受众更广泛社交软件，这些软件不具有代表性；很多国家元首并不使用社交媒体。
	国家元首或政府脸书的海外参与度	
	外交部脸书海外关注总数	
	外交部脸书的海外参与度	
	国家元首的图片墙（Instagram）粉丝数量	
	每百居民的互联网用户数	这两个指标存在交叉重复。
	每百万人的互联网安全服务	
	每百人的宽带用户数	与互联网用户数相关指标交叉重复。
教育	经合组织国际学生评估项目中的科学、数学和阅读的平均值	原评估结果的科学性和客观性存疑。
外交	海外发展援助总额	这两个指标存在交叉重复；是否属于外交范畴存疑。
	海外发展援助	
	国民总收入	这属于经济实力范畴，不应包括在软实力体系中。
	驻外使馆数量	这三个指标存在交叉重复。
	国内外国使馆数量	
	国外一般领事馆人数	
	环境条约的签署数量	该指标的必要性存疑，不能合理解释为何不包括环境之外的其他条约。
	申请庇护人数	该指标和经济、军事实力密切相关，不仅仅是软实力的体现。
	国家电视台的海外收视人数	该指标是否属于外交范畴存疑。
企业	世界经济论坛竞争力指数排名	这部分内的大部分指标引用现有指数排名，但这些指标排名之间存在交叉重复，且有明显的"西方中心主义"价值导向性，其指数从科学性和客观性也存疑。
	传统经济自由指数排名	
	清廉指数排名	
	全球创新指数得分	
	世界银行的做生意环境指数排名	
政府	人类发展指数得分	
	自由之家指数得分	

续表

指标类型	指标名称	问题指标分析
政府	性别平等指数排名	
	民主指数排名	
	世界银行的政府责任指数排名	
	世界经济论坛政府信任指数排名	
	新闻自由指数排名	
	世界银行政府治理效率指数排名	
	世界银行政府治理的监管质量排名	
	世界银行政府治理的法治排名	
好感度（favourability）	美食	问卷调查部分选取的这些指标不具有代表性，科学性和合理性也存疑。比如对某国美食、科技产品、奢侈品的好感度与对该国整体的好感度是否存在正相关，还需要进一步验证。
	欢迎国外游客程度	
	科技产品	
	奢侈品	
	处理全球事务的正义感	
	对全球文化的贡献	

通过上述分析，我们看到美国的"软实力30强"指标体系一共包含76个指标，经过我们分析发现，其中指标之间交叉重复、引用科学性合理性存疑的已有指数结果、指标所属范畴不合理等问题尤为突出，累计有44个指标存在此类问题，占比57.89%。这说明美国的"软实力30强"作为全球影响力最大的指数体系，仍然存在较为明显的缺陷，有较大的改进空间，且上述分析主要基于该指标体系已有指标，并未对理论上应该包含但实际缺失的指标进行评估。

从信息博弈论的视角来看，关于美国软实力的建构，美国学界通过软实力理论体系的知识创造、传播与再生产，介入软实力评价体系的定义、阐释与动员；而美国政府部门则通过"新闻自由""人权""民主"等政治价值观的建构与体制机制的融合，介入软实力评价体系的指标选择与数据选取；美国软实力评估机构基于"主客观数据"，完成了对以美国为代表的西方软实力话语体系的巩固与再生产。学界、政府部门与软实力评估机构在信息传播的博弈过程中，只能选择维护既有的西方文化霸权才能获得正向的收益。在这种情况下，这场不完全信息博弈转变为完全信息博弈，而这场信息博弈中三方实际采取的策略已达到了软实力收益的最大化，即获得了这场信息博弈的纳什均衡。

通过分析美国的"软实力30强"指标体系现有的76个指标，我们认为其在指标体系的设置上还存在一些较为明显的空白缺失。我们认为一个科学合理、客观公正的软实力评价体系至少还要包含以下 24 个指标：

表 7-1-5　改进策略：以美国"软实力 30 强"评价体系为例

指标类型	指标名称	指标存在的必要性
政府	政府支出占 GDP 比重	充足的经费是政府高效运转的必要保障
	政府官员占人口比重	官员队伍的大小影响政府职能的发挥
	执政党党员占人口比重	体现执政党政治基础的强弱
	政府被起诉案件数	综合反映政府的执政能力
企业	世界 500 强企业数量	反映组织的国际影响力
	世界 500 强 CEO 数量	反映个人的国际影响力
个人	居民人均购买国债数量	反映民众对于国家经济发展的信心
	移民（入）占总人口比重	反映国家对于外国民众的吸引力
	移民（出）占总人口比重	反映国家对于本国民众的吸引力
	文盲率	反映国家整体的教育水平
文化	国外游客收入占 GDP 比重	反映国家对于外国民众的吸引力
	宗教多样性程度	反映国家文化的包容性
	宗教信仰人数占总人口比重	反映国家文化的包容性
	英语或多语网站数量	反映国家的对外开放度
外交	海外发展援助总额占 GDP 比重	反映国家对其他国家的帮助力度
教育	国际留学生人数占总人口比重	反映国家对于外国民众的吸引力
	教育经费占 GDP 的比重	反映国家对于教育的重视程度
影响力	民众对本国政府满意度	直接体现政府的执政能力
	都 X 国历史文化了解情况	反映 X 国的国际影响力
	具有国际知名度的企业数量	反映组织的国际影响力
	具有国际知名度的 NGO 数量	反映组织的国际影响力
	具有国际知名度的名人	反映个人的国际影响力
	国际媒体对本国负面报道频率	反映本国的国际形象以及民众对此的了解程度
	对 X 国的好感度	反映 X 国的国际影响力

　　因此，本节通过反思和扬弃既有研究的二元主义与本质主义倾向，尝试开展新的论述方式，尝试融入信息博弈学视角解读中美两国的信息博弈

均衡状态和外交战略，推导出在软实力国际传播体系中评估体系的信息策略是科学、准确传播信息的一般性结论。本节在打破软实力理论和评价体系的西方框架，把握应用性和针对性的同时，在下一节与软实力指标体系建设相融合。

第三节　软实力"自塑"战略与类型划分

在系统梳理世界主要国家的软实力战略举措的基础上，本节试图在西方理论框架和研究发现之外，建构新的软实力战略类型学，深入理解包括我国在内的转型国家的软实力战略在宏观、中观、微观层面的特征，在推进全球软实力研究的同时，对摆脱西方霸权的软实力研究做出贡献，另一方面也为后续建构全新软实力评价体系的实证研究奠定基础。

基于此，本部分将国家软实力细分为号召力、协作力（组织力）、行动力和影响力四大层级，其内涵界定如下：

1. 号召力：号召力可以分为国内号召力和国际号召力。国内号召力反映了一个国家在国内能否得到民众足够的支持，民众是否愿意响应参与政府的号召；国外号召力体现一个国家、组织或个人能否得到其他国家、外国组织和世界人民的支持。

2. 协作力（组织力）：反映了一个国家、组织或个人在进行某项工作时，能否把号召发动起来的国内外有生力量有效组织起来，制定明确的行动计划，进行合理的权责分配。

3. 行动力：反映一个国家、组织或个人在进行某项工作时，能否团结领导好组织协调起来的各方面支持力量，在有限的时间内把具体工作落实完成。

4. 影响力：反映一个国家、组织或个人通过号召、协作和行动完成某项目工作之后，该工作对该国家产生的影响所具有的价值导向和辐射范围，以及是否存在更深远的价值和意义等。

本部分以号召力、协作力、行动力、影响力为类型学基础，将世界主要国家的软实力战略进行排序、分类与层级归属，结果如图所示：

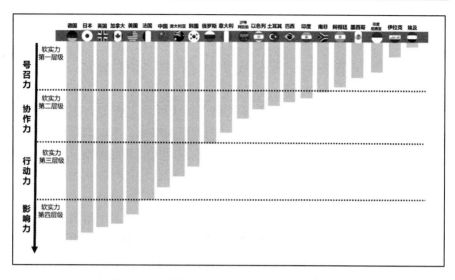

图 7-1-2　世界主要国家软实力战略类型划分

通过以上战略类型划分，未来的实证研究可以从以下部分着手：从历时和共时维度全面复盘软实力战略布局的多元参与和地方性、区域性与全球性的竞争、合作关系，从而总结出一个在宏观上观照世界主要国家软实力发展战略、微观上通过促进客体角色转变实现主体多样化，拓展内容与形式实现过程多样化，关注薄弱受力群体实现客体多样化，从而推动中国软实力传播获得实质性的提升。

综上所述，目前我国软实力战略方案存在着以下三方面的不足：首先，文化软实力传播未能平衡内隐形象与外显形象、自我形象与他者形象、固化形象与变动形象之间的动态关系，因此我们急需建立一套既能国际对话的、又能立足国情的文化软实力传播方案，在提升国家形象的同时，针对海外的文化霸权与文化帝国主义等资源渗透有应对方案；其次，对"文化软实力"的过度强调使得现存软实力战略中存在大量"非文化"短板，不利于我国软实力传播机制的多维度、多渠道、多资源构建与战略性发展，亟须在教育、外交、数字科技、商业贸易等领域强化我国的议程设置能力、舆论引导能力和对软实力传播话语的定义能力；最后，软实力战略缺乏具备反馈与追踪功能的效果评估数据库，对话性、持续性和动态性层面的调试不足，亟须在构建观照国际传播的软实力大数据舆情研究的同时，解决覆盖度、测量和阐释三方面的挑战。

第四节　新时代软实力"自塑"操作指南

以互联网和物联网技术为主导的数字时代引发了软实力在新时代的传播方式、叙事方式以及布局路径等方面的巨大变革。当前国际传播已进入全球平台传播时代，数字平台已成为互联网时代的基础设施，平台社会是全球化与个人化的社会，将数字化与平台化时代特征与软实力战略相结合，与软实力评估体系相补充，是本节的重要内容。本节突破由西方"带节奏"的软实力理论和评价框架，强调在数字化时代背景下重构一个能够体现"中国智慧"，表达中国的国际秩序观、全球治理观、全球安全观、发展观、生态文明观的全球软实力评价体系"中国方案"，由此，我们可以进一步构建时空一体化的互动对话场域，冲破软实力体制机制传播的壁垒，超越政治价值观的边际，为推动软实力传播主体的多元化、隐秘化与拟人化创造优越的条件。同时，从实证主义角度填补"自塑和他塑"的国际性表达，从借鉴、吸收、反思到引领，在国际话语体系中逐步实现"走出"到"走进"。

具体从以下三方面展开：首先，对现有的软实力评价体系进行介入与干预，在技术层面去除"西方中心主义"的同时，融入更为客观、公正、包容的指标体系，体现"中国方案"的先进性；其次，融入数字化时代的多主体，借助数字化平台参与国家软实力传播的指标，强调软实力指标体系的数字化、互动性与平台化特征；最后，提出两个在未来软实力评定和"自塑权"引领问题上的建议，置身于全球化、社会转型和数字化传播革命的社会变迁语境中进行优化和调试。本节通过整合现有多学科对软实力的界定和测量，力求以创新和我国引领的视角，策略性运用新全球软实力评价体系，为未来本领域的学者研究提供一个参考。

一、从技术层面：重构评价体系，确定研究方法

科学全面的指标体系，需要包含评估必须坚持的立场和原则，同时兼顾能有实际效果、效益和效率的指标、模型和方法。具体而言，在评价指标选取上，在借鉴现有主流指标之外，进行综合原因探索与定性研究，充分考虑国家间个体差异、人口因素、吸引力区域性与群体性因素、软实力资源的利用效率等。在研究范式选择上，重视实证主义与解释主义的结合、质化研究与量化研究的统一、问卷调查与大数据的并行，发挥学科交叉与

融合的优势。在评估模型的构建上，综合采用混合研究范式，探索并达到指标权重与评价方式的兼容。在研究方法上，采用跨学科方法论框架，吸纳计算机科学技术和大数据方法搜集数据以及分析社交媒体平台上社交互动的分布与流动，结合定性研究方法（比如话语分析、论述分析和框架分析）探究其背后的动机触发因素、社会背景和传播流动、行为和互动所产生的社会含义。在调查对象的选取上，突破现有指标体系的国家限制，将充分考虑文明与文化传承、自然地理分布、经济发展状况、人口数量等要素确定评价对象国家。

在重构世界主要国家软文化评价指标体系（SPI）方面，目前而言，国内与国外的研究团队和评估机构开发了软实力评估体系，如清华大学阎学通团队的中美两国软实力比较评估、英国政府研究所自 2010 年起对超过 20 个国家的软实力主客观结合评估，又如美国波特兰公关公司 2015 年对 30 个国家的软实力评估。然而，既有的评估体系多以量化为主，且在指标选择和指标统计上依旧存在偏颇，在国家选取上依旧覆盖面较小。本指标体系是对标美国波特兰公司的"软实力 30 强"（soft power 30），并结合世界各国软实力发展现状，重点突出世界主要国家软实力发展成果，力图构建一个能真实反映各国软文化实际发展情况的指标体系。现有指标体系分为政府、组织、个人、文化、外交、教育、数字化和影响力共 8 个领域，其中前 7 个领域共 50 个指标，占总体系比重 60%，全部采用客观数据，影响力领域共 10 个指标，占总体系比重 40%，采用问卷调查等主观数据。现有指标体系中客观指标的权重均为 2%，主观部分的指标权重均为 10%，是一个初始预设定，后续在获取数据进行测算验证后，结合专家的意见适当对权重进行调整，使指标体系更加科学合理、客观公正。

表 7-2-1 世界主要国家软文化评价指标体系（SPI）重构模型

指标领域	指标含义	指标名称	指标权重%	领域权重%	总权重%
政府	体现国家的号召力、协同力、行动力	国内智库总数	2	16	60
		地下经济规模占 GDP 比例	2		
		基尼系数	2		
		政府支出占 GDP 比重	2		
		政府官员占人口比重	2		
		执政党党员占人口比重	2		
		拥有国际组织投票权数量	2		
		政府被起诉案件数	2		

续表

指标领域	指标含义	指标名称	指标权重%	领域权重%	总权重%
组织（企业）	体现国家的号召力、协同力、行动力和影响力	全球专利数量占 GDP 比例	2	18	
		世界经济论坛竞争力指数排名	2		
		外国直接投资额占 GDP 比例	2		
		研发支出占 GDP 比例	2		
		失业率占劳动力比例	2		
		高科技出口占制成品出口比例	2		
		企业创业成本占人均国民总收入比例	2		
		世界 500 强企业数量	2		
		世界 500 强 CEO 数量	2		
个人	体现国家的号召力和影响力	居民人均购买国债数量	2	12	
		移民（入）占总人口比重	2		
		移民（出）占总人口比重	2		
		文盲率	2		
		犯罪率	2		
		死刑实行人数占总人口比例	2		
文化	体现国家的号召力和影响力	国外游客收入占 GDP 比重	2	22	
		主要电影节参展影片数量	2		
		外国记者在国内的总人数	2		
		联合国教科文组织世界遗产的数量	2		
		全球前百名博物馆排名数量	2		
		音乐市场规模	2		
		奥运奖牌数	2		
		宗教多样性程度	2		
		宗教信仰人数占总人口比重	2		
		英语或多语网站数量	2		
		国家电视台的海外收视人数	2		
外交	体现国家的号召力、协同力、行动力和影响力	海外发展援助总额占 GDP 比重	2	14	
		驻外使馆数量	2		
		国内外国使馆数量	2		
		常驻多边代表团数目	2		
		参与的国际组织数量	2		
		外交文化使团数量	2		
		免签证国家数量	2		

续表

指标领域	指标含义	指标名称	指标权重%	领域权重%	总权重%
教育	体现国家的影响力	高等教育入学率	2	10	
		全球顶尖大学数量	2		
		学术期刊论文发表数量	2		
		国际留学生人数占总人口比重	2		
		教育经费占 GDP 的比重	2		
数字化	体现国家的协同力	每百居民的互联网用户数	2	8	
		每百人手机数	2		
		网络传播指数	2		
		政府在线服务指数	2		
影响力	体现国家的号召力和影响力	本国对全球文化的贡献度	10	100	40
		民众对本国政府满意度	10		
		对 X 国历史文化了解情况	10		
		具有国际知名度的企业数量	10		
		具有国际知名度的 NGO 数量	10		
		具有国际知名度的名人	10		
		处理全球事务的正义感	10		
		吸引外国人旅游就业和留学的程度	10		
		国际媒体对本国负面报道频率	10		
		对 X 国的好感度	10		

二、增补层面：融入数字时代的软实力

当前数字时代的国家软实力传播依托于政府部门或官方介入的体制机制推动，海外受众对国家软实力的认知也往往来自媒介传播。进入数字化时代，社交媒体成为人们认知世界的主要信息渠道，人们对国家形象的认知也主要来自社交媒体中或官方、或民间的信息主体的传播。国家领导人、留学生、企业、产业机构均依托社交媒体完成文化与政治价值观层面的软实力传播，甚至在一些重大媒介事件传播中，社交媒体对于公众国家形象的认知和期待起到了积极而不可忽视的作用，其中每天产生数以亿计的 UGC 内容，从国内的微博、微信朋友圈，到国外的 Twitter、Facebook、Instagram，都逐渐成为软实力传播的载体。基于此，我们特地增加了"网

络传播指数"。

因此，本部分论述当前国家领导人、企业、文化、品牌如何以数字技术为驱动力，构建软实力传播的虚拟数字空间场域，通过融合个人化、互动性、即时性等社交媒体特质，增强对他国的吸引力与影响力，以此达成他国的文化认同，进而成为国家软实力的重要组成部分。

三、调试层面：确定并验证具体指标、权重和算法

现有研究中，很多指标体系对于权重的确定和具体算法尚无明确说明，或者其权重具有明显的不合理性。比如美国的"软实力 30 强"排名中，"奢侈品"指标的比重是 7.6%，明显高于"对全球文化的贡献"指标 5.2%的权重。我们认为这是非常不合理的，一方面文化和奢侈品的概念是有些交叉的，另一方面文化对一个国家的影响和重要性毫无疑问要高于奢侈品。当然，我们建立的指标体系目前是按平均权重分配的，但是实际情况中，不同指标间权重有所差异的确是普遍存在的，因此我们有必要学习和借鉴其他指标体系的经验，在通过实际数据进行测算验证之后，重新调整指标权重，并在此基础上融入数字时代软实力传播生态的变化，加入更具有数字化、社交化与平台化特性的指标。

通常使用的是德尔菲法，又称专家访谈法，但是这种方法确定的指标权重具有较大的主观性，指标权重的确定多受到专家个人经验及知识背景的限制，另外在确定指标权重中经常使用的统计分析法（如因子分析法）也常常因为指标数据的不健全而存在缺陷。为减少争议，本指数选择的评价领域、评价指标在等权法的基础上结合德尔菲法进行适当调整。对定性指标赋值的方法有多种，经过对比分析，通过调查问卷取得主观指标，采用模糊统计法中隶属度赋值法进行量化，分为 10 个档次，每档指标的满意度值采用 1-10 等分评价赋值的办法计算，再根据其内容给予相应的权数加权汇总。

本指标体系采用动态综合法，先计算每个指标的年环比发展速度（作为指标指数），然后加权综合得出领域指数和总指数。我们确定以一年为计算期，以每项评价指标的上一年度平均水平为环比基数。

设 A 代表某国（A=1，2，……11），t 代表年份，i 代表某领域指标（i=1，2，……6），j 代表某领域指标中的某项具体指数（j=1，2，……n），则 X_{Atij} 表示 A 过 t 年 i 领域 j 指标的水平。全球 t 年 i 领域 j 指标的平均水平为 $\bar{X}_{tij}$。W_{ij} 为 i 领域 j 指标的权数，$\sum W_{ij} = 1$。W_i 为 i 领域指标的权数，$\sum W_i = 1$。

（1）可以计算全球 t 年的某领域平均软实力指数为：

$$SPI_{ti} = \sum_{j=1}^{n} W_{ij} \frac{\overline{X}_{tij}}{\overline{X}_{t-1ij}}$$

其中，A 国 t 年的某领域软实力指数为：

$$SPI_{Ati} = \sum_{j=1}^{n} W_{ij} \frac{\overline{X}_{Aij}}{\overline{X}_{t-1ij}}$$

可以验证：

$$SPI_{ti} = \frac{\sum_{A=1}^{n} SPI_{Ati}}{N}$$

（2）可以计算全球 t 年的平均软实力指数为：

$$SPI_{t} = \sum_{i=1}^{m} W_i SPI_{ti}$$

其中，A 国 t 年的文化发展总指数为

$$SPI_{At} = \sum_{i=1}^{m} W_i SPI_{Ati}$$

可以验证：

$$SPI_{t} = \frac{\sum_{A=1}^{n} SPI_{At}}{N}$$

综上所述，要打造一个有影响力的世界性的软实力评价体系，就要从人类命运共同体的高度出发，主张不同社会制度、不同意识形态、不同历史文明、不同发展水平的国家求同存异、包容发展、坚持合作、不搞对抗，坚持开放、不搞封闭，坚持互利共赢、不搞零和博弈，反对以美国为代表的霸权主义和强权政治，用以构建全球软实力评价体系为代表的方式客观公正地维护和拓展各国正当利益，并为推动人类社会发展进步做出应有贡献。

除此之外，需要特别提到的是，在未来世界软实力评定与国际话语权研究过程中，仍然面临两个需要重点考虑的问题：第一，如何建立公正客观的全球软实力评价体系数据收集方法并评测出一套适应新全球化的评定报告？对于一个国家软实力强弱的判断，一方面应该包括本国民众的数据，也包括其他国家民众对该国的看法和评价，且软实力很重要的一个方面，就是体现在对其他国家的影响力上。因此，衡量一个国家的软实力更需要从他国视角进行分析判断。另一方面要包括来自不同国际组织的定量数据，也需要包括来自不同国家问卷调查的定性数据。比如，现有客观数据主要从联合国教科文组织、联合国世界旅游组织、联合国电子政务调查、联合国开发计划署人类发展报告、世界银行、世界知识产权组织、世界经济论坛、经合组织、国际奥委会、国际金融公司、国际电信联盟、QS 世界大学排名、联合国条约汇编、欧盟、阿根廷、澳大利亚、巴西、加拿大、中国、法国、德国、印度、印度尼西亚、意大利、日本、韩国、墨西哥、俄罗斯、沙特阿拉伯、南非、土耳其、英国、美国、埃及、以色列、欧盟等方面收集指标体系所需的数据。但实际情况是，很多指标体系只有问卷数据，且问卷数据的范围和数量都十分有限，这些问题需要在我们的数据收集工作中加以解决。

我们提出的建议是：在确定项目问卷之后，我们还需要梳理问卷发放的国家和地区，以及确定合理的问卷发放数量。要想获得足够客观公正的问卷数据，问卷发放的国家范围以及每个国家的问卷发放数都需要达到一定量级。对比现有软实力评价体系的问卷发放范围和数量，比如美国 2019 年"软实力 30 强"报告中，一共调研 25 个国家，每个国家发放 500 份问卷，累计发放问卷 12500 份，无论是调研国家的范，还是问卷的数量都明显不足，其样本量不满足统计学意义上的显著性和代表性。经过合理性测算，我们认为问卷发放国家范围至少应该达到 100 个，且每个国家的文件至少应该达到 1000 份。由于比如 G20 成员国（21 个）成员涵盖面广，代表性强，构成兼顾了发达国家和发展中国家以及不同地域利益平衡，与全球治理体系紧密结合，因此，累计需要发放问卷 210 万。在问卷发放国家的选择上，我们根据 2020 年全球 GDP 的排名，先选取排名前 50 的国家，这些国家的 GDP 比重占全球的 92% 以上，这保证了被调研国家的全球影响力；另外我们在剩余的国家排序中，从 51 位开始，每隔两个排名抽取一个调研国家，这样既保证了后续调研国家选取的合理性，也兼具了广泛性。

表 7-2-2　世界主要国家软实力评价指标体系调研目标国家（100 国）

排名	国家/地区	所在洲	2020 年 GDP	占世界比重
1	美国	美洲	21.43 万亿	24.41%
2	中国	亚洲	14.34 万亿	16.34%
3	日本	亚洲	5.08 万亿	5.79%
4	德国	欧洲	3.86 万亿	4.40%

续表

排名	国家/地区	所在洲	2020 年 GDP	占世界比重
5	印度	亚洲	2.87 万亿	3.27%
6	英国	欧洲	2.83 万亿	3.22%
7	法国	欧洲	2.72 万亿	3.09%
8	意大利	欧洲	2.0 万亿	2.28%
9	巴西	美洲	1.84 万亿	2.10%
10	加拿大	美洲	1.74 万亿	1.98%
11	俄罗斯	欧洲	1.7 万亿	1.94%
12	韩国	亚洲	1.65 万亿	1.88%
13	澳大利亚	大洋洲	1.4 万亿	1.59%
14	西班牙	欧洲	1.39 万亿	1.59%
15	墨西哥	美洲	1.27 万亿	1.45%
16	印尼	亚洲	1.12 万亿	1.27%
17	荷兰	欧洲	9070.51 亿	1.03%
18	沙特阿拉伯	亚洲	7929.67 亿	0.90%
19	土耳其	欧洲	7614.25 亿	0.87%
20	瑞士	欧洲	7030.82 亿	0.80%
21	波兰	欧洲	5958.58 亿	0.68%
22	泰国	亚洲	5435.49 亿	0.62%
23	比利时	欧洲	5330.97 亿	0.61%
24	瑞典	欧洲	5308.84 亿	0.60%
25	伊朗	亚洲	4539.96 亿	0.52%
26	尼日利亚	非洲	4481.2 亿	0.51%
27	阿根廷	美洲	4454.45 亿	0.51%
28	奥地利	欧洲	4450.75 亿	0.51%
29	阿联酋	亚洲	4211.42 亿	0.48%
30	挪威	欧洲	4033.36 亿	0.46%
31	以色列	亚洲	3946.52 亿	0.45%
32	爱尔兰	欧洲	3886.99 亿	0.44%
33	菲律宾	亚洲	3767.96 亿	0.43%
34	新加坡	亚洲	3720.63 亿	0.42%
35	香港	亚洲	3657.12 亿	0.42%
36	马来西亚	亚洲	3646.81 亿	0.42%

续表

排名	国家/地区	所在洲	2020 年 GDP	占世界比重
37	南非	非洲	3514.32 亿	0.40%
38	丹麦	欧洲	3501.04 亿	0.40%
39	哥伦比亚	美洲	3236.16 亿	0.37%
40	埃及	非洲	3030.92 亿	0.35%
41	孟加拉国	亚洲	3025.71 亿	0.34%
42	智利	美洲	2823.18 亿	0.32%
43	巴基斯坦	亚洲	2782.22 亿	0.32%
44	芬兰	欧洲	2692.96 亿	0.31%
45	越南	亚洲	2619.21 亿	0.30%
46	捷克	欧洲	2506.81 亿	0.29%
47	罗马尼亚	欧洲	2500.77 亿	0.28%
48	葡萄牙	欧洲	2387.85 亿	0.27%
49	伊拉克	亚洲	2340.94 亿	0.27%
50	秘鲁	美洲	2268.48 亿	0.26%
51	希腊	欧洲	2098.53 亿	0.24%
54	卡塔尔	亚洲	1758.38 亿	0.20%
57	乌克兰	欧洲	1537.81 亿	0.18%
60	厄瓜多尔	美洲	1074.36 亿	0.12%
63	古巴	美洲	1000.23 亿	0.11%
66	多米尼加	美洲	889.41 亿	0.10%
69	危地马拉	美洲	767.1 亿	0.09%
72	卢森堡	欧洲	711.05 亿	0.08%
75	巴拿马	美洲	668.01 亿	0.08%
78	哥斯达黎加	美洲	618.01 亿	0.07%
81	乌兹别克斯坦	亚洲	579.21 亿	0.07%
84	斯洛文尼亚	欧洲	541.74 亿	0.06%
87	黎巴嫩	亚洲	519.92 亿	0.06%
90	阿塞拜疆	亚洲	480.48 亿	0.05%
93	土库曼斯坦	亚洲	407.61 亿	0.04%
96	巴林	亚洲	385.74 亿	0.04%
99	拉脱维亚	欧洲	341.03 亿	0.04%
102	柬埔寨	亚洲	270.89 亿	0.03%
105	塞浦路斯	欧洲	249.49 亿	0.03%

续表

排名	国家/地区	所在洲	2020 年 GDP	占世界比重
108	冰岛	欧洲	241.88 亿	0.03%
111	也门	亚洲	225.81 亿	0.03%
114	阿富汗	亚洲	192.91 亿	0.02%
117	老挝	亚洲	181.74 亿	0.02%
120	加蓬	非洲	168.74 亿	0.02%
123	布基纳法索	非洲	159.91 亿	0.02%
126	马耳他	欧洲	149.89 亿	0.02%
129	毛里求斯	非洲	140.48 亿	0.02%
132	巴哈马	美洲	135.79 亿	0.02%
135	马其顿	欧洲	125.47 亿	0.01%
138	几内亚	非洲	122.97 亿	0.01%
141	乍得	非洲	113.15 亿	0.01%
144	海地	美洲	84.99 亿	0.01%
147	马拉维	非洲	76.67 亿	0.01%
150	百慕大	美洲	74.84 亿	0.01%
153	列支敦士登	欧洲	68.77 亿	0.01%
156	黑山	欧洲	55.43 亿	0.01%
159	多哥	非洲	54.9 亿	0.01%
162	斯威士兰	非洲	44.72 亿	0.01%
165	吉布提	非洲	33.25 亿	0.00%
168	库拉索	美洲	31.02 亿	0.00%
171	布隆迪	非洲	30.12 亿	0.00%
174	中非	非洲	22.2 亿	0.00%
177	佛得角	非洲	19.82 亿	0.00%
180	塞舌尔	非洲	17.03 亿	0.00%
183	所罗门群岛	大洋洲	15.9 亿	0.00%
186	格林纳达	美洲	12.11 亿	0.00%
189	科摩罗	非洲	11.66 亿	0.00%
192	萨摩亚	大洋洲	8.52 亿	0.00%
195	多米尼克	美洲	5.82 亿	0.00%
198	密克罗尼西亚联邦	大洋洲	4.02 亿	0.00%

第二，数字化背景下如何让重构的评价体系更好地融入国际战略传播

中？提出这个问题的主要原因是基于对我国在国际传播中存在"文本在场，建构缺席"的现状研判[①]，需要切实解决"做了"但"影响力不够"的困境。因此，在未来数据搜集、分析和发布以后，面对我方引领打造的全球软实力评价体系，也同样需要从"定义自己"-"阐释想法"-"动员认同"的角度，建构一套体现科学性和公正性的叙事体系，关键是对软实力议程的设置能力，对软资源舆论的引导能力，从标准和规则制定到实施反馈，都有自己的主动权和把握权来提升我们的国际战略叙事建构能力，更好地传播"中国智慧"和"中国方案"。

[①] 周庆安、卢明江：《国际传播的中国叙事逻辑和构建优势》，《对外传播》2021 年。

附件

附表 1：问卷内容

题项	α
情感态度	0.906
1. I feel happy when in the presence of it.	
2. I feel alert when in the presence of it. （反向记分）	
3. I feel good when in the presence of it.	
4. I feel energetic when in the presence of it.	
5. I feel optimistic when in the presence of it.	
6. I feel adventurous when in the presence of it.	
7. I feel relaxed when in the presence of it.	
8. I feel normal when in the presence of it.	
9. I feel lonesome when in the presence of it. （反向记分）	
10. I feel restless when in the presence of it. （反向记分）	
11. I feel lonely when in the presence of it. （反向记分）	
12. I feel dissatisfied when in the presence of it. （反向记分）	
13. I feel tense when in the presence of it. （反向记分）	
14. I feel fearful when in the presence of it. （反向记分）	
15. I feel sad when in the presence of it. （反向记分）	
16. I feel unhappy when in the presence of it. （反向记分）	
17. I feel indifferent when in the presence of it. （反向记分）	
18. I feel insecure when in the presence of it. （反向记分）	
19. I feel nervous when in the presence of it. （反向记分）	
20. I feel frustrated when in the presence of it. （反向记分）	
21. I feel pessimistic when in the presence of it. （反向记分）	
22. I feel weak when in the presence of it. （反向记分）	
23. I feel irritable when in the presence of it. （反向记分）	

24. I feel gloomy when in the presence of it. （反向记分）	
25. I feel grouchy when in the presence of it. （反向记分）	
26. I feel bad when in the presence of it. （反向记分）	
27. I feel afraid when in the presence of it. （反向记分）	
28. I feel angry when in the presence of it. （反向记分）	
29. I feel disliking when in the presence of it. （反向记分）	
30. I feel uneasy when in the presence of it. （反向记分）	
31. I feel hopeful when in the presence of it.	
32. I feel proud when in the presence of it.	
33. I feel sympathetic when in the presence of it.	
认知态度	0.542
34. It is clever/charming/amazing.	
35. It is lowkey.	
36. It is ambitious.	
37. It is slimy. （反向记分）	
38. It is dangerous. （反向记分）	
39. It is quiet with no emotions. （反向记分）	
40. It is mysterious. （反向记分）	
41. It is unpredictable. （反向记分）	
42. It is patient.	
43. It is cautious.	
44. It is sinister. （反向记分）	
45. It is strategic. （反向记分）	
46. It is harmless.	
47. It is developing.	
48. It is contributing.	
49. It will defend anything that developing. （反向记分）	
50. It is unfriendly. （反向记分）	
51. It won't hurt others as long as they are not provoked.	
52. It symbolizes evil. （反向记分）	
53. It makes good products/activities/people.	
54. It has crafty think tank. （反向记分）	
55. It is friendly.	
56. It is nice.	
57. It serves little purpose. （反向记分）	
58. Only the aggressive parts are mean.	

59. It uses skills to hypnotize competitors. （反向记分）	
60. It is narcissistic. （反向记分）	
61. It is self-developing.	
62. It is sneaky. （反向记分）	
行为态度	0.723
63. I like to handle it.	
64. I would like to become its controller/director.	
65. I avoid it at all costs. （反向记分）	
66. I like to play with it.	
67. I would never follow it. （反向记分）	
68. I will defend it when I see it. （反向记分）	
69. I would let it occupy my time.	
70. If it doesn't bother me, I won't defend it.	
71. I always want to know more about it if there is a chance.	
72. I scream whenever I see it. （反向记分）	
73. I would not stay in the same room with people who play with it. （反向记分）	
74. I jump whenever I see it. （反向记分）	
75. I would follow if someone else follow it.	
76. If I came across it, I would ignore it. （反向记分）	
77. I want to learn it/know more about it/participate with it.	

附表 2：最初评价题目

We would like you to indicate what you are thinking about Chinese Popular Music now.

Simply write down the first thought that occurs to you in the first box, the second thought in the second box, and so on. Please put only one idea or thought in a box. You might have positive thoughts, negative thoughts, or neutral thoughts, all are fine.

You can use short phrases or statements. You may ignore spelling, grammar, and punctuation.
<u>Don't worry if you don't fill every box. Just put down as many thoughts as occur to you.</u>*

1	
2	
…	

2. Please indicate which of <u>the thoughts above</u> are favourable/neutral/unfavourable toward Chinese Popular Music?

	favourable	neutral	unfavourable
1	□	□	□
2	□	□	□
3	□	□	□
…	□	□	□

附表 3　新版问卷内容

题项	α
情感态度	0.866
1. I feel happy when in the presence of it.	
3. I feel good when in the presence of it.	
4. I feel energetic when in the presence of it.	
5. I feel optimistic when in the presence of it.	
7. I feel relaxed when in the presence of it.	
8. I feel normal when in the presence of it.	
12. I feel dissatisfied when in the presence of it. （反向记分）	
13. I feel tense when in the presence of it. （反向记分）	
14. I feel fearful when in the presence of it. （反向记分）	
15. I feel sad when in the presence of it. （反向记分）	
18. I feel insecure when in the presence of it. （反向记分）	
19. I feel nervous when in the presence of it. （反向记分）	
20. I feel frustrated when in the presence of it. （反向记分）	
21. I feel pessimistic when in the presence of it. （反向记分）	
26. I feel bad when in the presence of it. （反向记分）	
28. I feel angry when in the presence of it. （反向记分）	
30. I feel uneasy when in the presence of it. （反向记分）	
32. I feel proud when in the presence of it.	
认知态度	0.740
34. It is clever/charming/amazing.	
35. It is lowkey.	
36. It is ambitious.	
38. It is dangerous. （反向记分）	
41. It is unpredictable. （反向记分）	
43. It is cautious.	
45. It is strategic. （反向记分）	
47. It is developing.	
48. It is contributing.	
53. It makes good products/activities/people.	
54. It has crafty think tank. （反向记分）	
55. It is friendly.	

56. It is nice.	
57. It serves little purpose. （反向记分）	
58. Only the aggressive parts are mean.	
61. It is self-developing.	
行为态度	0.650
63. I like to handle it.	
64. I would like to become its controller/director.	
65. I avoid it at all costs. （反向记分）	
66. I like to play with it.	
67. I would never follow it. （反向记分）	
68. I will defend it when I see it. （反向记分）	
69. I would let it occupy my time.	
70. If it doesn't bother me, I won't defend it.	
71. I always want to know more about it if there is a chance.	
72. I scream whenever I see it. （反向记分）	
73. I would not stay in the same room with people who play with it. （反向记分）	
74. I jump whenever I see it. （反向记分）	
75. I would follow if someone else follow it.	
76. If I came across it, I would ignore it. （反向记分）	
77. I want to learn it/know more about it/participate with it.	

作者简介

赵瑜佩，浙江大学传媒与国际文化学院"百人计划"研究员、博导、副院长；入选国家"万人计划"青年拔尖人才，教育部高校网络教育名师，现任国际传播学会（International Communication Association）流行媒体与文化分会（Popular Media and Culture）主席，浙江大学国际传播研究中心副主任；长期聚焦国际传播与数字文化研究。目前已主持 20 个课题，其中国家级项目 3 个，省部级课题 9 个，国际合作课题 4 个，教改 4 项；发表专著 4 部，教材 3 部，SSCI/CSSCI 论文 40 余篇。论文连续两年获  得国际传播学会（ICA）流行传播分会"最佳论文大奖"；获欧洲体育管理学会（EASM）"最佳论文大奖"；中国电竞行业大会"最佳电竞研究奖"。《数字传播》（原《中国传媒学报》）副主编，《中国数字出版》执行编委。